Robert Sieveking

Die Geschäftsbedingungen des Waren-Vereins der Hamburger Börse e. V.

Die Geschäftsbedingungen des Waren-Vereins der Hamburger Börse e. V.

(Waren-Vereins-Bedingungen – WVB)

Aufgrund der Rechtsprechung
des Waren-Vereins-Schiedsgerichts erläutert

von

Dr. Robert Sieveking
Rechtsanwalt in Hamburg

1979

Walter de Gruyter · Berlin · New York

CIP-Kurztitelaufnahme der Deutschen Bibliothek

Sieveking, Robert:
Die Geschäftsbedingungen des Waren-Vereins der Hamburger Börse e. V. : (Warenvereinsbedingungen – WVB) / aufgrund d. Rechtsprechung d. Waren-Vereins-Schiedsgerichts erl. von Robert Sieveking. – Berlin, New York : de Gruyter, 1979.
ISBN 3-11-004600-8

Printed in Germany.
Satz und Druck: Saladruck, 1000 Berlin 36.
Buchbinderarbeiten: Fuhrmann KG, 1000 Berlin 36.

Vorwort

Einen Kommentar zu den Geschäftsbedingungen des Waren-Vereins der Hamburger Börse e. V. (WVB) gibt es seit langem. Im Jahre 1925 erschien ein vom damaligen Syndikus des Waren-Vereins, dem Hamburger Rechtsanwalt Dr. Otto Mathies, verfaßtes Erläuterungsbuch. Dieses Werk wurde 1955 von seinem Amtsnachfolger Dr. Walter Grimm – ebenfalls Rechtsanwalt in Hamburg – in zweiter Auflage fortgeführt. Im Jahre 1967 gab ich eine grundlegend neubearbeitete dritte Auflage unter dem Namen Mathies-Grimm-Sieveking heraus. Im Sinne dieser Tradition hätte nach nunmehr weiteren 12 Jahren wohl eine vierte Auflage des Mathies-Grimm-Sieveking gelegen.

Indessen hat der Waren-Verein der Hamburger Börse e. V. von 1968 bis 1971 den Text seiner Geschäftsbedingungen so weitgehend umgestaltet, daß die nunmehr vorgelegten Erläuterungen des neuen Textes ein völlig neues Werk geworden sind. Das neue Buch erscheint deshalb nur noch unter meinem Namen. Außerdem hatte die dritte Auflage des Mathies-Grimm-Sieveking im Jahre 1968 eine bleibende besondere Bedeutung erhalten, indem die Mitgliederversammlung des Waren-Vereins vom 30. April 1968 den für die Überprüfung der WVB bestellten Ausschuß anwies, „unter Zugrundelegung der dritten Auflage des Kommentars ... zu prüfen, welche Bestimmungen zweckmäßiger zu fassen sind". Diese Anweisung wurde bei der Neufassung der WVB befolgt. Viele Erläuterungen sind aus der dritten Auflage des Mathies-Grimm-Sieveking in den neuen Text der WVB übernommen worden. Die dritte Auflage des Mathies-Grimm-Sieveking ist damit zu einer authentischen Interpretation der neugefaßten Bedingungen erhoben worden. Auch dieser Sonderstellung der dritten Auflage entspricht es, den hiermit vorgelegten Kommentar nicht als eine vierte Auflage des Mathies-Grimm-Sieveking zu bezeichnen.

Der neue Kommentar zitiert entsprechend oft die dritte Auflage des Mathies-Grimm-Sieveking („MGS") als maßgeblichen Beleg für die Auslegung des neuen Textes. Im übrigen soll der neue Kommentar durch systematische Verarbeitung der seit 1971 ergangenen Schiedssprüche des Waren-Vereins-Schiedsgerichts zur weiteren kontinuierlichen Entwicklung des Rechts der WVB beitragen. Berücksichtigt wurden die bis Ende 1977 abgefaßten Schiedssprüche. Die spätere Rechtsprechung hat zu wichtigen

Einzelfragen, z. B. zur Abgrenzung von Qualitäts- und Gattungsmängeln, weitere Erkenntnisse gebracht; insoweit ist auf die Jahresberichte des Vereins ab 1978 zu verweisen.

Mein Werk soll gleichermaßen den Kaufleuten und den Juristen dienen. Die Kaufleute mögen deshalb mit Nachsicht hinnehmen, daß manche Rechtsfragen eingehend behandelt worden sind.

Hamburg, im April 1979

Robert Sieveking

Inhaltsverzeichnis

Verzeichnis der Abkürzungen und sonstigen redaktionellen Bezeichnungen

AGB-Gesetz	Gesetz zur Regelung des Rechts der Allgemeinen Geschäftsbedingungen
BB	Betriebsberater (Jahrgang und Seite)
BGB	Bürgerliches Gesetzbuch
BGH	Bundesgerichtshof
BGHZ	Entscheidungen des BGH in Zivilsachen (Band und Seite)
CC	Italienisches Zivilgesetzbuch
HGB	Handelsgesetzbuch
JB	Jahresbericht des Waren-Vereins
KO	Konkursordnung
LMBG	Lebensmittel- und Bedarfsgegenstandegesetz
MDR	Monatschrift für Deutsches Recht (Jahrgang und Seite)
MGS	Mathies-Grimm-Sieveking, Geschäftsbedingungen des Waren-Vereins der Hamburger Börse e. V. 3. Auflage 1967
MV	Mitgliederversammlung des Waren-Vereins
NJW	Neue Juristische Wochenschrift (Jahrgang und Seite)
RG	Reichsgericht
RGZ	Entscheidungen des RG in Zivilsachen (Band und Seite)
SchGO	Schiedsgerichtsordnung des Waren-Vereins
VerfO	Verfahrensordnung für Sachverständige des Waren-Vereins
VerglO	Vergleichsordnung
WVB	Waren-Vereins-Bedingungen = Geschäftsbedingungen des Waren-Vereins der Hamburger Börse e. V.
ZPO	Zivilprozeßordnung

Bem.	Bemerkungen dieser Auflage vor oder zu einzelnen Paragraphen der WVB
Paragraphenzahlen	ohne nähere Kennzeichnung beziehen sich auf Paragraphen der WVB
18/65 (u. dgl.)	Aktenzeichen eines Schiedsgerichtsverfahrens als Hinweis auf den Schiedsspruch. Diese Abkürzung wird – für sich allein – nur angewandt, wenn der betreffende Schiedsspruch nicht oder noch nicht in einem Jahresbericht des Waren-Vereins abgedruckt worden ist.

1965, 67 (u. dgl.)	Jahresbericht des Waren-Vereins (Jahrgang und Seite); wird diese Abkürzung ohne Zusatz verwendet, so ist der an dieser Stelle abgedruckte Schiedsspruch gemeint.
1/72, JB 1972 (u. dgl.)	Der in der Schiedsgerichtssache 1/72 ergangene, im Jahresbericht 1972 abgedruckte Schiedsspruch. – Seitenzahlen werden für die Jahresberichte ab 1965 nicht mehr angegeben, weil für Leser, die überwiegend an den veröffentlichten Schiedssprüchen interessiert sind, entsprechende Sonderdrucke (Auszüge aus den Jahresberichten) ausgegeben werden und weil die Paginierung dieser Auszüge von den Seitenzahlen der vollständigen Jahresberichte abweicht.

Einleitung

A. Der Waren-Verein der Hamburger Börse e. V.

Der Waren-Verein der Hamburger Börse e. V. ist der Bundesverband des deutschen Importhandels mit Konserven (Obst, Gemüse, Säfte, Fisch, Feinkost), Trockenfrüchten, Schalenobst, Gewürzen, Honig, Tiefkühlprodukten und verwandten Waren (wie z. B. Trockengemüse).

Der Waren-Verein wurde im Jahre 1900 als eine Vereinigung des hamburgischen Einfuhrhandels mit getrockneten Früchten, Gewürzen und Drogen gegründet; unter „getrockneten Früchten" wurden damals Trokkenfrüchte und Schalenobst verstanden. Im Jahre 1920 schied der Drogenhandel aus dem Waren-Verein aus. Dafür beteiligte sich im Laufe der Zeit der Einfuhrhandel mit Konserven, Tiefkühlprodukten und Honig. Heutzutage kann Mitglied des Waren-Vereins jede in- und ausländische Firma werden, die im Importhandel mit den zuvor erwähnten Erzeugnissen, in seinen Hilfsgewerben oder in der verarbeitenden Industrie nachhaltig tätig ist.

B. Die Geschäftsbedingungen des Waren-Vereins der Hamburger Börse e. V. (WVB)

I. Geschichte

1. Schon im Jahre 1886 hatte die Handelskammer Hamburg „Usanzen" für den Handel mit getrockneten Früchten und Gewürzen bekanntgemacht. Alsbald nach seiner Gründung revidierte der Waren-Verein die als veraltet und ungenügend angesehenen Usancen. Die sich hiernach ergebende Neufassung wurde von der Handelskammer Hamburg überprüft und am 15. Juni 1902 (Amtsblatt 263) öffentlich bekanntgemacht. Im Jahre 1920 wurden diese Usancen vom Waren-Verein überarbeitet. Seither werden sie „Geschäftsbedingungen" genannt. Aufgrund eines Vorstandsbeschlusses von 1952 wurden die Geschäftsbedingungen abermals überprüft und neueren Entwicklungen des Außenhandels angepaßt. Die Grundzüge wurden jedoch beibehalten. Die Neufassung wurde am 28. April 1955 von

der Mitgliederversammlung festgestellt. Die so gefaßten Geschäftsbedingungen werden im folgenden als „WVB 1955" bezeichnet.

2. Die WVB 1955 genügten den Anforderungen des Handels auf die Dauer nicht. Das folgte aus mehreren Gründen:

a) Gegenstand, Art und Umfang des nach Waren-Vereins-Bedingungen betriebenen Einfuhrhandels waren bereits im Jahre 1955 in der Änderung begriffen und änderten sich weiterhin erheblich. Die hinzutretende Konservenbranche hatte ihre eigenen Probleme und ihre besonderen Gewohnheiten. Durch die Gründung der EWG ergaben sich neue Handelsströme. Die technische Entwicklung erschloß neue Mittel und Wege für den Transport. So wird der bedeutsame Handel zwischen den europäischen Ländern jetzt weit überwiegend durch Transport über Land mit der Eisenbahn und mit Kraftwagen abgewickelt. Die WVB 1955 regelten aber den internationalen Handelsverkehr nur für die in Hamburg traditionelle Beförderung über See (Abladegeschäfte). Anfänglich half man sich durch analoge Anwendung der herkömmlichen Regeln auf die neuen Geschäftsarten, aber die Unzulänglichkeit dieses Behelfs wurde immer deutlicher. Im Jahre 1962 öffnete der Waren-Verein sich dem Beitritt solcher Firmen, welche im Bundesgebiet außerhalb Hamburgs ansässig waren und zum Einfuhrhandel seines Bereichs gehörten. Die fortgeltenden WVB 1955 beruhten aber noch auf der ausgesprochenen Vorstellung, daß der deutsche Einfuhrhandel in Hamburg sitze und daß jedenfalls die Waren-Vereins-Bedingungen nur vereinbart würden, wenn wenigstens ein Hamburger Importeur an dem Geschäft beteiligt war. Außerdem wurde vorausgesetzt, daß jedes Abladegeschäft über Hamburg abgewickelt wurde, denn noch in § 7 (1) WBV 1955 hieß es:

„Bei Abladegeschäften ist das *hier* ermittelte Untergewicht über 1 % vom Verkäufer zu vergüten, es sei denn, daß es nicht auf natürlichen Schwund zurückzuführen ist."

Daß auch Rotterdam Bestimmungshafen sein könnte, wurde nicht in Betracht gezogen. Ähnliches Lokalkolorit trug die in § 2 (1) WVB 1955 getroffene Bestimmung:

„Andienungen haben dem Empfänger gegenüber bis 16.30 Uhr, *an Tagen mit Frühbörse* sowie am 24. und 31. Dezember bis 12 Uhr zu erfolgen."

Weitere außerhalb Hamburgs unverständliche Vorschriften waren in § 13 Abs. 2 und 4 WVB 1955 enthalten. Die so eng auf Hamburg bezogenen WVB 1955 hatten also auf die Dauer keine Chance, daß sie von allen deutschen oder gar von ausländischen Importeuren akzeptiert und angewandt wurden.

b) Auch textlich genügten die WVB 1955 nicht den Anforderungen, die an die Allgemeinen Geschäftsbedingungen weltweit bedeutender Handelszweige zu stellen waren. Ihrem Aufbau fehlte ein folgerichtiges Einteilungsprinzip. Ein besonderer Mangel im System bestand darin, daß bei wichtigen Geboten und Verboten nicht angegeben wurde, welches die Folgen einer Zuwiderhandlung sein sollten. So ergab sich der Zweifel, ob der Zuwiderhandelnde ein Recht verlor oder ob er sich schadensersatzpflichtig machte. Bestimmte Fälle wurden in bestimmtem Sinne geregelt, wogegen andere ebenso naheliegende Fälle ungeregelt blieben. Unklar blieb in solchen Fällen, ob der Analogieschluß oder der Umkehrschluß am Platze war oder ob die Lücke durch Anwendung des subsidiär geltenden Gesetzes zu schließen war.

3. Im Kommentar 1967 (MGS Einl. C I) wurde unter Hinweis auf solche textliche Mängel eine systematische Neufassung der WVB empfohlen. Gerade weil die WVB in vielen einprägsamen Formulierungen schon so lange galten, waren viele konservative Mitglieder nicht leicht für diesen Gedanken zu gewinnen. Einige Hamburger Mitglieder betrachteten die Unvollständigkeit und die sonstigen Mängel der WVB 1955 sogar als ihren legitimen Heimvorteil im Streit mit auswärtigen Parteien. Sie hielten es also mit dem Ersten Konsul Bonaparte, der im Jahre 1799 gefordert hatte, eine Verfassung müsse „kurz und unklar" sein. Diese Mitglieder wollten natürlich von einer Revision der WVB erst recht nichts wissen.

Die Initiative im Sinne der notwendigen Reform ergriff Franz Personn i. Fa. Wachsmuth & Krogmann. Diese Mitgliedsfirma stellte unter Bezug auf die 3. Auflage des Kommentars Mathies-Grimm-Sieveking in der Mitgliederversammlung vom 30. April 1968 den Antrag auf Einsetzung eines Ausschusses, welcher für die Geschäftsbedingungen eine Neugliederung, die notwendigen Ergänzungen und die notwendigen Änderungen ausarbeiten sollte. Ihr Antrag wurde nur mit der bemerkenswert knappen Mehrheit von 85 gegen 71 Stimmen angenommen. Angenommen wurde dann mit überwältigender Mehrheit ein Zusatzantrag, daß der Ausschuß die Geschäftsbedingungen unter folgenden Gesichtspunkten überprüfen sollte:

- Der Inhalt der Geschäftsbedingungen bleibt im Grundsatz unverändert.
- Unter Zugrundelegung der 3. Auflage des Kommentars ist zu prüfen, welche Bestimmungen zweckmäßiger zu fassen sind; dabei kann auch eine andere Gliederung in Betracht gezogen werden.
- Der Ausschuß kann Änderungen oder Ergänzungen vorschlagen, die evtl. für das Konservengeschäft zweckmäßig sein könnten.

Der Ausschuß erledigte sein Pensum in mehreren Etappen. Vorweg verfaßte er eine Regelung für die bis dahin überhaupt nicht geregelten Waggon-Einfuhrgeschäfte. Diese Ergänzung wurde von der Mitgliederversammlung 1969 verabschiedet. 1970 folgte eine systematische Fassung der Regeln für das Ab-Kai-Geschäft und das Ab-Lager-Geschäft. In einer außerordentlichen Mitgliederversammlung vom 16. November 1971 wurde eine vollständige Neufassung der Waren-Vereins-Bedingungen verabschiedet. 1976 kam eine Regelung für LKW-Einfuhrgeschäfte und LKW-Abholgeschäfte hinzu. Diese Neufassungen wurden jeweils einstimmig oder mit großer Mehrheit der Mitgliederversammlungen angenommen.

Die 1971 und 1976 neugefaßten Geschäftsbedingungen fanden auch in anderen Branchen Beachtung. Nach ihrem Muster haben kürzlich der Drogen- und Chemikalienverein e. V. sowie der Harzverein e. V. neue Geschäftsbedingungen für ihre Branchen abgefaßt.

II. Grundzüge der Neufassung 1971/1976

Im Rahmen des von der Mitgliederversammlung erteilten Auftrages hat der Ausschuß bei Abfassung der WVB 1971/76 erkennbar nach folgenden Grundsätzen gehandelt:

1. An dem wesentlichen *Inhalt* der WVB 1955 wurde festgehalten. Die WVB wurden also nicht als beliebig änderbare Geschäftsbedingungen, sondern weiterhin als kodifizierte Usancen erachtet. Materiell wurden die WVB 1955 in diesem Sinne unter folgenden Gesichtspunkten weiterentwickelt:

a) Manche Umstände und Gewohnheiten hatten sich in allen Handelszweigen geändert.

b) Die teilweise voneinander abweichenden Auffassungen der traditionellen Branchen (Trockenfrüchte, Schalenobst, Gewürze) einerseits und der hinzugekommenen Branchen (Konserven aller Art) andererseits waren zu vereinheitlichen oder wenigstens zu harmonisieren. Dies führte u. a. zu einer sinnvollen Vereinfachung von Fristenregelungen. So z. B. wird jetzt für alle Geschäftsarten dem Käufer eine Mängelrügefrist von mindestens drei Geschäftstagen eingeräumt. Drei Geschäftstage sind jetzt auch die einheitliche Mindest-Nachfrist im Falle der Leistungsverzögerung (§ 17).

c) Für neue Geschäftsarten (Einfuhrgeschäfte über Land) hatten sich besondere Auffassungen und neue Regeln entwickelt.

Dabei richtete der Ausschuß sich weitgehend nach der 3. Auflage des Kommentars von Mathies-Grimm-Sieveking, den die Mitgliederversammlung durch ihren Beschluß vom 30. 4. 1968 als authentische Interpretation der WVB 1955 anerkannt hatte. Wesentliche Teile dieser 3. Auflage wurden dementsprechend in den Text der WVB 1971/76 aufgenommen. Beispielsweise ist in den von Transportschäden beim Ab-Kai-Geschäft handelnden § 82 WVB 1971 weitgehend wörtlich derselbe Text aufgenommen, mit welchem bei MGS 5 zu § 20 eine Usance festgestellt worden war. Der

Hinweis der Mitgliederversammlung auf den Kommentar von Mathies-Grimm-Sieveking bedeutete zugleich die Anweisung, daß der Ausschuß die schiedsgerichtliche Rechtsprechung zu berücksichtigen habe, da dieser Kommentar in weiten Teilen eine systematische Auswertung und Wiedergabe der zu den WVB sowie zu Handelsbräuchen und allgemeinen Handelsklauseln ergangenen schiedsgerichtlichen Rechtsprechung darstellt. In seiner Schrift „Die Spruchpraxis der Hanseatischen Schiedsgerichte unter besonderer Berücksichtigung des Gedankens der Rechtsfortbildung" hat *Krafzik* 1974 festgestellt, daß die neugefaßten Bedingungen etwa 15 Vorschriften enthalten, die eindeutig auf bestimmte schiedsgerichtliche Entscheidungen zurückzuführen sind (Krafzik aaO S. 106). Auch unter diesem Gesichtspunkt läßt sich feststellen, daß in den WVB 1971 die Ergebnisse einer kontinuierlichen Fortbildung des Rechts kodifiziert wurden.

2. Die *Form* der Bedingungen wurde wesentlich umgestaltet. Durch die Disposition des Stoffes in einen Ersten Teil mit allgemeinen Vorschriften und in einen Zweiten Teil mit zusätzlichen Vorschriften für einzelne Geschäftsarten wurde ein klares Einteilungsprinzip befolgt, welches den Leser die auf einen Einzelfall anzuwendenden Bestimmungen leicht finden läßt. Auch die weiteren bei MGS Einl. C I beanstandeten Mängel des alten Textes wurden vermieden. Es wird jeweils klar gesagt, was folgt, wenn ein Vertragsteil eine Verpflichtung oder eine Obliegenheit nicht erfüllt. Auf deutliche Hervorhebung der Obliegenheiten, deren Verletzung zum Verlust eines Rechts führt, wurde besonders geachtet, wobei auch Wiederholungen in Kauf genommen wurden. In diesem Sinne werden ausführliche Bestimmungen über die Untersuchungs- und Rügelast des Käufers sowohl im Ersten (Allgemeinen) Teil (§ 19) als auch im Zweiten Teil bei den einzelnen Geschäftsarten gebracht (§§ 49, 62, 72, 83 und 89).

III. Auslegung

Die Verfasser der WVB 1971/76 konnten natürlich nicht jeden denkbaren Einzelfall voraussehen und absolut eindeutig regeln. Die WVB werden deshalb weiterhin der Auslegung bedürfen. Ihr *Sinn* ist dann zu erforschen. Es muß also festgestellt werden, was die Verfasser erkennbar gewollt haben. Für eine solche Auslegung geben die Geschichte und der Gesamtzusammenhang der WVB einige Anhalte.

1. In erster Linie ist vom Wortlaut der WVB 1971/76 auszugehen. Der Wortlaut hat sogar besonderes Gewicht, denn eine wesentliche Aufgabe der Verfasser hatte darin bestanden, die in den WVB 1955 nur unvollkommen ausgedrückten Usancen klarer zu fassen. An allen Beratungen des Ausschusses und der Mitgliederversammlung war stets ein ständiger juristi-

scher Berater (Syndikus) des Waren-Vereins beteiligt. Deshalb darf im besonderen davon ausgegangen werden, daß die zur Gesetzessprache gehörenden Wörter im Sinne des Gesetzes zu verstehen sind. Erkennbar sind viele Bestimmungen der WVB 1971/76 in enger sprachlicher Anlehnung an entsprechende gesetzliche Vorschriften gefaßt worden, wobei teilweise eine unmoderne Ausdrucksweise in Kauf genommen wurde. Solche Wörter sind dann auch im Sinne des Gesetzes zu verstehen. Umgekehrt läßt sich manchmal erkennen, daß ein gängiges und einschlägiges Wort der Gesetzessprache absichtlich vermieden wird. Beispiel: In den §§ 16 und 17 wird von einer „Verzögerung" der Leistung gesprochen, obwohl die Verwendung des im Gesetz (§§ 286, 326 BGB) gebrauchten Wortes „Verzug" nahelag. In solchen Fällen kann man sicher sein, daß die Verfasser der WVB 1971/76 etwas anderes ausdrücken wollten als im Gesetz vorgeschrieben war.

2. Soweit die WVB nicht eindeutig lauten oder Lücken enthalten, ist die Rechtsprechung des Waren-Vereins-Schiedsgerichts in Betracht zu ziehen. Trotz vielfach verschiedener Besetzung der einzelnen Spruchkörper verfolgt diese Rechtsprechung doch eine bemerkenswert einheitliche Linie. Etwaige Abweichungen in der Beurteilung einer Rechtsfrage halten sich meistens in engen Grenzen und fügen sich damit in eine Kontinuität, selbst wenn sie neue Entwicklungen vorbereiten. Diese einheitliche Linie beruht u. a. darauf, daß gemäß § 3 SchGO ein Syndikus des Vereins in allen Verhandlungen des Schiedsgerichts als Berater mitzuwirken hat. Schiedssprüche von grundsätzlicher Bedeutung werden gesammelt und als Anhang zu dem jeweiligen Jahresbericht des Vereins bekanntgegeben. Sie werden deshalb von den interessierten Kaufleuten und den interessierten Juristen zur Kenntnis genommen. Damit wird die Rechtsprechung des Waren-Vereins-Schiedsgerichts zu einem Faktor der allgemeinen Meinungsbildung. Sie trägt damit auch zur Fortbildung der Usancen bei. Deshalb geht auch der Verfasser dieses Erläuterungsbuches in erster Linie von der Rechtsprechung des Waren-Vereins-Schiedsgerichts aus. Schiedssprüche anderer Schiedsgerichte, insbesondere Schiedssprüche der Hamburger freundschaftlichen Arbitrage, denen etwas zur Auslegung der WVB entnommen werden könnte, sind außer dem in Bem. IV 2 b zu § 19 angeführten Schiedsspruch vom 29.11.1972 bisher nicht bekannt geworden.

3. Auf Beschluß der Mitgliederversammlung vom 30. 4. 1968 (Einl. B I 3) richtete der Ausschuß sich bei der Neufassung der WVB weitgehend nach der 3. Auflage des Kommentars von Mathies-Grimm-Sieveking 1967 (Einl. B II 1). Deshalb ist diese 3. Auflage auch bei der Auslegung der WVB 1971/76 zu berücksichtigen, und deshalb wird in den folgenden Erläuterungen häufig auf diese 3. Auflage (Zitierweise: „MGS") Bezug genommen.

4. Indessen bilden die WVB 1971/76 kein Getto, in welchem etwa nur ihre 94 Paragraphen und einige weitere Usancen der Waren-Vereins-Branchen gelten. Gemäß § 2 WVB gilt vielmehr allen Umfangs das deutsche Recht, soweit nicht die WVB selbst als Spezialnorm vorgehen. Auch in ihrer Konstruktion stehen die WVB trotz aller Besonderheiten fest auf dem Fundament des deutschen Rechts und sind entsprechend zu interpretieren. Deshalb sollte bei ihrer Auslegung auch die Rechtsprechung der staatlichen Gerichte zu den Grundregeln des Bürgerlichen Rechts und des Handelsrechts beachtet werden. Mit besonderer Aufmerksamkeit ist der Rechtsprechung der deutschen staatlichen Gerichte zu folgen, wenn es sich um die Wirksamkeit eines Vertrages oder um die Zulässigkeit eines schiedsgerichtlichen Verfahrens handelt. In dieser Hinsicht unterliegen die Schiedssprüche gemäß § 1041 ZPO der Kontrolle der staatlichen Gerichte. Ein Schiedsgericht beginge geradezu einen Kunstfehler, wenn es in diesem Bereich die Gesetze und die Rechtsprechung der staatlichen Gerichte nicht beachtet.

IV. Die WVB als Allgemeine Geschäftsbedingungen

Die WVB sind Allgemeine Geschäftsbedingungen im Sinne des § 1 des AGB-Gesetzes vom 9. 12. 1976 (BGBl. I S. 3317). Die §§ 8–11 dieses Gesetzes enthalten bekanntlich eingehende Vorschriften über unwirksame Klauseln in Allgemeinen Geschäftsbedingungen. Außerdem enthält § 2 des AGB-Gesetzes Vorschriften über besondere Formen, die bei der Einbeziehung Allgemeiner Geschäftsbedingungen in einem Vertrage einzuhalten sind. Indessen werden die WVB wohl ausschließlich nur gegenüber einem Kaufmann verwendet werden, und auch das nur, soweit der Vertrag zum Betrieb seines Handelsgewerbes gehört. Gemäß § 24 AGB-Gesetz finden deshalb die Vorschriften der §§ 2, 10, 11 und 12 AGB auf die WVB keine Anwendung. Es entfallen also die Bestimmungen, welche im AGB-Gesetz getroffen werden

- für die Einbeziehung in den Vertrag (§ 2)
- für Klauselverbote mit Wertungsmöglichkeit (§10)
- für Klauselverbote ohne Wertungsmöglichkeit (§ 11)
- für den zwischenstaatlichen Geltungsbereich (§ 12)

Die Klauselverbote sind nur insoweit anzuwenden, als sie der Generalklausel (§ 9) widersprechen. § 9 AGB-Gesetz hat folgenden Wortlaut:

„Generalklausel

(1) Bestimmungen in Allgemeinen Geschäftsbedingungen sind unwirksam, wenn sie den Vertragspartner des Verwenders entgegen den Geboten von Treu und Glauben unangemessen benachteiligen.

(2) Eine unangemessene Benachteiligung ist im Zweifel anzunehmen, wenn eine Bestimmung
1. mit wesentlichen Grundgedanken der gesetzlichen Regelung, von der abgewichen wird, nicht zu vereinbaren ist oder
2. wesentliche Rechte oder Pflichten, die sich aus der Natur des Vertrages ergeben, so einschränkt, daß die Erreichung des Vertragszwecks gefährdet ist."

Es darf gesagt werden, daß die WVB den Erfordernissen von § 9 AGB-Gesetz entsprechen, denn sie sind ausgewogen und enthalten keine unangemessene Benachteiligung eines Vertragspartners. Abweichungen von der gesetzlichen Regelung sind nicht ungerecht oder willkürlich, sondern sie beruhen auf den besonderen Erfordernissen des einschlägigen Handels. Die unangemessene Benachteiligung eines Vertragspartners ist schon deshalb nicht zu vermuten, weil viele Firmen, welche die WVB vereinbaren, ebensooft als Käufer wie als Verkäufer an Geschäften beteiligt sind. Es ist bisher auch noch kein Fall bekannt geworden, in welchem begründete Bedenken gegen den Inhalt der WVB aus dem Gesichtspunkt des § 9 AGB-Gesetz erhoben worden wären.

V. Geltung

1. Die einzelnen Bestimmungen der WVB sind Usancen im Sinne einer weitgehend einheitlichen Auffassung der Branchenbeteiligten („Handelssitte") und im Sinne einer allgemeinen Übung bei der Auslegung und Anwendung handelsrechtlicher Regeln („Handelsgewohnheit"). Beides wird bewiesen dadurch, daß die WVB nicht etwa von den Vereinsoberen verordnet wurden und allenfalls nach Art der Platzusancen „zur allgemeinen usancemäßigen Beobachtung empfohlen" wurden, sondern auf der Grundlage der seit über 70 Jahren praktizierten älteren Bedingungen in einem demokratischen Verfahren von einem gewählten Ausschuß abgefaßt und von der Mitgliederversammlung einstimmig oder mit überwältigender Mehrheit beschlossen wurden.

2. In ihrer Gesamtheit sind die WVB trotzdem kein allgemein verbindlicher Handelsbrauch im Sinne einer kraft Gewohnheitsrechts verbindlichen normativen Regel. Zur Unterscheidung zwischen Usancen und Handelsbrauch: Ratz in Großkomm. HGB Anm. 16–21 zu § 346. Rechtlich gelten die WVB für ein Geschäft grundsätzlich nur, wenn die Vertragsparteien diese Geltung besonders vereinbart haben. Das geschieht meistens in der Weise, daß die Anwendbarkeit der WVB in der Schlußnote oder in der Verkaufsbestätigung ausdrücklich vermerkt wird. Gelegentlich heißt es in der Schlußnote oder in der Verkaufsbestätigung nur „Waren-Vereins-Arbitrage und Schiedsgericht" oder ähnlich ohne ausdrücklichen Hinweis auf

die WVB. Manchmal wird in einem Kaufvertrag nur unter der Rubrik „Arbitrage“ vermerkt: „Waren-Verein der Hamburger Börse e. V.“. Durch solche Klauseln wird nicht nur die Zuständigkeit des Waren-Vereins-Schiedsgerichts begründet, sondern im Zweifel auch die Anwendbarkeit der weiteren Bestimmungen der WVB vereinbart, denn dieses institutionelle Schiedsgericht ist die berufene Instanz zur Anwendung der materiellrechtlichen Regeln ihrer Institution, nämlich der WVB, wogegen die Kenntnis des Gesetzesrechts, jedenfalls bei den kaufmännischen Mitgliedern dieses Schiedsgerichts, nicht vorausgesetzt werden kann (14/76, JB 1976). Dieser Entscheidung ist zuzustimmen, denn ein institutionelles Schiedsgericht wird in der Regel vereinbart, weil bei ihm besondere Sachkunde vorausgesetzt wird. Die entgegenstehende, vom Verfasser in der 3. Auflage des Kommentars von Mathies-Grimm-Sieveking (Bem. 2 zu § 43) vertretene Auffassung wird aufgegeben.

3. Als Handelsbrauch gelten die WVB nur für Platzgeschäfte in Gewürzen, getrockneten Früchten und Schalenobst zwischen Hamburger Firmen, die dem Waren-Verein der Hamburger Börse e. V. als Mitglieder angehören (MGS Einl. B II).

4. Unter Umständen sind die WVB als stillschweigend vereinbart anzusehen, z. B. bei Abschlüssen im Rahmen einer ständigen Geschäftsverbindung, deren einer Partner weiß, daß der andere Partner ausschließlich oder wenigstens regelmäßig zu WVB handelt; so BGHZ 18, 216 für Allgemeine Geschäftsbedingungen. In der Annahme einer solchen stillschweigenden Vereinbarung hält sich jedoch das Schiedsgericht zurück. Es hat z. B. entschieden, daß die WVB zwischen dem Makler und einer Kaufvertragspartei nicht schon deshalb gelten, weil der Makler für diese Partei schon mehrere Geschäfte zu WVB vermittelt hatte (1964, 43). Eine ähnliche Frage geht dahin, wann eine stillschweigende Vollmacht für die Vereinbarung der WVB anzunehmen ist. Hierzu hat das Schiedsgericht die Auffassung vertreten, daß ein Ablader an die von seinem Agenten vereinbarten WVB gebunden sei, wenn der Agent während längerer Zeit fortgesetzt eine erhebliche Zahl von Geschäften zu WVB für diesen Ablader getätigt hat und dieser die entsprechenden Verkaufsbestätigungen stets unwidersprochen entgegengenommen hat (1958, 19). Eine stillschweigende Vereinbarung der WVB oder eine stillschweigende Vollmacht zur Vereinbarung der WVB dürfen also nur angenommen werden, wenn die Umstände sehr deutlich liegen. Ist ein Geschäft nach WVB abgeschlossen, so gelten diese auch für den Rückkauf (§ 19 Abs. 3), selbst wenn dies nicht ausdrücklich vereinbart worden ist (1914/16, 9).

Die Geschäftsbedingungen

ERSTER TEIL

Allgemeine Vorschriften

§ 1
Geltungsbereich der Allgemeinen Vorschriften

Die Vorschriften des Ersten Teils gelten für alle Geschäfte, soweit nicht im Zweiten Teil für einzelne Arten von Handelskäufen besondere Regelungen getroffen werden.

1. Die meisten Vorschriften der WVB dienen der Ausgestaltung von Handelskäufen. Der Erste (Allgemeine) Teil enthält aber auch Bestimmungen über das Rechtsverhältnis zwischen den Vermittlern eines Kaufvertrages einerseits und den einzelnen Kaufvertragsparteien auf der anderen Seite (§§ 5, 6, 30). Der Erste Teil enthält auch eine Schiedsklausel für die Beziehungen zwischen mehreren Vermittlern, die sich gemeinsam um das Zustandekommen eines Geschäfts bemüht haben oder bemühen wollten (§ 30). Dagegen bezieht sich der Zweite Teil nur auf einzelne Arten von Handelskäufen. Deshalb wird in § 1 zwischen „Geschäften" im allgemeinen und „Handelskäufen" im besonderen unterschieden.

2. Im übrigen bekräftigt § 1 die anerkannte Auslegungsregel, daß die besondere Bestimmung der allgemeinen Bestimmung vorgeht. Zu den besonderen Regelungen des Zweiten Teils gehören auch solche Bestimmungen, die zwar ausdrücklich nur für eine einzelne Art von Handelskäufen getroffen worden sind, aber sinngemäß unter Umständen auch für eine andere Art von Handelskäufen anzuwenden sind. Beispiel: Die in § 41 für Abladegeschäfte getroffene Regelung, daß der Verkäufer nach Ablauf der Abladezeit die Verschiffung anzuzeigen hat, gilt analog auch für die in § 86 behandelten Ab-Kai-Geschäfte mit Abladeklausel, obwohl in § 86 nicht ausdrücklich auf § 41 verwiesen wird (32/74, JB 1975).

§ 2
Geltung deutschen Rechts

Ergänzend ist das in der Bundesrepublik Deutschland jeweils geltende Recht anzuwenden.

Das Einheitliche Gesetz über den internationalen Kauf beweglicher Sachen vom 17. 7. 1973 (BGBl. Teil I 1973, S. 856) sowie das Einheitliche Gesetz über den Abschluß von internationalen Kaufverträgen über bewegliche Sachen vom 17. 7. 1973 (BGBl. Teil I 1973, S. 868) finden keine Anwendung.

1 1. Die Verweisung auf deutsches Recht bestimmt den Inhalt des zu WVB wirksam abgeschlossenen Vertrages.

a) Die Verweisung klärt die Bedeutung des Wortlauts, welcher ohnehin zur Vermeidung von Mißverständnissen weitgehend der Gesetzesterminologie angepaßt ist. Wer die WVB auszulegen hat, kann deshalb davon ausgehen, daß alle auch im Gesetz vorkommenden Bezeichnungen im Sinne des Gesetzes zu verstehen sind. Wenn dagegen statt eines gesetzlichen Begriffs an entsprechender Stelle der WVB eine andere Bezeichnung auftaucht, ist zu vermuten, daß etwas anderes gemeint ist. Beispiel: § 17 WVB entspricht § 326 BGB, welcher die Folgen des Schuldnerverzuges bei gegenseitigen Verträgen regelt. Als Voraussetzung der entsprechenden Gläubigerrechte wird jedoch in § 17 WVB – abweichend von § 326 BGB – nicht der Verzug des Schuldners, sondern nur die „Verzögerung" einer Hauptleistung gefordert. Dieser Unterschied hat seinen Sinn (Bem. II 1 Vor §§ 16–18 und Bem. I 1 a zu § 17).

2 b) Die Verweisung auf deutsches Recht schließt etwaige Lücken der WVB. Deshalb ergibt sich zuweilen die Frage, ob überhaupt eine Lücke vorliegt oder ob die auszulegende WVB-Bestimmung eine abgeschlossene Regelung darstellt.

Einige gesetzliche Vorschriften sind nahezu wörtlich in die WVB übernommen worden, so z. B.

§ 187 BGB in § 4 (1) Satz 3 WVB
§ 243 (1) BGB in § 7 Satz 2 WVB
§ 269 BGB in § 9 (1) Satz 1 WVB
§ 271 BGB in §§ 10 (1), 12 Satz 1 WVB

Daraus kann aber nicht der Umkehrschluß gezogen werden, daß alle anderen ebenso naheliegenden Vorschriften des Gesetzes nicht anzuwenden seien, wenn sie nicht in solcher Weise übernommen worden sind.

Nach dem Willen des Ausschusses (Prot. vom 25. 6. 1968) sollten nämlich die WVB auch für Nicht-Juristen und für Ausländer, welche die deutschen Gesetze nicht kennen, in großen Zügen aus sich heraus verständlich sein. Deshalb beschränkt sich der WVB-Text nicht streng auf Abweichungen von deutschen Gesetzen. Es wurde vielmehr versucht, die für die wesentlichen Geschäftsvorgänge geltenden Regeln umfassend darzustellen. Die Auswahl der zu diesem Zweck im vollen Text übernommenen Gesetzesvorschriften ist also kein Kriterium dafür, ob sonstige Gesetzesvorschriften ergänzend anzuwenden sind oder außer Betracht zu bleiben haben. Ob andere gesetzliche Vorschriften ergänzend anzuwenden sind, richtet sich danach, ob sie dem Sinn der vorgehenden Waren-Vereins-Regeln entsprechen. Beispiel: § 17 WVB entspricht § 326 BGB und übernimmt sogar weitgehend dessen Wortlaut. In § 17 WVB fehlt jedoch die in § 326 (2) BGB enthaltene Vorschrift, daß es der Bestimmung einer Frist nicht bedarf, wenn die Erfüllung des Vertrages infolge des Schuldnerverzuges für den Gläubiger kein Interesse mehr hat. Das Schiedsgericht hat § 326 (2) BGB ergänzend angewandt (47/73, JB 1976). Mit Recht, denn § 17 WVB ist auch ohne ausdrückliche Übernahme von § 326 (2) BGB verständlich, und es gibt keinen vernünftigen Grund für die Annahme, daß nach WVB ein Vertragsteil auch nur für die Dauer einer Nachfrist an einem Vertrage festzuhalten sei, an dessen Erfüllung er wegen Verzögerung der ihm zukommenden Leistung kein Interesse mehr hat.

2. Die Verweisung auf deutsches Recht beeinflußt nach Internationalem 3
Privatrecht unter Umständen auch die Anwendung etwaiger Formvorschriften des in Betracht kommenden ausländischen Rechts. Zwischen dem deutschen Recht und vielen ausländischen Rechten bestehen z. B. Unterschiede in den Formerfordernissen für Schiedsverträge. Gemäß § 1027 (2) der deutschen Zivilprozeßordnung sind Schiedsverträge zwischen Vollkaufleuten formfrei. Nach dem autonomen Recht vieler Staaten wird aber ein Schiedsvertrag nur anerkannt, wenn er schriftlich abgeschlossen wurde. Nach italienischem Recht (Art. 1341 Abs. 2 CC) ist sogar eine gesonderte schriftliche Erklärung erforderlich. Die mehrseitigen internationalen Verträge, nämlich

- das UN-Übereinkommen über die Anerkennung und Vollstreckung ausländischer Schiedssprüche vom 10. 6. 1958 und
- das Europäische Übereinkommen über die Anerkennung und Vollstrekkung ausländischer Schiedssprüche vom 10. 4. 1961 nebst Zusatzabkommen vom 17. 9. 1962,

schreiben die Anerkennung eines ausländischen Schiedsspruchs ebenfalls nur vor, wenn beide Parteien die Schiedsklausel schriftlich, und zwar mindestens im Wege des Brief- oder Telegrammwechsels vereinbart haben. Auch der deutsche Handelsbrauch, daß derjenige, welcher eine Schlußnote oder ein Bestätigungsschreiben widerspruchslos entgegennimmt, den Inhalt solcher Urkunden gegen sich gelten lassen muß, besteht nicht in aller Welt. Gegenüber einem ausländischen Vertragspartner ist daher die Wirksamkeit der in § 30 WVB bestimmten Schiedsklausel besonders zweifelhaft, wenn auf die WVB nur in einer Schlußnote hingewiesen wird und diese Schlußnote nicht von beiden Parteien unterzeichnet worden ist.

4 a) Befinden deutsche staatliche Gerichte über die Gültigkeit eines deutschen Schiedsspruchs, so haben sie das Formerfordernis der Schiedsklausel nach deutschem Internationalen Privatrecht zu beurteilen. Artikel 11 (1) des Einführungsgesetzes zum Bürgerlichen Gesetzbuch (EGBGB) bestimmt folgendes:

„Die Form eines Rechtsgeschäfts bestimmt sich nach den Gesetzen, welche für das den Gegenstand des Rechtsgeschäfts bildende Rechtsverhältnis maßgebend sind. Es genügt jedoch die Beobachtung der Gesetze des Ortes, an dem das Rechtsgeschäft vorgenommen wird.“

Die Form richtet sich also nach dem Wirkungsstatut des Rechtsgeschäfts, und dieses Statut können die Parteien nach dem Grundsatz der Vertragsfreiheit durch rechtsgeschäftliche Vereinbarungen bestimmen (Palandt-Heldrich, Anm. 1 zu Art. 11 EGBGB). Vereinbaren also die Parteien – auch formlos – die WVB, so gilt deren § 2, und damit ist deutsches Recht für alle übrigen Bestimmungen der WVB anzuwenden: Die Schiedsklausel des § 30 WVB wäre danach formlos gültig. In der Praxis fehlt es aber oft an einer nachweislichen Vereinbarung solchen Inhalts. In den oft nur knappen fernmündlichen oder fernschriftlichen Verhandlungen der Makler wird aus vermeintlichem Zeitmangel oder aus Bequemlichkeit oder aus Furcht vor einer Gefährdung des Abschlusses meistens kein Wort über die Vereinbarung der WVB oder auch nur über die Vereinbarung deutschen Rechts verloren. Auf die WVB bezieht der Makler sich dann erstmalig in der Schlußnote. Deutsche Handelsschiedsgerichte pflegen dann stereotyp den deutschen Handelsbrauch anzuwenden, daß derjenige, welcher eine Schlußnote oder ein Bestätigungsschreiben widerspruchslos entgegennimmt, den Inhalt dieser Schriftstücke gegen sich gelten lassen muß. Es ist jedoch höchst streitig, ob durch ein solches Schweigen eine rechtsgeschäftliche Vereinbarung begründet wird (Palandt-Heldrich, Anm. 2 d zu § 148 BGB). Jedenfalls wird nach deutschem Internationalen Privatrecht überwiegend die Meinung vertreten, daß das Schweigen einer ausländischen Partei nach den Usancen ihres örtlichen Bereichs zu beurteilen ist. So hat insbesondere der Bundesgerichtshof durch Urteil vom 22. 9. 1971 (BGHZ 57, 72) entschieden. Dieser höchstrichterlichen Rechtsprechung hat sich das Waren-Vereins-Schiedsgericht (2/77) in einem Schiedsspruch vom 25. 10. 1977 (JB 1977) bei der Beurteilung des folgenden Sachverhalts angeschlossen: Ein in Italien ansässiger Makler hatte sich als Vertreter oder als Bote eines deutschen Importeurs mit einem in Italien ansässigen Verkäufer durch ein in Italien geführtes Telefongespräch über einen Kaufvertrag in der Weise geeinigt, daß der Verkäufer einen ihm telegrafisch übermittelten Vertragsantrag annahm. In diesem Vertragsantrag war von den WVB und/oder von der Zuständigkeit des Waren-Vereins-Schiedsgerichts nicht die Rede. Weder in dem Telegramm noch in dem Telefongespräch bezogen sich die Verhandlungspartner auf die WVB oder auf deren Schiedsklausel. Erst nachträglich schickte der Makler dem Verkäufer eine schriftliche Kaufbestätigung, in welcher die Zuständigkeit des Waren-Vereins-Schiedsgerichts festgelegt wurde. Diese Bestätigung nahm der Verkäufer widerspruchslos entgegen. Die auf Schadensersatz wegen Nichterfüllung gerichtete Klage des deutschen Importeurs hat das Schiedsgericht abgewiesen, indem es sich für unzuständig erklärte. Aus den Entscheidungsgründen des Schiedsspruchs vom 25. 10. 1977 ist folgendes hervorzuheben:

„Selbst wenn aufgrund eines stillschweigend erklärten Parteiwillens oder aufgrund eines hypothetischen Parteiwillens hier deutsches Recht als Vertragsstatut gelten sollte, so würde doch das Schweigen der Beklagten auf die Schlußnote vom 15. 4. 1976 nach italienischem Recht zu beurteilen sein. Das Schiedsgericht folgt damit den grundlegenden Ausführungen Raape's (Internationales Privatrecht, 5. Auflage 1961 S. 494 f.) und der jüngsten Rechtsprechung deutscher staatlicher Gerichte,

BGH 22. 9. 1971, BGHZ 57, 72
OLG Nürnberg 11. 10. 1973, AWD 1974 S. 405/406
LG Mainz 10. 12. 1971, AWD 1972 S. 298,

welche die rechtsgeschäftliche Bedeutung des Schweigens einer Partei ohne Rücksicht auf das Vertragsstatut nach dem Wohnsitzrecht der schweigenden Partei werten. Diese Sonderanknüpfung rechtfertigt sich nach Ansicht des Schiedsgerichts mindestens dann, wenn das Geschäft in dem Staate, in welchem die schweigende Partei wohnt, zustande gekommen ist und von einem dortigen Makler bestätigt wurde, denn diese Partei würde von der Anwendung deutschen Rechts unbillig überrascht werden, wenn – anders als nach deutschem Recht – an ihrem Wohnsitz das Schweigen auf eine Erklärung der anderen Partei ohne rechtliche Folgen bleibt."

Das Schiedsgericht stellte dann fest, daß nach italienischem Sachrecht das Schweigen auf die Bestätigung einer Schiedsklausel schon deshalb nicht als Einverständnis gewertet werden könne, weil gemäß Artikel 1341 II CC eine Schiedsklausel der ausdrücklichen schriftlichen Bestätigung der vor dem Schiedsgericht zu verklagenden Partei bedarf. – Hat jedoch der ausländische Empfänger einer Schlußnote nicht nur geschwiegen, sondern durch schlüssiges Tun nach Erhalt einer auf die WVB oder deren Schiedsgerichtsklausel hinweisenden Schlußnote seine Bereitschaft zur Erfüllung des Vertrages erklärt, hat er sich also nicht nur passiv verhalten, so darf das Schiedsgericht den Inhalt der unwidersprochen entgegengenommenen Schlußnote einschließlich der Schiedsklausel trotz ausländischer Formvorschriften gelten lassen, wenn es wenigstens einen hypothetischen Parteiwillen auf Anwendung deutschen Rechts feststellen kann. In diesem Sinne scheint sich die Rechtsprechung des Waren-Vereins-Schiedsgerichts zu entwickeln.

5 b) Befinden ausländische Gerichte über die Geltung der WVB und insbesondere über die Wirksamkeit der darin enthaltenen Schiedsklausel, so haben sie das Internationale Privatrecht ihres eigenen Landes anzuwenden. Verweisen diese Kollisionsnormen auf das Sachrecht des eigenen Landes, so kommen Formerschwernisse in Betracht. Im Rahmen dieser Schrift kann unmöglich dargestellt werden, unter welchen Umständen die ausländischen Kollisionsnormen die Anwendung deutschen Rechts auf das Zustandekommen eines Vertrages und insbesondere eines Schiedsvertrages zulassen. Folgende Umstände kommen in Betracht: Es ist denkbar, daß die Parteien schon in den der Schlußnote vorangehenden Verhandlungen ausdrücklich die Anwendung deutschen Rechts vereinbaren. Möglich ist ferner, daß die ausländischen Kollisionsnormen auch eine mündliche oder fernmündliche Einigung dieses Inhalts genügen lassen. Denkbar ist ferner, daß die ausländischen Kollisionsnormen an den Ort des Vertragsschlusses anknüpfen, so daß es unter Umständen auf den Sitz des Maklers ankommt. Ein sorgfältiger Vermittler wird die Gesetze und die gerichtliche Praxis des in Betracht kommenden ausländischen Staates ermitteln und danach seine Verhandlungsführung einrichten. Denkbar sind nämlich ausländische Gesetze, welche die Vereinbarung des Rechts eines anderen Staates als belastende Klausel einstufen, die schon deshalb besonders hervorzuheben und schriftlich abzufassen ist. Es muß ferner damit gerechnet werden, daß das ausländische Recht den Schiedsvertrag und den Kaufvertrag getrennt behandelt und den § 2 der nur formlos vereinbarten WVB nicht auch auf den Schiedsvertrag bezieht. Alle hier als denkbar bezeichneten Fälle sind der Praxis entnommen.

Wer einigermaßen sichergehen will, daß die WVB (einschließlich der Schiedsklausel, § 30) über ihren § 2 auch im Ausland anerkannt werden, sollte deshalb darauf achten, daß die Geltung deutschen Rechts – auch als Abschlußstatut – in aller Klarheit vereinbart wird. Die vom Makler nachträglich ausgestellte und nur von ihm unterschriebene Schlußnote genügt jedenfalls in manchen Ländern nicht. Die beste und wohl auch noch praktikable Lösung besteht darin, daß beide Kaufvertragsparteien entweder in einer besonderen Urkunde oder an hervorgehobener Stelle der Schlußnote durch ihre Unterschrift bekräftigen,

- daß der Vertrag und die zu seinem Abschluß führenden Verhandlungen nach deutschem Recht zu beurteilen seien und
- daß dies insbesondere für die gemäß § 30 WVB vereinbarte Schiedsklausel gelte.

3. Die Verweisung auf deutsches Recht könnte bedeuten, daß auch die zwischen der Bundesrepublik und mehreren Staaten ratifizierten Abkommen über ein Internationales Kaufrecht als Bestandteil des deutschen Rechts aufzufassen seien. Das ist indessen nicht der Sinn des § 2 (1) WVB,

da die WVB allein auf dem Fundament des autonomen deutschen Rechts aufgebaut worden sind. Außerdem würde die Einbeziehung der Abkommen über ein Internationales Kaufrecht zur Folge haben, daß im Verhältnis zu verschiedenen Ländern verschiedene gesetzliche Bestimmungen subsidiär gelten würden, je nachdem, ob diese Länder die Internationalen Abkommen ratifiziert haben. Deshalb erscheint die in § 2 (2) enthaltene Klarstellung geboten.

§ 3
Begriff des Geschäftstages

Geschäftstage im Sinne dieser Geschäftsbedingungen sind der Montag, der Dienstag, der Mittwoch, der Donnerstag und der Freitag, soweit sie nicht auf den 24. oder 31. Dezember fallen oder am Leistungsort oder am Erklärungsort staatlich anerkannte Feiertage sind.

1. Der Leistungsort im Sinne von § 3 WVB ist identisch mit dem Erfül- **1**
lungsort im Sinne von §§ 9, 35, 54, 76, 90 WVB. Jedenfalls haben die Verfasser des WVB-Textes mit diesen verschiedenen Bezeichnungen nichts Verschiedenes bezeichnen wollen. Der Text von § 3 WVB ergab sich in Anlehnung an die Terminologie in § 193 BGB, wogegen man in §§ 9, 35, 54, 76, 90 WVB den Leistungsort (§ 269 BGB) nach dem Sprachgebrauch der Kaufleute als „Erfüllungsort" bezeichnete. Der Leistungsort ist zu unterscheiden vom Bestimmungsort oder Ablieferungsort.

2. Auch der Begriff des Erklärungsortes ist § 193 BGB entnommen. Hat **2**
der Erklärungspflichtige seine Niederlassung in einem anderen Lande als der Erklärungsempfänger, so ergibt sich die Frage, was gemeint ist: Der Ort, an welchem die Erklärung abgegeben wird, oder der Ort, an welchem die Erklärung dem Empfänger zugeht? Die Frage ist nach dem Zweck der §§ 3, 4 zu beantworten: Die Geschäftstage sind eine Einrichtung zugunsten des Erklärungspflichtigen. An einem Nicht-Geschäftstag für den Ort seiner Niederlassung wird der Erklärungspflichtige in der Regel an der Abgabe der Erklärung gehindert sein, wogegen eine Erklärung auch an einem Nicht-Geschäftstage zugehen kann, z. B. durch Fernschreiben. Erklärungsort im Sinne von § 3 ist deshalb der Sitz des Erklärungspflichtigen. Rücksicht ist jedoch darauf zu nehmen, daß vielfach ein Agent oder Makler den Fernschreibwechsel oder die sonstige Korrespondenz den Vertragspartnern vermittelt. Bedient sich ein Erklärungspflichtiger eines solchen Vermittlers, so ist dessen Sitz der Erklärungsort.

§ 4
Berechnung und Wahrung der Fristen

(1) Fristen, die nach Geschäftstagen oder sonstigen Tagen oder nach längeren Zeitabschnitten bemessen sind, enden um 16 Uhr ihres letzten Tages. Fällt der letzte Tag einer solchen Frist auf einen Nicht-Geschäftstag, so tritt an die Stelle dieses Tages der nächste Geschäftstag. Ist für den Anfang einer solchen Frist ein Ereignis maßgebend, so wird bei Berechnung der Frist der Tag, an welchem das Ereignis eintritt, nicht mitgerechnet. Tritt das Ereignis an einem Nicht-Geschäftstag oder nach 16 Uhr eines Geschäftstages ein, so gilt es als am nächsten Geschäftstag eingetreten. Wird eine Frist durch eine Erklärung in Lauf gesetzt, ist deren Zugang das maßgebende Ereignis.

(2) Eine Erklärungsfrist wird nur gewahrt, wenn die Erklärung dem Empfänger innerhalb der Frist zugeht. Das gilt auch für die Rüge der vertragswidrigen Beschaffenheit einer Ware, wenn die Rügefrist nach Tagen bemessen ist.

(3) Die Vorschriften des Absatzes 1 Satz 1 und 2 gelten nicht für die Berechnung und Wahrung einer Ablade- oder Verladefrist.

1 1. Eine nach Stunden bemessene Frist ist in den WVB 1971 nicht mehr ausdrücklich vorgesehen. Sie könnte aber in gewissen Fällen von einer Partei bestimmt werden, z. B. zur Erklärung, ob eine Leistungsverweigerung als endgültig anzusehen sei (Bem. II 5 a zu § 18). Eine solche nach Stunden bemessene Frist wird durch den 16-Uhr-Glockenschlag nicht berührt.

2 Eine Frist im Sinne von § 4 (1) Satz 1 liegt auch vor, wenn vertraglich bestimmt ist, daß eine Erklärung bis zu einem späteren kalendermäßig bestimmten Tage abzugeben sei, z. B. wenn vereinbart ist, daß die Geltendmachung eines Erntevorbehalts bis zum 30. September 1976 zu erklären sei (10/77, JB 1977). Auch das Ende einer Frist, die ein Gläubiger seinem Schuldner für die Bewirkung einer Leistung bis zu einem kalendermäßig bestimmten Tage setzt, endet um 16 Uhr des letzten Tages, denn vernünftigerweise kann es keinen Unterschied machen, ob ein Gläubiger seinem Schuldner zur Bewirkung einer Hauptleistung (§ 17) am Montag, dem 1. 10., eine Frist von drei Geschäftstagen oder eine Frist bis Donnerstag, den 4. 10., bestimmt. In beiden Fällen ist die Frist sinngemäß nach Geschäftstagen bemessen; der unwesentliche Unterschied besteht nur darin, daß im zweiten Fall der Gläubiger zur Vermeidung von Mißverständnissen zugleich das Ende der Frist ausrechnet und dem Schuldner mitteilt.

Eine Frist im Sinne von § 4 (1) Satz 1 und Satz 2 liegt nur vor, wenn sie primär in die Zukunft weist. Beispiel: In § 41 WVB wird bestimmt, daß beim Abladegeschäft der Verkäufer dem Käufer „innerhalb von zehn Tagen *nach* Ablauf der Abladezeit" die Verschiffung anzuzeigen habe. Eine Frist im Sinne von § 4 (1) Satz 1 und 2 liegt deshalb nicht vor, wenn sie primär von einem Termin in die Vergangenheit weisend berechnet wird. Beispiel: In §§ 43 (2), 60 (2) wird bestimmt, daß der Käufer spätestens ,,zwei Wochen *vor* Ende der Abladezeit/Verladezeit" die gesamte Menge abzurufen habe. Näheres in Bem. 2 zu § 60.

2. In § 4 (2) wird Empfangsbedürftigkeit aller Mängelrügen vorausgesetzt (Bem. III 2 zu § 20). Die Empfangsbedürftigkeit der nach Tagen bemessenen Rügefrist (§§ 83, 89) wird in § 4 (2) Satz 2 nur deshalb hervorgehoben, weil der Käufer sie ohne Rücksicht auf Verschulden einzuhalten hat. Besser hätte der Text gelautet: ,,Das gilt für die Rüge der vertragswidrigen Beschaffenheit auch dann, wenn die Rügefrist nach Tagen bemessen ist." **3**

3. § 4 (3) beruht auf der internationalen Verflechtung der Abladegeschäfte (Zweiter Teil, Abschnitt I) und der Einfuhrgeschäfte über Land (Zweiter Teil, Abschnitt II), bei denen das Ende der streng einzuhaltenden Verladefrist überall klar erkennbar sein muß und deshalb nicht durch die national äußerst verschieden gelegten Feiertage in weltweite Unklarheit gerückt werden darf. **4**

4. Eine Partei, die sich darauf beruft, daß eine Frist abgelaufen sei, muß die Tatsachen nachweisen, welche die Frist in Lauf setzen (JB 1964, 54; 18/69, JB 1970). Liegen diese Tatsachen jedoch nur im Kenntnisbereich des Vertragsgegners, so muß dieser den Hergang beweisen, welcher dem Fristablauf entgegensteht. Hatte z. B. der Verkäufer die Ware bei der Einfuhr über Land an einen Transitplatz versandt und kommt es gemäß § 62 für den Beginn der Rügefrist auf die Ankunft am endgültigen Bestimmungsort an, so muß der Käufer beweisen, wann die Ware dort angekommen ist (1/72, JB 1972). **5**

Vorbemerkungen zu §§ 5 und 6

Vermittler (Agenten und Makler)

Agenten im Sinne der WVB sind diejenigen Vermittler, welche im Handelsgesetzbuch früher Handlungsagenten hießen und seit 1953 Handelsvertreter genannt werden: Sie sind *ständig* damit betraut, für einen anderen Unternehmer Geschäfte zu vermitteln oder in dessen Namen abzuschließen (§ 84 HGB). Die Vertreter ausländischer Ablader heißen in Hamburg ,,Cif-Agenten". Die *Makler* unterscheiden sich von den Agenten im we- **1** sentlichen dadurch, daß sie *nicht ständig* für bestimmte Unternehmen beschäftigt sind (§ 93 HGB). Nun gibt es aber im Waren-Vereins-Bereich viele Firmen, die sich teilweise als Makler und teilweise als Agenten betätigen. Im Einzelfall ist es deshalb nicht immer ohne weiteres klar, ob der Vermittler als Agent oder als Makler gehandelt hat. Insbesondere läßt sich manchmal nicht ausmachen, ob ein ausländischer Ablader den deutschen Vermittler vertraglich mit der ständigen Wahrnehmung seiner Interessen beauftragt oder nur wiederholt für einzelne Geschäfte als Makler beschäftigt hat. Auch die von dem betreffenden Vermittler erteilten Abschlußbestätigungen geben darüber oft keinen genügenden Aufschluß. Die Beweislast liegt bei derjenigen Partei, die aus dem von ihr geltend gemachten Status des Vermittlers Rechte oder Einwendungen herleiten will. Ob ein Vermittler als Agent oder als Makler tätig war, macht für die Rechte und Pflichten der Beteiligten oft erhebliche Unterschiede. Der Agent erhält Provision grundsätzlich nur für ausgeführte Geschäfte (§ 87 a HGB), wogegen der Makler seine Provision bereits mit dem Abschluß des Geschäfts verdient hat (§ 652 BGB). Die Tätigkeit des Maklers ist mit Vermittlung eines Abschlusses beendet, wogegen der Agent Vertreter seines Unternehmens bleibt. Der Agent gilt deshalb als bevollmächtigt, Mängelrügen und Erklärungen zur Qualitätsarbitrage entgegenzunehmen. Für den Makler gilt eine solche Vollmacht nicht.

2 In anderer Hinsicht haben die Usancen des Waren-Vereins-Bereichs allerdings die sonst anerkannten rechtlichen Unterschiede zwischen Agenten und Maklern verwischt. Das wurde schon von Mathies-Grimm-Sieveking (Einl. D Seite 8) festgestellt. Im Sinne dieser Usancen wurden in die WVB 1971 mehrere Vorschriften (§§ 5, 6, 38, 41, 56 und 58) aufgenommen, welche einheitlich für Makler und Agenten gelten. Im Sinne dieser Angleichung wird in den §§ 5 und 6 für die Agenten und Makler der umfassende Begriff „Vermittler" geprägt. Das Wort „Vermittler" ist in den §§ 5 und 6 auch sonst in weiterem Sinne zu begreifen: Es bezeichnet nicht nur den Vermittlungsagenten und die Makler, welche sich mit der Vermittlung von Geschäften befassen, sondern auch diejenigen Agenten und Makler, welche Geschäfte abschließen oder den Abschluß von Geschäften bestätigen. Die §§ 5, 6, 38, 41, 56 und 58 regeln nur einzelne Fragen, die sich aus dem Rechtsverhältnis zwischen dem Vermittler und den Parteien des Kaufvertrages ergeben. Aus der Rechtsprechung des gemäß § 30 (3) auch für das Verhältnis zwischen den Vertragsparteien und dem Vermittler sowie für das Verhältnis zwischen mehreren beteiligten Vermittlern zuständigen Schiedsgerichts, aus Verlautbarungen des Vorstandes und aus eigenen Erfahrungen des Verfassers lassen sich folgende Gebräuche des Waren-Vereins-Bereichs feststellen:

I. Vermittler im Allgemeinen

1. Die Funktion der Agenten und die Funktion der Makler beim Zustandekommen eines Vertrages sind nach allgemeinem Handelsrecht verschieden: 3

- § 84 (1) HGB unterscheidet zwischen Vermittlungsagenten und Abschlußagenten. Der Vermittlungsagent ist Bote im Sinne des § 120 BGB. Der Vertragsantrag (Gebot oder Angebot) der einen Partei und dessen Annahme durch den anderen Teil werden von ihm allenfalls übermittelt. Dagegen gibt der Abschlußagent diese Willenserklärungen im Namen der von ihm vertretenen Partei ab.
- Der Makler ist bei der Abgabe von Erklärungen im Zweifel nur Bote. Er übermittelt den von der einen Partei erklärten Vertragsantrag und empfängt die Annahmeerklärung der anderen Partei. Bevollmächtigt ist er nur für den Empfang der Annahmeerklärung; hatte er den Vertragsantrag richtig übermittelt, kommt deshalb der Vertrag zustande, sobald *ihm* die Annahmeerklärung zugeht.

Diese Unterscheidungen sind bedeutsam, weil ein Bote für die unrichtige Übermittlung einer Erklärung oder für die Übermittlung einer ihm überhaupt nicht aufgetragenen Erklärung weniger streng haftet als ein Vertreter, der eine Erklärung ohne Vertretungsmacht abgibt. Der Bote haftet allenfalls für Verschulden, wogegen der Vertreter ohne Vertretungsmacht im Rahmen von § 179 (2) BGB auch ohne Verschulden haftet. Im übrigen ist streitig, ob und inwieweit § 179 BGB auf den Boten entsprechend anzuwenden ist. Nach gesetzlicher Regelung ist deshalb zweifelhaft, ob selbst der vorsätzlich auftragswidrig handelnde Makler auf vollen Schadensersatz wegen Nichterfüllung (§ 179 Abs. 1 BGB) in Anspruch genommen werden kann oder ob seine Haftung auf das Vertrauensinteresse beschränkt bleiben kann. 4

Für den Handelsverkehr sind solche Unterscheidungen unbefriedigend. Das gilt besonders für den Waren-Vereins-Bereich, wo nicht immer klar ist, ob ein Vermittler als Agent oder als Makler handelte. 5

Alle Makler und alle Agenten, welche ein Geschäft abschließen oder das Zustandekommen eines Geschäfts bestätigen, gelten deshalb im Waren-Vereins-Bereich als Vertreter der Parteien (14/72, JB 1973). Makler und Agenten, welche eine Vollmacht für den von ihnen erklärten Abschluß nicht nachweisen können, haften also dem Erklärungsempfänger als Vertreter ohne Vertretungsmacht gemäß § 179 BGB, der wie folgt lautet: 6

„Wer als Vertreter einen Vertrag geschlossen hat, ist, sofern er nicht seine Vertretungsmacht nachweist, dem anderen Teile nach dessen Wahl zur Erfüllung oder zum Schadensersatze verpflichtet, wenn der Vertretene die Genehmigung des Vertrags verweigert.

Hat der Vertreter den Mangel der Vertretungsmacht nicht gekannt, so ist er nur zum Ersatze desjenigen Schadens verpflichtet, welchen der andere Teil dadurch erleidet, daß er auf die Vertretungsmacht vertraut, jedoch nicht über den Betrag des Interesses hinaus, welches der andere Teil an der Wirksamkeit des Vertrags hat.

Der Vertreter haftet nicht, wenn der andere Teil den Mangel der Vertretungsmacht kannte oder kennen mußte. Der Vertreter haftet auch dann nicht, wenn er in der Geschäftsfähigkeit beschränkt war, es sei denn, daß er mit Zustimmung seines gesetzlichen Vertreters gehandelt hat."

Grundsätzlich ist also ein solcher Vertreter ohne Vertretungsmacht dem Erklärungsempfänger nach dessen Wahl zur Erfüllung oder zum Schadensersatz verpflichtet, wenn der Vertretene die Genehmigung des Vertrages verweigert (§ 179 Abs. 1 BGB). Einschränkungen dieser Haftung ergeben sich aus § 179 Abs. 2 und 3 BGB. Eine Ausnahme ist aus der Praxis des Handelsverkehrs zu entnehmen: Erkennbar enthält die Schlußnote oft zusätzliche Bedingungen, z. B. eine Schiedsklausel oder den Bezug auf allgemeine Geschäftsbedingungen, von denen beim vorangegangenen Abschluß nicht ausdrücklich die Rede gewesen ist. Widerspricht dann eine Partei einer solchen zusätzlichen Bestimmung, so kann der Vermittler nicht aus § 179 BGB haftbar gemacht werden. Solche zusätzlichen Bestimmungen der Schlußnote sind nur Vorschläge des Vermittlers für die Ausgestaltung des Vertrages.

7 2. Der Handelsvertreter im Sinne der §§ 84 ff. HGB handelt im Namen des ständig von ihm vertretenen Unternehmens, aber grundsätzlich nicht im Namen eines Gegenkontrahenten dieses Unternehmens. Das Schiedsgericht hat jedoch für die Cif-Agenten im Bereich der Einfuhr von getrockneten Früchten einen abweichenden Handelsbrauch festgestellt. Nach Meinung des Schiedsgerichts ist der Agent in dieser Branche nicht allein der Vertreter seines Abladers, sondern er steht zwischen den Parteien. Er kann deshalb auch rechtsgeschäftlicher Vertreter des Gegenkontrahenten sein, nämlich dann, wenn er dessen Erklärungen an den Ablader weitergibt (1965, 70). Das Schiedsgericht hat diese Erörterungen für einen Fall angestellt, in welchem ein Cif-Agent seinem Ablader erklärt hatte, der Käufer habe der Verlängerung der in einem fest abgeschlossenen Kaufvertrage bedungenen Abladefrist zugestimmt, obwohl der Käufer tatsächlich dieser Verlängerung nicht zugestimmt hatte, und hat deshalb ausgesprochen, daß der Agent dem Ablader gemäß § 179 Abs. 1 BGB vollen Schadensersatz auf das positive Vertragsinteresse schulde. Auch insoweit besteht also nach Waren-Vereins-Usancen zwischen der Stellung des Maklers und derjenigen des Agenten kein Unterschied.

8 3. Vermittler pflegen das durch ihre Vermittlung abgeschlossene oder abzuschließende Geschäft den Vertragsparteien schriftlich zu bestätigen. Der Makler tut dies durch Übersendung der Schlußnote und erfüllt damit

eine gesetzlich bestimmte Pflicht (§ 94 HGB). Die Schlußnote setzt voraus, daß das Geschäft bereits abgeschlossen ist. Der Agent ist in der Regel für den Verkäufer beschäftigt. Die schriftliche Mitteilung, durch welche er ein Geschäft „bestätigt“, kann zweierlei bedeuten: Entweder bestätigt er die bereits formlos vollzogene Einigung; dann handelt es sich um ein kaufmännisches Bestätigungsschreiben. Oder der Agent nimmt namens des Verkäufers ein vorangegangenes Gebot des Käufers an; dann handelt es sich um eine Verkaufsbestätigung im engeren Sinne. Im Waren-Vereins-Bereich wird zwischen diesen drei Formen der Vertragsbestätigung im wesentlichen kein Unterschied gemacht, was schon dadurch zum Ausdruck kommt, daß viele Agenten und Makler ihren Bestätigungsvordrucken einfach die Überschrift „Vertrag“ oder „Kontrakt“ geben und daß in der Sprache der Kaufleute auch die von einem Agenten ausgestellte Abschlußbestätigung vielfach Schlußnote genannt wird. Folgende Wirkung ist in allen Fällen die gleiche:

Wenn der Empfänger eine dieser Bestätigungen widerspruchslos hin- **9**
nimmt, muß er deren Inhalt gegen sich gelten lassen. Durch sein Schweigen wird der Vertrag entsprechend der Bestätigung ergänzt oder geändert. War es zum Vertragsschluß noch nicht gekommen, so gilt der Vertrag als geschlossen mit dem aus der Bestätigung ersichtlichen Inhalt. Hatten der Agent oder der Makler ihre Vollmacht überschritten, so gelten ihre Erklärungen als genehmigt. Diese Grundsätze werden vom Schiedsgericht in ständiger Rechtsprechung angewandt, und zwar mit folgenden Maßgaben:

a) Rechtserzeugende Wirkung im Sinne des vorstehenden Grundsatzes **10**
haben nur solche Bestätigungen, welche dazu bestimmt sind, das Zustandekommen und den Inhalt des Geschäfts endgültig festzustellen. Schlußnoten, in denen die Klausel „Originalkontrakt des Verkäufers folgt“ oder ähnliche Vorbehalte vermerkt sind, können deshalb nicht rechtserzeugend wirken, denn solche Vermerke bedeuten, daß der Verkäufer die bisherigen Erklärungen noch nicht als endgültig und ausreichend ansieht, sondern sich solche Erklärungen durch eine eigene Verkaufsbestätigung vorbehält. Der Kaufvertrag kommt dann nicht schon dadurch zustande, daß die Vertragsparteien die Schlußnote des Maklers widerspruchslos entgegennehmen, sondern erst dadurch, daß der Käufer der demnächst übersandten Verkaufsbestätigung (Originalkontrakt) nicht widerspricht.

Nur der Inhalt dieser Verkaufsbestätigung ist dann für das Vertragsverhältnis maßgebend (BGH NJW 1955, 1916). Die Schlußnote gilt in diesen Fällen auch nicht, soweit der Originalkontrakt eine entsprechende Bestimmung nicht enthält, z. B. wenn der Originalkontrakt zur Zuständigkeit eines Schiedsgerichts nichts sagt (1958, 20). Wenn aber der Verkäufer die vorbehaltene Bestätigung des Verkaufs unterläßt und gleichwohl liefert, erkennt er durch diese schlüssige Handlung die Schlußnote unter Aufgabe des Vorbehalts an (1924, 16; 13/66).

11 Von dem im vorigen Absatz behandelten Sachverhalt ist der Fall zu unterscheiden, daß in der Schlußnote ergänzend auf „Verkäufers Verkaufs- und Lieferungsbedingungen“ Bezug genommen wird. Solche Schlußnoten sollen das Zustandekommen und den Inhalt des Abschlusses endgültig feststellen. Sie binden den Käufer aber nicht an beliebige Klauseln, welche der Verkäufer einer späteren direkten Verkaufsbestätigung hinzufügt, sondern allenfalls an die gedruckten Allgemeinen Geschäftsbedingungen des Verkäufers (34/63).

12 Auch ohne entsprechenden Vorbehalt übersenden manche Verkäufer den Käufern neben der Schlußnote des Maklers eigene Verkaufsbestätigungen mit besonderen in der Schlußnote nicht erwähnten Bedingungen. Solcher Verkaufsbestätigung muß der Käufer, wenn er diese vorher nicht ausbedungenen Klauseln nicht gelten lassen will, unverzüglich widersprechen. Unterläßt er dies, so werden die in einer solchen Bestätigung üblicherweise enthaltenen Klauseln zum Inhalt des Vertrages, soweit sie die Schlußnote ergänzen (14/56).

13 b) Die widerspruchslose Entgegennahme einer Schlußnote hat rechtserzeugende Wirkung nur dann, wenn die Schlußnote den darin als Vertragspartner bezeichneten Firmen zeitlich unmittelbar anschließend an die Vertragsverhandlungen zugeht; dieses Erfordernis wird durch den Zugang der Schlußnote bei einem Zwischenmakler nicht erfüllt (6/72, JB 1972).

14 c) Der Widerspruch gegen den Inhalt einer Schlußnote muß gegenüber dem Vertragsgegner erklärt werden. Ein gegenüber dem Makler erklärter Widerspruch ist nur wirksam, wenn der Makler ihn sofort an den Vertragsgegner weitergibt (2/69, JB 1969). Für Abschlußbestätigungen eines Agenten folgt das Entsprechende unmittelbar aus § 91 a HGB, der wie folgt lautet:

> „Hat ein Handelsvertreter, der nur mit der Vermittlung von Geschäften betraut ist, ein Geschäft im Namen des Unternehmers abgeschlossen, und war dem Dritten der Mangel an Vertretungsmacht nicht bekannt, so gilt das Geschäft als von dem Unternehmer genehmigt, wenn dieser nicht unverzüglich, nachdem er von dem Handelsvertreter oder dem Dritten über Abschluß und wesentlichen Inhalt benachrichtigt worden ist, dem Dritten gegenüber das Geschäft ablehnt.
>
> Das gleiche gilt, wenn ein Handelsvertreter, der mit dem Abschluß von Geschäften betraut ist, ein Geschäft im Namen des Unternehmers abgeschlossen hat, zu dessen Abschluß er nicht bevollmächtigt ist.“

15 d) Der Widerspruch gegen die Bestätigung eines Vermittlers ist nur wirksam, wenn er unverzüglich nach Zugang der Bestätigung abgeschickt

wird. Würde eine briefliche Mitteilung den Vertragsgegner erst nach unzumutbar langer Zeit erreichen, so muß der Widerspruch fernschriftlich, telegrafisch oder telefonisch erklärt werden. Frühere Usancen, daß Einwendungen „bis zur Börse“ des folgenden Werktages zu erheben seien (§ 5 WVB a. F. und § 4 der Hamburger Platzusancen), gelten für den Waren-Vereins-Bereich nicht mehr. Sie waren erkennbar auf besondere Hamburger Verhältnisse zugeschnitten und sind auch insoweit überholt, weil im Waren-Vereins-Bereich an der Börse kaum noch Geschäfte gemacht werden. Schon im Jahre 1951 ließ das Schiedsgericht es genügen, daß der Ablader die über die Vollmacht seines Agenten hinausgehende Verkaufsbestätigung *unverzüglich* beanstandete (1951, 12).

e) Die Bestätigung ist, auch ohne daß ihr unverzüglich widersprochen **16**
wird, ohne Wirkung, wenn sie sich inhaltlich so weit von dem vorher Abgesprochenen entfernt, daß der Vermittler vernünftigerweise mit einer Billigung nicht rechnen konnte, z. B. wenn dem einen Vertragsteil in der Bestätigung ein anderer Vertragspartner genannt wird als derjenige, von dem in den Verhandlungen die Rede war (49/73).

f) Meistens regelt der Vermittler in seiner schriftlichen Bestätigung auch **17**
Nebenpunkte, über die bei den vorangegangenen Verhandlungen nicht besonders gesprochen wurde. Auch solche Bestimmungen gelten als genehmigt, es sei denn, daß die bestätigte Regelung sich inhaltlich von dem vorher Abgesprochenen so weit entfernt, daß der Vermittler mit einer Genehmigung nicht rechnen konnte. Rechtserzeugende Wirkung hat in diesem Sinne zweifellos der Zusatz, daß die WVB gelten sollen und daß das Schiedsgericht des Waren-Vereins zuständig sein solle, jedenfalls soweit es sich um Geschäfte über Waren-Vereins-Artikel handelt.

Verlautbart der Vermittler durch seinen Zusatz nur etwas, was ohne- **18**
hin Handelsbrauch ist, ist ein Widerspruch wirkungslos. Sind die WVB in den vorangegangenen Verhandlungen besonders abgesprochen worden oder handelt es sich um einen der Fälle, in denen die WVB kraft Handelsbrauchs gelten (Einl. V 3), so besteht für keinen Teilbereich eine Usance, daß wahlweise auch die vom Vermittler zusätzlich ausbedungene Zuständigkeit der Hamburger freundschaftlichen Arbitrage hinzunehmen sei, auch nicht „auf Basis der WVB“. Wer sollte auch darüber befinden, ob diese Variante im Einzelfall gelten soll? Im Belieben des Vermittlers kann diese Wahl gewiß nicht stehen (MGS 7 zu § 5).

Der Widerspruch beseitigt nur die rechtserzeugende Wirkung der **19**
Schlußnote oder der sonst in Betracht kommenden Bestätigung des Vermittlers. Er beseitigt also nicht den etwa schon formlos abgeschlossenen

Vertrag, dessen Zustandekommen allerdings dann derjenige beweisen muß, der Rechte aus ihm herleitet. Richtet sich der Widerspruch nur gegen einen Teil der Bestätigung, so muß der Widersprechende die Bestätigung im übrigen gegen sich gelten lassen (MGS 13 zu § 5).

20 4. Zuweilen sind am Zustandebringen eines Geschäfts mehrere Vermittler beteiligt. Solche Vermittler betrachten und bezeichnen sich im Waren-Vereins-Bereich als „Metisten". Der zunächst vom Verkäufer beauftragte Vermittler hat dem anderen Vermittler eine Provision zu zahlen, deren Höhe häufig schon in der Schlußnote bezeichnet wird. Aus der Annahme eines Meta-Verhältnisses ergibt sich, daß der vom Verkäufer beauftragte Vermittler seinem Metisten die anteilige Provision nur schuldet, wenn er seine Provision von dem Verkäufer tatsächlich erhalten hat oder unter zumutbaren Bemühungen hätte erhalten können (12/66). Unter Umständen haben die Metisten ein Interesse daran, daß ihr jeweiliger Auftraggeber im Falle ordnungsmäßiger Abwicklung des Geschäfts den Namen des Geschäftsgegners nicht erfährt. In solchen Fällen erscheint in der Schlußnote des einen Vermittlers der wahre Käufer unter eigenem Namen, wogegen als Verkäufer der von dem wahren Verkäufer beauftragte Vermittler angeführt wird. Zugleich stellt der von dem wahren Verkäufer beauftragte Vermittler eine Schlußnote aus, in welcher der wahre Verkäufer mit eigenem Namen erscheint, wogegen als Käufer der von diesem beauftragte Vermittler bezeichnet wird. Verbindlich ist ein solcher Vertrag für den wahren Verkäufer und den wahren Käufer nur dann, wenn jeder seinem Beauftragten Vollmacht zum Abschluß mit einem für Rechnung, wen es angeht, handelnden Vertreter erteilt (02/68 – Oberschiedsgericht – JB 1969).

Diese zutreffende Auffassung hat das Oberschiedsgericht allerdings nur beiläufig geäußert, denn in der von ihm entschiedenen Sache 02/68 ging es um einen etwas anderen Sachverhalt:

Die Klägerin erhielt von dem beklagten Makler eine Schlußnote vom 11. 8. 67, in welcher der Beklagte bescheinigte, daß die Klägerin von der Firma H. A. durch seine Vermittlung eine bestimmte Menge bestimmter Konserven auf Mustergutbefund zu WVB zu einem bestimmten Preise gekauft habe. Der Beklagte hatte über diesen Abschluß fernmündlich mit seinem Metisten A. W. verhandelt und schickte diesem die gleiche Schlußnote. A. W. schickte am 11. 8. 67 dem Beklagten und der Firma H. A. einen „Auftragszettel", in welchem die Firma H. A. als Auftragnehmer und der Beklagte als Auftraggeber bezeichnet wurden. Am 14. 8. 67 schickte H. A. dem Beklagten eine Auftragsbestätigung, in welcher sie den Beklagten als ihren Käufer bezeichnete und auf ihre eigenen von den WVB abweichenden Verkaufs- und Lieferbedingungen Bezug nahm. Die Auftragsbestätigung gab der Beklagte nicht an die Klägerin weiter. Andererseits hatte A. W. die Schlußnote des Beklagten nicht an H. A. weitergegeben.

Das Oberschiedsgericht verurteilte den Beklagten zum Ersatz des Schadens, den die Klägerin nach Ansicht des Oberschiedsgerichts dadurch erlitten hatte, daß es infolge Verschuldens des Beklagten zum Abschluß des Vertrages, wie ihn der Beklagte bestätigt hatte, nicht gekommen sei. In der Begründung dieser Entscheidung ließ das Oberschiedsgericht ausdrücklich unentschieden, ob der Beklagte Vollmacht der Firma H. A. zum Abschluß des von ihm bestätigten Vertrages gehabt hatte. Es vertrat die Ansicht, daß „bei divergierenden Kontraktbestimmungen in den unterschiedlichen Schlußnoten ein Vertrag zwischen den gewollten Parteien des Kaufvertrages nicht zustande kommen kann". Es stellte fest, der Beklagte habe spätestens bei Eingang der Auftragsbestätigung vom 14. 8. 1967 erfahren, daß H. A. seine Schlußnote nicht erhalten hatte, und fuhr dann fort:

„In einer solchen Situation mußte sich der Beklagte bewußt werden, daß er die entscheidende Verpflichtung hatte, die Vertragsbestimmungen des gewechselten Schluß-Scheines bzw. der Auftragsbestätigung einander anzugleichen. Das gilt insbesondere auch hinsichtlich der Schiedsgerichts-Abrede, die nur in seinem eigenen Schluß-Schein erschien. Gegen diese Verpflichtung hat der Beklagte verstoßen und sich daher unmittelbar aus § 98 HGB schadensersatzpflichtig gemacht ... Er hat der Klägerin den Schaden zu ersetzen, den sie dadurch erleidet, daß sie ihre Ansprüche auf Zahlung von Schadensersatz und Verzinsung des von ihr geltend gemachten Betrages nicht gegen die Firma H. A. verfolgen kann."

Mit dieser Begründung läßt sich die vom Oberschiedsgericht getroffene Entscheidung nicht rechtfertigen. Dem Oberschiedsgericht ist nur zuzugeben, daß der Beklagte es schuldhaft versäumte, die Auftragsbestätigung des Verkäufers an die Klägerin weiterzugeben. Der Beklagte mochte auch für verpflichtet gehalten werden, nach Erhalt dieser Auftragsbestätigung eine Angleichung der Texte anzuregen. War aber, was das Oberschiedsgericht unentschieden ließ, der Beklagte von H. A. zum Abschluß des Vertrages laut Schlußnote vom 11. 8. 1967 bevollmächtigt worden, so kam der Vertrag zwischen der Klägerin und H. A. spätestens mit der widerspruchslosen Entgegennahme der Schlußnote vom 11. 8. 1967 durch die Klägerin zustande, und zwar zu den Bedingungen dieser Schlußnote. An diesem Vertrag konnte H. A. durch seine widersprechende Verkaufsbestätigung vom 14. 8. 1967 nichts mehr ändern, zumal da er diese Verkaufsbestätigung an einen Dritten richtete.

Außerdem beruht der Spruch des Oberschiedsgerichts auf der rechtsirrtümlichen Annahme, daß „bei divergierenden Kontraktbestimmungen in den unterschiedlichen Schlußnoten ein Vertrag zwischen den gewollten Parteien des Kaufvertrages nicht zustande kommen kann". Die Erteilung einer Schlußnote ist anerkanntermaßen (Baumbach-Duden, Anm. B zu § 94 HGB) nicht Voraussetzung der Wirksamkeit des vermittelten Geschäfts. So wird die Schlußnote laut der vom Vorstand des Waren-Vereins dem OLG Hamburg erteilten Auskunft (Bem. 4 zu § 6) allgemein auch von den Kaufleuten des Waren-Vereins angesehen. Allenfalls läßt sich sagen, daß divergierende Schlußnoten keine rechtserzeugende Wirkung haben. Eben deshalb können solche verschieden lautenden Schlußnoten an der vorangegangenen Einigung nichts ändern. Unklar ist auch, wie der Makler die ihn nach Ansicht des Oberschiedsgerichts treffende ,,Verpflichtung, die Vertragsbestimmungen des gewechselten Schluß-Scheins bzw. der Auftragsbestätigung einander anzugleichen", erfüllen soll. Schlußscheine müssen getroffenen Vereinbarungen entsprechen, und diese Vereinbarungen können nur die Parteien treffen. Der Makler schuldet in dieser Hinsicht allenfalls Bemühungen, aber keinen Erfolg. Ob die versäumten Bemühungen zum Erfolg, nämlich zum Vertragsschluß, geführt hätten, ist vom Schiedsgericht nach den Umständen des einzelnen Falles zu prüfen und festzustellen. Aus Verschulden bei der Erfüllung seiner Verpflichtungen haftet der Vermittler also nicht schlechthin auf Schadensersatz wegen Nichterfüllung (positives Vertragsinteresse), sondern unter Umständen nur auf Ersatz des Schadens, den der Auftraggeber erleidet, weil er auf die Gültigkeit des Vertrages vertraute (negatives Vertragsinteresse). Der Schiedsspruch 02/68 läßt nicht erkennen, ob das Oberschiedsgericht den ursächlichen Zusammenhang unter diesem Gesichtspunkt geprüft hat.

21 5. Agenten und Makler gelten als bevollmächtigt zur Entgegennahme der Destination (§§ 38, 56), ferner zur Entgegennahme und zur Erstattung der Verschiffungsanzeige (§ 41) und der Verladeanzeige (§ 58).

22 6. Verkauft eine Firma ,,für Rechnung" einer dritten namentlich angeführten Firma, so kann damit gemeint sein, daß auch im Namen dieser dritten Firma verkauft werde. Das Schiedsgericht hat dies angenommen, wenn der Anschein einer ,,ungewöhnlich engen Bindung" besteht (4/63). Im Zweifel rechtfertigt sich diese Annahme auch sonst, denn für wessen Rechnung ein Verkäufer etwa im Innenverhältnis handelt, geht den Käufer in der Regel nichts an (26/69, JB 1970).

23 7. Vermittelt ein Makler oder ein Agent ein Geschäft zu WVB, so gelten die WVB auch für das Auftrags- und Treueverhältnis zwischen ihm und den Parteien des Geschäfts (14/72, JB 1973). Insbesondere gelten die §§ 5, 6 und 30.

II. Agenten

24 1. Der Agent kann für die von ihm vertretene Firma wirksam nur abschließen, wenn diese ihm entsprechende Vollmacht erteilt hat. Eine Vermutung für eine Abschlußvollmacht des Agenten besteht nicht (34/63). Schließt der Agent ohne nachweisliche Vollmacht ab, so haftet er gemäß § 179 BGB (34/63). Bei Abladegeschäften über Waren mit täglich schwankendem Marktpreis ist die Abschlußvollmacht, die der Ablader dem Agen-

ten für ein bestimmtes Geschäft erteilt hatte, stillschweigend kurz befristet. Für persische Mandeln beträgt diese Frist höchstens einen Tag (10/56).

2. Hatte der Agent von seinem Ablader eine so kurz befristete Festofferte erhalten, daß er innerhalb dieser Frist noch keinen Käufer finden konnte, aber rechnet der Agent bestimmt damit, daß er demnächst einen Käufer finden und namhaft machen kann, so darf er in eigenem Namen die Annahme erklären und sich das Recht der späteren Benennung des endgültigen Käufers vorbehalten. Als solchen darf er auch einen Konkurrenten des Abladers benennen (12/55). **25**

3. Abgesehen von den Befugnissen, die sich für alle Vermittler aus §§ 38, 41, 56 und 58 ergeben, gilt der Agent auch als bevollmächtigt zur Entgegennahme einer Mängelrüge (§ 91 HGB). Der Cif-Agent gilt auch als bevollmächtigt für die Entgegennahme der Frist, welche der Käufer dem Verkäufer gemäß § 41 in Verbindung mit § 17 zur Erstattung der Verschiffungsanzeige setzen kann (14/65). Analog muß deshalb der Cif-Agent auch für die Entgegennahme anderer Fristbestimmungen im Sinne von § 17 als bevollmächtigt gelten (MGS Einl. D I 4 b). **26**

4. Der Agent eines Abladers hat das Recht, sich auch für andere Ablader zu betätigen, und zwar auch dann, wenn der Ablader ihm seine Alleinvertretung übertragen hatte. Das ist Handelsbrauch jedenfalls für Hamburg, denn die Hamburger Agenten pflegen sich dieses Recht vorzubehalten, weil ein einzelner Ablader erfahrungsgemäß nicht bei jeder Marktlage Offerten machen kann (MGS Einl. D I 8). Der Ablader, der dem Agenten die Alleinvertretung übertragen hat, muß sich gleichwohl anderer Verbindungen für die Dauer des Agenturvertrages enthalten (1962, 30). **27**

III. Makler

1. Gemäß § 652 BGB ist Maklerlohn zu zahlen, wenn der Vertrag infolge des Nachweises oder infolge der Vermittlung des Maklers zustande kommt. Das gilt grundsätzlich auch im Waren-Vereins-Bereich. **28**

a) Wird der Vertrag nicht erfüllt, etwa weil der Käufer die Dokumente nicht aufnimmt oder weil der Verkäufer nicht liefert, so berührt das den Anspruch des Maklers nicht. Zwar berechnen die Makler in der Regel keine Courtage, solange der Vertrag nicht beiderseits erfüllt worden ist. Die Makler sind aber gleichwohl der Überzeugung, daß sie grundsätzlich ihre Courtage ohne Rücksicht auf die Ausführung des Geschäfts verlangen können, und diese Überzeugung wird auch von den Importeuren respektiert. Die Stundung der Courtage oder der Verzicht auf die Courtage beruhen lediglich darauf, daß die Makler ihre Geschäftsverbindungen mit den Importeuren nicht gefährden wollen. Alle Beteiligten, nämlich Makler und **29**

Importeure, sind also davon überzeugt, daß die Courtage sofort nach Zustandekommen des Geschäfts gefordert werden kann und allenfalls aus Kulanz gestundet oder erlassen wird. Aus diesen Erwägungen hat das Hanseatische Oberlandesgericht zu Hamburg (2-U-29/65) aufgrund eines vom Verfasser nach Vorstandsbeschluß vom 19. 1. 1965 erstatteten Gutachtens den Provisionsanspruch eines Hamburger Maklers für einen Verkauf von Taiwan-Konserven für gerechtfertigt befunden, obwohl der Verkäufer nicht liefern konnte. Die gleichen Grundsätze gelten auch für den übrigen Waren-Vereins-Bereich (13/61; Vorstandsbeschluß 14. 3. 1950).

30 b) Vollen Provisionsanspruch hat der Makler auch, wenn das von ihm vermittelte Geschäft einen Selbstbelieferungsvorbehalt (§ 29) enthält. Der Makler braucht die Provision auch nicht zurückzuzahlen, wenn der Verkäufer aufgrund des Vorbehalts von der Lieferpflicht oder von der Gewährleistungspflicht frei werden sollte (MGS Einl. D II 1 b). Der Selbstbelieferungsvorbehalt ist keine auflösende Bedingung, durch welche gegebenenfalls der Vertrag vollen Umfangs hinfällig wird. Zum mindesten bleibt nämlich der Verkäufer zur Abtretung seiner Rechte aus dem Einkaufsvertrage verpflichtet (§ 29 Abs. 2).

31 c) Hat der Makler einen „Kauf auf Besicht" (§ 23) vermittelt, so kann er die Provision erst verlangen, nachdem das Geschäft als unbedingt abgeschlossen gilt (§ 23 Abs. 2). Das ist im Waren-Vereins-Bereich Usance (MGS 9 zu § 15), und deshalb erübrigt sich eine Erörterung der sonst umstrittenen Frage, wie es sich mit dem Provisionsanspruch des Maklers bei Vermittlung eines auflösend bedingten Geschäfts verhält.

32 d) Der Makler hat im Waren-Vereins-Bereich Anspruch auf Provision auch dann, wenn er selbst für eigene Rechnung kauft. Als Makler dokumentiert er sich durch Ausstellung der Schlußnote. Dagegen kann ein Händler, der die Ware von dem als Selbstkäufer aufgetretenen Makler zurückkauft, dem Makler seinerseits keine Provision berechnen, wenn das nicht ausdrücklich vereinbart wurde (1922, 35).

33 2. Im Waren-Vereins-Bereich ist die Maklerprovision – abweichend von der gesetzlichen Regel (§ 99 HGB) – vom Verkäufer allein zu tragen (Vorstandsbeschluß 14. 3. 1950).

34 3. Durch grobe Verletzung seiner Pflichten verliert der Makler unter Umständen seinen Anspruch auf Provision (Näheres: Bem. I 2 zu § 5).

§ 5
Vertragsschluß. Pflichten und Rechte der Vermittler

(1) Makler und Agenten, welche zur Vermittlung oder zum Abschluß eines Vertrages tätig werden, sind beiden Vertragsstellen zur

Anwendung höchster Sorgfalt verpflichtet. Alle den Vertragsschluß betreffenden Erklärungen eines Teiles, insbesondere Einwendungen eines Teiles gegen den Inhalt einer Schlußnote, einer Verkaufsbestätigung oder eines sonstigen Bestätigungsschreibens hat der Makler oder Agent sofort auf schnellstem Wege an den anderen Teil weiterzugeben.

(2) Maßgeblich für die Berechnung der Provision von Agenten und Maklern ist der Brutto-Verkaufspreis auch dann, wenn vereinbart ist, daß der Käufer die Beförderungskosten unter Kürzung des Rechnungsbetrages für Rechnung des Verkäufers zu zahlen hat.

I. Sorgfaltspflicht des Vermittlers

1. § 5 stellt klar, daß Agenten und Makler beiden Parteien haften. So entstehen vertragliche Beziehungen auch zwischen dem Agenten und dem Geschäftsgegner des von ihm ständig vertretenen Unternehmers. 1

2. Was schuldet der Vermittler den Vertragsteilen im einzelnen? 2

a) Er schuldet die Anwendung „höchster Sorgfalt". Das ist kein redensartlicher Superlativ, sondern eine substantielle Bestimmung. Die Bestimmung entspricht dem besonderen Vertrauen, welches den Agenten und Maklern im Waren-Vereins-Bereich von den Händlern entgegengebracht wird.

b) Der Vermittler hat die Verhandlungspartner über den Stand seiner Verhandlungen laufend zu unterrichten. Hervorgehoben wird in § 5 seine Verpflichtung, alle den Vertragsschluß betreffenden Erklärungen eines Teiles, insbesondere Einwendungen eines Teiles gegen den Inhalt einer Bestätigung, sofort an den anderen Teil weiterzugeben, weil diese Erklärungen das Zustandekommen, den Bestand und den Inhalt des Geschäfts besonders berühren. Der Vermittler ist aber auch zur umgehenden Weitergabe sonstiger Erklärungen (Mängelrügen, Destinationen, Verladeanzeigen etc.) verpflichtet, und zwar besonders dann, wenn diese Erklärungen fristgebunden sind und erst durch den Zugang bei dem Geschäftsgegner wirksam werden. 3

c) Der Vermittler – besonders der Makler – steht zu beiden Parteien in einem Treueverhältnis. Er hat deshalb den Parteien die Aufklärungen zu geben, welche sie von ihm nach Treu und Glauben erwarten dürfen. Andererseits hat er sich unverantwortlicher Empfehlungen zu enthalten. 4

aa) Gegenüber dem Importeur ist der Makler in der Regel nicht verpflichtet, Erkundigungen über die Zuverlässigkeit des Abladers einzuholen, ehe er einen Abschluß vermittelt. Bei ausländischen Firmen pflegen Hamburger Importeure eine gewisse Unsicherheit in Kauf zu nehmen. Sind dem Makler aber vor dem Abschluß besondere Umstände bekannt geworden, die Zweifel an der Erfüllungsbereitschaft oder dem Erfüllungsvermö- 5 gen eines Kontrahenten rechtfertigen, so hat er diese Umstände dem Gegenkontrahenten vor Abschluß bekanntzugeben (7/62). Ein dem Waren-Verein angehöriger Makler oder Agent muß einen Kontrahenten vor Vermittlung des Abschlusses besonders darauf hinweisen, wenn der Gegenkontrahent auf der beim Waren-Verein geführten Liste unzuverlässiger ausländischer Firmen („Schwarze Liste") steht (Vorstandsbeschluß vom 6. 11. 1973). Diese Aufklärungspflicht hat der dem Waren-Verein angehörige Makler oder Agent auch gegenüber einem Kontrahenten, der seinerseits dem Waren-Verein angehört und deshalb die Schwarze Liste kennt, denn der Vermittler hat „höchste Sorgfalt" anzuwenden; er hat deshalb noch sorgfältiger zu handeln als die Vertragspartei, die sich auf ihn verläßt.

6 **bb)** Der Makler haftet den Parteien für schuldhaft erteilte unzutreffende Empfehlungen auf Schadensersatz, wenn auch unter Umständen ein Mitverschulden der Partei zu berücksichtigen ist. So hat das Schiedsgericht einen Makler zur Höhe von 50 % für schadensersatzpflichtig erklärt, weil er dem Käufer die Ware, ohne vom Verkäufer dazu ermächtigt zu sein, als „besonders gut" angepriesen hatte und den Käufer durch diese Anpreisung dazu verleitet hatte, die Ware nicht ausreichend genau zu untersuchen (19/56).

7 **d)** Der Vermittler ist verpflichtet, auf einen vollständigen und formgerechten Abschluß des Vertrages hinzuwirken.

aa) Zu einem vollständigen Vertrag gehört die Vereinbarung angebrachter Allgemeiner Geschäftsbedingungen und die Vereinbarung einer zweckmäßigen Schiedsklausel; im internationalen Geschäft ist auch die Vereinbarung des anzuwendenden Rechts zu empfehlen. Im Waren-Vereins-Bereich wird das alles sehr einfach durch einen Bezug auf die WVB erreicht, wobei die Zuständigkeit des Waren-Vereins-Schiedsgerichts zweckmäßigerweise hervorzuheben ist. Es ist jedoch gefährlich, wenn der Vermittler diesen Bezug auf die Ausfertigung der Schlußnote oder der sonstigen Vertragsbestätigung verschiebt in der Hoffnung, daß die Vertragsparteien die entsprechende Klausel ohne Widerspruch passieren lassen. Die schiedsgerichtliche Praxis lehrt, daß der Zugang solcher Schlußnoten von dem in Anspruch genommenen Vertragsteil häufig bestritten wird und von dem anderen Vertragsteil nicht bewiesen werden kann. In einem solchen Fall ist es für den anspruchserhebenden Teil von Vorteil, wenn der Makler die ausdrückliche Vereinbarung dieser wesentlichen Vertragspunkte belegen oder mindestens bezeugen kann. Der von manchen Vermittlern geäußerte Einwand, die ausdrückliche Vereinbarung dieser Punkte sei zu umständlich und müsse deshalb der Schlußnote überlassen werden, leuchtet bei der Wichtigkeit dieser Regelungen nicht ein. Auf die WVB kann in so kurzer Form Bezug genommen werden, daß der Telefonverkehr oder der

Fernschreiberverkehr, in welchen es zu der Einigung kommt, dadurch nicht wesentlich belastet wird.

Überläßt der Vermittler die Vereinbarung der WVB und die Vereinbarung des Waren-Vereins-Schiedsgerichts gleichwohl der Schlußnote oder der sonstigen schriftlichen Vertragsbestätigung, so muß er sich mindestens sehr bald davon vergewissern, daß die Parteien die Schlußnote erhalten haben. Dies ist erfahrungsgemäß besonders wichtig, wenn der Vermittler mit einem Kunden unter Zwischenschaltung eines Untermaklers oder Subagenten (Metisten) verhandelt und die Schlußnote nicht unmittelbar der betreffenden Partei, sondern dem Metisten zuschickt. Instruktiv sind die Entscheidungen 02/68 (JB 1969) und 6/72 (JB 1972).

bb) Zum formgerechten Abschluß von Geschäften, die nicht sofort erfüllt werden sollen, gehört schon nach gesetzlicher Vorschrift, daß der Makler seine Schlußnoten von beiden Parteien gegenzeichnen läßt und jeder Partei die von der anderen unterschriebene Schlußnote übersendet (§ 94 Abs. 2 HGB). In einem nicht veröffentlichten Spruch hat das Schiedsgericht entschieden, die Verpflichtung gelte nach Handelsbrauch nicht bei Einfuhrgeschäften (4/63). Ob ein solcher Handelsbrauch jemals bestanden hat, kann dahingestellt bleiben. Er besteht jedenfalls nicht mehr rechtswirksam, soweit die Schlußnote einen Vertrag mit mindestens einer im Ausland ansässigen Partei bestätigt und zugleich eine Schiedsklausel enthält. Seit Erlaß des Schiedsspruchs 4/63, also seit 1963, hat sich nämlich auch bei den Kaufleuten aufgrund vieler unerfreulicher Erfahrungen herumgesprochen, 8

- daß nach dem Recht vieler Staaten ein Schiedsvertrag auch unter Kaufleuten mindestens der Schriftform bedarf und deshalb von beiden Parteien unterschrieben werden muß.
- daß das US-Übereinkommen vom 10.6.1958 die für die Anerkennung und Vollstreckung ausreichende Form eines Schiedsvertrages wie folgt festlegt: Der Schiedsvertrag muß schriftlich abgeschlossen und von den Parteien unterzeichnet sein. Allenfalls genügt auch ein Schriftwechsel oder ein Austausch von Telegrammen, nicht jedoch die nur von dem Makler unterzeichnete Schlußnote.
- daß das Europäische Übereinkommen über die Anerkennung und Vollstreckung ausländischer Schiedssprüche vom 10. 4. 1961 nebst Zusatzabkommen vom 17. 9. 1962 ebenfalls die Schriftform im Sinne des UN-Übereinkommens von 1958 erfordert, soweit die Parteien nicht solchen Staaten angehören, die auch den mündlichen Abschluß von Schiedsverträgen zulassen.

Bei dieser Rechtslage muß der Makler die Unterschriften der Vertragsteile gemäß § 94 (2) HGB mindestens dann einholen, wenn der mit einer ausländischen Partei vermittelte Vertrag eine Schiedsklausel enthält; ebenso die Verlautbarung des Waren-Vereins-Vorstandes vom 2. 11. 1977 (Rund- 9 schreiben Nr. 87/77). Sollten in diesen Fällen die deutschen Händler trotzdem den Makler zur Einholung der Unterschrift des Gegenkontrahenten entgegen § 94 (2) HGB übereinstimmend nicht für verpflichtet halten, so wäre ein solcher Handelsbrauch ein mit der Sicherheit des Verkehrs unverträglicher Mißbrauch und daher unbeachtlich.

10 Wie gesagt, ist der Makler zur Einholung der Unterschriften auch nur dann verpflichtet, wenn das Geschäft *nicht sofort* zu erfüllen ist. Ob in diesem Sinne eine sofortige Erfüllung vereinbart ist, läßt sich nicht einheitlich nach Uhr und Kalender bestimmen, sondern es kommt auf die Umstände des einzelnen Falles an. In erster Linie ist danach zu entscheiden, ob zwischen Vertragsschluß und vereinbarter Erfüllungszeit unter Berücksichtigung der Postverhältnisse noch ausreichende Zeit für die Hinsendung und Rücksendung der Schlußnote, für den Bericht des Maklers und für eine von der interessierten Partei zu bestimmende Nachfrist verbleibt. Liegen zwischen dem Vertragsschluß und dem letzten Verlade- oder Liefertermin mehr als vier Wochen, wird kaum noch von sofortiger Erfüllung die Rede sein können.

11 Der Makler hat nicht dafür zu garantieren, daß der Gegenkontrahent die Schlußnote unterschreibt. Er muß sich nur in diesem Sinne bemühen. Der Makler haftet jedoch für das Ausbleiben der Unterschrift, wenn er es entgegen aa) unterlassen hat, die Schiedsklausel schon vor Erteilung der Schlußnote mit beiden Parteien zu verabreden, *und* der Gegenkontrahent aus diesem Grunde die Schlußnote nicht unterzeichnen will. In jedem Fall muß der Makler den Kontrahenten, welcher der Schiedsklausel und dem übrigen Inhalt der Schlußnote zugestimmt hatte, unverzüglich von der Weigerung des Gegenkontrahenten unterrichten, damit jener selbst die erforderlichen Schritte einleiten kann. Wer seine Unterschrift verzögert, setzt sich nämlich dem Verdacht aus, daß er den Vertrag nicht erfüllen will, und schon in der Erweckung solcher Ungewißheit kann unter Umständen eine ungerechtfertigte Erfüllungsverweigerung im Sinne von § 18 erblickt werden (Bem. II 4 zu § 18). Ob die Weigerung als endgültig anzusehen ist, kann die an einer Klärung der Sachlage interessierte Partei bindend feststellen, indem sie der anderen Partei eine Frist zur Rücksendung der unterzeichneten Schlußnote setzt (Bem. II 5 zu § 18). Nach ergebnislosem Ablauf dieser Frist kann sie die Rechte aus § 18 (2) ausüben und insbesondere vom Vertrage zurücktreten.

12 Will der deutsche Importeur in jedem Falle sichergehen, daß der ausländische Exporteur sich durch Unterzeichnung der Schlußnote wirksam der Zuständigkeit des gewünschten Schiedsgerichts unterwirft, so darf er dem Makler überhaupt keine Vollmacht zum Abschluß des Vertrages erteilen, sondern er muß dann die klare Instruktion geben, daß der vom Makler zu vermittelnde Vertrag erst nach Zugang der von beiden Parteien unterzeichneten Vertragsurkunden zustande kommen solle und daß die unterzeichneten Vertragsurkunden dem Makler innerhalb bestimmter Frist zugehen müssen. Nur so vermeidet der Importeur den bei steigenden Preisen häufig vorkommenden Einwand des Exporteurs, es sei überhaupt kein Vertrag zustande gekommen, weil er nichts unterschrieben habe, und nur so vermeidet der Importeur zuverlässig, daß bei fallenden Preisen der ausländische Exporteur sich auf einen Vertrag beruft, welcher schon vor Erteilung der Schlußnote zustande gekommen sei. Man muß überhaupt erkennen, daß jede Formlosigkeit des Vertrages dem ausländischen Exporteur eine bequeme Spekulation auf dem Rücken des deutschen Importeurs ermöglicht, der nach deutschem Recht an eine Schlußnote, welcher er nicht widersprochen hat, und insbesondere an die in einer solchen Schlußnote enthaltenen Schiedsklausel gebunden ist.

Die vorstehenden Ausführungen gelten entsprechend auch für Agenten. 13
Bestätigt ein Agent für einen ausländischen Verkäufer einen Abschluß mit Schiedsklausel, so muß er sich vorher eine klare Vollmacht verschaffen, die nach manchem ausländischen Recht, z. B. gemäß Artikel 1392 des italienischen Zivilgesetzbuches, sogar der schriftlichen Form bedarf.

Es ist zuzugeben, daß Geschäfte, die sofort erfüllt werden sollen, für die 14
Einholung von Unterschriften, durch die der Vertrag erst zustande kommen soll, kaum Zeit lassen. Solche Geschäfte führen aber seltener zu Streitigkeiten und Schiedsgerichtsverfahren als langfristige Verträge, bei denen die Parteien ein erhebliches Preisrisiko eingehen und bei denen diejenige Partei, deren Spekulation nicht aufgegangen ist, oft versucht, sich der Vertragserfüllung zu entziehen. Der Abschluß langfristiger Verträge steht andererseits nicht unter solchem Zeitdruck. Es ist deshalb kein ausreichender Grund ersichtlich, weshalb bei Abschluß eines solchen Vertrages nicht schon von vornherein die zur Vereinbarung einer wirksamen Schiedsklausel erforderliche Schriftform eingehalten werden soll. Außerdem: Die Partei, welche die Schriftform ablehnt, läßt von vornherein vermuten, daß sie auch bei der Erfüllung des Vertrages und im Falle eines Schiedsgerichtsverfahrens Schwierigkeiten machen wird. Ihr Verhandlungsgegner wird vielleicht für diese Warnung dankbar sein und sich rechtzeitig einen zuverlässigeren Vertragspartner suchen.

Ein vorsichtiger Vermittler sollte mit den beteiligten Parteien von vorn- 15
herein klären, welchen Wert sie auf die Einhaltung der Schriftform oder wenigstens auf die nachträgliche Einholung der Unterschriften legen. Bei dieser Klärung muß der Vermittler den Kunden auf die Nachteile hinweisen, welche ihm durch einen Formmangel der Schiedsklausel entstehen können. Der Vermittler mag sich gegebenenfalls von der Sorgfaltspflicht, welche ihm mindestens die nachträgliche Einholung der Unterschriften gebietet, durch ausdrückliche Vereinbarung entbinden lassen, wenn er meint,

daß ihm deren Erfüllung nicht zuzumuten sei. Bei ständigen Geschäftsverbindungen kann das durch eine für alle Fälle im voraus getroffene Vereinbarung geschehen. Rückhaltlose Klarheit ist dem Vermittler in diesem höchst verantwortungsvollen Bereich anzuraten.

16 3. Für eine Verletzung der Sorgfaltspflicht hat der Vermittler mit Schadensersatz einzustehen. Dabei ist der ursächliche Zusammenhang zu prüfen. Hat das Vermittlerverschulden dazu geführt, daß ein Vertrag, welcher sonst nachweislich zustande gekommen wäre, nicht wirksam zustande gekommen ist, haftet der Vermittler auf Schadensersatz wegen Nichterfüllung. Ist dieser Nachweis nicht zu erbringen, haftet der Makler unter Umständen nur für den Schaden, welcher der betroffenen Partei dadurch entstanden ist, daß sie auf die Gültigkeit des Vertrages vertraute. Der Vermittler haftet jedoch nicht für ein Opfer, welches ein Vertragsteil dem durch Vermittlerverschulden verärgerten anderen Vertragsteil im Kulanzwege erbringt (34/75, JB 1976).

II. Berechnung der Provision

17 Der nach § 5 (2) maßgebliche Brutto-Verkaufspreis enthält nicht die Mehrwertsteuer. Das ist einhellige Überzeugung des Handels (MV 16. 11. 1971).

§ 6
Vertragsschluß. Vorbehalt der Aufgabe eines Vertragsteils

(1) Hat sich ein Vermittler (Agent oder Makler) die Bezeichnung eines Vertragsteils vorbehalten, so ist der andere Teil an das Geschäft auch dann gebunden, wenn er gegen den nachträglich bezeichneten Vertragsteil begründete Einwendungen erhebt; in diesem Fall gilt der Vermittler als Vertragsgegner. Im übrigen bleibt § 95 HGB unberührt.

(2) Unterbleibt die Bezeichnung, so gilt der Vermittler auch dann als Vertragsgegner, wenn nicht der andere Vertragsteil, sondern er selbst an dem Vertrag festhalten will.

1 1. **§ 95 HGB**, auf welchen in § 6 verwiesen wird, lautet wie folgt:

„Nimmt eine Partei eine Schlußnote an, in der sich der Handelsmäkler die Bezeichnung der anderen Partei vorbehalten hat, so ist sie an das Geschäft mit der Partei, welche ihr nachträglich bezeichnet wird, gebunden, es sei denn, daß gegen diese begründete Einwendungen zu erheben sind.

Die Bezeichnung der anderen Partei hat innerhalb der ortsüblichen Frist, in Ermangelung einer solchen innerhalb einer den Umständen nach angemessenen Frist zu erfolgen.

Unterbleibt die Bezeichnung oder sind gegen die bezeichnete Person oder Firma begründete Einwendungen zu erheben, so ist die Partei befugt, den Handelsmäkler auf die Erfüllung des Geschäfts in Anspruch zu nehmen. Der Anspruch ist ausgeschlossen, wenn sich die Partei auf die Aufforderung des Handelsmäklers nicht unverzüglich darüber erklärt, ob sie Erfüllung verlange."

§ 95 HGB gilt entsprechend, wenn der Makler schon vor Erteilung der Schlußnote das Geschäft seinem Auftraggeber unter dem Vorbehalt der Bestimmung des Vertragsgegners als abgeschlossen bezeichnet und diese Partei nicht widerspricht (Baumbach-Duden, 19. Aufl. Anm. C zu § 95 HGB). § 95 HGB gilt allgemein entsprechend auch für Agenten (Baumbach-Duden aaO). Gemäß § 5 ist jeglicher Vermittler (Makler und Agenten) beiden Parteien verantwortlich. Für den Waren-Vereins-Bereich ist deshalb bei Anwendung des § 95 HGB davon auszugehen, daß jeglichen Vermittler – sei er Makler oder Agent – mit beiden Parteien ein Auftragsverhältnis verbindet.

2. Entsprechend dieser weitgehenden Auslegung von § 95 HGB ist § 6 WVB nicht auf den Inhalt einer Schlußnote beschränkt; die Schlußnote wird – im Gegensatz zu § 40 WVB a. F. – nicht mehr ausdrücklich erwähnt. Diese Fassung von § 6 beruht auf dem anerkannten Grundsatz, daß die Schlußnote eine Bestätigung des schon geschlossenen Vertrages darstellt: In erster Linie kommt es also darauf an, was in den der Schlußnote vorangegangenen Verhandlungen vereinbart wurde und vorbehalten blieb. Dieser Grundsatz schließt nicht aus, daß die Schlußnote noch zusätzliche Bestimmungen enthält, die als genehmigt gelten, wenn ihnen von keiner Partei (gegenüber der anderen Partei!) widersprochen wird. Der Vorbehalt kann daher schon bei dem der Schlußnote vorangegangenen Vertragsschluß erklärt werden. 2

3. § 6 geht über § 95 HGB hinaus mit dem Ziel, daß der andere Vertragsteil unter allen Umständen an den Vertrag gebunden bleibt, und zwar auch dann, wenn er begründete Einwendungen gegen den ihm bezeichneten Vertragsteil erhebt oder wenn der Vermittler die rechtzeitige Bezeichnung des Vertragsgegners unterläßt: Auch in diesen Fällen gilt der Vermittler als Vertragsgegner; es gibt also kein einseitiges Optionsrecht des anderen Vertragsteils. 3

4. Der Vermittler hat den Vertragsteil, dessen Bezeichnung er sich vorbehalten hatte, der anderen Partei gemäß § 95 (2) HGB „innerhalb einer den Umständen nach angemessenen Frist" aufzugeben. Hatte der Vermittler sich vor Ausstellung der Schlußnote die Bezeichnung eines Vertragsteils erkennbar nur deshalb vorbehalten, um seine Vergütung nicht zu gefährden, darf der andere Vertragsteil erwarten, daß er den Namen des Vertragsgegners spätestens aus der Schlußnote erfährt. Hierzu hat der Vorstand des Waren-Vereins dem Hanseatischen Oberlandesgericht zu Hamburg (10 U 4

98/71) durch Schreiben vom 31. 8. 1972 die folgende Auskunft erteilen lassen:

„Der Makler hat in der Regel das verständliche Interesse, dem jeweiligen Verhandlungspartner den Namen des vorgesehenen Vertragspartners nicht zu offenbaren, bevor der gewünschte Vertrag zustande gekommen ist und damit der Vergütungsanspruch des Maklers entstanden ist. Auf dieses Interesse wird von den Parteien des gewünschten Vertrages oft Rücksicht genommen. Hat z. B. der Makler eine Festofferte erhalten, so kann er nach seinem Ermessen den Verkauf mit jeder vernünftigerweise in Betracht kommenden Firma abschließen, soweit sein Auftraggeber ihm nicht den Abschluß mit bestimmten Firmen untersagt hat. Der Auftraggeber, von dem der Makler die Festofferte – möglicherweise fernmündlich – erhalten hatte, wird dann in der Tat den Namen seines Käufers erst aus der Schlußnote erfahren. Auch der Käufer wird in diesem Fall oft nicht darauf bestehen, daß der Makler ihm den Namen des Verkäufers vor endgültigem Zustandekommen des gewünschten Vertrages nennt. Fragt der Käufer den Makler in einem solchen Fall sofort nach Zustandekommen des Vertrages nach dem Namen der Gegenpartei, wird der Makler die Gegenpartei noch in demselben Telefongespräch benennen; sonst erfährt der Käufer den Namen erst aus der Schlußnote. – Entsprechendes gilt, wenn der Makler sich zuerst ein Festgebot von dem Kaufinteressenten beschafft hat.

Unter einer Schlußnote wird von den Kaufleuten, die unsere Geschäftsbedingungen zu vereinbaren pflegen, in Übereinstimmung mit § 94 HGB nur die Bestätigung eines bereits abgeschlossenen Geschäfts erblickt; eine Zustellung vor Zustandekommen des Vertrages ist nicht üblich. Wohl aber kommt es – wie oben ausgeführt wurde – häufig vor, daß ein Vertrag durch Vermittlung eines Maklers zustande kommt mit einem Vertragspartner, der im Augenblick des Geschäftsabschlusses dem anderen Kontrahenten noch nicht bekannt ist, aber von dem Makler sofort nach Geschäftsabschluß – spätestens in der Schlußnote – zu benennen ist."

Waren jedoch andere Gründe erkennbar, aus denen der Vermittler bei den der Schlußnote vorangehenden Verhandlungen sich die Bezeichnung eines Vertragsteils vorbehielt, oder blieb ein in die Schlußnote aufgenommener Vorbehalt unwidersprochen, so sind gemäß § 95 (2) HGB die Umstände des einzelnen Falles in Betracht zu ziehen. Bei Abladegeschäften läuft die Frist des § 95 (2) HGB mit dem Ende der für die Verschiffungsanzeige (§ 41) geltenden Frist ab (26/69, JB 1970).

5 5. Der vertragliche Hinweis auf einen nicht genannten Ablader ist dahin zu verstehen, daß der Vermittler sich die Bezeichnung des Verkäufers vorbehält (26/69, JB 1970). Übernimmt der Vermittler zugleich die Garantie für die Erfüllung des Vertrages, so handelt er hinsichtlich des gesamten Vertrages in eigenem Namen; dies ist mindestens Handelsbrauch im Hamburger Schalenobst-Einfuhrhandel (29/70, JB 1972).

§ 7
Beschaffenheit der zu liefernden Ware

Der Verkäufer hat Ware von der im Vertrag bezeichneten Gattung und Qualität zu liefern. Ist im Vertrage die Ernte, aus der die Ware zu liefern ist, bestimmt, so hat der Verkäufer Durchschnittsqualität dieser Ernte zu liefern. Ist beim Verkauf von Trockenfrüchten oder Schalenobst die Ernte im Vertrage nicht bestimmt, hat der Verkäufer aus neuer Ernte zu liefern. Sind ohne Vereinbarung des Mengenverhältnisses in einem Vertrage Waren von verschiedener Beschaffenheit, insbesondere von verschiedenen Sortierungen desselben Erzeugnisses verkauft, so bestimmt der Verkäufer dieses Verhältnis nach seinem Belieben.

1. Im Sinne des § 7 ist „liefern" der Inbegriff der vom Verkäufer ge- 1
schuldeten Hauptleistungen. Er umfaßt insbesondere die in § 433 BGB bestimmten Verpflichtungen, dem Käufer die verkaufte Sache zu übergeben und ihm das Eigentum an der Sache zu verschaffen. Er umfaßt gegebenenfalls auch die vom Verkäufer übernommene Versendung und die zur ordnungsmäßigen Andienung gehörenden Handlungen, so z. B. die Sortierung im Sinne des § 82.

Ist Lieferung innerhalb bestimmter Frist vereinbart, so ist der Verkäufer 2
verpflichtet, dem Käufer innerhalb dieser Frist die Ware tatsächlich zu verschaffen (Einzelheiten: Bem. 2 zu § 10).

2. Man unterscheidet zwischen dem Kauf einer bestimmten Partie 3
(Stückkauf) und dem Kauf einer nur der Gattung nach bestimmten Ware (Gattungskauf). Der wesentliche Unterschied besteht darin, daß der Verkäufer beim Stückkauf von der Verpflichtung zur Leistung frei wird, wenn die verkaufte Partie verlorengeht, wogegen beim Gattungskauf bis zu dessen Konzentration auf eine bestimmte Partie (§§ 41 Abs. 3, 58 Abs. 2, 78) der Verkäufer zur Lieferung verpflichtet bleibt, solange die Leistung aus der Gattung möglich ist (§ 279 BGB). Nach WVB ist in der Regel eine Gattungsschuld anzunehmen. Die Vereinbarung, daß etwa „ab Lager Kaldenkirchen" zu liefern sei, bestimmt deshalb nur den Erfüllungsort, aber nicht ohne weiteres den Gegenstand des Kaufs (23/71, JB 1972).

3. Was zur Gattung gehört, können die Parteien im Kaufvertrag be- 4
stimmen. Es gibt keinen numerus clausus der Gattungen (24/73, JB 1973). Zu den Gattungsmerkmalen gehören im Zweifel die Ernte, die Herkunft und die Verpackung. Zur Abgrenzung zwischen Gattungsmerkmalen und Qualitätsmerkmalen Bem. V 2 zu § 19.

4. Mit Ausnahme von Trockenfrüchten und Schalenobst ist dem Ver- 5
käufer gestattet, Ernte nach seiner Wahl zu liefern, wenn nichts anderes vereinbart wurde (MV 16. 11. 1971). Insbesondere besteht kein Handelsbrauch, daß der Verkäufer von Formosa-Spargelkonserven aus der bei Ver-

tragsschluß oder bei Verladung verfügbaren neuesten Ernte zu liefern habe (22/69, JB 1970). Die Vereinbarung, daß nicht aus älterer Ernte geliefert werden darf, braucht nicht ausdrücklich getroffen zu werden; sie kann sich auch aus der Höhe des ausgehandelten Preises und aus sonstigen Umständen des einzelnen Falles ergeben (22/69, JB 1970).

6 5. Ausdrücklich oder sinngemäß können die Parteien vertraglich den Umfang der Gattung auf die Produktion eines bestimmten Fertigungsbetriebes beschränken. Keine solche Beschränkung hat das Schiedsgericht anerkannt für den Fall eines in Colombo (Ceylon) ansässigen Produzenten, welcher Ceylon-Kokosraspel verkauft hatte (28/67, JB 1967). Produktion und Handel, so hat das Schiedsgericht dort ausgesprochen, schließen sich bei diesem Artikel nicht aus, jedenfalls nicht bei größeren Unternehmen, die an einem größeren Handelsplatz des Ursprungslandes ansässig sind. Andererseits hat das Schiedsgericht eine Beschränkung der Gattung auf die Produktion eines bestimmten Fertigungsbetriebes des Verkäufers angenommen für den Fall eines kleinen griechischen Konservenfabrikanten, der seine einzige Fabrik in einem ländlichen Bezirk von Mazedonien betrieb und Erdbeerkonserven an Hamburger Importeure verkauft hatte (40/76, JB 1978). Entscheidend kommt es nach dieser Rechtsprechung darauf an, ob dem Verkäufer die Beschaffung eines fremden Erzeugnisses zur Erfüllung eigener Lieferpflichten wirtschaftlich zuzumuten ist. Die Zumutbarkeit wird von der Produktions- und Handelsstufe des Verkäufers abhängen. Sie kann im Einzelfall auch davon abhängen, ob der vereinbarte Preis dem Verkäufer die Erfüllung nur aus eigener Produktion, also durch Nutzung eigener Kapazitäten ermöglicht.

7 6. Durch Vertrag kann die Bestimmung der Gattung, aus welcher der Verkäufer zu liefern hat, in gewissen Grenzen der späteren Bestimmung des Käufers vorbehalten werden. Sind z. B. Konserven aus der laufenden Produktion des Verkäufers gehandelt worden und ist dem Käufer vertraglich die Bestimmung vorbehalten worden, in welchen Größenstufen (etwa in welchen Dosengrößen) eine Gesamtmenge im einzelnen zu verpacken sei („Einteilung der Mengen"), so ist der Käufer verpflichtet, diese Instruktionen rechtzeitig zu erteilen. Diese Instruktionen sind eine vom Käufer geschuldete Hauptleistung im Sinne des § 17 (20/76, JB 1976).

§ 8
Mengen

(1) Das Wort „circa" vor der vertraglichen Mengenangabe berechtigt den Verkäufer, bis zu 5 % mehr oder weniger zu liefern.

(2) Dem Verkäufer sind Teillieferungen in wirtschaftlich vertretbarem Umfange gestattet; diese Erlaubnis besteht nicht, wenn eine be-

stimmte, bei Vertragsschluß schon am Erfüllungsort befindliche Partie verkauft ist und dort vom Käufer abzuholen ist.

(3) Hat der Käufer die Ware am Erfüllungsort abzuholen, so kann er innerhalb der Empfangszeit nach seiner Wahl auch die Auslieferung von Teilmengen in wirtschaftlich vertretbarem Umfange verlangen.

(4) Die vom Käufer erteilte Empfangsbescheinigung beweist unwiderleglich die Auslieferung der darin bezeichneten Menge. Diese Vorschrift gilt nicht für Gewürze.

1. Der Verkäufer kann von seinem Recht aus der Circa-Klausel nach sei- 1
nem Belieben Gebrauch machen. Auf seine Beweggründe kommt es nicht an. Er darf auch die Konjunktur ausnutzen (1919, 24). Will der Käufer sich dagegen schützen, mag er genau bestimmte Mengen kaufen. Enthält die Mengenangabe schon eine Marge, z. B. „600–800 kg", so kommt das etwa noch hinzugesetzte „circa" nicht mehr in Betracht. Es müssen also mindestens 600 kg (nicht etwa nur 570 kg) geliefert werden, und es dürfen höchstens 800 kg (nicht etwa 840 kg) geliefert werden (1904, 9). Teilt der Verkäufer dem Käufer nach Abschluß des Kaufvertrages eine im Bereich der vereinbarten Circa-Klausel liegende genaue Menge für die noch zu verladende Ware mit, so ist der Verkäufer verpflichtet, dem Käufer diese Menge auch dann zu liefern, wenn der Käufer nicht besonders nach der genauen Menge gefragt hatte (27/69, JB 1970 in Fortbildung von 1906, 9). Hinsichtlich der Circa-Klausel ist jede Teillieferung für sich zu beurteilen. Wurden z. B. 50 Ballen zu je circa 50 kg verkauft und werden zunächst 30 Ballen zu je 52,5 kg geliefert, so müssen trotzdem die letzten 20 Ballen mit mindestens je 47,5 kg geliefert werden (MGS 5 zu § 8). Schuldet der Verkäufer Schadensersatz wegen Nichterfüllung, so ist eine etwa vereinbarte Circa-Klausel weder bei der abstrakten Schadensberechnung noch bei einem Dekkungskauf zu berücksichtigen (§ 17 Abs. 4 u. 5). Deklariert der Verkäufer beim Versendungskauf dem Verfrachter, der Eisenbahn, oder dem Frachtführer die volle Nennmenge, obwohl er nur eine im Rahmen der Circa-Klausel geminderte Menge befördern läßt, und veranlaßt er auf diese Weise den Käufer zur Bezahlung der Fracht für die volle Nennmenge, so hat er dem Käufer die Fracht für die Fehlmenge zu vergüten (MGS 9 zu § 8). Liefert der Verkäufer eine gemäß Circa-Klausel geminderte Menge, so kann er die Abnahme und Bezahlung weiterer im Circa-Bereich liegenden Mengen nur verlangen, wenn er sich dies bei der Lieferung der geminderten Menge gegenüber dem Käufer vorbehält, denn der Käufer muß wissen, woran er ist.

2. Eine Teillieferung ist eine irgendwie unvollständige Lieferung, welche 2
eine restliche Lieferpflicht des Verkäufers bestehen läßt. Eine nach einer früheren Teillieferung bewirkte Restlieferung ist deshalb keine Teillieferung im Sinne von § 8 (2), so daß es auf den wirtschaftlich vertretbaren Um-

fang nicht ankommt. Würde nach einer an sich umfangreichen Teillieferung nur ein sehr kleiner Rest verbleiben, dessen Abnahme wirtschaftlich nicht vertretbar ist, so kann der Käufer die Abnahme dieser Teillieferung verweigern, weil sie den unwirtschaftlichen Aufwand für die Abnahme der kleinen Restmenge in sich schließt (49/77, JB 1978). Von der Festlegung einer Mindestmenge für Andienung oder Abruf wurde bei Abfassung von § 8 (2) bewußt abgesehen, weil die Dinge sehr verschieden liegen können und auch in ständiger Entwicklung begriffen sind. Die Frage, ob eine Teillieferung sich in wirtschaftlich vertretbarem Umfange hält, ist also unter Berücksichtigung aller Umstände des Einzelfalles zu beantworten. Als Umstände, welche die Abnahme einer kleinen Menge zu aufwendig machen würde, kommen in Betracht

- zusätzliche Karteikartenführung
- zusätzliche Buchung der Einkaufsrechnung
- zusätzliche Besichtigung der Partie durch einen Quartiersmann
- zusätzliche Berechnung beim Verkauf
- zusätzliche Überwachung des Zahlungseingangs
- evtl. zusätzliche Schadensabwicklung (Fehlmengen etc.)
- zusätzliche Speditionsabwicklung (Abnahmekontrolle, Speditionsrechnung, Frachtrechnung etc.)
- Rollgelder
- Erschwerung des Weiterverkaufs

In manchen Einzelverträgen wird zur Vermeidung von Meinungsverschiedenheiten eine Mindestmenge für Teillieferungen bestimmt. Es gibt z. B. die Klausel „Andienungen unter 2,6 tons pro Abnahmestelle nicht gestattet". Sollten solche Klauseln für bestimmte Waren- und Geschäftsarten sich in erheblichem Umfang verbreitet haben, so wäre dies ein Hinweis darauf, daß die Lieferung kleinerer Mengen allgemein als unwirtschaftlich angesehen wird, und solche Hinweise könnte das Schiedsgericht, auch wenn in dem zu entscheidenden Fall eine solche Klausel nicht vereinbart worden ist, unter dem Gesichtspunkt des Handelsbrauchs oder des Anscheinsbeweises beachten. Der Vorstand der Fachgruppe für getrocknete Früchte und Schalenobst hat sich in seiner Sitzung vom 27. 2. 1974 grundsätzlich mit der Frage befaßt, welche Mindestmenge für Kokosraspel noch wirtschaftlich vertretbar sei. Der Gruppenvorstand war der Meinung, daß zwischen Abladegeschäften und Geschäften ab Kai bzw. ab Lager zu unterscheiden sei, und stellte fest,

a) bei Abladegeschäften seien im Anschluß an die Londoner Kontraktbedingungen Andienungen von mindestens 50 Sack bisher toleriert worden. Dies dürfe mithin als Handelsbrauch anerkannt werden.
b) bei anderen Geschäften solle vermieden werden, einem weit entfernt ansässigen Käufer Teilmengen unter 5 tons anzudienen.

3. Die Bemerkungen zu 2.) gelten entsprechend für Absatz 3. **3**

4. Die Beweisregel des § 8 (4) bezieht sich sinngemäß nur auf Empfangs- **4**
bescheinigungen für eine dem Käufer zugewogene bzw. stückweise vorgezählte Menge. Sie gilt deshalb in der Regel nicht, wenn der Käufer bei Waggon-Einfuhrgeschäften oder LKW-Einfuhrgeschäften (§ 52) den Empfang einer Partie bestätigt und nur zwecks Identifizierung die vom Verkäufer deklarierte Menge angibt. Deshalb sind bei diesen Geschäften auch nachträglich beanstandete Fehlmengen zu vergüten. Das ergibt sinngemäß § 63. Für Einfuhrgeschäfte über Land – Abholung – ergibt sich Gleiches aus § 73. Dagegen ist für Geschäfte ab Kai und ab Lager in §§ 84, 89 noch einmal ausdrücklich bestimmt, daß die vom Käufer erteilte Empfangsbescheinigung unwiderleglich die Auslieferung der darin bezeichneten Mengen beweise.

§ 9
Erfüllungsort für Verpflichtungen des Verkäufers

(1) Erfüllungsort für die Lieferung der Ware ist der Sitz des Verkäufers, wenn nicht die Umstände einen anderen Erfüllungsort ergeben. Ist eine bestimmte Partie verkauft, so ist Erfüllungsort im Zweifel der Ort, an welchem sich die Partie bei Vertragsschluß befindet. Ist vereinbart, daß der Verkäufer die Ware „frei“ oder „franco“ an einen bestimmten Ort zu liefern hat, so ist dieser Ort der Erfüllungsort; die Klausel „frachtfrei“ hat nicht diese Bedeutung. Für Abladegeschäfte, Einfuhrgeschäfte über Land – Versendung, Einfuhrgeschäfte über Land – Abholung, Ab-Kai-Geschäfte und Ab-Lager-Geschäfte gelten nur die jeweiligen Sonderbestimmungen des Zweiten Teils (§§ 35, 54, 69, 76, 90).

(2) Erfüllungsort für die Lieferung und Vorlage von Urkunden (Dokumenten) ist der Sitz des Käufers. Der Verkäufer hat die Dokumente in die Geschäftsräume des Käufers zu bringen.

1. Der Erfüllungsort im Sinne von § 9 WVB ist der Leistungsort im **1**
Sinne von § 269 BGB, also der Ort, an dem der Verkäufer die Leistungshandlung vorzunehmen hat; der Leistungserfolg kann an einem anderen Ort eintreten. Der Leistungsort hat auch Bedeutung dafür, welche örtlichen Usancen neben den WVB anzuwenden sind. Seine Hauptbedeutung liegt beim Versendungskauf, und zwar ist der Erfüllungsort der Platz, an welchem die Beförderungsgefahr auf den Käufer übergeht (§ 447 BGB); für die im Waren-Vereins-Bereich besonders wichtigen Arten des Versendungskaufs (Abladegeschäfte, Waggon-Einfuhrgeschäfte und LKW-Einfuhrgeschäfte) wird dies in §§ 35, 54 WVB besonders geregelt.

2 2. Zu den „Umständen", welche einen vom Sitz des Verkäufers abweichenden Erfüllungsort begründen, können nach Feststellungen, die in der Mitgliederversammlung vom 16. 11. 1971 bei der Diskussion des § 9 getroffen wurden, die folgenden Vereinbarungen gehören:

- Der Käufer hat die Ware von einem Ort, welcher nicht Sitz des Verkäufers ist, abzuholen, also z. B. von einer Fabrik.
- Der Käufer hat die Ware auf einer Grenzstation abzunehmen.

Zu diesen Umständen gehört ferner die Vereinbarung, daß der Käufer die Ware von einer Fabrik abzuholen habe, wie dies insbesondere bei Einfuhrgeschäften über Land stattfindet (§ 66). Auf den vom Zufall abhängigen Sitz eines in der Kette stehenden Käufers kann es in diesen Fällen nicht ankommen. Erfüllungsort ist nach der Natur dieser Geschäftsart der Ort, wo die Ware abzuholen ist.

3 3. Die Klausel „frei" kommt nicht nur in Verbindung mit einem Ort, sondern auch in Verbindung mit einem Beförderungsmittel vor.

a) In § 41 WVB a. F. wurden folgende Kombinationen ausdrücklich definiert:

„frei Bahn" sollte heißen: Frei an die Bahn (Abgangsbahnhof).

„frei Waggon" sollte heißen: Frei in den Waggon.

„frei in die Schute" und „frei auf den Wagen" sollten bedeuten, daß der Verkäufer die Gefahr und die Kosten des Absetzens trägt.

„frei ab Hamburg" sollte heißen: Frei ab Kai oder frei Schiffsseite oder frei Bahn nach Käufers Wahl.

Diese Klauseln sind in die WVB 1971 nicht ausdrücklich übernommen worden, weil es sich um besondere Hamburger Bräuche handelte. Bei Verträgen, die der Verkäufer in Hamburg zu erfüllen hat, geben die alten Begriffsbestimmungen auch jetzt noch einen Anhalt für die Auslegung.

4 b) Mit zunehmendem LKW-Verkehr hat sich die Klausel „frei LKW" entwickelt. Hier ergibt sich manchmal Streit darüber, ob der Verkäufer die Ware auf seine Kosten und Gefahr in den LKW zu liefern hat oder ob er die Ware nur vor den LKW zu stellen hat. Dieser Streit wird oft dadurch verursacht, daß die LKW-Fahrer beim Beladen nicht mithelfen. Man hört, daß besonders die Fahrer von dänischen und holländischen LKW das Beladen nicht als ihre Angelegenheit betrachten. Die Klausel „frei LKW" wird oft mit einer Lieferung ab Lager zusammenhängen. In diesen Fällen wird im Handel zwischen den Klauseln „frei ab Lager" und „frei LKW" unterschieden. „Frei ab Lager" bedeutet nur, daß der Verkäufer die Kosten des Absetzens zu tragen hat, § 84 WVB also fortbedungen wird. Das Absetzen endet jedoch vor dem abholenden Fahrzeug. Die Tatsache, daß der Handel zwischen „frei ab Lager" und „frei LKW" unterscheidet, deutet deshalb darauf hin, daß „frei LKW" das Beladen des LKW einschließt, so daß dieses ebenfalls vom Verkäufer zu bezahlen ist und auf seine Gefahr vor sich

geht. Jedenfalls besorgen die Hamburger Verkäufer üblicherweise auf Basis „frei LKW" die Beladung des LKW auf eigene Kosten, wenn der Fahrer nicht freiwillig zugreift.

4. Wurde „franko" an einen bestimmten Ort, z. B. „franko Kufstein Transit", gekauft, so darf der Verkäufer die Ware nicht an den anders gelegenen Niederlassungsort des Käufers schicken, und zwar auch dann nicht, wenn eine Versanddisposition des Käufers ausgeblieben ist; den durch eine solche eigenmächtige Versendung entstehenden Schaden hat der Verkäufer dem Käufer zu ersetzen (1960, 28). 5

5. Hamburger Importeure verkaufen Schalenobst an deutsche Fabriken manchmal mit der Klausel „franko Werk ..." (z. B. franko Werk Lübeck) in Verbindung mit der Klausel „Abladegewicht". Diese zusätzliche Klausel ändert nichts daran, daß der Verkäufer am Ort der Fabrik zu erfüllen hat und deshalb die Beförderungsgefahr zu tragen hat. Die zusätzliche Klausel „Abladegewicht" ist nur dahin zu verstehen, daß der Verkäufer mit dem Käufer auf derselben Gewichtsbasis abrechnen möchte, wie mit seinem italienischen oder spanischen Lieferanten. Gemäß § 55 WVB wird im Verhältnis zwischen dem italienischen oder spanischen Lieferanten und dem deutschen Importeur die Richtigkeit des auf dem Frachtbrief deklarierten Abgangsgewichts vermutet. Diese Bestimmung muß also auch die franko kaufende Fabrik gegen sich gelten lassen. In Konsequenz dieser Auslegung muß der Verkäufer dem Käufer auf Basis „franko"/„Abladegewicht" auf Anfordern den Frachtbrief vorlegen, und der Käufer müßte die Ware bei Ankunft zuverlässig verwiegen lassen, wenn er die Richtigkeit des deklarierten Abladegewichts bezweifelt. 6

6. Im Bereich des Abladegeschäfts hat der Verkäufer schon gewohnheitsrechtlich dem Käufer die Dokumente in dessen Geschäftsräume zu bringen. Anknüpfend an dieses Handelsgewohnheitsrecht bestimmt § 9 WVB die Verpflichtung zur Lieferung jeglicher Dokumente als „Bringschuld". Der Verkäufer trägt also bei allen Geschäften die sogenannte Dokumentengefahr: Er hat die Gefahr und die Kosten der Beförderung zu tragen. 7

7. Für die im Zweiten Teil geregelten Geschäftsarten gelten gemäß § 9 (1) Satz 4 nur die einschlägigen Sonderbestimmungen des Zweiten Teils, für LKW-Einfuhrgeschäfte also die in § 54 getroffene Bestimmung, daß der Verladeort Erfüllungsort sei. Im Ergebnis zutreffend hat deshalb das Schiedsgericht (34/74, JB 1974) die bei der Einfuhr französischer Champignonkonserven übliche Klausel „frei Haus Bundesrepublik" dahin ausgelegt, daß sie nur die Transportkosten betreffe und an dem regulären Erfüllungsort (§ 54) nichts ändere. 8

§ 10
Erfüllungszeit für Verpflichtungen des Verkäufers

(1) Ist eine Zeit für die Lieferung der Ware oder der Dokumente weder vereinbart noch den Umständen zu entnehmen, so kann der Käufer die Lieferung sofort verlangen. Ist auch keine Empfangszeit vereinbart oder den Umständen zu entnehmen, darf der Verkäufer sofort liefern.

(2) Ist „prompte" Verladung für den Transport von einem inländischen Ort nach einem anderen inländischen Ort vereinbart, so hat der Verkäufer die Ware bei Verladung auf dem Landwege innerhalb einer Woche, bei Verladung auf dem Wasserwege innerhalb von zwei Wochen zu verladen. Für Ablade-Geschäfte und Einfuhrgeschäfte über Land-Versendung gelten nur die jeweiligen Sonderbestimmungen des Zweiten Teils (§§ 39, 57). Im übrigen bezeichnet das Wort „prompt" eine Frist von drei Geschäftstagen.

1 1. § 10 WVB entspricht § 271 BGB. Seine praktische Bedeutung ist gering, denn wohl in jedem geordnet abgefaßten Vertrag wird die Lieferzeit und/oder die Verlade- bzw. Abladezeit ausdrücklich bestimmt. Die „Lieferung", welche der Verkäufer gemäß § 10 (1) im Zweifel sofort bewirken muß und bewirken darf, ist die Lieferung im weiteren Sinne von §§ 7, 17 (2), also der Inbegriff der vom Verkäufer mit unmittelbarem Bezug auf die Ware und/oder die Dokumente zu erfüllenden Hauptverpflichtungen (Bem. 1 zu § 7).

2 2. Ist bei Versendungskäufen ausdrücklich für die Lieferung eine Zeit vereinbart, so ist damit im Zweifel gemeint, daß der Verkäufer dem Käufer zu dieser Zeit die Ware tatsächlich zu verschaffen hat, also den Käufer in die Lage zu versetzen hat, daß dieser nach seinem Belieben sofort den unmittelbaren Besitz der Ware ergreifen kann. Ausdrücklich ist diese Bedeutung der Lieferzeit für Waggon-Einfuhrgeschäfte und LKW-Einfuhrgeschäfte in § 57 (3) bestimmt; in der Überschrift zu § 57 wird sogar ausdrücklich die Lieferzeit von der Verladezeit unterschieden. Auch beim Abladegeschäft versteht der Kaufmann unter einer Lieferfrist im Zweifel nicht die Abladezeit (§ 39), sondern die Frist, innerhalb welcher der Verkäufer die Ware dem Käufer tatsächlich zu verschaffen hat (1960, 25 = MDR 1961, 421). Zu solchen „Lieferungsklauseln" (Haage, S. 2, 17, 88) gehört beim Abladegeschäft die Klausel „Eintreffen im Hamburger Hafen spätestens am 5. Dezember". Die Verfasser von Verträgen oder Schlußnoten sollten sich der verschiedenen Bedeutung, welche das Wort „Lieferung" nach kaufmännischem Sprachgebrauch nun einmal hat, bewußt sein und möglichst genau ausdrücken, was gemeint ist.

3 3. Ist für die Erfüllung der Verpflichtungen des Verkäufers eine Frist vereinbart, so steht es im Belieben des Verkäufers, wann er innerhalb dieser

Frist erfüllt. Für Versendungskäufe ist dieser Grundsatz den insoweit übereinstimmenden Regeln für Abladegeschäfte (§ 39) und Einfuhrgeschäfte über Land (§ 57) analog zu entnehmen. Im übrigen führt die Anwendung von § 271 (2) BGB zum gleichen Ergebnis.

Vorbemerkungen zu §§ 11–13

§§ 11–13 enthalten Bestimmungen über den Umfang, über die Fälligkeit und über die Voraussetzungen der Zahlungspflicht des Käufers. Daneben hat das Schiedsgericht folgende Regeln über die Art der Zahlung des Kaufpreises entwickelt: 1

1. Der Käufer muß entweder in bar oder durch Überweisung zahlen. Einen Scheck braucht der Verkäufer nur anzunehmen, wenn dies vereinbart ist. Schickt der Käufer einen Scheck, ohne daß dies vereinbart war, so hat er dem Verkäufer die Einziehungskosten zu vergüten (1923, 23). Ist Zahlung durch Scheck vereinbart, so hat der Käufer die Mehrkosten zu tragen, welche dadurch entstehen, daß er dem Verkäufer mehrere Schecks über Teilbeträge statt eines Schecks über den Gesamtbetrag gibt (1922, 36). Wenn Zahlung „prima Bankscheck New York" vereinbart ist, kann der Käufer nicht durch Überweisung auf Währungskonto des Verkäufers erfüllen (1925, 26). Erst recht braucht der Verkäufer keinen Wechsel anzunehmen, wenn dies nicht vereinbart worden ist, und zwar auch dann nicht, wenn der Käufer sich erbietet, die Diskontspesen oder Zinsen zu zahlen (1923, 21). Behält der Verkäufer aber den Wechsel, ohne alsbald zu widersprechen, so erklärt er sich mit dessen Annahme und mit entsprechender Stundung des Kaufpreises einverstanden.

2. Wenn ein Exporteur des einen Landes an einen Importeur des anderen Landes Waren verkauft, so geht der von beiden Kontrahenten gewollte wirtschaftliche Sinn und Zweck dahin, daß dem Verkäufer die freie Verfügung über den Kaufpreis gewährleistet werden soll. Blockierte Beträge sind für ihn – wie beide wissen – wertlos. Es ist daher selbstverständlich und braucht nicht ausdrücklich vereinbart zu werden, daß der Käufer für seine Zahlungen einen Weg zu beschreiten hat, der den Kaufpreis für den Verkäufer frei verfügbar stellt. Das hat mit Problemen des öffentlichen Rechts nichts zu tun. Mit dieser Begründung hat das Schiedsgericht es für unzulässig erachtet, daß ein deutscher Käufer seinem französischen Verkäufer den Kaufpreis mit französischen Frankennoten bezahlen wollte, die er in der Schweiz erworben hatte, und hat den Käufer zur Zahlung im deutsch-französischen Verrechnungsabkommen verurteilt (1957, 18). 2

In einer weiteren Entscheidung (22/74, JB 1975) hat das Schiedsgericht an diesem Grundsatz ausdrücklich festgehalten. Es berücksichtigte dort 3 eine Bestimmung des italienischen Devisenrechts, welche das Verbringen italienischer Banknoten aus dem Ausland nach Italien nur in beschränktem Umfange (höchstens Lit. 20 000,– beim Grenzübertritt einer einzelnen Person) gestattet. Ein in Deutschland ansässiger Käufer hatte in dem dort entschiedenen Fall versucht, sich seiner Verpflichtung zur Kaufpreiszahlung gegenüber einem in Italien ansässigen Exporteur dadurch zu entledigen, daß er dem in Deutschland ansässigen Vertreter des italienischen Exporteurs ein Postpaket zuschickte, welches Lit. 3 369 000,– in billig erworbenen italienischen Banknoten enthielt. Das Schiedsgericht hat das entgegenstehende italienische Dekret als eine bei der Auslegung des Vertrages der Parteien zu berücksichtigende wirtschaftliche Tatsache bezeichnet und unter ausdrücklichem Bezug auf die Entscheidung 1957, 18 für Recht erkannt, daß der deutsche Käufer durch Übersendung dieser Banknoten seine Zahlungsverpflichtung nicht erfüllt habe.

§ 11
Höhe des Kaufpreises

(1) Der Käufer hat dem Verkäufer den vereinbarten Kaufpreis ohne Skonto zu bezahlen. Ferner hat der Käufer dem Verkäufer die für die Lieferung entstehende Mehrwertsteuer zu bezahlen.

(2) Wird nach Abschluß des Kaufvertrages

1. eine Rechtsnorm verkündet, nach welcher sich die Einfuhrabgaben mit Wirkung für die vereinbarte Lieferzeit oder einen Teil dieser Zeit ändern, oder

2. die Fracht für die vereinbarte Beförderung der Ware geändert,

und ändern sich infolgedessen die nachweislichen Aufwendungen des Verkäufers, so ändert sich der Kaufpreis entsprechend um diesen Unterschied. Zu den Einfuhrabgaben im Sinne dieser Bestimmung gehören der Zoll, die Abschöpfung und die Verbrauchssteuern. Die Vorschrift unter Nr. 1 des ersten Satzes dieses Absatzes gilt entsprechend, wenn die nachweislichen Aufwendungen des Verkäufers sich infolge sonstiger Bestimmungen einer Marktordnung oder einer anderen Gemeinsamen Organisation von Agrarmärkten ändern.

I. Allgemeines (Absatz 1)

1 1. Der Käufer hat gemäß Absatz 1 den vereinbarten Kaufpreis „ohne Skonto" zu bezahlen. Er muß also – auch bei vorzeitiger Zahlung – den vollen Kaufpreis entrichten. Durch die ausdrückliche Bestimmung, daß der

Käufer dem Verkäufer die für die Lieferung entstehende Mehrwertsteuer zu bezahlen habe, wird eine sonst oft strittige Auslegungsfrage entschieden.

2. Der vereinbarte Kaufpreis ist grundsätzlich auch dann voll zu bezahlen, wenn die Umstände (Marktpreis der Ware, Währungskurs etc.) sich nach Vertragsschluß ändern oder wenn die Vereinbarung des Kaufpreises auf unrichtiger Kalkulation beruht. Dieser Grundsatz gehört zum Einmaleins des Handelsverkehrs, denn der Kaufmann hat zu seinem Wort zu stehen. Ebenso ist deshalb der abstrakt zu berechnende Schaden auch bei starken Preisunterschieden voll zu ersetzen, weil das im Wesen des Einfuhrhandels und seiner erheblichen Risiken begründet ist (1955, 10). Nur unter außergewöhnlichen Umständen gebieten Treu und Glauben eine Anpassung des Kaufpreises an eine nach Vertragsschluß veränderte oder bei Vertragsschluß verkannte Lage der Dinge. **Beispiele:** 2

a) Eine Hamburger Firma hatte von einer japanischen Firma 690 000 Dosenöffner zum Preise von US-$ 2,50 für 10 000 Stück gekauft. Der Marktpreis betrug bei Vertragsschluß US-$ 60,80 (!) für 10 000 Stück. Beide Parteien handelten bei Vertragsschluß in Unkenntnis des Marktpreises, weil sie nicht ständig mit diesem Artikel handelten. Bei diesem extremen Mißverhältnis zwischen Wert und Preis der Ware (25 : 1) und unter Berücksichtigung einiger Begleitumstände hat das Schiedsgericht ein Fehlen der Geschäftsgrundlage festgestellt und eine Anpassung des Preises auf einen mittleren Betrag für geboten gehalten (10/71, JB 1972). 3

b) Die Erhöhung des Gestehungspreises von griechischem Tomatenmark um etwa 15 % als Folge der Einführung oder Erhöhung eines Mindestexportpreises übersteigt dagegen nicht die Zumutbarkeitsgrenze, deren Überschreitung nach Treu und Glauben eine Anpassung des Kaufpreises erfordern würde. Diese Erhöhung hält sich im Rahmen des typischen Risikos eines Verkäufers (48/73, JB 1974). 4

3. Der Kaufpreis wird in der Regel für eine Maß- oder Gewichtseinheit der verkauften Ware vereinbart. Ist die Menge einer insgesamt zu liefernden Ware in einer nicht-metrischen Gewichtseinheit bestimmt, so ist die für den Kaufpreis maßgebliche Kilozahl im Zweifel nach den staatlichen Vorschriften des Lieferlandes zu regeln. In diesem Sinne hat das Schiedsgericht (50/74, JB 1975) entschieden, als 5

> ca. 100 Kartons à 24 lbs netto süße kalifornische Mandeln, Marke RIO DEL MAR, zum Preise von DM 10,05 je kg ab Lager Hamburg

verkauft worden waren. Für die Bemessung des Kaufpreises hat das Schiedsgericht das Gewicht eines amerikanischen Pfundes = 453,6 g (genauer 453,5925 g) gerechnet. Bis 1971 galt § 10 WVB (a. F.) mit der Bestimmung, daß 110 lbs amerikanischen Gewichts = 50,00 kg gerechnet würden. Hiernach war ein lb amerikanisches Gewicht = 0,4545 kg zu rechnen. Das Schiedsgericht hat in demselben Spruch (50/74, JB 1975) entschieden, daß der ersatzlos gestrichene § 10 WVB (a. F.) als Handelsbrauch – jedenfalls für inländische Geschäfte – nicht weiter gelte und daß sich für inländische Geschäfte mit kalifornischen Mandeln auch ein Handelsbrauch, daß 1 lb = 454,5 g zu fingieren sei, nicht feststellen lasse.

II. Besondere Gleitklauseln (Absatz 2)

6 Absatz 2 regelt ausschließlich die Folgen, welche durch die nachträglichen Änderungen von Einfuhrabgaben und Frachtsätzen herbeigeführt werden. Als Sonderbestimmung ist Absatz 2 eng auszulegen.

7 1. Folgende Regeln gelten für Einfuhrabgaben *und* Frachten:

a) Der Kaufpreis ändert sich nur aufgrund von Ereignissen, die nach Abschluß des Vertrages eintreten. Die Änderung der Einfuhrabgaben oder die Änderung der Frachtsätze selbst und der Zeitpunkt ihres Eintritts müssen deutlich auszumachen sein, denn die Abrechnung von Güterumsatzgeschäften kann nicht von umfänglichen Erörterungen und Ermittlungen komplexer wirtschaftlicher Entwicklungen abhängen.

8 b) Absatz 2 bezweckte in erster Linie den Schutz des Verkäufers vor wirtschaftlichen Nachteilen oder nachträglichen Erhöhungen von Einfuhrabgaben und Frachten. Der Verkäufer sollte aber nicht einseitig begünstigt werden. Etwaige Vorteile aus der nachträglichen Ermäßigung von Einfuhrabgaben oder Frachtsätzen haben deshalb dem Käufer zugute zu kommen. Dieser wirtschaftliche Zweck der in Absatz 2 getroffenen Bestimmung läßt keine Automatik in dem Sinne zu, daß der Kaufpreis sich einfach indexmäßig ändert. Deshalb soll der Kaufpreis sich nur insoweit ändern, als im Einzelfall Aufwendungen des Verkäufers sich infolge der nachträglichen Änderung von Einfuhrabgaben oder Frachten geändert haben. Die Gleitklausel ist nur anwendbar, wenn und soweit die Aufwendungen des Verkäufers sich *nachweislich* ändern. Im Sprachgebrauch der WVB bedeutet „nachweislich" den Ausschluß der Beweiserleichterungen, die sich aus der abstrakten Schadensberechnung ergeben (MGS 54 zu § 13). Wer sich auf die Gleitklausel beruft, muß also konkret darlegen und beweisen, daß die Aufwendungen des Verkäufers sich geändert haben. Der Verkäufer hat in jedem Fall seine Kalkulation zu offenbaren. Will er selbst auf Erhöhung des Kaufpreises hinaus, so gehört diese Offenbarung zu der ihm obliegenden Darlegung der Voraussetzungen seines Anspruchs. Verlangt der Käufer die Anpassung des Kaufpreises an ermäßigte Einfuhrabgaben oder Frachten, so ist der Verkäufer nach allgemeinen Grundsätzen (Palandt-Heinrichs, Anm. 2 d zu §§ 259–261 BGB) zur Auskunft über die für seine Aufwendungen maßgeblichen Vorgänge verpflichtet. Ebenso 45/76, JB 1977.

Daß § 11 (2) so auszulegen ist, ergeben auch die Materialien. Im Ausschuß war streitig gewesen, inwieweit derjenige Vertragsteil, der sich auf die Gleitklausel beruft, seine Mehrbelastung (oder die Minderbelastung des Vertragsgegners) solle nachweisen müssen. Einige Ausschußmitglieder hatten die Meinung vertreten, „daß ein Kaufmann sich nicht zu offenbaren brauche", und dementsprechend beantragt, die danach vorgesehene Bedingung, „... und soweit er (der Verkäufer) die erhöhten Einfuhrabgaben bezahlen muß", zu streichen. Dem wurde von anderer Seite entgegengehalten, daß die Gleitklausel ein außerordentlicher Rechtsbehelf sei, welcher den Käufer schwer belasten kann und deshalb nicht zu einer Bereicherung des Verkäufers führen dürfe. Dem Verkäufer, der sich auf die Gleitklausel beruft, sei deshalb zuzumuten, daß er seine Mehrbelastung nachweist (Ausschuß 12. 7. 1971). In der Ausschußsitzung vom 7. Oktober 1971 wurde dann die nunmehr vorliegende Fassung beschlossen. Diese Verhandlungen ergeben also, daß der Ausschuß den Zusammenhang der Nachweispflicht mit einer Offenbarungspflicht des Verkäufers erkannt hatte und gleichwohl am Erfordernis des Nachweises festgehalten hat.

Beruft sich also der Verkäufer auf eine Erhöhung von Einfuhrabgaben, so muß er beweisen, daß er direkt oder indirekt durch die Zollerhöhung konkret belastet wurde. Hatte er selbst für eigene Rechnung verzollt oder verzollen lassen, so muß er beweisen, daß er den erhöhten Zoll bezahlte oder bezahlen ließ. Hatte er selbst „verzollt" gekauft (§ 85), so kann er von seinem Käufer einen erhöhten Kaufpreis nur verlangen, soweit er seinem Verkäufer aus demselben Anlaß einen erhöhten Kaufpreis schuldete.

Beruft sich der Käufer auf eine Ermäßigung von Einfuhrabgaben, so muß 9
der Verkäufer offenbaren, was in seiner Sphäre liegt. Hatte der Verkäufer für eigene Rechnung verzollt oder verzollen lassen, muß er den Verzollungsnachweis vorlegen. Hatte er selbst verzollt gekauft, so genügt es, daß er diesen Vertrag und den Andienungsnachweis (Begleitschreiben, Rechnung) vorlegt (45/76, JB 1977). Folgt daraus, daß er von seinem Verkäufer eine entsprechende Ermäßigung verlangen konnte, so ist das eine Ersparnis, die er seinem Käufer weitergeben muß (45/76, JB 1977). Ob er dieses Recht ausgeübt hat, ist also unerheblich; § 11 meint nur notwendige Aufwendungen. Ob der Verkäufer seinerseits eine Ermäßigung von dem Vorverkäufer verlangen konnte, muß der anspruchserhebende Käufer beweisen. Nach § 11 (2) besorgt jeder Käufer/Verkäufer, der in einer solchen Kette steht, von vornherein für den Fall einer Ermäßigung von Einfuhrabgaben ein Geschäft für Rechnung seines Käufers. Er sollte daher seinem Verkäufer den vollen Kaufpreis bei Unsicherheit der Rechtslage allenfalls unter Vorbehalt der Rückforderung zahlen. Tut er das, so kann er sich nach Auftragsgrundsätzen (§ 667 BGB) von der Herausgabepflicht gegenüber seinem Käufer befreien, indem er diesem den Rückzahlungsanspruch gegen den Vorverkäufer abtritt.

10 2. Werden Einfuhrabgaben geändert, ist folgendes zu beachten:

a) Maßgeblicher Zeitpunkt ist die *Verkündung* der Rechtsnorm, welche die Einfuhrabgabe ändert. Auf den Verkündungstag kommt es aus dem zu II 1 a angeführten Grunde auch dann ausschließlich an, wenn mit der Änderung der Einfuhrabgabe schon bei Vertragsabschluß mehr oder weniger sicher gerechnet wurde. Bei gewöhnlichen Warenumsatzgeschäften muß eben für die Berechnung des Kaufpreises von einfach, präzise und einwandfrei feststellbaren Daten ausgegangen werden. Nur eine solche Regelung ist praktikabel. Wer z. B. in Erwartung einer noch nicht verkündeten Zolländerungsnorm ein Geschäft abschließt und den Kaufpreis schon auf Basis der erwarteten Zollermäßigung kalkuliert, muß deshalb im Vertrage klar ausdrücken, was etwa abweichend von § 11 (2) Nr 1 WVB gelten soll (6/76, JB 1976). Fehlt es an einer klaren Vereinbarung darüber, welcher Zollsatz die Basis des Geschäfts sein soll, bleibt es bei dem durch die Verkündung der Rechtsnorm bestimmten Stichtag.

11 Da es auf die *Verkündung* einer Rechtsnorm nach Abschluß des Kaufvertrages ankommt, ist die Gleitklausel des § 11 (2) Nr. 1 WVB auch dann nicht anzuwenden, wenn Einfuhrabgaben sich aufgrund einer schon vorher verkündeten Rechtsnorm durch Eröffnung oder Erschöpfung periodisch wiederkehrender Zollkontingente ändern. Das Risiko einer solchen Kontingentserschöpfung trägt der Verkäufer, andererseits braucht der Verkäufer den Gewinn aus der periodisch wiederkehrenden Eröffnung solcher Kontingente nicht an den Käufer weiterzugeben.

12 b) Rechtsnormen des nationalen Rechts sind Gesetze und Verordnungen. Rechtsnormen des Rechts der Europäischen Gemeinschaften sind im Bereich der Einfuhrabgaben vor allem die Verordnungen des Rates und der Kommission. Verwaltungsanweisungen sind keine Rechtsnormen. Stets ist zu prüfen, ob die Einfuhrabgabe durch die nach Vertragsschluß verkündete Norm unmittelbar geändert wurde oder ob die Rechtsnorm nur der Verwirklichung einer schon bestehenden Vorschrift dient (6/76, JB 1976).

13 c) Erheblich sind auch nur solche Rechtsnormen, welche eine Einfuhrabgabe für die *vereinbarte Lieferzeit* oder einen Teil dieser Zeit ändern, denn sonst könnte der Verkäufer den Preis durch willkürliches Vorziehen oder Verzögern der Lieferung manipulieren. Ist ab Kai „verzollt" verkauft, so endet die Lieferzeit im Sinne von § 11 (2) Nr. 1 nicht vor Ablauf der in § 85 Abs. 1 bezeichneten Sechs-Wochen-Frist (§ 85 Abs. 1 letzter Satz).

14 d) Nach dem Willen des Ausschusses (Prot. 11. 3. 1974) ist § 11 auf Ausfuhrbeschränkungen der Lieferländer (Minimumpreise) nicht anzuwenden. Eine Erweiterung der Gleitklausel lehnte der Ausschuß in seiner Sitzung vom 11. 3. 1974 ab und folgte insofern der Meinung des Vorstandes. Dieser hatte sich in seiner Sitzung vom 6. 11. 1973 gegen eine diesbezügliche Ergänzung des § 11 ausgesprochen, weil die im Bereich der Liefer-

länder liegenden wirklichen oder angeblichen Exportschwierigkeiten nicht immer zuverlässig festzustellen seien und weil mit Recht gefragt werden könne, welches Risiko der Importeur noch trage, wenn er auch dieses Risiko auf seinen Abnehmer abwälzt.

Die Einführung oder die Erhöhung von Mindestexportpreisen in einem Staat, welcher nicht Mitglied der EG ist, gehören insbesondere nicht zu den „Bestimmungen einer Marktordnung oder einer anderen Gemeinsamen Organisation von Agrarmärkten", welche nach dem letzten Satz von § 11 (2) eine Änderung des Kaufpreises herbeiführen können (48/73, JB 1974).

3. Werden Frachten geändert, so ist folgendes zu beachten:

a) Erheblich ist nur die Änderung der Fracht für die *vereinbarte* Beförderung der Ware. Klarerweise gilt dies für alle Versendungsgeschäfte, bei denen der Verkäufer die Fracht zu bezahlen hat, insbesondere also für cif- und c+f-Geschäfte. Die „Vorfracht", welche der Verkäufer zur Beförderung der Ware an den Erfüllungsort aufwendet, gehört zur vereinbarten Fracht im Sinne von § 11 (2) dann, aber auch nur dann, wenn aus einer bestimmten Beförderung verkauft worden ist. In diesem Sinne hat der Ausschuß (19. 3. 1973) die besondere Frage erörtert, ob ein Ab-Kai-Verkäufer seinem Käufer die Frachterhöhung, mit welcher er von seinem Cif-Verkäufer belastet worden ist, weiterberechnen kann. Übereinstimmend vertraten alle Ausschuß-Mitglieder die Auffassung, daß in diesem Fall die Beförderung über See zum Gegenstand des Vertrages geworden sei und deshalb im Sinne des schon geltenden Textes eine „vereinbarte Beförderung" darstelle, wenn aus einer bestimmten Abladung verkauft wurde. Die Mehrheit des Ausschusses hielt diese Regelung auch für angebracht und beschloß daher, daß der Mitgliederversammlung eine Änderung des § 11 in dieser Hinsicht nicht vorgeschlagen werden solle.

b) Zur Vorfracht im Sinne von a) gehört bei Ab-Kai-Geschäften sinngemäß auch der vom Verkäufer gemäß § 81 zu tragende Anteil an den Kaigebühren, denn das Kaiumschlagsentgelt gehört zu den Transportkosten und ist deshalb der Fracht wesensgleich.

c) Unter der Fracht im Sinne von § 11 (2) sind nicht nur die festen Frachtsätze von Konferenzreedereien zu verstehen. Auch frei ausgehandelte Frachten, wie z. B. die Entgelte von LKW-Frachtführern, welche die Ware auf Kosten des Verkäufers an die vereinbarte oder vom Käufer vereinbarungsgemäß bestimmte Adresse befördern, können sich nach Maßgabe von Angebot und Nachfrage zu einem Marktpreis und deshalb zu einem einigermaßen festen Preis einpendeln. Einschneidende Veränderungen, wie z. B. die Erhöhung des Ölpreises, können auch allgemeine plötzliche Erhöhungen solcher Frachten zur Folge haben. Deshalb können auch Änderungen frei ausgehandelter Frachten die Folgen des § 11 WVB auslösen, wenn sie auf zwangsläufigen wirtschaftlichen Entwicklungen und nicht auf individueller Willkür eines Verkäufers beruhen. Auch Bunkerölzuschläge sind Frachterhöhungen im Sinne von § 11 (2); dies wurde durch Rundschreiben Nr. 12/74 vom 13. 2. 1974 als die von der Geschäftsführung geteilte Meinung des Vorstandes der Fachgruppe für getrocknete Früchte und Schalenobst bekanntgemacht.

§ 12
Fälligkeit des Kaufpreises

Ist eine Zeit für die Zahlung des Kaufpreises weder vereinbart noch den Umständen zu entnehmen, kann der Verkäufer die Zahlung sofort verlangen. Solange eine vereinbarte Empfangszeit nicht abgelaufen ist, kann der Verkäufer die Zahlung des Kaufpreises nicht verlangen, bevor der Käufer die Lieferung der Ware verlangt.

1. Wann der Käufer den Kaufpreis zu bezahlen hat, wird in den üblichen Verträgen meistens nicht nach dem Kalender, sondern nach Maßgabe einer Gegenleistung des Verkäufers bestimmt. Das sind z. B. die Klauseln „Kasse gegen Dokumente" oder „Kasse gegen Rechnung" oder „Zahlung nach Erhalt der Ware und der Rechnung". Durch diese Klauseln wird nicht die Leistungszeit an sich, sondern nur die Reihenfolge der beiderseitigen Leistungen bestimmt. Solche Vereinbarungen bestimmen also nicht die Fälligkeit des Kaufpreises, sondern sie setzen diese Fälligkeit voraus. Deshalb wird in § 12 die Regel gesetzt, daß der Verkäufer im Zweifel die Zahlung des Kaufpreises sofort verlangen kann. Eine von dieser Regel abweichende Fälligkeitsbestimmung läge z. B. in der Vereinbarung, daß der Kaufpreis innerhalb bestimmter Frist nach der Lieferung zu zahlen sei.

2. Ausgehend von dem Grundsatz, daß der Käufer und der Verkäufer ihre Leistungen Zug um Zug zu erbringen haben, kann die Vereinbarung einer Zeit für die Leistung des Verkäufers einen Umstand darstellen, welcher gemäß § 12 auch die Fälligkeit der Zahlungsverpflichtung des Käufers bestimmt. Ist für die Leistung des Verkäufers eine Zeit in dem Sinne vereinbart, daß der Käufer eine frühere Leistung nicht anzunehmen braucht, so ist daraus im Zweifel der Wille der Parteien zu entnehmen, daß auch der Käufer nicht früher zu zahlen braucht. Ein Beispiel ist die Vereinbarung einer Empfangszeit, falls nicht Kasse gegen Dokumente vereinbart ist. Ein gleicher Wille der Parteien darf vermutet werden, wenn kein Liefertermin, sondern eine nach Vertragsschluß beginnende Lieferzeit vereinbart wird. Beispiel: Durch einen Vertrag vom 2. Mai wird Lieferung im Juni vereinbart. Das bedeutet, daß der Verkäufer ab 1. Juni liefern darf und spätestens am 30. Juni liefern muß. Wollten die Parteien dem Verkäufer eine frühere Lieferung ermöglichen, so hätten sie einfach Lieferung bis 30. Juni verein-

baren müssen. Wird also im Mai ein Vertrag auf Juni-Lieferung geschlossen, so wird der Kaufpreis nicht vor dem 1. Juni fällig.

§ 13
Kasse gegen Dokumente

(1) Ist „Kasse gegen Dokumente" vereinbart, so hat der Käufer den vereinbarten Kaufpreis Zug um Zug gegen Übergabe aller vom Verkäufer nach dem Vertrage zu liefernden vertragsgemäß beschaffenen Urkunden zu zahlen. Der Käufer kann weder aufrechnen noch zurückhalten. Ihm steht auch kein Leistungsverweigerungsrecht zu. Insbesondere kann er die Zahlung nicht von vorheriger Besichtigung der Ware abhängig machen, und zwar auch dann nicht, wenn die Ware schon am Bestimmungsort eingetroffen ist. Auch etwaige Ansprüche, Einwendungen oder Einreden wegen vertragswidriger Beschaffenheit der Ware berühren die Zahlungspflicht des Käufers nicht. Irgendwelche Ansprüche, Einwendungen und Einreden des Käufers sind nur dann zu berücksichtigen, wenn besondere Umstände das Zahlungsverlangen des Verkäufers als arglistig erscheinen lassen.

(2) Hat der Käufer „Kasse gegen Dokumente" zu leisten, muß er vertragsgemäß beschaffene Urkunden auf Wunsch des Verkäufers zu treuen Händen entgegennehmen, wenn der Verkäufer die Erlaubnis zu Verfügungen des Käufers oder zur Benutzung der Urkunden durch den Käufer nicht von Bedingungen abhängig macht, auf deren Erfüllung er nach dem Vertrage keinen Anspruch hat.

(3) Absatz 1 gilt auch, wenn aus einem Akkreditiv gegen Übergabe von Dokumenten zu zahlen ist.

Übersicht

I. Allgemeines

1 Gemäß §§ 320, 433 BGB hat der Käufer den Kaufpreis Zug um Zug gegen Übergabe der verkauften Ware zu bezahlen. Im Handelsverkehr läßt sich dieser gesetzliche Grundsatz praktisch kaum durchführen. Vielmehr zahlt der Käufer den Kaufpreis in der Regel gegen Dokumente, welche die Ware mehr oder weniger vollkommen repräsentieren. Welche Dokumente der Verkäufer zu liefern hat, wird in den WVB nach den praktischen Gegebenheiten und Erfordernissen für die einzelnen Geschäftsarten verschieden geregelt (§§ 42, 61, 71, 77, 92). In dieser Regelung wird eine Vorleistungspflicht des Käufers erblickt, dem die Dokumente meistens vor Übergabe der Ware präsentiert werden und dem etwaige Einwendungen und Einreden gegen die Zahlungspflicht weitgehend versagt werden. Genauer läßt sich sagen, daß die Zahlung gegen Dokumente in ein abgestuftes System beiderseitiger Vorleistungen gehört, denn meistens hat der Verkäufer schon eine Vorleistung erbracht, indem er die Ware versandte oder abholen ließ. Dieses System ist so abgewogen, daß es das mit den technisch unvermeidbaren Vorleistungen verbundene Risiko der Vertragsparteien möglichst gleichmäßig verteilt, und dies erklärt die häufige Anwendung der Klausel „Kasse gegen Dokumente".

II. Obliegenheiten des Verkäufers

2 § 13 begründet keine Verpflichtungen des Verkäufers. Ob der Verkäufer zur Lieferung von Dokumenten verpflichtet ist, wird in anderen Vorschriften der WVB für die verschiedenen Geschäftsarten verschieden geregelt. Bei Abladegeschäften (§ 42), bei Ab-Kai-Geschäften (§ 77) und bei Ab-Lager-Geschäften (§ 92) hat der Käufer einen Anspruch auf Lieferung bestimmter Dokumente. Bei Einfuhrgeschäften über Land (§§ 61, 71) hat der Käufer einen solchen Anspruch nicht; die Übergabe der dort bezeichneten Dokumente ist nur eine Bedingung für die Vorleistungspflicht des Käufers. In § 13 werden alle Fälle, in denen die Klausel „Kasse gegen Dokumente" vereinbart ist, nur unter dem Gesichtspunkt einer Obliegenheit des Verkäufers behandelt: Der Käufer muß zahlen gegen Übergabe der nach dem Vertrage zu liefernden vertragsgemäß beschaffenen Urkunden. Diese Urkunden hat der Verkäufer in die Geschäftsräume des Käufers zu bringen (§ 9); diese Bestimmung gilt sinngemäß auch, wenn der Verkäufer nur eine Obliegenheit zu erfüllen hat.

Ist vereinbart, daß der Verkäufer mit den übrigen Dokumenten eine Warenverkehrsbescheinigung zu liefern habe, so kann die fehlende Warenverkehrsbescheinigung in der Regel nicht dadurch ersetzt werden, daß der

Verkäufer den gegen die Dokumente zu zahlenden Kaufpreis um eine in Betracht kommende Zolldifferenz kürzt (1/66, JB 1966).

III. Verpflichtungen des Käufers

1. Der Käufer hat gegen Übergabe der nach dem Vertrage zu liefernden vertragsgemäß beschaffenen Urkunden zu zahlen. Diese Verpflichtung des Käufers besteht gemäß § 13 (2) auch dann, wenn der Verkäufer ihm die Dokumente nur zu treuen Händen übergibt. Eine Andienung zu treuen Händen mit weiteren über § 14 Satz 1 und 2 hinausgehenden Bedingungen braucht der Käufer nicht anzunehmen (10/73, JB 1973). 3

2. Soweit dem Käufer kein Anspruch auf Lieferung der Dokumente zusteht (§§ 61, 71), muß er den Kaufpreis bezahlen, wenn er die Ware erhalten hat. Insbesondere entfällt die Obliegenheit des Verkäufers zur Lieferung eines Frachtbriefdoppels (§ 61), wenn die Eisenbahn dem Käufer die Ware ausgeliefert hat (25/72, JB 1973). 4

IV. Gegenrechte des Käufers

1. Nach gesetzlicher Regel (§§ 320, 433 BGB) könnte der Käufer die Zahlung des Kaufpreises verweigern, bis der Verkäufer ihm das Eigentum und den unmittelbaren Besitz an der Ware verschafft hat. Dieses Leistungsverweigerungsrecht wird durch § 13 ausgeschlossen. Der Käufer kann die Zahlung auch nicht davon abhängig machen, daß der Verkäufer ihm die Untersuchung der Ware gestattet. Dies ist bei Abladegeschäften seit jeher allgemeiner Handelsbrauch. In seiner Entscheidung JW 1932, 586 hatte das Reichsgericht diesen von ihm unterstellten Handelsbrauch für unbeachtlich erklärt, weil für ihn kein vernünftiger Grund zu finden wäre und dem Käufer durch ihn etwas Unbilliges zugemutet werde. Der Verkäufer verstoße gegen Treu und Glauben, wenn er dem Käufer die Untersuchung der Ware nach deren Ankunft im Bestimmungshafen unter Berufung auf den Handelsbrauch verweigere. Dieses von der Handelskammer Hamburg und im weiteren Umfange auch vom juristischen Schrifttum bekämpfte Urteil des Reichsgerichts ist überholt durch das Urteil des Bundesgerichtshofs vom 23. 3. 1964 (BGHZ 41, 215). Für den auch von ihm unterstellten Handelsbrauch hat der Bundesgerichtshof als „vernünftigen Grund" anerkannt: 5

- Der ausländische Verkäufer, der die Ware auf die Reise gesandt hat und über sie keine Kontrolle mehr hat, habe ein durchaus schutzwürdiges Interesse daran, daß der Käufer den vereinbarten Kaufpreis ohne Rücksicht auf die Beschaffenheit der Ware vorleistet und deshalb die Zahlung nicht von einer vorherigen Untersuchung der Ware abhängig machen darf.

– Eine solche unbedingte Zahlungspflicht des Käufers entspreche auch den Bedürfnissen des Überseehandels, weil der Exporteur in der Regel auf Bankkredit angewiesen und eine Bank im allgemeinen nur dann zur Kreditgewährung bereit sei, wenn sie in Gestalt der Dokumente Sicherheiten erhält, die die Zahlungsverpflichtung des Käufers garantieren.

Zulässigerweise ist deshalb diese besondere Bestimmung in den WVB 1971 verblieben. Nach ihrer höchstrichterlichen Billigung darf angenommen werden, daß sie auch der in Aussicht stehenden gesetzlichen Inhaltskontrolle Allgemeiner Geschäftsbedingungen standhalten wird.

Auch der Ausschluß der Aufrechnung und die vorläufige Versagung von Gegenrechten aus vertragswidriger Beschaffenheit der Ware wird von der höchstrichterlichen Rechtsprechung als Handelsbrauch anerkannt (BGH WPM 67, 1215; BGH 14, 61).

Das Aufrechnungsverbot gilt sinngemäß nicht für die Differenzforderung aus einem wash-out-Kontrakt, denn dessen Grund, nämlich die Sicherung des Verkäufers, dem die Hergabe von Ware durch Überlassung von Dokumenten nur Zug um Zug gegen Zahlung des Kaufpreises zugemutet werden soll, ist durch den wash-out entfallen (Schiedsspruch v. 18. 2. 1974 der Hamburger freundschaftlichen Arbitrage unter Mitwirkung zweier Waren-Vereins-Kaufleute und des Verfassers).

6 2. Die grundsätzlich ausgeschlossenen Gegenrechte des Käufers werden wiederhergestellt, wenn besondere Umstände das Zahlungsverlangen des Verkäufers als arglistig erscheinen lassen. Gemeint ist der Rechtsmißbrauch, welcher besonders in folgenden Fällen in Betracht zu ziehen ist:

7 a) Vertragswidrige Beschaffenheit der Ware.

Mängel können als besondere Umstände im Sinne von § 13 (1) letzter Satz nur anerkannt werden, wenn sicher erscheint, daß die Sachverständigen (§ 31) einen Mangel feststellen werden, welcher die Rückgängigmachung des Kaufvertrages rechtfertigt (35/74, JB 1974). Jedenfalls ist die Höhe einer dem Käufer etwa zustehenden Vergütung in Betracht zu ziehen (5/72, JB 1972). Ist der Minderwert der Ware nur geringfügig, wird das Zahlungsverlangen kaum jemals arglistig erscheinen. Die Frage, ob das auf § 13 gestützte Zahlungsverlangen des Verkäufers einen Rechtsmißbrauch darstellt, ist dann jedenfalls zu verneinen, wenn es unwahrscheinlich ist, daß der Käufer mit der Verfolgung von Gewährleistungsansprüchen Erfolg haben könnte (25/72, JB 1973).

8 b) Vermögensverschlechterung beim Verkäufer.

Das Aufrechnungsverbot gilt nicht mehr, wenn der Aufrechnungsgegner nach Vertragsschluß die Zahlungen einstellt (29/70, JB 1972).

Hatte der Verkäufer seinen Kaufpreisanspruch einer finanzierenden Bank abgetreten, so dürfte aus den in BGHZ 41, 215 angeführten Gründen das Aufrechnungsverbot auch bei Zahlungseinstellung des Verkäufers bestehen bleiben; diese Frage ist vom Schiedsgericht allerdings noch nicht entschieden worden. Gerät der Verkäufer nach Abschluß des Vertrages in Vermögensverfall, so entsteht für den Käufer die Gefahr, daß er mit seinen etwaigen Ansprüchen wegen vertragswidriger Beschaffenheit der Ware ausfällt. Diese Gefahr muß der Käufer grundsätzlich tragen. Nur dann gilt etwas anderes, wenn der Verkäufer schon zur Zeit der Andienung der Dokumente in Zahlungsschwierigkeiten ist. Indessen kann dies nicht dazu führen, daß der Käufer nun einfach Aufschub für die Zahlung bis zum Eintreffen der Ware bekommt. Vielmehr muß er auch dann zahlen, sofern ihm der Verkäufer Sicherheiten bietet, indem er ihm eine gute Bürgschaft eines Dritten für seine etwaigen späteren Ansprüche bringt, die Einbehaltung eines angemessenen Teils des Rechnungsbetrages gestattet oder sich mit Zahlung an eine Bank als Treuhänder einverstanden erklärt (1910, 14). Dieser Brauch entspricht im wesentlichen dem § 321 BGB. Bürgschafts- oder Garantieurkunden, die in solchen Fällen mit den Dokumenten anzudienen sind, müssen besonders klar abgefaßt sein. Ein Risiko aus unklarer Fassung ist dem Käufer nicht zuzumuten, zumal da dieser sich in sehr kurzer Frist (§ 13 Abs. 2) entscheiden muß, ob er zahlen will (45/63).

V. Untersuchungsverbot? Sanktionen?

Oft überläßt der Verkäufer dem Käufer die Dokumente schon vor Zahlung des Kaufpreises, und zuweilen benutzt der Käufer dann die Dokumente schon vor der Zahlung des Kaufpreises zur Untersuchung der Ware. Unter Kaufleuten wurde darüber gestritten, ob solches Verhalten dem Käufer auch dann untersagt sei, wenn er die Dokumente nicht zu treuen Händen entgegengenommen hatte. Streit bestand auch darüber, mit welcher Sanktion der Käufer bei etwa unzulässiger Untersuchung zu belegen sei. Ein Verkäufer vertrat in einem Schiedsgerichtsverfahren die Auffassung, der Käufer habe durch vorzeitige Untersuchung seine Gewährleistungsansprüche für Sachmängel verloren. Das Schiedsgericht (10/73, JB 1973) hat entschieden, daß dem Käufer die vorzeitige Untersuchung nicht verboten sei und daß der Käufer jedenfalls seine Gewährleistungsansprüche für Sachmängel durch die vorzeitige Untersuchung nicht verloren habe. Dieser Entscheidung ist zuzustimmen, und zwar aus folgenden mit den Entscheidungsgründen des Schiedsspruchs 10/73 im wesentlichen übereinstimmenden Erwägungen: 9

1. Unter der Geltung der alten WVB hatte sich die Meinung verbreitet, der zur Leistung von Kasse gegen Dokumente verpflichtete Käufer dürfe die Ware nicht untersuchen, bevor er die angedienten und ihm möglicherweise zu treuen Händen überlassenen Dokumente bezahlt hatte (MGS 11 10

zu § 3 WVB a. F.). Die Bildung und Bewahrung eines solchen Handelsbrauchs mochte sinnvoll gewesen sein, solange im damaligen Text der WVB, nämlich in § 13 Abs. 3 WVB a. F., die Bedeutung der Kasse-gegen-Dokumente-Klausel nur dahin definiert wurde, daß der Käufer die Einlösung der Dokumente nicht von der vorherigen Besichtigung der Ware abhängig machen dürfe. Erlangte der Käufer trotzdem die Dokumente ohne Zahlung, so mochte es angebracht erscheinen, dem Käufer die Benutzung der Dokumente zwecks Untersuchung der Ware zu untersagen, solange er die Zahlung nicht nachgeholt hatte. Ein zu billigender Zweck dieses Verbots mochte darin bestanden haben, daß dem Käufer nicht gestattet werden sollte, sich Informationen für die Erhebung eines Gewährleistungsanspruchs zu beschaffen, solange er den Kaufpreis nicht zunächst einmal voll bezahlt hatte. Die auf eine solche mittelbare Wirkung abgestellte Regel wurde jedoch gegenstandslos, nachdem in § 13 WVB 1971 als unmittelbare Folge der Kasse-gegen-Dokumente-Klausel ausdrücklich bestimmt wurde, daß etwaige Ansprüche, Einwendungen oder Einreden wegen vertragswidriger Beschaffenheit der Ware die (vorläufige) Zahlungspflicht des Käufers nicht berühre. Hiernach ist nicht ersichtlich, daß der Käufer sich durch die vorzeitige Untersuchung der Ware irgendwelche Vorteile verschaffen könnte. Deshalb kann seit der im Jahre 1971 abgeschlossenen Neufassung der WVB vernünftigerweise ein vom Käufer einzuhaltendes Untersuchungsverbot nicht mehr angenommen werden.

11 2. Wäre gleichwohl ein Untersuchungsverbot anzunehmen, so würde nicht ersichtlich sein, weshalb eine vertragswidrige Benutzung der Dokumente zu einem Verlust von Gewährleistungsansprüchen führen sollte. Die WVB unterscheiden streng zwischen den Dokumenten und der Ware. So gelten vertragswidrige *Dokumente* als genehmigt, wenn der Käufer die Vertragswidrigkeit der *Dokumente* nicht rechtzeitig rügt oder sich dieser Dokumente bedient (§ 22 WVB). Vertragswidrige *Ware* gilt als genehmigt, wenn der Käufer die Vertragswidrigkeit der *Ware* nicht rechtzeitig rügt oder die als vertragswidrig erkannte Ware vom Ort der Untersuchung entfernt oder die Ware weiterveräußert und entsprechend bewegt (§ 20 WVB). In keinem Fall knüpfen die WVB jedoch einen Rechtsverlust hinsichtlich der Beschaffenheit von Ware an einen Mißbrauch von Dokumenten. Stets wird außerdem eine Genehmigung von vertragswidrigen Dokumenten oder vertragswidriger Ware nur angenommen, wenn eine Handlung des Käufers auf einen solchen Genehmigungswillen schließen läßt. Wer die Rüge eines Mangels der Ware verzögert oder die Ware bewegt, erweckt den Eindruck, daß er hinsichtlich etwaiger Mängel der Ware keine Gewährleistungsansprüche erheben will. Wer indessen vorzeitig die Ware untersucht, bringt damit gerade den Zweifel an der Vertragsmäßigkeit der Ware zum Ausdruck und bekundet besonders deutlich den Willen, den ihm etwa zu-

stehenden Gewährleistungsansprüchen Geltung zu verschaffen. Die Auffassung, daß der Käufer durch vorzeitige Untersuchung seine Gewährleistungsansprüche verlieren solle, liefe deshalb auf eine Bestrafung des Käufers hinaus. Die Institution der Vertragsstrafe ist jedoch den WVB fremd. Die WVB kennen einen Rechtsverlust nur als Zurechnung schlüssigen Verhaltens, insbesondere in Form der Verwirkung. Eine Straf-Institution ist auch nicht erforderlich, da die §§ 13, 14 WVB dem Verkäufer die Möglichkeit geben, die Benutzung unbezahlter Dokumente auf andere Weise zu verhindern. Der Verkäufer muß nur deutlich sagen, was er will. Er mag dem Käufer die Dokumente zu treuen Händen überlassen mit der ausdrücklichen Erklärung, daß der Käufer sich der Dokumente – auch zur Untersuchung der Ware – nicht vor Bezahlung des Kaufpreises bedienen dürfe und daß im Falle einer Zuwiderhandlung der Käufer auf alle Gewährleistungsansprüche verzichte. Nimmt der Käufer die ihm mit solcher Erklärung angedienten Dokumente entgegen, so erklärt er sich mit entsprechender Änderung des Vertrages einverstanden, falls er sich des Dokuments ohne vorherige Zahlung bedient (§ 14 Satz 3 WVB). Zwar könnte der Käufer die ihm zu treuen Händen unter solchen vertraglich nicht vorgesehenen Bedingungen angedienten Dokumente zurückweisen (§ 13 Abs. 2 WVB). In diesem Falle könnte der Verkäufer aber nach der Regel (§ 13 Abs. 1 Satz 1 WVB) verlangen, daß der Käufer den Kaufpreis bereits Zug um Zug gegen Übergabe der Dokumente bezahlt; dann wäre es dem Käufer von vornherein unmöglich gemacht, sich der Dokumente ohne vorherige Zahlung zu bedienen.

VI. Ähnliche Klauseln

Verbreitet ist die Klausel „netto Kasse nach Waren- und Rechnungserhalt". Es gibt auch die isolierte Klausel „netto Kasse". Im Waren-Vereins-Bereich ist man sich darüber einig, daß in beiden Fällen jegliche Aufrechnung, Zurückhaltung und Leistungsverweigerung ausgeschlossen ist (54/74, JB 1975; 21/74, JB 1975). In der Frage, ob unter der Geltung dieser Klauseln auch etwaige Ansprüche, Einwendungen oder Einreden wegen vertragswidriger Beschaffenheit der Ware die Zahlungspflicht des Käufers unberührt lassen, ist es indessen noch nicht zu einer einhelligen Rechtsprechung des Schiedsgerichts gekommen. In der Entscheidung 21/74 (JB 1975) wird – übrigens in Übereinstimmung mit dem in der zugehörigen Arrestsache tätig gewordenen Landgericht Hamburg – als Handelsbrauch festgestellt, daß auch etwaige Ansprüche, Einwendungen oder Einreden wegen vertragswidriger Beschaffenheit der Ware die Zahlungspflicht des Käufers nicht berühren. In der Entscheidung 54/74 (JB 1975) hat das anders besetzte

(Randnummer 12 beim Beginn des Absatzes „Verbreitet ist die Klausel …")

Schiedsgericht die Meinung vertreten, die Klausel „netto Kasse nach Waren- und Rechnungserhalt" hindere den Käufer nicht daran, den Kaufpreis unmittelbar um die nach § 19 (2) WVB zu beanspruchende Vergütung von Minderwert zu kürzen. Es meinte, die Einwendung von Gewährleistungsrechten werde dem Käufer durch die allein in Betracht kommende Vorschrift des § 13 WVB nur abgeschnitten, wenn „Kasse gegen Dokumente" bedungen sei. Das in der Klausel „netto Kasse nach Waren- und Rechnungserhalt" enthaltene Wort „Kasse" hindere nur die Aufrechnung mit Gegenforderungen. Das Recht auf Vergütung von Minderwert sei jedoch keine durch Aufrechnung geltend zu machende „Gegenforderung", es gehe vielmehr – ebenso wie die gesetzliche Minderung – unmittelbar auf Befreiung von einer Zahlungspflicht.

Diesem Teil der Begründung des Schiedsspruchs 54/74 kann nicht gefolgt werden, denn bei dieser Argumentation wird der wesentliche Unterschied zwischen dem gesetzlichen Minderungsanspruch (§§ 462, 472 BGB) und dem Anspruch auf Vergütung von Minderwert (§ 19 Abs. 2 WVB) verkannt. Der gesetzliche Minderungsanspruch geht unmittelbar auf eine Herabsetzung des Kaufpreises: Der Kaufpreis ist in dem Verhältnis herabzusetzen, in welchem zur Zeit des Verkaufs der Wert der Sache in mangelfreiem Zustande zu dem wirklichen Wert gestanden haben würde. Dagegen kommt die Höhe des Kaufpreises für die Vergütung von Minderwert nach § 19 (2) WVB überhaupt nicht in Betracht. Der Anspruch auf Vergütung von Minderwert ist seinem Wesen nach ein Schadensersatzanspruch, welcher an sich zur Aufrechnung geeignet wäre (Bem. V 1 a zu § 19 WVB). Die im Schiedsspruch 54/74 vertretene Unterscheidung zwischen der Geltendmachung eines Vergütungsanspruchs ist daher systemwidrig. Ausgehend davon, daß das Wort „Kasse" jegliche Verrechnung ausschließt, ist also die im Schiedsspruch 21/74 vertretene Auffassung vorzuziehen. Andererseits braucht der Käufer – auch vorläufig – den vollen Kaufpreis dann nicht zu bezahlen, wenn der zu vergütende Minderwert von den Sachverständigen bereits bindend festgestellt ist (54/74, JB 1975).

VII. Rechtsbehelfe des Verkäufers

13 Verzögert der Käufer die fällige Zahlung, so ist der Verkäufer nicht auf die Erhebung der Kaufpreisklage angewiesen. Die Zahlung des Kaufpreises ist nämlich eine Hauptleistung im Sinne der §§ 17, 18 auch dann, wenn gegen Dokumente zu zahlen ist. Der Verkäufer kann also – gegebenenfalls nach Ablauf einer von ihm gemäß § 17 (2) gesetzten Frist – seinerseits vom Vertrage zurücktreten oder Schadensersatz wegen Nichterfüllung verlangen. Damit wird der Erfüllungsanspruch ausgeschlossen. Hat der Käufer

geltend gemacht, daß die Ware nicht vertragsmäßig beschaffen sei, wird also dieser Einwand hinfällig. Durch Verweigerung der Zahlung riskiert der Käufer also bei gestiegenem Markt den Rücktritt des Verkäufers und damit den Verlust des Rechts aus einem lukrativen Geschäft. Bei gefallenem Markt ist damit zu rechnen, daß der Verkäufer Schadensersatz wegen Nichterfüllung verlangt und den Käufer damit schlechter stellt als dieser dastehen würde, wenn er die Abwicklung des Geschäfts in der Hand behalten hätte und gegebenenfalls die Rechte aus § 19 geltend gemacht hätte. Instruktiv ist der Schiedsspruch 35/74 (JB 1974).

VIII. Rechtsbehelfe des Schuldners

Kann der Käufer wenigstens glaubhaft machen, daß ihm Ansprüche aus 14
der Beschaffenheit der Ware erwachsen werden oder daß ihm sonstige Gegenansprüche zustehen, so kann er beim ordentlichen Gericht gemäß §§ 916 ff. ZPO einen Arrest bewirken und aufgrund dieses Arrestes die gegen ihn selbst gerichtete Kaufpreisforderung pfänden lassen, wenn ohne diesen Zugriff die Vollstreckung aus einem wegen seiner Gegenforderung noch zu erwirkenden Schiedsspruch vereitelt oder wesentlich erschwert werden würde. Als zureichender Arrestgrund ist es gemäß § 917 (2) ZPO immer anzusehen, wenn dieser Schiedsspruch im Ausland vollstreckt werden müßte. Vorsichtige Käufer machen von dieser prozessualen Möglichkeit oft mit Erfolg Gebrauch. Nach solcher Pfändung kann der Verkäufer nur noch verlangen, daß der Käufer den Kaufpreis hinterlegt; das ergibt die analoge Anwendung von § 1281 BGB. Auch diese Hinterlegung ist eine Hauptleistung im Sinne der §§ 17, 18, denn sie ist eine abgewandelte Zahlung des Kaufpreises. Der mit dem Arrest überzogene Verkäufer kann also dem Käufer gemäß § 17 (2) eine Frist zur Hinterlegung setzen und nach Fristablauf die Rechte aus § 17 geltend machen. Darauf muß der Käufer sich einrichten. Der Käufer kann seine Gegenansprüche auch in demselben Schiedsgerichtsverfahren durch Widerklage geltend machen. Erhebt er in erster Linie den Einwand der arglistigen (mißbräuchlichen) Rechtsausübung, so kann er die Widerklage auch hilfsweise erheben.

§ 14
Dokumente zu treuen Händen

Zu treuen Händen erhaltene Urkunden muß der Käufer bis 16 Uhr des auf die Andienung folgenden Geschäftstages zurückgeben, wenn er bis dahin die Bedingungen, unter denen der Verkäufer ihm den Ge-

brauch oder die Verfügung erlaubt hat, nicht erfüllt hat. Vertragswidrige Dokumente gelten als genehmigt, wenn der Käufer sie nicht fristgemäß zurückgibt. Bedient der Käufer sich eines Dokuments ohne vorherige Erfüllung der Bedingungen, unter denen der Verkäufer ihm den Gebrauch oder die Verfügung gestattet hatte, so gelten diese Bedingungen als genehmigt.

Übersicht

I. Allgemeines

1 1. Die Hingabe von „Dokumenten zu treuen Händen" ist eine Gewohnheit, die sich in Hamburg entwickelt hat und nur im Hamburger Handel als feste Institution betrachtet wird. Sie dient der technischen Erleichterung des Verkehrs mit Dokumenten. Grundsätzlich könnten beide Parteien die von ihnen geschuldeten Leistungen verweigern, bis die Gegenleistung bewirkt worden ist (§ 320 BGB). Die strikte Einhaltung dieses Grundsatzes würde dahin führen, daß der Verkäufer die Dokumente nur Zug um Zug gegen Zahlung des Kaufpreises herauszugeben brauchte und umgekehrt der Käufer nur Zug um Zug gegen Herausgabe der Dokumente zu zahlen brauchte. Dieses Verfahren wäre umständlich. Allerdings würden diese Umstände wohl weniger darin bestehen, daß der Käufer „Banknoten oder klingende Münze" bereithalten müßte (Haage, S. 103), als darin, daß er im Beisein des Überbringers die Ordnungsmäßigkeit der Dokumente prüfen müßte. Der Sachbearbeiter des Käufers ist aber nicht immer sofort zur Stelle und muß sich in Zweifelsfällen vielleicht auch erst bei sei-

nem Vorgesetzten oder bei einem Rechtsberater oder bei einem Nachkäufer erkundigen. Der Bote des Verkäufers oder seiner Bank müßte deshalb vielleicht stundenlang auf das Ergebnis dieser Nachprüfung in den Geschäftsräumen des Käufers warten. Oft überlassen deshalb der Verkäufer oder dessen Bank dem Käufer die Dokumente ohne Zug-um-Zug-Zahlung in der Erwartung, daß der Käufer binnen kurzer Frist entweder die Zahlung nachholen oder die Dokumente zurückgeben werde. Da nun der Verkäufer nicht vorzuleisten braucht und sich nach Möglichkeit sichern möchte, übergibt er dem Käufer die Dokumente dann nicht endgültig, sondern „zu treuen Händen" und oft mit dem Zusatz, daß der Käufer sich ihrer nur gegen Zahlung des Rechnungsbetrages bedienen dürfe und innerhalb bestimmter Zeit die Dokumente zurückgeben müsse, falls er nicht innerhalb dieser Frist gezahlt haben sollte.

2. Eine Bekanntmachung der Handelskammer Hamburg vom 25. 11. 1924 in der Fassung einer weiteren Bekanntmachung vom 11. 2. 1950 (Amtlicher Anzeiger 1950, 130) lautet: 2

„Werden Dokumente zu getreuen Händen angedient, so ist der Empfänger nicht berechtigt, den Gewahrsam an den Dokumenten aufzugeben, insbesondere diese – unter welchen Bedingungen es auch sein mag – zu getreuen Händen weiterzugeben. Der Empfänger ist vielmehr verpflichtet, die Dokumente dem Präsidenten bis spätestens 16 Uhr des Andienungstages (an Sonnabenden 12 Uhr) zurückzugeben, wenn nicht die volle Leistung des Gegenwertes erfolgt ist."

Diese Bekanntmachung ist abgedruckt im Hamburgischen Börsenhandbuch 1968, 12. Auflage, herausgegeben von Straatmann und Zinkeisen. In einer weiteren Bekanntmachung (MITTEILUNGEN 1925, 85) hat die Handelskammer Hamburg erklärt, daß der Käufer die zu treuen Händen erhaltenen Dokumente auch nicht zur Untersuchung der Ware benutzen dürfe. Ob die Handelskammer Hamburg damit einen Handelsbrauch verkünden wollte oder ob sie nur einem von ihr als mißlich angesehenen Brauch entgegentreten wollte, ist ihren Bekanntmachungen nicht zu entnehmen.

Mathies (1926) hebt im Anhang 1 zu § 15 Anm. 2 hervor, die Bekanntmachung vom 25. 11. 1924 diene nur der Klarstellung, wann „eine mit der Ehre und dem Anspruch auf kaufmännisches Vertrauen nicht zu vereinbarende Handlung" (§ 10 des Börsengesetzes) vorliegt. Als vormaliger Syndikus der Handelskammer Hamburg war Mathies mit deren Auffassungen und Überlegungen gewiß eng vertraut. Schon Mathies (aaO) führte zutreffend an, daß die von der Handelskammer bis 16 Uhr des Andienungstages bestimmte Zahlungsfrist zu kurz sein kann, und stellte fest, daß der Verkäufer dann gegen eine Überschreitung der Frist in der Regel nichts einzuwenden habe. Auch Mathies-Grimm (2. Aufl. 1955, Anhang 1 zu § 13 WVB Anm. 2) und Mathies-Grimm-Sieveking (Bem. 80 ff. zu § 13) definieren die Verlautbarungen der Handelskammer nur als „Richtschnur" für das Ehrengericht. Haage, der die Handelsbräuche des Abladegeschäfts sonst ausführlich als solche festzustellen pflegt, registriert die Fristenregelung der Handelskammer vom 15. 11. 1924 ohne eine solche Feststellung (S. 103). Übrigens pflegt die Handelskammer eine umfassende und detaillierte Befragung der Kammerzugehörigen zu veranstalten, bevor sie eine Regel als Handelsbrauch anerkennt. Eine solche Befragung der Kammerzugehörigen hat zur Länge der Zahlungs- und Rückgabefrist, soweit festzustellen ist, niemals stattgefunden. Auch die Verwendung des strafrechtlichen „Gewahrsams"-Begriffs läßt vermuten, daß es der Handelskammer Hamburg um Ehrenrecht und Strafrecht, aber nicht um die Feststellung von Handelsbräuchen (§ 346 HGB) ging. Insbesondere ist aus den Bekanntmachungen der Handelskammer nicht ersichtlich, welche kaufrechtlichen Folgen eine treuwidrige Handlung des Käufers haben könnte. Auch Haage (S. 103 ff.) schweigt hierzu.

3 Im Waren-Vereins-*Bereich* wurden die Bekanntmachungen der Handelskammer als Handelsbräuche nur teilweise anerkannt. Abgelehnt wurde stets die für zu kurz gehaltene Frist, welche die Handelskammer für die Rückgabe der unbezahlt gebliebenen Dokumente bestimmt hatte (MGS 82 zu § 13). Anerkannt wurden die Regeln, daß der Käufer vor vollständiger Bezahlung des bei Übergabe der Dokumente geforderten Kaufpreises

- über die zu treuen Händen erhaltenen Dokumente nicht verfügen und solche Dokumente unter keinen Bedingungen aus Händen geben dürfe (MGS 81/82 zu § 13) und
- solche Dokumente auch nicht zur Untersuchung der Ware benutzen dürfe (MGS 81/82 zu § 13).

Die zweite Regel wurde andererseits ausgedehnt auf solche Dokumente, welche der Verkäufer nicht zu treuen Händen, sondern ohne solchen Vorbehalt unter der vereinbarten Klausel „Kasse gegen Dokumente" hingegeben hatte. Die Kommentatoren der alten WVB befaßten sich immerhin auch mit den kaufrechtlichen Folgen treuwidriger Handlungen des Käufers. In allen Auflagen wurde festgestellt, daß Dokumente, deren der Käufer sich bedient, als genehmigt gelten (MGS 85 zu § 13), aber im Gegensatz zu früheren Auflagen wurde aaO bereits erkannt, daß diese Genehmigungsfiktion keine Besonderheit der Andienung zu treuen Händen ist. Im Laufe von über siebzig Jahren ist nur ein einziger von MGS 84 zu § 13 angeführter Schiedsspruch (JB 1927, 28) zu den Konsequenzen einer Treuwidrigkeit bekannt geworden. An einer umfassenden Darstellung und Regelung hat es auch im Waren-Vereins-Bereich bisher gefehlt. Das Thema war stets brisant, und die keineswegs einhelligen Auffassungen der Kaufleute waren oft mit Emotionen befrachtet: „Aufweichungen" sei entgegenzutreten. Überhaupt müsse gegen treuwidriges Verhalten „etwas geschehen".

So war es an der Zeit, daß in den WVB 1971 die Spreu vom Weizen getrennt wurde und dasjenige kodifiziert wurde, was als übereinstimmende, sachlich darstellbare Auffassung der Kaufleute übrig blieb.

3. § 14 hängt mit anderen Bestimmungen der WVB zusammen. 4

a) Die Klauseln „Kasse gegen Dokumente" (§ 13) und „Dokumente zu treuen Händen" (§ 14) hängen sachlich eng zusammen; sie sind aber nicht identisch. Die Klausel „Kasse gegen Dokumente" gilt nur, wenn sie vereinbart ist. Sie hat dann gemäß § 13 (2) die Folge, daß der Käufer auf Verlangen des Verkäufers vertragsmäßig beschaffene Urkunden zu treuen Händen entgegennehmen muß. Die Klausel „zu treuen Händen" beruht auf einem einseitigen Vorbehalt des Verkäufers. Dieser Vorbehalt wirkt allerdings gegen den Käufer nur dann, wenn er die Dokumente zu treuen Händen angenommen hat oder gemäß § 13 (2) WVB annehmen muß. Vereinfachend läßt sich sagen:

- Aufgrund eines Vertrages mit der Klausel „Kasse gegen Dokumente" werden oft, aber nicht immer die Dokumente zu treuen Händen angedient.
- Auch aufgrund eines Vertrages ohne die Klausel „Kasse gegen Dokumente" werden wohl manchmal Dokumente zu treuen Händen angedient. Es liegt dann beim Käufer, ob er sich auf diese Andienung einläßt.

b) Die Bestimmungen, welche in § 22 WVB über vertragswidrige Dokumente getroffen werden, gelten auch, wenn Dokumente zu treuen Händen entgegengenommen worden sind.

II. Begriff und Wesen der Institution

Die Entgegennahme von Dokumenten zu treuen Händen läßt keinen Vertrag zustande kommen, durch den ein besonderes Schuldverhältnis der Parteien begründet würde (§ 305 BGB). Insbesondere wird durch die Entgegennahme der Dokumente kein „Treuhandverhältnis" begründet (a. A. Haage, S. 103/104). Ein Treuhandverhältnis liegt anerkanntermaßen nur dann vor, wenn der Treugeber dem Treuhänder ein *Mehr* an Rechten überträgt, als dieser nach interner Vereinbarung ausüben soll (Beispiel: Sicherungsübereignung). So verhält es sich aber bei der Entgegennahme von Dokumenten zu treuen Händen gerade nicht. Sie bedeutet, daß der Verkäufer dem Käufer das Eigentum an den Dokumenten nur aufschiebend bedingt überträgt. Aufschiebende Bedingungen sind die Zahlung des Kaufpreises (MGS 80 zu § 13; Haage, S. 104) und die sonstigen vom Verkäufer bei der Andienung ausbedungenen Leistungen. Der Käufer erhält also zunächst ein *Weniger* als die Rechte, welche ihm nach dem Kaufvertrag zukommen sollen. Statt Volleigentum erhält der Käufer nur eine Anwartschaft. Die Über- 5 lassung von Dokumenten zu treuen Händen ist im wesentlichen eine nach dem Vorbild von § 455 BGB modifizierte Erfüllungshandlung. Die grundsätzlich anzuerkennenden Anordnungen, welche der Verkäufer bei der Andienung getroffen hat, und ihr Vorrang gegenüber solchen Rechten, die dem Käufer aufgrund des Kaufvertrages zustehen mögen, ergeben sich nicht aus einem besonderen Vertrage, sondern einfach aus Treu und Glauben (§ 242 BGB). Durch Entgegennahme der Dokumente zu treuen Händen und zu damit verbundenen, vom Verkäufer gestellten Bedingungen hat der Käufer einen Vertrauenstatbestand geschaffen. Ein späteres widersprüchliches Verhalten wäre daher rechtsmißbräuchlich. Passen dem Käufer die vom Verkäufer gestellten Bedingungen nicht, so mag er die Dokumente (rechtzeitig!) zurückgeben.

III. Pflichten des Käufers

6 Ob und unter welchen Bedingungen der Käufer Dokumente zu treuen Händen entgegennehmen muß, ist in § 13 (2) geregelt. Hat er die Dokumente zu treuen Händen entgegengenommen, muß er alles unterlassen, was der Verkäufer ihm bei der Andienung verboten hat. Das folgt aus § 1004 BGB. Auf ein etwa aus dem Kaufvertrag herzuleitendes Recht zu gegenteiligem Verhalten, z. B. zur Untersuchung der Ware, kann der Käufer sich nach Treu und Glauben nicht berufen, wie unter II. ausgeführt wurde. Soweit der Verkäufer keine besonderen Anweisungen erteilt hat, gilt folgendes:

7 1. Der Käufer hat die Dokumente für den Verkäufer zu verwahren. Das ist eine Verhaltenspflicht, die sich gemäß § 242 BGB aus dem Kaufvertrag ergibt. Nach Waren-Vereins-Handelsbrauch darf der Käufer vor Leistung des Gegenwerts den unmittelbaren Besitz an den Dokumenten nicht aufgeben (MGS 82 zu § 13 WVB).

8 2. Ferner muß der Käufer gemäß § 14 Satz 1 die Dokumente bis 16 Uhr des auf die Andienung folgenden Geschäftstages zurückgeben, wenn er bis dahin die Bedingungen, unter denen der Verkäufer ihm den Gebrauch oder die Verfügung erlaubt hatte, nicht erfüllt hat. Unausgesprochen gilt die Bedingung, daß der Käufer innerhalb dieser Frist die Rechnung des Verkäufers bezahlt haben muß. Nach Handelsbrauch wahrt der Käufer diese Zahlungsfrist, indem er seiner Bank unwiderruflichen Zahlungsauftrag – Deckung vorausgesetzt – erteilt. Sonstige Bedingungen gehören in das Andienungsschreiben, mit welchem der Verkäufer dem Käufer die Dokumente überbringt oder überbringen läßt. Weitere Bedingungen kann er nicht nachschieben.

3. Uralt ist der Streit darüber, ob der Käufer sich der Dokumente zur Untersuchung der Ware bedienen darf, bevor er den Kaufpreis bezahlt hat (Haage, S. 105). Bei der Beurteilung ist zu unterscheiden: 9

a) War mit der Klausel Kasse gegen Dokumente verkauft worden, so darf der Käufer die Zahlung des Kaufpreises nicht von der vorherigen Besichtigung der Ware abhängig machen. Im Zweifel will der Verkäufer dadurch, daß er dem Käufer Dokumente zu treuen Händen überläßt, diesen nicht besserstellen, als er bei Zahlung Zug um Zug gegen Aushändigung der Dokumente dastehen würde. Die Überlassung zu treuen Händen enthält daher in diesem Fall sinngemäß das Verbot der Untersuchung vor der Bezahlung.

b) In anderen Fällen ist der Andienung zu treuen Händen für sich allein ein Verbot der Untersuchung nicht zu entnehmen. Hat allerdings der Verkäufer bei Übergabe der Dokumente dem Käufer erklärt, daß dieser sich erst nach Zahlung der Dokumente in irgendeiner Weise bedienen dürfe, und weist dieser die vertragswidrige Andienung nicht zurück, so ist ihm die Untersuchung verboten.

IV. Folgen von Zuwiderhandlungen des Käufers

In den alten WVB war nicht geregelt, welches die *zivilrechtlichen Folgen* seien, wenn der Käufer sich der ihm zu treuen Händen überlassenen Dokumente treuwidrig bediente. Der Ausschuß hat diese Frage eingehend erörtert, und zwar mit dem Ergebnis, daß die Verfügung über Dokumente, die zu treuen Händen gegeben wurden, und die Benutzung solcher Dokumente grundsätzlich keine anderen Folgen haben, als der Umgang mit Dokumenten, die nicht zu treuen Händen gegeben wurden (Prot. 9. 2. 1971). 10

Insbesondere verwarf der Ausschuß den Gedanken an eine Bestrafung für unzulässiges Verhalten und erwähnt als Beispiel ausdrücklich, daß der Käufer durch die Verfügung über ein Dokument nicht die vertragsmäßige Beschaffenheit der Ware anerkenne. Die WVB 1971 enthalten alles, was sich in den Ausschußberatungen an übereinstimmenden Auffassungen zu diesem Problem positiv feststellen ließ. Eine erweiternde Auslegung ist daher nicht angebracht. Hiernach gilt folgendes:

1. Vertragswidrige Dokumente gelten als genehmigt, wenn der Käufer sie nicht fristgemäß zurückgegeben hat (§ 14 Satz 2). 11

a) Unberührt bleibt die allgemeine Vorschrift des § 22, wonach vertragswidrige Dokumente als genehmigt gelten, wenn sie nicht spätestens am dritten Geschäftstag nach deren Lieferung unter Angabe der Gründe zurückgewiesen werden. Der Käufer, welcher die zu treuen Händen empfangenen Dokumente unter Einhaltung der in § 14 Satz 1 bestimmten Frist zu- 12 rückgegeben hat, muß also zur Vermeidung der Genehmigungsfiktion ein Weiteres tun: Er muß innerhalb der in § 22 (1) bestimmten (längeren) Frist die Gründe der Zurückweisung angeben. Der Verkäufer, der Dokumente zu treuen Händen gegeben hatte, hat ein vernünftiges Interesse daran, binnen angemessener Frist zu erfahren, ob der Käufer die Dokumente nur wegen Geldmangels oder wegen sachlicher Einwendungen zurückgewiesen hat. Dieses Interesse ist nicht geringer als das Informationsbedürfnis vom Verkäufer, welcher die Dokumente nicht zu treuen Händen hingegeben hatte.

13 b) Vertragswidrige Dokumente, deren sich der Käufer in irgendeiner Weise bedient, gelten schon nach allgemeinen Regeln (§ 22 Abs. 2) als genehmigt. Bedient sich der Käufer der Dokumente nur zur Untersuchung der Ware, so gelten sie gemäß § 22 (2) Satz 2 allerdings nur dann als genehmigt, wenn „Kasse gegen Dokumente" verkauft worden war. Da nun Dokumente zu treuen Händen gemäß § 13 (2) nur entgegengenommen werden müssen, wenn Kasse gegen Dokumente vereinbart worden war, und da in praxi den meisten Fällen, in denen Dokumente zu treuen Händen gegeben werden, ein Kasse-gegen-Dokumente-Geschäft zugrunde lag, braucht in § 14 für diesen Fall keine Sonderlösung hineininterpretiert zu werden.

14 2. Vertragswidrige Ware gilt grundsätzlich nicht als genehmigt, wie immer der Käufer mit den ihm zu treuen Händen überlassenen Dokumenten umgegangen sein mag. Die WVB unterscheiden nämlich streng zwischen den Dokumenten und der Ware. Vertragswidrige Dokumente gelten als genehmigt, wenn der Käufer die Vertragswidrigkeit der Dokumente nicht rechtzeitig rügt oder sich dieser Dokumente bedient (§ 22). Vertragswidrige Ware gilt als genehmigt, wenn der Käufer die vertragswidrige Beschaffenheit der Ware nicht rechtzeitig rügt oder die als vertragswidrig erkannte Ware vom Ort der Untersuchung entfernt oder die Ware weiter veräußert und entsprechend bewegt (§ 20). In keinem Fall knüpfen jedoch die WVB einen Verlust von Gewährleistungsrechten an einen Mißbrauch der Dokumente. Mit derselben Begründung hat das Schiedsgericht (10/73, JB 1973) einen Gewährleistungsanspruch für gerechtfertigt erklärt, obwohl der Käufer sich vor Zahlung des Kaufpreises der Dokumente zur Untersuchung der Ware bedient hatte. Zwar hatte der Verkäufer dem Käufer in dem dort entschiedenen Fall die Dokumente nicht „zu treuen Händen" übergeben, aber die in Bem. 5 zu § 13 ausführlicher behandelten Entscheidungsgründe des Schiedsspruchs 10/73 machen es deutlich, daß auch der einfache Vorbehalt „zu treuen Händen" nicht ausgereicht hätte, um die Ware als genehmigt gelten zu lassen.

15 3. Die Bedingungen, von deren Erfüllung der Verkäufer für den Käufer die Erlaubnis zum Gebrauch des zu treuen Händen überlassenen Doku-

ments oder die Verfügung über ein solches Dokument abhängig macht, widersprechen manchmal dem zugrundeliegenden Kaufvertrag.

Beispiel: Laut Kaufvertrag war Zahlung nach Empfang der Ware vereinbart, so daß der Käufer erst nach Untersuchung und Gutbefund der Ware den Kaufpreis zu bezahlen brauchte. Entgegen dieser Bestimmung dient der Verkäufer dem Käufer einen Lieferschein zu treuen Händen an, und zwar mit der vertragswidrigen Einschränkung, daß der Käufer sich des Lieferscheins nur nach vorheriger Zahlung des Kaufpreises in irgendeiner Weise bedienen dürfe.

Diese Fälle werden durch § 14 Satz 3 geregelt. Bedient sich also im beispielsweise angeführten Fall der Käufer des Lieferscheins vor der Bezahlung des Kaufpreises zur Untersuchung der Ware, so genehmigt er damit die ihm angesonnene Bedingung, daß er Zahlung gegen Dokumente schuldet (0.1/27, JB 1927).

An dieser von MGS in Bem. 84 zu § 13 (a. F.) überlieferten Rechtsprechung wollte der Ausschuß festhalten. Eine weitergehende Ahndung des Mißbrauchs von Dokumenten, welche zu treuen Händen gegeben worden waren, lehnte der Ausschuß ausdrücklich ab (Prot. 9. 2. 1971).

Auch unter Ausbedingung anderer ihm nicht zukommender Vorteile 16
mag der Verkäufer die Dokumente dem Käufer zu treuen Händen andienen (vgl. 10/73, JB 1973). Indessen braucht der Käufer eine solche Andienung nicht anzunehmen (§ 13 Abs. 2), und vernünftigerweise sollte er dies auch nicht tun. Manchmal wird ein Käufer sich allerdings doch unter dem Druck der Marktverhältnisse auf solche Bedingungen einlassen. Die Möglichkeit solcher Einwirkungen zeigt die Fragwürdigkeit aller Sanktionen, und auch diese Überlegung sollte zu einer behutsamen Anwendung von § 14 Satz 3 führen. In diesem Zusammenhang ist aus der Praxis des Schiedsgerichts der folgende Fall anzuführen:

Der Verkäufer hatte die Dokumente zu treuen Händen übersandt und zugleich die Zahlung einer ihm vertragsmäßig nicht zustehenden Vergütung von Einfuhrabgaben verlangt. Der Käufer lehnte es ab, dem Verkäufer diese Abgabe zu vergüten, und gab dementsprechend die Dokumente zurück. Der hartnäckige Verkäufer schickte dem Käufer die Dokumente nochmals zu und wiederholte seine Forderung. Daraufhin verfügte der Käufer über die Ware. Die daraufhin vom Verkäufer auf Zahlung des streitigen Betrages gerichtete Klage hat das Schiedsgericht (26/67, JB 1967) abgewiesen mit der Begründung, der Verkäufer habe die Meinung des Käufers gekannt, als er die Dokumente zum zweiten Male andiente. Der Verkäufer habe nicht annehmen können, daß der Käufer seine Meinung geändert habe. Die Verfügung, welche der Käufer dann über die Dokumente traf, habe deshalb nicht mehr unter der Sanktion gestanden, daß darin sein Einverständnis mit dem Zahlungsverlangen des Verkäufers erblickt werden müßte.

Im Sinne der bei Anwendung von § 14 Satz 3 gebotenen Zurückhaltung ist dieser Entscheidung zuzustimmen.

§ 15
Höhere Gewalt

Beide Vertragsteile werden von der Verpflichtung zur Leistung frei, soweit ein Vertragsteil durch ein von ihm nicht zu vertretendes und für ihn unabwendbares und unvorhersehbares nach Abschluß des Vertrages eintretendes Ereignis (höhere Gewalt) an der Leistung gehindert wird. Den Eintritt höherer Gewalt hat der behinderte Vertragsteil dem anderen Teil unverzüglich mitzuteilen; kommt er dieser Verpflichtung nicht nach, schuldet er Schadensersatz wegen Nichterfüllung des Kaufvertrages.

I. Abgrenzung von ähnlichen Leistungsstörungen

1 Als höhere Gewalt bezeichnen die WVB eine dem Vertragsschluß nachfolgende, vom Schuldner nicht zu vertretende Unmöglichkeit im Sinne des § 275 Abs. 1 und Abs. 2 BGB. Mit dieser Bezeichnung folgen die WVB dem Sprachgebrauch der Kaufleute, die den Eintritt solcher Ereignisse vorzugsweise „force majeure" nennen. Vom Unmöglichwerden der Leistung (nachfolgende Unmöglichkeit) im Sinne von § 15 ist die anfängliche Unmöglichkeit zu unterscheiden. Der auf eine schon anfänglich und objektiv unmögliche Leistung gerichtete Vertrag ist schlechterdings nichtig (§ 306 BGB); Verbindlichkeiten einer Partei können sich allenfalls aus Verschulden beim Vertragsschluß ergeben (§ 307 BGB). Ist die Leistung nicht allen, wohl aber dem Schuldner unmöglich, spricht man von Unvermögen des Schuldners zur Leistung. Für anfängliches Unvermögen hat der Schuldner nach der Rechtsprechung der staatlichen Gerichte einzustehen. Dieser Rechtsprechung hat sich das Schiedsgericht angeschlossen. In diesem Sinne hat es den Verkäufer einer Partie, die von einem Dritten gepfändet war und deren Freigabe der Verkäufer innerhalb einer vom Käufer gesetzten Frist (§ 17) nicht erreichen konnte, zum Schadensersatz wegen Nichterfüllung verurteilt (23/71, JB 1972).

II. Voraussetzungen der Leistungsfreiheit

2 Ein Ereignis ist nur dann höhere Gewalt, wenn die folgenden Merkmale zusammentreffen:

1. Das Hindernis hat unabwendbar zu sein und darf nicht vom Schuldner zu vertreten sein.

a) Ein unabwendbares Hindernis macht die Leistung im Sinne des Gesetzes unmöglich; es sind daher die gesetzlichen Vorschriften über die Unmöglichkeit der Leistung, insbesondere die §§ 275, 279 BGB, anzuwenden. Als höhere Gewalt wird tatsächliche und rechtliche Unmöglichkeit anerkannt. Dagegen wird eine Erstreckung des Begriffs der höheren Gewalt auf die sogenannte wirtschaftliche Unmöglichkeit im Waren-Vereins-Bereich seit jeher abgelehnt (MGS 4 zu § 38). Wirtschaftliche Umstände werden vom Schiedsgericht des Waren-Vereins allenfalls unter dem Gesichtspunkt des Fehlens oder des Fortfalls der Vertragsgrundlage in Betracht gezogen; hierzu Bem. I 2 zu § 11.

b) In Übereinstimmung mit §§ 275 (1), 323 BGB läßt § 15 beide Ver- 3
tragsteile von der Verpflichtung zur Leistung frei werden, wenn die Leistung eines Vertragsteils infolge eines von ihm nicht zu vertretenden Ereignisses unmöglich wird. Daß auch der andere Vertragsteil das Unmöglichwerden dieser Leistung nicht zu vertreten hat, wurde bei Abfassung des § 15 stillschweigend vorausgesetzt, denn der gegenteilige Fall läßt sich bei Geschäften, die üblicherweise nach WVB abgewickelt werden, kaum vorstellen. Sollte gleichwohl einmal die Unmöglichkeit der Leistung vom Gläubiger zu vertreten sein, wäre § 324 BGB anzuwenden.

Grundsätzlich hat der Schuldner nur Vorsatz oder Fahrlässigkeit zu vertreten. Von diesem Grundsatz gelten indessen folgende Ausnahmen:

aa) Eine nach WVB verkaufte Ware ist in der Regel nur der Gattung nach 4
bestimmt (Bem. 2 zu § 7). Für Gattungsschulden wird in **§ 279 BGB** folgendes vorgeschrieben:

„Ist der geschuldete Gegenstand nur der Gattung nach bestimmt, so hat der Schuldner, solange die Leistung aus der Gattung möglich ist, sein Unvermögen zur Leistung auch dann zu vertreten, wenn ihm ein Verschulden nicht zur Last fällt."

Diese Bestimmung wird in der Praxis des Waren-Vereins-Schiedsgerichts mit aller Strenge angewandt. Der Verkäufer kann sich auch auf unverschuldete Unmöglichkeit nur berufen, wenn die der Gattung nach bestimmte Leistung aus der Gattung nicht möglich ist. Eine solche Unmöglichkeit ist nach Handelsbrauch nur gegeben, wenn am Markt überhaupt keine Ware aufzutreiben ist. Solange Ware am Markt zu beschaffen ist – mögen die Preise sich auch noch so sehr verändert haben –, muß der Vertrag beiderseits erfüllt werden. Das bedeutet nicht, daß etwa der Verkäufer nachforschen müßte, ob in Lägern des Groß- oder Einzelhandels noch Ware vorhanden ist, denn das ist keine Marktware. Wenn aber überhaupt ein Markt besteht, mag auch durch widrige Umstände, besonders Mißernten, eine noch so starke Verknappung eingetreten sein und die Preise dadurch in nicht voraussehbarem Maße gestiegen sein, so muß der Kontrakt erfüllt werden. Dementsprechend hat das Schiedsgericht den Verkäufer zur Lieferung verurteilt, als im Jahre 1929 die türkische Haselnußernte durch einen unerwartet aufgetretenen Schädling zum größten Teil vernichtet worden war und nur noch einen geringen Teil der ursprünglich geschätzten Menge ergeben hatte (1929, 29). An dieser Auffassung hat das Schiedsgericht in ständiger Rechtsprechung (z. B. 30/71, JB 1972) festgehalten. Deshalb ist auch die Versagung einer Exportlizenz für den Zwischenverkäufer, der sich am freien Markt eindecken kann, keine höhere Gewalt (44/73, JB 1973). Bei Gattungsschulden ist höhere Gewalt auch dann nicht anzuerkennen, wenn der Lieferant des Verkäufers in Konkurs gerät, solange der Verkäufer sich anderweitig am freien Markt eindecken kann (MV 16. 11. 1971).

5 **bb)** Befindet sich der Schuldner im Verzuge, so ist er gemäß § 287 BGB auch für die während des Verzuges durch Zufall eintretende Unmöglichkeit der Leistung verantwortlich, es sei denn, daß der Schaden auch bei rechtzeitiger Leistung eingetreten sein würde. Unter Anwendung dieser Vorschrift hat das Schiedsgericht folgenden Fall entschieden: Der Verkäufer versäumte die Abladefrist. Der Käufer sagte ihm aber zu, daß er auch eine verspätete Abladung noch als Erfüllung gelten lassen wolle. Nach Ablauf der Abladefrist trat Markterschöpfung ein. Der Verkäufer wurde deshalb zum Schadensersatz wegen Nichterfüllung verurteilt (15/70, JB 1972).

6 c) Ein Streik ist in der Regel als höhere Gewalt im Sinne eines unabwendbaren Ereignisses anzuerkennen, wenn er sich nicht besonders gegen den betroffenen Vertragspartner richtet. Wird nur der Betrieb des Vertragspartners bestreikt oder boykottiert, so liegt ein unabwendbares Ereignis in der Regel dann nicht vor, wenn dieser sich aus eigenem Entschluß auf den Arbeitskampf eingelassen hat (28/67, JB 1967).

7 2. Das Hindernis darf für den Schuldner bei Abschluß des Vertrages nicht voraussehbar gewesen sein (MGS 5 zu § 38). Das Gesetz (§§ 275, 279, 323 BGB) enthält dieses zusätzliche Erfordernis nicht. Es entspricht aber der Rechtsprechung der staatlichen Gerichte zu § 275 BGB und der Rechtsprechung des Schiedsgerichts zu § 38 WVB a. F.

8 Hiernach ist der Ausbruch eines Krieges regelmäßig ein Fall höherer Gewalt. Hatten aber die Kontrahenten den Vertrag abgeschlossen im vollen Bewußtsein eines unmittelbar drohenden Kriegsausbruchs und sich durch keine Vorbehalte gesichert, so können sie sich bei Kriegsausbruch nicht auf höhere Gewalt berufen, da sie die Gefahr des Kriegsausbruchs und seiner Folgen erkennbar auf sich genommen hatten. Entsprechendes gilt für ähnliche Fälle, die gemeinhin als höhere Gewalt bezeichnet werden, z. B. Blokkade, Revolution, Unruhen, behördliche Beschlagnahmen oder Ausfuhrverbote, die einen Export wirksam verhindern.

9 Von besonderer Bedeutung sind in der heutigen Praxis des Handels die verschiedenen Ein- und Ausfuhrbestimmungen, die in fast allen Ländern gelten. Führt ein Land, das bisher die freie Ausfuhr seiner Erzeugnisse zuließ, überraschend eine Ausfuhrregelung mit Lizenzsystem ein, so wird der

Verkäufer, wenn er die Lizenz nicht erhält, frei. Entsprechendes gilt umgekehrt für den Käufer im Falle der Einführung einer Importregelung. War jedoch zur Zeit des Kontraktabschlusses die Ausfuhr oder die Einfuhr bereits von einer Lizenz abhängig, so muß der Vertragsteil, der für den Fall der Versagung befreit sein will, im Kontrakt den Vorbehalt der Erteilung der Ausfuhr- bzw. Einfuhrgenehmigung besonders ausbedingen. Tut er das nicht, so hat er für die Erteilung der Erlaubnis einzustehen (1955, 23; 1962, 31), dies gilt insbesondere bei Versagung einer EWG-Einfuhrlizenz (Vorstand der Fachgruppe Konserven 25. 8. 1975). Als voraussehbar hat das Schiedsgericht es angesehen, als im Jahre 1957 infolge einer Neuorganisation des türkischen Exportverfahrens sich die Bekanntgabe der türkischen Exportmindestpreise für Haselnußkerne verzögerte und der Verkäufer – nach seiner Behauptung – dadurch an der rechtzeitigen Abladung gehindert wurde (1959, 26). War der Kontrakt mit dem Vorbehalt der Ausfuhr- oder Einfuhrlizenz abgeschlossen, so ist der Verkäufer bzw. Käufer verpflichtet, alles was ihm handelsüblicherweise zuzumuten ist zu tun, um die Lizenz zu erlangen. Versäumt er diese Pflicht, so haftet er ebenfalls auf Schadensersatz (MGS 6 zu § 38 = MG 14 zu § 38). Auch Naturereignisse machen gelegentlich die Erfüllung des Kontraktes überhaupt unmöglich, oder sie verhindern die rechtzeitige Erfüllung. Gleichwohl macht nicht jedes hinderliche Naturereignis den Schuldner von der Verpflichtung zur Leistung frei. Auch hier kommt es darauf an, ob es sich um ein ungewöhnliches, nicht voraussehbares Ereignis handelt oder um ein solches, mit dessen Auftreten, unter Berücksichtigung der meteorologischen, geographischen und klimatischen Verhältnisse, auch unter normalen Umständen häufig oder gelegentlich zu rechnen ist. Stürme und Nebel gehören z. B. auf allen Meeren zu den häufig vorkommenden Ereignissen. Ein Verkäufer kann sich also nicht auf höhere Gewalt berufen, wenn das von ihm für die Verladung in Aussicht genommene Schiff infolge von Sturm und Nebel den Hafen nicht rechtzeitig erreicht. Vereisung von Häfen in der Ostsee ist ein Vorgang, mit dem man rechnen muß, während, wenn sie in südlicheren Gewässern auftritt, darin ein unvorhersehbarer Fall höherer Gewalt erblickt werden kann. Wie vorstehend MGS 7 zu § 38.

Ähnliches gilt für technische Behinderung. Maschinenschäden, Stokkungen in der Hafenabfertigung, Umdisponierungen der Schiffe durch die Reedereien sind alltäglich vorkommende Ereignisse. Bei Hafenarbeiterstreiks wird man zu unterscheiden haben, ob sie sich in einem Lande ereignen, in welchem solche Streiks oft vorkommen, oder in einem Lande, das seit langem von derartigen Streiks verschont blieb. Nur in letzterem Falle wird man höhere Gewalt mit schuldbefreiender Wirkung anerkennen können. Auch bei der Behinderung durch Feuerschäden sind die Vorgänge im einzelnen zu prüfen. Wie vorstehend MGS 7 zu § 38.

10 3. Ein Schuldner, welcher sich auf höhere Gewalt beruft, muß alle tatsächlichen Voraussetzungen substantiiert darlegen und beweisen. Dies gilt insbesondere für die Umstände, welche ergeben, daß der Schuldner den Eintritt des Hindernisses nicht zu vertreten hat und bei Vertragsschluß nicht voraussehen konnte. In diesem Sinne hat das Schiedsgericht einen Fall beurteilt, in welchem der Schuldner nur darlegte und bewies, daß die Ausstellung von Konnossementen behördlich verboten worden war. Der Verkäufer muß auch klarstellen und nachweisen, weshalb die Behörde interveniert hatte, so daß das Schiedsgericht feststellen kann, ob diese Intervention von dem Verkäufer oder seinem Ablader zu vertreten war (1957, 27).

III. Leistungsfreiheit

11 Der Eintritt höherer Gewalt bewirkt, daß beide Parteien von der Verpflichtung zur Leistung frei werden. Indessen wird der Vertrag nicht schlechterdings nichtig. Erwirbt z. B. der behinderte Vertragsteil infolge desselben Umstandes, welcher die Leistung unmöglich machte, einen Ersatzanspruch gegen einen Dritten, insbesondere gegen einen Versicherer, so kann der andere Teil die Herausgabe des als Ersatz Empfangenen oder die Abtretung des Ersatzanspruchs verlangen (§ 281 BGB). Stellt der andere Teil ein solches Verlangen, so bleibt er zur Gegenleistung verpflichtet, soweit der Wert des Ersatzes oder des Ersatzanspruchs hinter dem Wert der geschuldeten Leistung zurückbleibt (§ 323 BGB).

IV. Benachrichtigung

12 Der behinderte Vertragsteil hat dem anderen Teil den Eintritt höherer Gewalt unverzüglich mitzuteilen. In § 15 Satz 2 Halbsatz 2 wird dies als eine „Verpflichtung“ bezeichnet. Diese Bezeichnung ist ungenau. In Wahrheit besteht keine Verpflichtung, auf deren Erfüllung der andere Vertragsteil klagen könnte. Mit der Wirklichkeit hätte eine solche Klage schon deshalb nichts zu tun, weil sie bei dem Kläger die Kenntnis des erst mitzuteilenden Ereignisses voraussetzen würde. Eine Fristsetzung (§ 17) zur Herbeiführung der Schadensersatzpflicht wäre aus demselben Grunde nicht sinnvoll. Die Benachrichtigung des anderen Teils ist deshalb nur eine *Obliegenheit* des behinderten Vertragsteils, der bei Verletzung dieser Obliegenheit den Rechtsnachteil der Schadensersatzpflicht erleidet, ohne daß der andere Vertragsteil eine Nachfrist zu setzen hat. Die Umstände, aus denen sich die Erfüllung der Obliegenheit ergeben, hat im Streitfall der behinderte Vertragsteil darzulegen und zu beweisen, denn es handelt sich um Vorgänge in seiner Sphäre.

Gemäß § 15 Satz 2 hat der behinderte Vertragsteil den anderen Teil unverzüglich zu benachrichtigen. Diese Vorschrift entspricht § 29 (3), so daß für das Verständnis des Begriffs „unverzüglich" die Rechtsprechung zu § 29 herangezogen werden kann. Hiernach kommt es darauf an, wie groß das Interesse des anderen Teils an einer schnellen Unterrichtung ist, und dabei ist die jeweilige Tendenz des Marktes in Betracht zu ziehen (2/74, JB 1975).

V. Freizeichnungsklauseln

Verkäufer versuchen oft, ihre Verpflichtungen für den Fall, daß ihnen die Lieferung durch irgendwelche Umstände unmöglich gemacht oder erschwert wird, über § 15 hinausgehend durch Vereinbarung von Freizeichnungsklauseln zu beschränken. Für alle in Allgemeinen Geschäftsbedingungen enthaltenen Freizeichnungsklauseln gilt der Grundsatz, daß sie eng auszulegen sind. Ist die Fassung einer solchen Klausel unklar oder mehrdeutig, so gehen solche Zweifel zu Lasten des Verkäufers (1929, 31; 44/73, JB 1973). Der Schiedsspruch 1929, 31 befaßt sich mit einer Klausel aus „Verkaufsbedingungen", wobei die abgedruckte Darstellung des Sachverhalts vermuten läßt, daß es sich um Allgemeine Geschäftsbedingungen handelte. Im abgedruckten Sachverhalt des Schiedsspruchs 44/73 (JB 1973) wird ausdrücklich hervorgehoben, daß die dort auszulegende Klausel „vorbehaltlich Exportlizenz" der Schlußnote vorgedruckt war. Beide angeführten Entscheidungen betreffen also Allgemeine Geschäftsbedingungen, für welche auch nach höchstrichterlicher Rechtsprechung die „Unklarheitenregel" gilt. Für die Auslegung von individuell vereinbarten Freizeichnungsklauseln hat das Schiedsgericht bisher keine Regel aufgestellt. 13

1. Besonders verbreitet ist die Klausel „richtige und rechtzeitige Selbstbelieferung vorbehalten". Für sie gilt die Sondervorschrift des § 29.
2. Behält sich der Verkäufer vertraglich die Exportlizenz, d. h. die Leistungsfreiheit für den Fall der Lizenzversagung, vor, so kann ihm die Voraussehbarkeit des späteren Eintritts eines solchen Exporthindernisses nicht entgegengehalten werden. Alle übrigen Bestimmungen des § 15 bleiben gültig. Die Versagung einer vorbehaltenen Exportlizenz befreit den Verkäufer also nur dann, wenn er durch dieses Ereignis an der Leistung gehindert wird. Insbesondere wird ein Zwischenverkäufer aufgrund eines mit seinem Käufer vereinbarten Lizenzvorbehalts nur dann frei, wenn er selbst – nicht nur sein möglicherweise im Exportland residierender Verkäufer – durch die Versagung einer Lizenz an der Lieferung gehindert wird (44/73, JB 1973). 14
3. Entsprechendes gilt für die manchmal umfangreichen Aufzählungen einzelner Ereignisse, welche vertraglich als höhere Gewalt bezeichnet 15

werden. Zum mindesten muß der Verkäufer darlegen und beweisen, daß er infolge eines dieser Ereignisse nicht rechtzeitig liefern konnte; auch trifft ihn die Obliegenheit der Benachrichtigung (MGS 15 zu § 38). Hat das vertraglich als höhere Gewalt bezeichnete Ereignis den Verkäufer an der Leistung nicht gehindert, so bleibt der Verkäufer zur Erfüllung des Vertrages verpflichtet.

16 4. Die formularmäßig vorkommende Klausel „glückliche Ankunft vorbehalten" deckt nur das Transportrisiko. Für Versendungsgeschäfte, insbesondere für Abladegeschäfte, ist sie deshalb kaum von praktischer Bedeutung, weil der Käufer ohnehin die Transportgefahr trägt.

17 5. „Kaufgemäßer Ausfall der Ware vorbehalten." Diese Klausel deckt lediglich das Qualitätsrisiko, und auch dies nur insoweit, als die gelieferte Ware eine gegenüber der in der Schlußnote festgelegten Bezeichnung abfallende Beschaffenheit aufweist. Sie betrifft also nur Qualitätsmängel, nicht aber auch den Fall, daß ein aliud (Bem. V 2 a zu § 19) geliefert wird (MGS 17 zu § 38).

18 6. „Originalkontrakt." Dieser Klausel wird in der Regel das Datum des Originalkontraktes, manchmal auch die Aufgabe des Vorverkäufers oder der Hinweis „Aufgabe des Verkäufers im Falle von Differenzen vorbehalten" hinzugesetzt. Sie bedeutet, daß – wie man sagt – der Kontrakt als solcher verkauft wird, d. h. der Verkäufer übernimmt keinerlei eigene Haftung, sei es für die Lieferung überhaupt, sei es für ihre Beschaffenheit. Er ist nur verpflichtet, dem Käufer alle seine Ansprüche gegen seinen Vordermann abzutreten. Tut er dies, so hat sich der Käufer aufgrund des ihm abgetretenen Rechts an den Vordermann des Verkäufers zu halten (1922, 22).

Vorbemerkungen zu §§ 16–18

I. Inhalt der §§ 16–18

1 Die §§ 16–18 bestimmen verschiedene Leistungsstörungen, die von einem Schuldner zu verantworten sind. Sie regeln auch die Folgen solcher Störungen: Aus ihnen folgt entweder ein Rücktrittsrecht oder ein Schadensersatzanspruch des Gläubigers; in manchen Fällen bestehen diese Ansprüche nebeneinander nach Wahl des Gläubigers. Die §§ 16, 17 regeln die Leistungsstörungen, welche das Bürgerliche Gesetzbuch unter dem Gesichtspunkt des Verzuges regelt. § 18 behandelt einen Sonderfall der Leistungsstörungen, welche nach dem Gewohnheitsrecht als positive Vertragsverletzung ein Rücktrittsrecht oder einen Schadensersatzanspruch auslösen.

II. Gemeinsame Grundsätze

Für die Ausgestaltung der in §§ 16–18 begründeten Rechte des Gläubigers gelten einige gemeinsame Grundsätze. 2

1. Nach Gesetz und Gewohnheitsrecht gibt es für den Gläubiger ein Rücktrittsrecht oder einen Schadensersatzanspruch nur, wenn der Schuldner eine Leistungsstörung *zu vertreten hat.* Insbesondere kommt der Schuldner nicht in Verzug, solange die Leistung infolge eines Umstandes unterbleibt, den er nicht zu vertreten hat (§ 285 BGB). Zu vertreten hat der Schuldner nach gesetzlicher Regel nur Vorsatz oder Fahrlässigkeit (§ 276 BGB). Kaufleute finden jedoch, daß diese subjektiven Umstände sich nicht für die Bestimmung von Rechten und Pflichten aus einfachen Güterumsatzgeschäften des täglichen Handelsverkehrs eignen. In diesem Sinne ist bei Abfassung der WVB 1971 davon ausgegangen worden, daß der Schuldner für die Erfüllung seiner Verpflichtung auch ohne die Voraussetzungen des Verzuges, also ohne Rücksicht auf Verschulden, bis zur Grenze der höheren Gewalt einzustehen hat (Ausschuß 12. 7. 1971).

Demzufolge wird in §§ 16, 17 – abweichend von §§ 286, 326 BGB – nicht auf den subjektiv infizierten Begriff des Verzuges (§ 285 BGB), sondern auf den objektiven Sachverhalt der Verzögerung von Leistungen abgestellt. Diese Haftung tritt gemäß §§ 16, 17 auch schon mit der Fälligkeit der Forderung ein; eine Mahnung ist keine Voraussetzung für die aus §§ 16, 17 herzuleitenden Rechte.

2. Besteht eine Schadensersatzpflicht, so ist der volle Schaden zu ersetzen, auch wenn das Ergebnis für den Schuldner hart ist. Das ist die tief verwurzelte Auffassung der Kaufleute, welche darauf beruht, daß jede Partei mit Abschluß eines Geschäfts bewußt ein Risiko einzugehen pflegt. In diesem Sinne hat das Schiedsgericht ausgesprochen, daß bei abstrakter Schadensberechnung auch starke Preisunterschiede zu vergüten seien, denn das liege im Wesen des Einfuhrhandels und seiner erheblichen Risiken begründet (15/54, JB 1955). Gemildert wird dieser harte Grundsatz in der Rechtsprechung des Waren-Vereins-Schiedsgerichts: 3

a) durch eine Abwandlung der Adäquanztheorie nach den besonderen Erfordernissen des Handels und seiner Schiedsgerichtsbarkeit. In diesem Sinne ist die Entscheidung 10/74 (JB 1974) zu verstehen. Dort hatte der nicht belieferte Käufer seinen Schaden konkret berechnet, indem er behauptete, er habe die erwartete Partie mit Gewinn verkauft, und zwar zu einem Preise, der am Tage des Weiterverkaufs den Marktpreis um mehr als 12 % überstieg. Das Schiedsgericht ersparte sich die naheliegende, aber der friedlichen Schlichtung des Streits nicht förderliche Feststellung, daß es die von dem Gläubiger aufgestellte Behauptung nicht glaube oder jedenfalls nicht für bewiesen halte. Statt dessen ver- 4 neinte das Schiedsgericht den ursächlichen Zusammenhang mit der freundlicheren Begründung, daß der Weiterverkauf zu einem so hohen Preise nur auf der Verkettung ganz außergewöhnlicher Umstände beruhen könne. Nach herrschender Adäquanztheorie hätte der Kausalzusammenhang nur verneint werden dürfen, wenn das Ausbleiben der Lieferung für die Herbeiführung des Schadens generell ungeeignet gewesen wäre; davon konnte schwerlich die Rede sein.

5 b) durch eine resolute Berücksichtigung ursächlichen (Mit-)Verschuldens des Gläubigers, welche bis zur völligen Freistellung eines Schuldners führen kann (24/64, JB 1966).

6 c) durch eine strenge Prüfung, ob Aufwendungen des Gläubigers sinnvoll waren. In ständiger Rechtsprechung wird deshalb der Gläubiger mit dem Anspruch auf Erstattung der Kosten einer Preisfestsetzung abgewiesen, wenn die Sachverständigen den Marktpreis für einen nicht maßgeblichen Zeitpunkt ermittelt haben und das Gutachten deshalb nicht verwendbar ist.

7 Die Frage nach dem Zurechnungszusammenhang eines Schadens ist nicht identisch mit der Vorfrage nach der Zumutbarkeitsgrenze für den primären Erfüllungsanspruch, welche durch Änderung oder Fortfall der Geschäftsgrundlage berührt werden kann. Hierzu Näheres in den Bemerkungen zu § 11.

8 3. Eine in der Rechtsprechung des Schiedsgerichts noch nicht befriedigend beantwortete Frage geht dahin, unter welchen Umständen eine Änderung des Wertes einer Währung, also Kursdifferenzen, als Schaden anzuerkennen ist. Sowohl die Höhe eines Verzögerungsschadens (§ 16) als auch die Höhe eines Nichterfüllungsschadens (§ 17) können von Kursänderungen beeinflußt werden, aber der ursächliche Zusammenhang hängt bei richtiger Betrachtung von den Umständen des Einzelfalles ab, auf Bem. IV zu § 16 wird verwiesen.

9 4. Anwaltskosten des Gläubigers sind in der Regel nicht zu erstatten. Diesen Grundsatz entnimmt das Schiedsgericht in ständiger Rechtsprechung aus § 24 Schiedsgerichtsordnung auch für solche Anwaltskosten, welche außerhalb eines Schiedsgerichtsverfahrens entstanden sind. Anders kann es sich allenfalls mit solchen Anwaltskosten verhalten, welche einer Schiedsgerichtspartei dadurch entstehen, daß das Schiedsgericht die Vernehmung eines Zeugen durch das ordentliche Gericht anordnet und die Parteien sich eines Anwalts bedienen müssen, weil beim Landgericht Anwaltszwang herrscht (61/64; 55/74, JB 1976).

10 5. Das Schiedsgericht wendet auch die allgemeine Regel von der Vorteilsausgleichung an (Beispiel: Bem. III 2 a cc zu § 17).

11 6. Angewandt werden ferner die allgemeinen Grundsätze über die Geltendmachung von Drittschäden (Beispiel: Bem. III 2 am Anfang).

§ 16
Verzögerung einer Leistung

Den durch die Verzögerung einer fälligen Leistung entstehenden Schaden hat der Schuldner dieser Leistung dem anderen Vertragsteil zu ersetzen. Geldschulden sind seit dem Tage der Fälligkeit mit mindestens 2 % über jeweiligem Bundesbank-Diskontsatz zu verzinsen.

I. Verhältnis zur gesetzlichen Regelung

§ 16 ändert und ergänzt die §§ 286, 288 BGB und die §§ 352, 353 HGB. 1
Die gesetzliche Schadensersatzpflicht des säumigen Schuldners wird in folgender Hinsicht erweitert:

1. Die Schadensersatzpflicht setzt nicht Verzug des Schuldners, sondern nur die Fälligkeit seiner Leistung voraus. Zur Herbeiführung der Schadensersatzpflicht des Schuldners bedarf es daher insbesondere keiner Mahnung.
2. Anstelle des gesetzlichen Zinssatzes von 5 % für kaufmännische Schulden (§ 352 HGB) tritt der erfahrungsgemäß höher ausfallende Zinssatz von 2 % über dem jeweiligen Bundesbankdiskontsatz.
3. Der Schuldner haftet für den Verzögerungsschaden nicht nur dann, wenn er die Verzögerung zu vertreten hat (Abweichung § 286 BGB). Insbesondere kommt es auf sein Verschulden (Vorsatz oder Fahrlässigkeit) nicht an. Der Schuldner haftet im Rahmen von § 16 aber nicht für eine Leistungsverzögerung, die durch höhere Gewalt verursacht wurde, denn höhere Gewalt befreit den Schuldner gemäß § 15 von jeglicher Verpflichtung.

II. Verzögerungsschaden im Allgemeinen

Die Vorschrift des § 16 regelt den Schadensersatz, den der Gläubiger we- 2
gen einer Verzögerung der ihm geschuldeten Leistung *neben* dieser Leistung verlangen kann. Hierdurch unterscheidet sich der in § 16 geregelte Schadensersatz wegen Verzögerung einer Leistung von dem in §§ 17, 18 und weiteren Vorschriften der WVB vorgesehenen Schadensersatz wegen Nichterfüllung, welcher den Erfüllungsanspruch ausschließt (§ 17 Abs. 2).

Hiernach kann der vertragstreue Käufer von dem säumigen Verkäufer die Lieferung der Ware verlangen und daneben den Ersatz des Schadens, der ihm durch die Verzögerung der Lieferung entsteht, fordern.

III. Verzinsung

3 Ohne besonderen Nachweis kann der Gläubiger als Mindestschaden eine Verzinsung von 2 % über jeweiligem Bundesbankdiskontsatz seit dem Tage der Fälligkeit verlangen. Die Geltendmachung eines höheren Zinsschadens wird hierdurch nicht ausgeschlossen. Hauptfall: Der Gläubiger nimmt Bankkredit zu höheren Zinsen in Anspruch und würde den ausgebliebenen Geldbetrag zur Abdeckung des Kredits benutzt haben. Verlangt ein Kläger höhere Zinsen als 2 % über jeweiligem Bundesbankdiskontsatz, so muß er in der Klagschrift den Sachverhalt, welcher die Mehrforderung rechtfertigt, wenigstens behaupten. Viele Kläger machen sich die Sache zu einfach, indem sie ohne solche Begründung höhere Zinsen fordern und vielleicht darauf vertrauen, daß das Schiedsgericht einen entsprechenden Sachverhalt als offenkundig zugrunde legt. Tatsächlich kommt es auch vor, daß ein Schiedsgericht solchen nicht ausreichend substantiierten Zinsforderungen entspricht, wenn der Schuldner nicht widerspricht. Vor solchem Verfahren ist jedoch zu warnen, denn erfahrungsgemäß werden Zinsforderungen nicht selten überhöht, was sich in der Praxis herausstellt, wenn wirklich einmal in einer streitigen Sache der Nachweis für die Höhe der durch die Zahlungsverzögerung entstandenen Zinslast gefordert wird. Nach der Regel des § 16 sollte im Zweifel auch deshalb verfahren werden, weil der Zinsfuß sich ändern kann.

IV. Sonstige Einzelfälle

4 Der Schadensersatz, den der Käufer aufgrund des § 16 wegen Verzögerung der Lieferung neben der Lieferung selbst zu fordern hat, kann auf verschiedenen Umständen beruhen. Beispielsweise kann während der Verzögerung ein Preisverfall eintreten. Hätte in einem solchen Fall der Käufer die ihm zu liefernde Ware während der Verzögerung anderweitig zum Preise von 110 verkaufen können und bei rechtzeitiger Lieferung auch nachweislich zu diesem Preise verkauft und konnte er alsbald nach der Lieferung die Ware nur noch zum Preise von 105 weiterverkaufen, so kann er Schadensersatz in Höhe von 110 minus 105 = 5 verlangen. In gleicher Höhe muß der säumige Verkäufer Schadensersatz leisten, wenn der Käufer aus der erwarteten Ware vor Beginn der Verzögerung schon zu 110 verkauft hatte und sein Nachkäufer wegen Nichtlieferung vom Vertrage wirksam zurücktritt und der Verkäuflichkeitswert zur Zeit der verspäteten Lieferung nur noch 105 beträgt. Ein vom Verkäufer zu ersetzender Verzögerungsschaden kann auch darin bestehen, daß dem Käufer durch Verzögerung der Lieferung höhere Nebenkosten, z. B. höhere Transportkosten beim Weiterverkauf,

entstehen; diesen Schaden darf das Schiedsgericht schätzen (37/67, JB 1968). Die Verzögerung der Weitergabe von Dokumenten beim Abladegeschäft und die daraus folgende Schadensersatzpflicht des Verkäufers ist durch die Sondervorschrift des § 47 geregelt.

Dem Gläubiger einer in fremder Währung ausgedrückten Geldforderung **5**
kann unter Umständen durch die Verzögerung der Zahlung ein Kursverlust entstehen. Diese Umstände muß der Gläubiger aber substantiiert darlegen und auch beweisen; bei Außenhandelsfirmen, die in der Regel laufende Konten in fremder Währung unterhalten, ist jedenfalls nicht zu vermuten, daß sie jeden Fremdwährungseingang sofort in Landeswährung umwechseln.

§ 17
Verzögerung einer Hauptleistung

(1) Hauptleistungen im Sinne dieses Paragraphen sind die Lieferung der Ware, die Lieferung der Dokumente, die Zahlung des Kaufpreises, der Abruf und die in anderen Paragraphen dieser Geschäftsbedingungen als Hauptleistungen bezeichneten Leistungen.

(2) Zur Bewirkung einer bereits fälligen Hauptleistung oder zur Erklärung entsprechender Leistungsbereitschaft kann der Gläubiger dem Schuldner eine angemessene Frist bestimmen. Ist die Frist abgelaufen, kann er nach seiner Wahl vom Vertrage zurücktreten oder Schadensersatz wegen Nichterfüllung verlangen, wenn nicht die Leistung rechtzeitig bewirkt worden ist oder die Leistungsbereitschaft, zu deren Erklärung die Frist gesetzt worden ist, erklärt worden ist; der Anspruch auf Erfüllung ist ausgeschlossen. Die in Satz 2 bestimmten Folgen treten nicht ein, wenn der Gläubiger zugleich erklärt, daß er sich den Erfüllungsanspruch vorbehalte. § 376 HGB bleibt unberührt.

(3) Die Frist muß mindestens drei Geschäftstage betragen; sie ist schriftlich, telegrafisch oder durch Fernschreiben zu bestimmen.

(4) Als Schadensersatz wegen Nichterfüllung kann der Gläubiger den Betrag verlangen, um welchen der Marktpreis zur maßgeblichen Zeit vom Vertragspreis zu seinem Nachteil abweicht. Maßgebliche Zeit ist der erste Geschäftstag nach Ablauf der Frist. Bei dieser Berechnung des Schadens ist eine etwa vereinbarte Circa-Klausel nicht zu berücksichtigen.

(5) Nach seiner Wahl kann der Gläubiger zur Ermittlung des Schadens auch ein Deckungsgeschäft betreiben. Dieses Deckungsgeschäft geht für Rechnung des Schuldners, wenn folgende Bestimmungen eingehalten werden:

a) Das Deckungsgeschäft ist durch einen neutralen und fachkundigen Makler zu vermitteln.

b) Der Makler hat zunächst die nach seinem sorgfältigen Ermessen außer den Vertragsteilen als Geschäftsgegner in Betracht kommenden Firmen zur Abgabe von Geboten aufzufordern. Das günstigste Gebot hat er dem Schuldner mitzuteilen und diesen ebenfalls zur Abgabe eines Gebots aufzufordern; der Schuldner ist nicht zu hören, wenn das Deckungsgeschäft betrieben wird zur Ermittlung des Schadens wegen Nichterfüllung eines anderen Deckungsgeschäfts, in welches der Schuldner schon einmal als solcher eingetreten war. Danach hat der Makler dem Gläubiger das insgesamt günstigste Gebot mitzuteilen und auch diesen zur Abgabe eines Gebots aufzufordern. Die aufgeforderten Firmen und deren Gebote hat der Makler in eine Niederschrift aufzunehmen. Mit dem Bieter, der das günstigste Gebot abgegeben hat, ist das Deckungsgeschäft abzuschließen. Handelt es sich um einen Deckungskauf, so ist das Gebot des Gläubigers nicht zu berücksichtigen, wenn sonst kein Gebot abgegeben worden ist.

c) Das Deckungsgeschäft ist unverzüglich einzuleiten und durchzuführen.

d) Bei einem Deckungskauf ist eine etwa vereinbarte Circa-Klausel nicht zu berücksichtigen.

(6) Durch die Absätze 4 und 5 werden sonstige Schadensberechnungen nicht ausgeschlossen.

Übersicht

I. Allgemeines

1. Verhältnis zur gesetzlichen Regelung. 1

§ 17 WVB entspricht § 326 BGB, dessen Vorschriften gemäß § 2 WVB anwendbar bleiben, soweit in § 17 WVB keine abweichende Regelung getroffen wird. Deshalb ist auch die umfangreiche Rechtsprechung der ordentlichen Gerichte zu § 326 BGB sinngemäß in Betracht zu ziehen; diese Rechtsprechung wurde auch schon bei der Fassung des § 17 WVB berücksichtigt, indem seine Geltung auf die Verletzung von Hauptleistungen beschränkt wurde. Wesentliche Abweichungen von § 326 BGB enthalten die folgenden Bestimmungen des § 17 WVB:

a) Für die Anwendbarkeit von § 17 WVB genügt Fälligkeit; Verzug ist nicht erforderlich (Abs. 2).
b) Die Frist kann auch für die Erklärung der Leistungsbereitschaft bestimmt werden (Abs. 2).
c) Die Fristbestimmung braucht nicht mit der Erklärung verbunden zu werden, daß der Gläubiger nach Fristablauf die Annahme der Leistung ablehnen werde (Abs. 2).
d) Die Fristsetzung ist formgebunden (Abs. 3).
e) Es gilt eine Mindestfrist (Abs. 3).

2. Geltungsbereich.

Abweichend von § 326 BGB wird in § 17 nicht ausdrücklich bestimmt, 2
daß die Vorschrift nur für gegenseitige Verträge gelte. Sinngemäß gilt diese Einschränkung auch für § 17, wie denn auch der Gesamtzusammenhang deutlich macht, daß nur an Kaufverträge gedacht ist. Auf die in § 5 WVB geregelten Rechtsverhältnisse der Vermittler ist § 17 WVB jedenfalls nicht anwendbar. Für die Agenten gelten besondere gesetzliche Vorschriften über die vorzeitige Kündigung aus wichtigem Grunde; ein ständiges Kommissionsverhältnis ist ebenso zu beurteilen. Der Maklervertrag ist ohnehin kein gegenseitiger Vertrag. § 17 WVB gilt auch für die Rückabwicklung von Kaufverträgen gemäß § 19 (3) WVB (30/63; MGS 3 zu § 21; 38/74, JB 1975).

3. Konkurrenz von Rechten des Gläubigers.

3 Unter den in § 17 WVB bestimmten Voraussetzungen kann der Gläubiger nach seiner Wahl vom Vertrage zurücktreten oder Schadensersatz wegen Nichterfüllung verlangen. Ob diese Voraussetzungen herbeigeführt werden oder ob der Erfüllungsanspruch erhalten bleibt, steht im Belieben des Gläubigers, denn zu diesen Voraussetzungen gehört die Versäumnis einer Frist, deren Bestimmung ihm anheimgegeben ist. Darum heißt es in Absatz 2, daß der Gläubiger dem Schuldner eine Frist für die dort angeführten Handlungen bestimmen „kann". Will der Gläubiger statt des Erfüllungsanspruchs die Rechte aus § 17 WVB erheben, *muß* er die Frist setzen; dies ist klarzustellen, weil das in Anlehnung an § 326 BGB gewählte Wort „kann" zuweilen mißverstanden wird. Solange also nicht alle in Absatz 2 bestimmten Voraussetzungen eingetreten sind, kann der Gläubiger die Erfüllung des Vertrages und den Ersatz des Verzögerungsschadens (§ 16 WVB) verlangen. Den Verzögerungsschaden kann der Gläubiger auch neben dem Nichterfüllungsschaden verlangen, wenn dessen Voraussetzungen gegeben sind.

Die Tatbestände von § 17 (Verzögerung einer Hauptleistung) und § 18 WVB (Verweigerung einer Hauptleistung) werden manchmal zugleich gegeben sein. In diesem Falle geht § 18 WVB als besondere Vorschrift vor.

II. Die Voraussetzungen der Rechte des Gläubigers

4 1. Dem Gläubiger muß ein fälliger und voll wirksamer Anspruch auf eine Hauptleistung zustehen.

a) Der Begriff „Hauptleistung" ist im Sinne der Rechtsprechung zu § 326 BGB zu verstehen: Gemeint sind die Leistungen, welche die Parteien als wesentlich gewollt haben. Die in Absatz 1 gegebene Aufzählung von Hauptleistungen ist nicht abschließend; zum mindesten ist sie analoger Anwendung unterworfen. Beispielsweise wird die Stellung eines Akkreditivs nur für das Abladegeschäft ausdrücklich geregelt und dort als Hauptleistung bezeichnet (§ 51 WVB). Ist für ein anderes Geschäft die Stellung eines Akkreditivs vereinbart, so ist im Wege analoger Anwendung ebenfalls eine Hauptleistung anzunehmen (26/74, JB 1974). Eine Hauptleistung ist auch die Sortierung (§ 82 WVB), denn sie ist als wesentlicher Teil der Lieferung aufzufassen (14/71, JB 1972).

Keine Hauptleistungen sind regelmäßige Auskünfte und Nachweise, so z. B. die Aufklärungen, welche der sich auf einen Selbstbelieferungsvorbehalt (§ 29 WVB) berufende Verkäufer dem Käufer zu erteilen hat (53/64, JB 1964). Die Regelung in § 42 (5) WVB betrifft einen Sonderfall, weil die dort behandelten Bescheinigungen als anzudienende Dokumente begriffen werden.

In der Regel ist auch die Abnahme, zu welcher der Käufer gemäß § 433 (2) BGB verpflichtet ist, keine Hauptleistung. Anders könnte es im Einzelfall liegen, wenn der erkennbare wesentliche Zweck des Verkaufs darin besteht, ein Lager zu räumen, insbesondere wenn für die Abnahme ein festbestimmter Termin oder eine festbestimmte Frist vereinbart wurde. Kaufleute verwenden das Wort „Abnahme" oft in einem weiteren Sinne: Drängt der Verkäufer auf „Abnahme", so liegt ihm oft weniger an der Abholung der Ware als an der mit der Abholung in der Regel verbundenen Bezahlung des Kaufpreises. Wird also eine Frist zur Abnahme gesetzt, so kann daran sinngemäß die Aufforderung zur Zahlung des fälligen Kaufpreises oder zur Erklärung entsprechender Zahlungsbereitschaft liegen. **5**

Abruf, Lieferung der Ware, Lieferung der Dokumente und Zahlung des Kaufpreises werden in § 17 (1) zu Hauptleistungen bestimmt. Eine Hauptleistung ist auch die Vorauszahlung des Kaufpreises, insbesondere die gegen Dokumente zu bewirkende Zahlung (35/74, JB 1974). In anderen Paragraphen werden als weitere Hauptleistung bezeichnet: **6**

- Das Vorsetzen der auf Besicht verkauften Ware (§ 23),
- das Vorsetzen des Musters beim Kauf auf Mustergutbefund (§ 24),
- die Erklärung der Destination (§§ 38, 56),
- die Abladung und die Verladung (§§ 39, 57),
- die Erstattung der Verschiffungsanzeige und der Verladeanzeige (§§ 41, 58),
- die Lieferung von Bescheinigungen im Sinne von § 42 (4) und
- die Abnahme bei Ab-Kai-Geschäften und Ab-Lager-Geschäften (§§ 80, 89).

Hat der Käufer den Kaufpreis erst nach Erhalt der Ware gegen ein die Abholung nachweisendes Dokument zu bezahlen, so kann der Verkäufer ihm eine Frist zum Abruf bestimmen; den Begriff des Abrufs legt das Schiedsgericht weit aus (18/75, JB 1975). Ruft der Käufer dann ab, holt er die Ware aber nicht alsbald ab, so kann der Verkäufer ihm eine Frist zur Bezahlung der abgerufenen Ware setzen.

Sind Konserven oder andere Erzeugnisse aus der laufenden Produktion des Verkäufers gehandelt worden und ist dem Käufer vertraglich die Bestimmung vorgehalten worden, in welchen Größenstufen eine Gesamtmenge im einzelnen zu verpacken sei („Einteilung der Mengen"), so ist der Käufer *verpflichtet,* diese Instruktionen rechtzeitig zu erteilen. Die Erteilung dieser Instruktionen ist eine vom Käufer geschuldete Hauptleistung (20/76, JB 1976).

b) § 17 (2) WVB betrifft nur *fällige* Hauptleistungen. Verstreicht die Frist, welche der Gläubiger für die Erklärung der Bereitschaft zur Erfüllung einer noch nicht fälligen Hauptleistung gesetzt hatte, so bleibt der Erfüllungsanspruch unberührt (48/73, JB 1974). Der Fristablauf klärt jedoch, ob **7**

eine vorangegangene Erfüllungsverweigerung (§ 18) als endgültig anzusehen ist.

Andererseits genügt die Fälligkeit der Forderung. Verzug ist nicht erforderlich (Bem. II 1 Vor §§ 16–18).

8 c) Die Forderung muß vollwirksam sein.

aa) Wird der Schuldner von der Verpflichtung zur Leistung frei, z. B. aufgrund höherer Gewalt (§ 15) oder aufgrund eines Selbstbelieferungsvorbehalts (§ 29), so entfallen auch die Rechte aus § 17. Das gleiche gilt, wenn die Hauptforderung verwirkt ist. Der Gläubiger verwirkt seine Forderung, wenn er sie mit illoyaler Verspätung geltend macht. Eine solche Verspätung kann vorliegen, wenn der Käufer beim Kauf auf Abruf dem Verkäufer die „Einteilung der Mengen" (a), welche eine Voraussetzung des Lieferanspruchs darstellt, verspätet mitteilt. Aus solchem Grunde tritt aber eine Verwirkung nicht vor Ablauf der vereinbarten Lieferfrist ein (20/76, JB 1976).

9 **bb)** Unter Umständen entfallen die Rechte des Gläubigers aus § 17, *solange* der Hauptforderung eine aufschiebende Einrede, d. h. ein Leistungsverweigerungsrecht des Schuldners, entgegensteht.

10 **aaa)** Beruht das Leistungsverweigerungsrecht auf demselben Vertrage wie die Hauptforderung des Gläubigers, so ist auf die folgende Bemerkung II 2 zu verweisen: Der Gläubiger muß sich selbst vertragstreu verhalten haben. Als *ein* gegenseitiger Vertrag gilt in diesem Sinne auch ein einheitlicher Vertrag, durch den eine Gesamtmenge verkauft wird und Lieferung in zeitlich aufeinanderfolgenden Teilmengen – auch auf Abruf – vereinbart wird (Sukzessivlieferungsvertrag).

11 **bbb)** Unter Umständen kann der Schuldner die aufgrund eines Vertrages geschuldete Leistung auch dann verweigern, wenn der Gläubiger die aufgrund eines *anderen* Vertrages geschuldete Leistung trotz Fälligkeit nicht bewirkt. Für dieses allgemeine Zurückhaltungsrecht (§ 273 BGB) wird vorausgesetzt, daß beide Verträge auf einer ständigen, in sich zusammenhängenden Geschäftsverbindung oder auf einem sonstigen „einheitlichen Lebensverhältnis" beruhen. Es genügt ein innerer natürlicher wirtschaftlicher Zusammenhang beider Ansprüche derart, daß die Geltendmachung des einen Anspruchs ohne Erfüllung des anderen Anspruchs treuwidrig wäre. Diese von den ordentlichen Gerichten zu § 273 BGB aufgestellten Grundsätze werden auch vom Schiedsgericht des Waren-Vereins in ständiger Rechtsprechung angewandt. Macht der Schuldner ein solches Zurückbehaltungsrecht geltend, so liegt nach Zugang dieser Erklärung keine ungerechtfertigte Verzögerung seiner Leistung im Sinne von § 17 (mehr) vor. Eine solche Verzögerung entfällt auch ohne vorherige Geltendmachung des Zurückbehaltungsrechts, solange der Verkäufer an dessen Geltendmachung ohne sein Verschulden verhindert war (45/75, JB 1976).

2. Der Gläubiger muß sich selbst vertragstreu verhalten haben, insbesondere muß er bereit sein, seine Gegenleistung zu erbringen, und diese Bereitschaft muß bis zum Ablauf der von ihm bestimmten Frist angedauert haben (18/73, JB 1973). Er muß auch seine Vorleistungsverpflichtungen, z. B. die Pflicht zur Stellung eines Akkreditivs, erfüllt haben. Ist zur Bewirkung der Vorleistung eine Handlung des anderen Teils, z. B. die Abholung der Ware durch den Käufer, erforderlich, so genügt ein wörtliches Angebot. 12

3. Der Gläubiger hat dem Schuldner formgerecht eine angemessene Frist zur Bewirkung der Hauptleistung oder zur Erklärung entsprechender Erfüllungsbereitschaft zu setzen, wenn nicht besondere Umstände (4) die Fristbestimmung entbehrlich machen. 13

a) Die Frist muß mindestens drei Geschäftstage betragen. Für die Berechnung und Wahrung der Mindestfrist gilt § 4 (1). Sie kann also nur auf das Ende eines Geschäftstages (16 Uhr) und nicht von Stunde zu Stunde, z. B. von Montag 12 Uhr bis Donnerstag 12 Uhr, gesetzt werden (Ausschuß 25. 5. 1970). 14

b) Die Frist muß darüber hinaus angemessen sein. Das bedeutet nicht, die Frist müsse so reichlich bemessen sein, daß der Schuldner auch dann noch zurechtkommen kann, wenn er bis zum Eintritt der Fälligkeit noch nichts zur Vorbereitung seiner Leistung getan haben sollte. Die Interessen beider Vertragsteile sind angemessen zu berücksichtigen. Unter Umständen reicht deshalb die Mindestfrist von drei Geschäftstagen nicht aus. Dieses Gebot wird oft nicht hinreichend beachtet, denn in der Praxis werden fast immer nur die Mindestfristen gesetzt. 15

Zugunsten des Schuldners ist in Betracht zu ziehen, wieviel Zeit er trotz sorgfältiger Vorbereitung zur Vollendung seiner Leistung noch braucht. Für die Stellung eines Akkreditivs reicht unter Umständen eine Frist von drei Geschäftstagen nicht aus; eine längere Frist ist z. B. zu bestimmen, wenn der Käufer in einer kleineren italienischen Stadt residiert und das Akkreditiv bei einem Berliner Bankhaus zu eröffnen ist (26/74, JB 1974). Zugunsten des Schuldners ist ferner in Betracht zu ziehen, daß er möglicherweise in einer Kette von Verkäufern und Käufern steht und seinen Vormännern die Frist rechtzeitig weitergeben muß.

Bestimmt der Gläubiger die Frist in einem solchen Fall erst gegen Ende eines Geschäftstages, muß er einen Tag dazulegen, damit fernschriftlich oder telegraphisch die entsprechenden Fristbestimmungen die ganze Kette zurücklaufen können.

c) Die Erklärung, mit welcher die Nachfrist gesetzt wird, braucht nicht die in § 326 BGB vorgeschriebene Erklärung zu enthalten, daß der Gläubiger die Annahme der Leistung nach dem Ablauf der Frist ablehne. Die unterschiedliche Regelung beruht auf der Annahme, daß Kaufleute einen vom 16

Vertragsgegner durch Leistungsverzögerung verletzten Vertrag in der Regel glattstellen wollen und sich nicht erst mit der Weiterverfolgung ihres Erfüllungsanspruchs aufhalten wollen. Es ist also zu vermuten, daß die Kaufleute in solchen Fällen Schadensersatz wegen Nichterfüllung verlangen oder vom Vertrage zurücktreten wollen. Die gesetzliche Regelung wird deshalb umgekehrt: Der Gläubiger, der trotz Fristsetzung den Erfüllungsanspruch nicht aufgeben will, muß ihn sich gleichzeitig mit der Fristsetzung vorbehalten. Läßt die Fristsetzung in solcher Weise erkennen, daß der Erklärende nach Fristablauf weiter auf Erfüllung bestehen werde, so ist die Fristsetzung nichts anderes als eine besonders nachdrückliche Mahnung und genügt deshalb nicht, um die Rechtsfolgen des § 17 auszulösen (53/64, JB 1964).

17 d) Durch die Bestimmung einer zu kurzen Frist wird eine angemessene Frist in Lauf gesetzt. Dieser ständigen Rechtsprechung zu § 326 BGB ist auch bei Anwendung von § 17 zu folgen.

18 4. Unter Umständen ist die Bestimmung einer Frist entbehrlich.

a) In § 17 (2) wird bestimmt, daß § 376 HGB unberührt bleibe. Der Zusammenhang mit § 17 (2) macht klar, daß diese Feststellung sich nur auf **§ 376 (1) HGB** bezieht, wo folgendes bestimmt wird:

„Ist bedungen, daß die Leistung des einen Teils genau zu einer festbestimmten Zeit oder innerhalb einer festbestimmten Frist bewirkt werden soll, so kann der andere Teil, wenn die Leistung nicht zu der bestimmten Zeit oder nicht innerhalb der bestimmten Frist erfolgt, von dem Vertrage zurücktreten oder, falls der Schuldner im Verzuge ist, statt der Erfüllung Schadensersatz wegen Nichterfüllung verlangen. Erfüllung kann er nur beanspruchen, wenn er sofort nach dem Ablauf der Zeit oder der Frist dem Gegner anzeigt, daß er auf Erfüllung bestehe."

Die in § 376 HGB geregelten Geschäfte werden als Fixgeschäfte (genauer: Fixhandelskäufe) bezeichnet. Bei diesen Fixgeschäften ist eine Fristsetzung entbehrlich. Die in § 17 geregelten Folgen treten ohne weiteres ein, wenn der Schuldner bei Fälligwerden nicht leistet, es sei denn, daß der Gläubiger sofort nach Fälligwerden dem Schuldner anzeigt, daß er auf Erfüllung bestehe. Zu den Fixgeschäften gehören nach ausdrücklichen Bestimmungen der WVB die Abladegeschäfte hinsichtlich der rechtzeitigen Abladung (§ 39 Abs. 4) und die Einfuhrgeschäfte über Land hinsichtlich der Versendung (§ 57 Abs. 1). Die Vereinbarung einer Lieferfrist macht den Kauf im Zweifel nicht zu einem Fixgeschäft. Für Geschäfte ab Kai und/oder ab Lager wird dies in §§ 87, 89 ausdrücklich vorgeschrieben. Diese Vorschrift ist Ausdruck einer allgemein anerkannten Auslegungsregel (MGS 27 zu § 38). So ist für das LKW-Einfuhrgeschäft anerkannt, daß die Lieferfrist keinen Fixcharakter hat (33/74, JB 1974). Hinsichtlich anderer Leistungen kommt es auf die Umstände an. Für die Akkreditivstellung wird in der Rechtsprechung des Schiedsgerichts unterschieden: Für die Akkreditivstellung bei einem Abladegeschäft mit kurz bemessener Abladezeit wurde ein Fixcharakter anerkannt (17/65, JB 1967). Wird jedoch die Stellung eines Akkreditivs bis Ende Juli für sukzessive Abholung von Konserven aus vorjähriger Produktion in den Monaten August bis Dezember vereinbart, so hat diese Zeitbestimmung keinen Fixcharakter (18/74, JB 1974).

b) In ständiger Rechtsprechung der staatlichen Gerichte zu § 326 BGB wird gesagt, die Fristsetzung sei eine nutzlose Förmlichkeit und deshalb entbehrlich, wenn der Schuldner die Leistung ernsthaft und endgültig verweigert habe. Diese Auffassung wurde in der Rechtsprechung zu § 38 a. F. auch vom Schiedsgericht des Waren-Vereins vertreten (MGS 29, 30 zu § 38). Nach den WVB 1971 ist dieses Argument gegenstandslos geworden, weil die Verweigerung einer Hauptleistung seither als besonderer Fall der Vertragsstörung in § 18 geregelt wird. **19**

c) Ausdrücklich wird für Abladegeschäfte in § 48 (2) der Fall geregelt, daß der Verkäufer ein aliud geliefert hat. Der Käufer kann dann ohne Fristsetzung die Rechte aus § 17 geltend machen. **20**

d) Unter dem Gesichtspunkt, ob die Nachfristsetzung entbehrlich sei, hat das Schiedsgericht (9/63, JB 1963) den Fall erörtert, daß bei Sukzessivlieferungsverträgen der Säumige „sich einer so gröblichen Verletzung seiner Vertragspflichten schuldig gemacht hat, daß dem anderen Teil die Durchführung des Vertrages nicht zugemutet werden kann". Diese Betrachtung ist unrichtig, denn dieser Fall ist danach zu entscheiden, ob der Verzug mit einer Teillieferung eine positive Vertragsverletzung hinsichtlich des ganzen Vertrages darstellt und den ganzen Vertragszweck derart gefährdet, daß dem vertragstreuen Teil eine Fortsetzung des Vertrages nicht zugemutet werden kann. Liegen diese Voraussetzungen vor, so stehen dem vertragstreuen Teil die Rechte aus § 17 auch ohne Nachfrist zu. Das Schiedsgericht meinte, die in § 38 a. F. vorgesehene Nachfrist sei so kurz bemessen, daß deren Bewilligung dem nicht säumigen Teil zuzumuten sei, „wenn nicht ganz ungewöhnlich schwerwiegende Umstände vorliegen". Unter dem rechtlichen Gesichtspunkt der positiven Vertragsverletzung läßt sich aus dieser Entscheidung ableiten, daß in der Regel die Fortsetzung des Vertrages erst unzumutbar wird, nachdem wegen der rückständigen Teilleistung eine Nachfrist gesetzt worden ist und abgelaufen ist. **21**

e) § 326 (2) gibt dem Gläubiger die in § 326 (1) bezeichneten Rechte auch ohne vorherige Bestimmung einer Frist, wenn die Erfüllung des Vertrages infolge des Schuldnerverzugs für ihn kein Interesse mehr hat. Diese gesetzliche Bestimmung ist sinngemäß auch auf § 17 WVB anzuwenden. Hat der Gläubiger also an der Erfüllung des Vertrages infolge der Verzögerung einer Hauptleistung kein Interesse mehr, so kann er nach seiner Wahl vom **22**

Vertrage zurücktreten oder Schadensersatz wegen Nichterfüllung verlangen, ohne dem Schuldner vorher eine Frist für die Leistung oder für die Erklärung der Leistungsbereitschaft gesetzt zu haben. Zu denken ist u. a. an den Fall, daß ein Käufer eine Lieferung nicht abruft und erst längere Zeit nach dem Abruftermin den Verkäufer mit einem Abruf überfällt.

In einem solchen Fall kann das Interesse des Verkäufers an der Erfüllung des Vertrages insbesondere fortgefallen sein, weil sich die Preise erheblich geändert haben. Zu denken ist auch an den Fall, daß ein Verkäufer die Lieferung längere Zeit verzögert hat und nach solcher Verzögerung Abnahme und Bezahlung von dem Käufer verlangt, der für einen Saisonartikel oder für Ware aus alter Ernte kein Interesse mehr hat; das Interesse des Käufers kann auch fortgefallen sein, weil er die Ware für bestimmte Kunden gekauft hatte, diese Kunden wegen der Verspätung mit Recht vom Vertrage zurückgetreten sind und eine andere Verkaufsmöglichkeit für den Käufer nicht besteht. Auch in diesen Fällen ist eine extreme Änderung des Marktpreises zu berücksichtigen.

23 5. Die Frist muß ungenutzt verstrichen sein. Bei Feststellung dieser Voraussetzung sind Treu und Glauben zu berücksichtigen. Leistet z. B. der Schuldner innerhalb der Frist unrichtig oder unvollständig, bleibt aber dem Schuldner noch Zeit für die fristmäßige Nachholung der restlichen oder richtigen Leistung, so muß der Gläubiger den Schuldner auf die Unrichtigkeit oder Unvollständigkeit der erbrachten Leistung hinweisen. Eine mißbräuchliche Rechtsausübung erblickte das Schiedsgericht deshalb in dem Rücktritt eines Verkäufers, der unter solchen Umständen nicht alsbald die Unrichtigkeit eines im Laufe der Nachfrist gestellten Akkreditivs beanstandet hatte (26/74, JB 1974). Auch wenn die Frist nur wenige Minuten überschritten wird, z. B. bei der Präsentation von Dokumenten, kann deren Zurückweisung und die Ausübung der Rechte aus § 17 gegen Treu und Glauben verstoßen (314/25, JB 1926).

III. Rechte des Gläubigers

24 Nach Eintritt der in Abschnitt II. bestimmten Voraussetzungen sind die Erfüllungsansprüche beider Parteien ausgeschlossen. Statt dessen kann der Gläubiger nach seiner Wahl vom Vertrage zurücktreten oder Schadensersatz wegen Nichterfüllung verlangen. Eine Frist für die Ausübung dieses Wahlrechts besteht nicht. Gemäß § 38 (1) WVB a. F. mußte der Gläubiger sich unverzüglich nach Ablauf der Nachfrist erklären. Diese Bestimmung ist nicht in die WVB 1971 übernommen worden, weil der alte Text nicht erkennen ließ und auch sonst nicht ersichtlich war, welche Rechtsfolgen eintreten sollten, wenn der Gläubiger sich nicht unverzüglich erklärt. Eine

praktische Bedeutung dieser alten Vorschrift war also nicht erkennbar (MGS § 37 zu § 38). Der Schuldner kann, wenn er eine Klärung wünscht, dem Gläubiger allenfalls gemäß §§ 327, 355 BGB eine Frist zur Erklärung des Rücktritts setzen. Nach ungenutztem Ablauf dieser Frist verbleibt dem Gläubiger nur der Schadensersatzanspruch. Erklärt sich der Gläubiger undeutlich, so ist im Zweifel nicht anzunehmen, daß er auf Schadensersatzansprüche verzichten will, z. B. wenn ein Ausländer erklärt, er wolle „cancel our contract" (4/55). Die Ausübung der Rechte aus § 17 kann unter besonderen Umständen unzulässig sein. Wird z. B. bei der Präsentation von Dokumenten die Nachfrist nur um wenige Minuten überschritten, kann die Zurückweisung der Dokumente einen unzulässigen Verstoß gegen Treu und Glauben darstellen (314/25, JB 1926). Mißbräuchlich kann die Ausübung der Rechte aus § 17 auch sein, wenn der Gläubiger einen noch innerhalb der Frist zu behebenden Fehler der Leistung nicht alsbald beanstandet und in solcher Weise – absichtlich oder unabsichtlich – dem Schuldner die Gelegenheit zur rechtzeitigen Nachholung der fehlerfreien Leistung nimmt, so z. B. bei fehlerhaftem Wortlaut eines Akkreditivs (26/74, JB 1974).

1. Rücktritt

Wählt und erklärt der nichtsäumige Teil den Rücktritt, so wird der Ver- 25
trag mit Rückwirkung aufgehoben. Etwa schon erbrachte Leistungen sind gemäß §§ 346 ff. BGB zurückzugewähren. Den Rücktritt wird der nichtsäumige Käufer deshalb nur wählen, wenn seit Vertragsschluß die Ware nicht im Preis gestiegen ist. Andererseits wird der nichtsäumige Verkäufer nicht zurücktreten, wenn der Marktpreis gefallen ist. – Der Rücktritt muß unzweideutig und unmißverständlich erklärt werden, besonders wenn ausnahmsweise eine Nachfrist nicht gesetzt zu werden brauchte (9/63, JB 1963).

2. Schadensersatz wegen Nichterfüllung

Grundsätzlich kann der Gläubiger nur den Schaden ersetzt verlangen, 26
der ihm selbst entstanden ist. War er aber für Rechnung eines Dritten tätig, so kann er auch dessen Schaden geltend machen (Drittschadensliquidation). Der Drittschaden kann darüber hinaus in allen Fällen liquidiert werden, in denen der mit dem Schädiger geschlossene Vertrag die Auslegung zuläßt, daß der Schutz des Dritten gewollt ist. Ein solcher Fall liegt vor, wenn das erste und das letzte Glied einer Verkäufer-Käufer-Kette miteinander eine unmittelbare Regelung vereinbaren und dabei ersichtlich ist, daß der Ausscheidende nicht auf seinen Gewinn verzichten wollte. In diesem Sinne hat das Schiedsgericht folgenden Fall entschieden: A hatte an B eine Partie zum Preise von 140 verkauft. Dann verkaufte B dieselbe Partie zum Preise von

150 an C. Danach vereinbarten A und C mit Zustimmung von B, daß C an Stelle von B als Käufer gelten sollte. A verschiffte nicht rechtzeitig. Das Schiedsgericht (34/64) verurteilte daraufhin den A, an den C die Differenz zwischen 140 und 150 zu zahlen, obwohl dem C selbst ein Schaden nicht entstanden war.

27 Der Gläubiger kann den Schaden nach seiner Wahl konkret oder abstrakt berechnen. Bei konkreter Berechnung hat der Gläubiger zu belegen, welcher Schaden ihm tatsächlich infolge der Nichterfüllung des Geschäfts entstanden ist. Bei abstrakter Schadensberechnung wird der Vertragspreis mit dem zur maßgeblichen Zeit bestehenden Marktpreis verglichen, ohne daß es darauf ankommt, ob der Gläubiger tatsächlich einen Schaden in solcher Höhe erlitten hat. Ob der Gläubiger seinen Schaden konkret oder abstrakt abrechnen will, ist seinem Belieben überlassen. Er kann sogar von einer Berechnung zur anderen Berechnung übergehen. Dies kann er auch noch im Schiedsgerichtsverfahren tun, solange die vorgeschriebene Anhörung der Parteien nicht abgeschlossen ist.

Insbesondere ist es zulässig, daß der Gläubiger von der konkreten Berechnung zur abstrakten Berechnung übergeht, wenn sich ergibt, daß die Formalien des Deckungsgeschäfts nicht eingehalten worden sind (10/59, JB 1959). Der Gläubiger kann auch beide Berechnungen nebeneinander vorbringen, und das wird er vorsichtshalber tun, wenn er damit rechnen muß, daß das Schiedsgericht einer dieser Berechnungen nicht folgen wird. Außerdem ist es nicht einmal notwendig, daß der Gläubiger seine Schadensersatzforderung ausdrücklich auf die eine oder die andere Berechnungsart stützt. Es genügt, daß er die Tatsachen vorträgt, welche dem Schiedsgericht die eine oder die andere Schadensberechnung erlauben. Zum Marktpreis braucht der Gläubiger im Schiedsgerichtsverfahren überhaupt keine Behauptungen aufzustellen, weil bei einem sachverständig besetzten Schiedsgericht davon auszugehen ist, daß die Marktpreise offenkundig sind. Deshalb braucht der Gläubiger den geforderten Schadensbetrag im Schiedsgerichtsverfahren nicht zu beziffern, sondern er kann die Höhe des ihm zuzusprechenden Betrages in das Ermessen des Schiedsgerichts stellen, wenn er nur die erforderlichen Angaben zur Ermittlung der maßgeblichen Zeit gemacht hat.

28 a) Die Zulassung abstrakter Schadensberechnung beruht auf der Annahme, daß der nicht belieferte Käufer die Ware zum Marktpreis hätte verkaufen können. Ist der Marktpreis zur maßgeblichen Zeit höher als der Vertragspreis, kann er den Unterschied ersetzt verlangen. Umgekehrt ist anzunehmen, daß der Verkäufer die Ware, auf der er sitzengeblieben ist, nicht teurer als zum Marktpreis verkaufen kann. So kann der Verkäufer, dem der Kaufpreis ausgeblieben ist, die Differenz zwischen dem Vertragspreis und dem niedrigeren Marktpreis verlangen. Von überwiegender Bedeutung ist

die abstrakte Schadensberechnung für den nicht belieferten Käufer, und auf diesen Hauptfall beziehen sich die folgenden Erläuterungen:

aa) Was unter dem Marktpreis im Sinne des § 17 (4) zu verstehen ist, ergibt die übergeordnete Regel des § 252 BGB; diese Vorschrift lautet wie folgt: **29**

„Der zu ersetzende Schaden umfaßt auch den entgangenen Gewinn. Als entgangen gilt der Gewinn, welcher nach dem gewöhnlichen Laufe der Dinge oder nach den besonderen Umständen, insbesondere nach den getroffenen Anstalten und Vorkehrungen, mit Wahrscheinlichkeit erwartet werden konnte."

Es ist also danach zu fragen, zu welchem Preis der nicht belieferte Käufer die Ware wahrscheinlich abgesetzt haben würde. Würde z. B. auf der Basis c & f verkauft und wollte der Käufer die Ware verzollt ab Kai weiterverkaufen, so ist bei der Schadensberechnung von dem für Ab-Kai-Ware erzielbaren Preis (vermindert um ersparte Aufwendungen für Zoll, Versicherung etc.) auszugehen, nicht jedoch von dem Preis für c & f-Ware (16/65, JB 1966). Überhaupt kommt es nicht darauf an, wie der nicht belieferte Käufer sich hätte eindecken können, sondern darauf, welches unter den gegebenen Umständen der *Verkäuflichkeitswert* der Ware gewesen war. Seit dem richtunggebenden Schiedsspruch 16/65 (JB 1966) ist das die ständige Rechtsprechung des Waren-Vereins-Schiedsgerichts (15/70, JB 1972; 14/72, JB 1973; 3/74, JB 1975). Diese Auffassung wird auch vom Vorstand des Waren-Vereins geteilt (Rundschreiben Nr. 3/76).

Zu diesem Rundschreiben sah der Vorstand sich veranlaßt, weil es vorgekommen war, daß die zur Ermittlung des Marktpreises gemäß § 13 berufenen Sachverständigen in ihrem Gutachten nur feststellten, zu welchem Preis man am maßgeblichen Tage *kaufen* konnte. Solche Briefkurse gehören allenfalls zur Grundlage einer Schätzung des maßgeblichen Verkäuflichkeitswertes. In diesem Sinne hat der Vorstand durch das Rundschreiben Nr. 3/76 bekanntgegeben:

„Maßgeblich ist ... der *Verkäuflichkeits*wert; es kommt nicht nur darauf an, zu welchem Preis man am Stichtag *kaufen* kann."

bb) Maßgeblich ist der Marktpreis für vertragsmäßig beschaffene Ware. **30**
Für den Kauf nach Muster ist deshalb die Beschaffenheit des Musters zu berücksichtigen (79/28, JB 1928). Für den Kauf auf Besicht und für den Kauf auf Mustergutbefund gelten die Sonderbestimmungen der §§ 23 (3), 24 (2): Hatte der Verkäufer das Vorsetzen einer zur Gattung gehörigen Ware oder eines zur Gattung gehörigen Musters versäumt, so ist Ware mittlerer Qualität für die Schadensberechnung maßgeblich.

Auch sonst ist grundsätzlich der Marktpreis für die vertraglich geschuldete Leistung zu ermitteln. Wurde z. B. auf Oktober-Verladung c & f Hamburg verkauft, so ist in der Regel der Marktpreis für solche Dokumente zu ermitteln. Ist zur maßgeblichen Zeit der Oktober schon so lange verstrichen, daß entsprechende Dokumente am Markt nicht mehr zu haben sind und auch nicht mehr verlangt werden, so kann der Schaden nach dem Marktpreis entsprechender Loko-Ware berechnet werden (15/70, JB 1972). Der Verkäuflichkeitswert von Loko-Ware ist ohne weiteres maßgeblich, wenn der Gläubiger die Ware nach dem wahrscheinlichen Lauf der Dinge ins Inland verkauft haben würde (16/65, JB 1966).

31 cc) Der Marktpreis ist für den in § 17 (5) Satz 2 bestimmten Tag zu ermitteln. Liegt dieser Tag erheblich früher oder später als der Tag, an welchem die vertragliche Kaufpreisforderung fällig gewesen wäre oder fällig geworden war, so ist der mit dem Marktpreis zu vergleichende Kaufpreis durch Abzug von Zwischenzinsen und im anderen Falle durch Zuschlag von Zinsen dem Wert der Geldleistung zur maßgeblichen Zeit anzupassen. War z. B. sukzessive Lieferung von August bis Dezember gegen jeweils sofortige Bezahlung vereinbart und wird der Kontrakt erst per Mitte November glattgestellt, so erspart der nicht belieferte Käufer (Gläubiger) Zinsen für die Zeit von Anfang August bis Mitte November, und diese Zinsen muß er sich als Vorteil anrechnen lassen (18/74, JB 1974).

32 b) Für die konkrete Schadensberechnung gilt im einzelnen folgendes:

aa) Der Gläubiger kann den Schaden durch ein Deckungsgeschäft ermitteln, und hiervon handelt § 17 (5). Hat der *Käufer* eine seiner Hauptleistungen (Hauptfall: Zahlung des Kaufpreises) verzögert, so ist das Dekkungsgeschäft ein Deckungs-*Verkauf*. Hat der *Verkäufer* eine seiner Hauptleistungen (Hauptfall: Lieferung) verzögert, so ist das Deckungsgeschäft ein Deckungs-*Kauf*. Diese Klarstellung ist angebracht, weil gemäß § 17 (5) b Satz 1 nur die Rede davon ist, daß der Makler zur Abgabe von „Geboten" aufzufordern habe. Als Gebot wird nach kaufmännischem Sprachgebrauch in der Regel nur der Vertragsantrag eines Käufers verstanden; der Vertragsantrag des Verkäufers pflegt als Angebot bezeichnet zu werden. Abweichend von diesem überwiegenden Sprachgebrauch werden also in § 17 (5) unter „Geboten" auch die beim Deckungskauf vom Makler einzusammelnden Vertragsanträge verstanden; das ergibt sich auch ausdrücklich aus § 17 (5) b letzter Satz.

Die Fehlleistung, daß in § 17 (5) b nur von Geboten und nicht auch von Angeboten die Rede ist, beruht vielleicht auf der zutreffenden aber unbewußten Erkenntnis, daß der Hauptfall des Deckungsgeschäfts eben der Deckungs-*Verkauf* ist.

33 Solche Deckungsgeschäfte beweisen die Höhe des Schadens, wenn die in § 17 (5) bestimmten Regeln eingehalten wurden. In diesem Fall kann der Schuldner insbesondere nicht einwenden, daß der Gläubiger nicht sorgfältig gehandelt habe. Überhaupt gilt die in § 17 (5) vorgeschriebene fast tüftelige Prozedur einer definitiven Schadensberechnung. Deshalb muß der

Schuldner auch hinnehmen, daß der Gläubiger selbst in das Deckungsgeschäft eintritt, wenn er das für den Schuldner günstigste Gebot abgegeben hat. Der Schuldner kann deshalb in diesen Fällen nicht verlangen, daß der Gläubiger sich einen etwaigen Mehr- oder Minderwert gegenüber dem Preis des Deckungsgeschäfts anrechnen lassen müsse. Um dies gegenüber RG 110, 156/159 klarzustellen, entlehnte man bei Abfassung von § 17 (5) WVB aus § 373 HGB den Begriff, daß das Deckungsgeschäft „für Rechnung des Schuldners" gehe.

Beim Deckungskauf ist das Angebot des Gläubigers gemäß § 17 (5) b 34
letzter Satz nicht zu berücksichtigen, wenn kein weiteres Angebot vorliegt. Diese Vorschrift soll verhindern, daß das Ergebnis des Deckungskaufs von der Willkür des Gläubigers abhängig wird (Ausschuß 18. 2. 1971 entsprechend 1/70, JB 1970). In sinngemäßer Anwendung von § 17 (5) b letzter Satz sollte beim Deckungskauf ein Angebot des Käufers auch dann nicht berücksichtigt werden, wenn kein ernstlich konkurrierendes Angebot des Dritten vorliegt, z. B. wenn nachweislich der andere Anbieter oder die mehreren anderen Anbieter zur Lieferung gar nicht in der Lage waren und deshalb den Verdacht gründen, daß sie im Einvernehmen mit dem Käufer handelten.

Das Deckungsgeschäft muß grundsätzlich zu den Bedingungen des ver- 35
letzten Vertrages abgeschlossen werden, jedoch können sich aus der Natur der Sache Ausnahmen ergeben. War z. B. auf Abladung mit der Klausel „Kasse gegen Dokumente" verkauft worden, so müßte das Deckungsgeschäft eigentlich auch auf Lieferung von Verschiffungsdokumenten nach den Regeln des Abladegeschäfts gehen. Nun muß aber der in der Kette stehende Verkäufer die Ware gemäß § 49 untersuchen, um die Gewährleistungsansprüche zu wahren. Andererseits braucht der Käufer des Dekkungsverkaufs eine untersuchte Partie gemäß § 46 nicht als Erfüllung anzunehmen; er brauchte deshalb die Dokumente, welche eine bereits untersuchte Partie repräsentieren, nicht als Erfüllung anzunehmen.

Der Verkäufer, dem der Kaufpreis vorenthalten wurde, darf deshalb 36
beim Deckungsverkauf die Partie auch ohne Einhaltung der Bedingungen des Abladegeschäfts verkaufen (1912, 15). Sind beim Deckungskauf Dokumente der im Vertrage bedungenen Art nicht mehr erhältlich, so darf der Käufer sich in Loko-Ware eindecken (1911, 16). Ist Ware der verkauften Gattung und Qualität zur maßgeblichen Zeit nicht am Markt, so darf der Käufer sich in anderer Ware, welche der vertragsgemäß zu liefernden Gattung und Qualität am nächsten kommt, eindecken (01/60, JB 1961; 26/69, JB 1970).

Der eingeschaltete Makler muß neutral sein. Der Agent des Gläubigers, 37
der den strittigen Kontrakt vermittelte und in den Streit der Parteien eingeschaltet war, ist in diesem Sinne nicht neutral (9/62, JB 1963). Darüber hin-

aus hat sich der gute Brauch, daß der Vermittler des zugrunde liegenden Geschäfts in keinem Fall mit dem Deckungsgeschäft beauftragt werden sollte, zum Handelsbrauch gefestigt.

Die Vorschrift, daß dem Säumigen Gelegenheit zu einem Gebot oder Angebot zu geben ist, muß streng eingehalten werden, auch wenn bei Befolgung dieser Vorschrift möglicherweise der einzige Bieter oder Anbieter abspringt (9/62, JB 1963). Dem Säumigen braucht das Ergebnis der Umfrage des Maklers dann nicht mitgeteilt zu werden, wenn er selbst auf seine mißliche finanzielle Lage hingewiesen hatte und damit von vornherein zu erkennen gegeben hatte, daß er zu einem Gebot oder Angebot nicht imstande sei (5/61); in solchen Fällen wäre die Benachrichtigung des säumigen Schuldners eine sinnlose Förmlichkeit.

38 Das Deckungsgeschäft ist keine Besonderheit der WVB, sondern eine anerkannte Einrichtung des allgemeinen Bürgerlichen Rechts und des allgemeinen Handelsrechts. Hiervon ausgehend kann nicht angenommen werden, daß ein Deckungsgeschäft zur Ermittlung des Schadens *nur* dann berücksichtigt werden dürfe, wenn alle Vorschriften des § 17 (5) eingehalten worden sind. Das ist auch dem Wortlaut von § 17 (5) nicht zu entnehmen. Ferner ist zu berücksichtigen, daß die WVB auch für Lieferungen in solche Länder und Gegenden vereinbart werden, wo es einen Maklerberufsstand und einen Markt nach Hamburger Begriffen überhaupt nicht gibt. Handelt es sich nicht um marktgängige Ware, so kann die Einhaltung der Vorschriften des § 17 (5) zu extrem hohen Einkaufspreisen oder extrem niedrigen Verkaufspreisen führen. Die gleiche unerwünschte Folge kann eintreten, wenn besonders große Mengen im Verfahren des § 17 (5) gesucht oder angeboten werden. Deshalb muß dem Gläubiger gestattet sein, unter besonderen Umständen von den Vorschriften des § 17 (5) abzuweichen. Solche freihändigen Deckungsgeschäfte gehen jedoch nicht ohne weiteres für Rechnung des Schuldners. Insbesondere wird das Schiedsgericht genau darauf zu achten haben, ob die Interessen des Schuldners gewahrt wurden. Nötigen die Umstände den Gläubiger zu einem freihändigen Deckungsgeschäft, so wird er deshalb vorsichtshalber vor Abschluß des Deckungsgeschäfts dem Schuldner Gelegenheit zur Stellungnahme und zum Nachweis vorteilhafterer Deckungsmöglichkeiten geben.

39 **bb)** Für „sonstige Schadensberechnungen", die laut § 17 (6) durch die Absätze 4 und 5 des § 17 nicht ausgeschlossen werden, ist von **§ 249 BGB** auszugehen. Diese Vorschrift lautet wie folgt:

> „Wer zum Schadensersatze verpflichtet ist, hat den Zustand herzustellen, der bestehen würde, wenn der zum Ersatze verpflichtende Umstand nicht eingetreten wäre."

Zu ersetzen ist hiernach der Unterschied zwischen der Vermögenslage des Gläubigers, die bei richtiger Erfüllung eingetreten wäre, und der Vermögenslage, die infolge der Nichterfüllung eingetreten ist (46/63, JB 1964).

In diesem Sinne bringt der nicht belieferte Käufer häufig vor, ihm sei infolge der Nichterfüllung der Gewinn aus einem bestimmten Weiterverkauf entgangen und er müsse darüber hinaus seinem Nachkäufer sogar Schadensersatz wegen Nichterfüllung leisten. Solchen Schadensberechnungen kann der Gläubiger jedoch nicht einen beliebigen Weiterverkauf gleicher Ware zugrunde legen. Er muß vielmehr darlegen und beweisen, daß er gerade diesen Nachkäufer nicht beliefern konnte, weil die Leistung des schadensersatzpflichtigen Verkäufers ausgeblieben war (46/63, JB 1964). Handelt es sich bei dem Einkauf und dem Verkauf nicht um vereinzelte Geschäfte, sondern um Teile eines umfangreichen Engagements des Gläubigers, so ist der ursächliche Zusammenhang nicht leicht zu beweisen. Merkmale für einen solchen Zusammenhang sind in 46/63 (JB 1964) erörtert. Ein ursächlicher Zusammenhang ist hiernach anzuerkennen, 40

(1) wenn die Position des Gläubigers durch Käufe und Verkäufe entsprechender Mengen genau ausgeglichen ist. In diesem Falle bleibt zwangsläufig einer der Käufer des Gläubigers unbeliefert oder unvollständig beliefert, wenn auch nur ein einziger Verkäufer seine Verpflichtungen nicht voll erfüllt. Welchen Käufer der Gläubiger in einem solchen Fall aus den vorhandenen Mengen beliefert, darf nach den Regeln des adäquaten ursächlichen Zusammenhangs grundsätzlich ihm überlassen bleiben, soweit er keine ungewöhnlichen Dispositionen trifft (46/63, JB 1964).

(2) wenn der Gläubiger vor Eintritt des zum Schadensersatz verpflichtenden Ereignisses intern Richtlinien für die Verbindung einzelner Käufe mit entsprechenden Verkäufen erteilt hat und diese Richtlinien eingehalten werden. Soweit solche Richtlinien vor Eintritt des zum Schadensersatz verpflichtenden Ereignisses gegeben wurden, gehören sie zu den „Anstalten und Vorkehrungen", welche gemäß § 252 BGB den Umfang des entgangenen Gewinns bestimmen können. Wenn jedoch der Gläubiger erst nach Eintritt des Schadensereignisses fallweise die ihm insgesamt von seinen Verkäufern gelieferten Mengen an den einen oder anderen Käufer verteilt, wird kein selbständiger Kausalzusammenhang neben dem Gesamtengagement begründet (46/63, JB 1964).

Streitig kann auch werden, ob der Gläubiger überhaupt den von ihm behaupteten Weiterverkauf getätigt hat. Das Vorbringen des Gläubigers ist nicht immer glaubhaft. Was er wirklich mit dem angeblichen Nachkäufer vereinbart hat, kann das Schiedsgericht nur schwierig überprüfen. 41

Ist der Preis, zu welchem der Gläubiger nach seiner Behauptung die Ware weiterverkauft hat, ungewöhnlich hoch im Verhältnis zum Marktpreis zum Zeitpunkt des Weiterverkaufs, kann es wegen einer ganz außergewöhnlichen Verkettung der Umstände schon an der Adäquanz des behaupteten Zusammenhangs fehlen (10/74, JB 1974). Läßt sich aus diesem

Grunde schon der erforderliche Kausalzusammenhang nicht feststellen, so braucht das Schiedsgericht nicht zu ermitteln, wie es sich in Wahrheit mit dem behaupteten Weiterverkauf, seiner Ernstlichkeit und seinem Inhalt zugetragen hat.

42 Besteht der erforderliche Zusammenhang zwischen dem verletzten Vertrage und dem vom Gläubiger nachzuweisenden Weiterverkauf, so kann der Gläubiger im Wege konkreter Schadensberechnung auch geltend machen, daß er einem Nachkäufer Schadensersatz wegen Nichterfüllung leisten muß; ob der Nachkäufer seinen Schaden konkret oder abstrakt berechnet hat, ist für diesen ursächlichen Zusammenhang ohne Bedeutung (22/75, JB 1975).

Vermögenseinbußen, welche dem nicht belieferten Käufer durch Erfüllung schiedsgerichtlich anerkannter Forderungen seines Nachkäufers entstanden, sind durch das vertragswidrige Verhalten seines Verkäufers adäquat verursacht, wenn nicht das Schiedsgericht willkürlich entschieden hat oder der Käufer gegenüber seinem Nachkäufer unsachgemäß prozessiert hat (22/75, JB 1975).

§ 18
Ungerechtfertigte Verweigerung einer Hauptleistung

(1) Dieser Paragraph betrifft Hauptleistungen im Sinne von § 17 Abs. 1.

(2) Hat ein Vertragsteil dem anderen ungerechtfertigt erklärt, daß er nicht leisten könne oder daß er nicht leisten wolle, kann der andere Teil nach seiner Wahl vom Vertrage zurücktreten oder Schadensersatz wegen Nichterfüllung verlangen. Für die Berechnung des Schadens sind die Absätze 4–6 des § 17 anzuwenden. Maßgebliche Zeit im Sinne von § 17 Abs. 4 ist der erste Geschäftstag nach Zugang der in Satz 1 bezeichneten Erklärung.

Übersicht

I. Allgemeines

Diese Vorschrift bringt eine auf die Regeln und Gebräuche des Waren-Vereins-Bereichs zugeschnittene Kodifizierung der als positive Vertragsverletzung aufzufassenden Erfüllungsverweigerung. In Übereinstimmung mit dieser allgemeinen Auffassung begreifen die WVB die Erfüllungsverweigerung nicht als einen Unterfall der Leistungsverzögerung, sondern als eine Leistungsstörung besonderer Art. Eine Hauptleistung kann auch schon vor ihrer Fälligkeit mit den in § 18 WVB bestimmten Folgen verweigert werden; eben deshalb sind diese Folgen in einem besonderen Paragraphen außerhalb der Vorschriften über die Leistungsverzögerungen (§§ 16, 17 WVB) geregelt. 1

Von den allgemeinen (gewohnheitsrechtlichen) Normen der positiven Vertragsverletzung unterscheidet sich die in § 18 gefundene Regelung im Hinblick auf die subjektiven Voraussetzungen (II 1), in der Bestimmung der maßgeblichen Zeit für die Schadensberechnung (III 2) und in der Behandlung des Erfüllungsanspruchs (IV). Im übrigen sind die allgemein geltenden Grundsätze auch für die Auslegung von § 18 heranzuziehen.

II. Voraussetzungen der Rechte des Gläubigers

1. Entsprechend §§ 16, 17 kommt es auf ein Verschulden des Schuldners nicht an. Die Leistungsverweigerung braucht nur objektiv ungerechtfertigt zu sein (Bem. II 1 vor §§ 16–18). 2

2. Die Weigerung muß sich auf eine Hauptleistung oder wenigstens auf den wesentlichen Teil einer Hauptleistung beziehen. So hat das Schiedsgericht (18/73) es für den Eintritt der Folgen des § 18 WVB nicht genügen lassen, daß der zur Erfüllung sonst bereite Verkäufer sich nur weigerte, die Dokumente dem Käufer zu bringen, und entgegen § 9 WVB verlangte, daß der Käufer sich die Dokumente bei ihm abholen solle. Zur Bestimmung der Hauptleistung verweist § 18 (1) auf § 17 (1). Dementsprechend gelten für § 17 auch die Bemerkungen II 1 a zu § 17. 3

3. Eigene Vertragstreue des Gläubigers ist grundsätzlich nicht Voraussetzung für die Entstehung der aus § 18 (2) herzuleitenden Rechte. Ist jedoch die Leistungsverweigerung durch vertragswidriges Verhalten des Gläubigers provoziert worden oder hatte der Gläubiger selbst zuvor im Rahmen desselben Geschäfts in ähnlicher Weise seine Leistung ungerechtfertigt verweigert, kann das Festhalten am Vertrage dem Gläubiger unter Umständen nach Treu und Glauben zugemutet werden. Näheres: Bem. II 5 b. 4

4. Auch eine bedingte Weigerung kann die Voraussetzungen des § 18 (2) erfüllen. Eine ungerechtfertigte Weigerung liegt insbesondere auch dann 5

vor, wenn der Schuldner seine Hauptleistung von einer ihm nicht zustehenden Gegenleistung abhängig macht, z. B. wenn der Verkäufer die Lieferung an eine ihm nicht zukommende Erhöhung des Kaufpreises knüpft (48/73, JB 1974; 68/73; 21/74, JB 1975).

Ein vorbildlicher Schuldner erfüllt seine vertraglichen Verpflichtungen ohne Widerspruch auch dann, wenn das auf spätere Erfüllung abgeschlossene Geschäft durch die Entwicklung der Preise sich für ihn nachteilig entwickelt. Allerdings richten sich nicht alle Schuldner nach diesem Vorbild. Wer ungünstig liegt, versucht oft den Geschäftspartner zum Nachgeben zu veranlassen, und solche Schuldner versuchen dies nicht selten mit der Drohung, sie würden überhaupt nicht leisten, wenn der Gläubiger nicht in eine Verbesserung der vertraglichen Bedingungen einwillige. Andererseits hat sich herumgesprochen, daß eine Erfüllungsverweigerung teuren Schadensersatz kosten kann, und mancher Schuldner mag sich ein Gefühl dafür bewahrt haben, daß sich solche Pressionen auch sonst nicht gehören. Vorsichtige Schuldner ergehen sich dann in mehr oder weniger dunklen Andeutungen, welche den Gläubiger nur in Ungewißheit versetzen sollen und damit zu Konzessionen bewegen sollen. Anschauungsmaterial liefert der Schiedsspruch 21/74 (JB 1975). Solche Andeutungen gefährden den Vertragszweck, wenn erhebliche Zweifel in der Vertragstreue des Erklärenden geweckt werden. Auch solche Andeutungen sind als Leistungsverweigerungen im Sinne von § 18 (2) anzusehen (21/74, aaO).

6 5. Es gibt aber auch vernünftige und deshalb gerechtfertigte Bemühungen um Änderung vertraglicher Verpflichtungen. Solche Initiativen sollten nicht schlechthin unterdrückt werden: § 18 (2) ist kein Maulkorb. „Ungerechtfertigt" ist deshalb die unter Bemerkung 4 so umfänglich definierte Leistungsverweigerung nur dann, wenn folgende Merkmale hinzukommen:

7 a) § 18 (2) setzt voraus, daß der Schuldner die Leistung endgültig verweigert hat. Der Schuldner muß sein letztes Wort gesprochen haben (18/74, JB 1974; 18/73, JB 1973; 21/74, JB 1975). Sicherheit darüber, ob eine Weigerung endgültig ist, kann sich der Gläubiger verschaffen, indem er dem Schuldner eine Frist zur unumwundenen Erklärung seiner Erfüllungsbereitschaft setzt. Bestimmt der Gläubiger dem Schuldner eine solche Frist alsbald nach Zugang der Weigerung, so gilt die Weigerung erst dann als endgültig, wenn die Erklärungsfrist ergebnislos verstrichen ist (18/74, JB 1974). Das Ende dieser Frist bestimmt dann auch den für die Schadensberechnung maßgeblichen Zeitpunkt. Diesen Klarstellungsversuch darf also jeder Gläubiger ohne Gefahr eines Nachteils unternehmen. Unter Umständen kann die Bestimmung einer solchen Erklärungsfrist auch geboten sein. Sie wird um so notwendiger, je undeutlicher der Schuldner sich geäußert hatte. Natürlich gibt es auch Schulderklärungen, die von vornherein als

endgültig zu verstehen sind. Dann ist eine Fristsetzung nicht erforderlich.

Bestimmt der Gläubiger dem Schuldner, der die Erfüllung eines Sukzessivlieferungsvertrages verweigert hatte, alsbald eine Frist zur Bewirkung des bereits fälligen Teils, so gilt die Weigerung mit ergebnislosem Ablauf der Frist als endgültig für alle Teilleistungen (18/74, JB 1974).

Ist keine Erklärungsfrist verstrichen, so liegt keine endgültige Leistungsverweigerung vor, solange auch nur eine der Parteien sich zu weiteren Verhandlungen bereit erklärt. An der Endgültigkeit der Leistungsverweigerung fehlt es auch dann, wenn die Parteien sich vorher auf eine Verhandlung geeinigt hatten und es bei dieser Verabredung belassen (21/74, JB 1975).

Ein besonderer Fall ist gegeben, wenn ein Vertragsteil erkennbar aus eigenem Interesse, nämlich zur Wahrung eines bestimmten Schadensberechnungstermins, sich selbst „in default" erklärt. Dann mag ihm der andere Teil *einmal* eine kurze Frist zur Erklärung setzen, aber er kann den maßgeblichen Zeitpunkt nicht weiter einseitig durch fortgesetztes Angebot von Verhandlungen hinauszögern.

Außerdem kommt es darauf an, zu welchem Thema eine der Parteien Verhandlungen anbietet. Soll nur über die *Folgen* der Leistungsverweigerung – z. B. über die Höhe des Schadens – verhandelt werden, so wird die Endgültigkeit der Leistungsverweigerung nicht mehr in Frage gestellt.

Da die endgültige Leistungsverweigerung eine Voraussetzung der aus 8
§ 18 (2) herzuleitenden Ansprüche ist, muß ihr Vorliegen vom anspruchererhebenden Gläubiger bewiesen werden, wenn der tatsächliche Hergang streitig ist. Hatten z. B. die Parteien eine Besprechung ihres Streites vereinbart und ist streitig, wie die Besprechung verlief, so kommt es nicht darauf an, ob der Schuldner von seiner vorangegangenen Weigerung in der Besprechung wieder Abstand genommen hat; es ist vielmehr zu fragen, ob der Schuldner im Laufe der Besprechung weitere Erklärungen abgegeben hat, die unter Berücksichtigung der Vorverhandlungen als endgültige Leistungsverweigerung aufzufassen waren. Diese Anspruchsvoraussetzung hat der Gläubiger nachzuweisen (21/74, JB 1975).

b) Eine Leistungsverweigerung begründet die in § 18 (2) vorgesehene 9
Rechtsfolge auch nur dann, wenn sie den Vertragszweck derart gefährdet, daß dem anderen Teil nach Treu und Glauben das Festhalten am Vertrage nicht zugemutet werden kann (21/74, JB 1975). Damit folgt das Schiedsgericht einer ständigen Rechtsprechung der ordentlichen Gerichte zur positiven Vertragsverletzung. Unter diesem Gesichtspunkt muß insbesondere beachtet werden, ob der Gläubiger seinerseits im Rahmen desselben Geschäfts mit ähnlichen Leistungsverweigerungen operiert hatte (21/74, JB 1975). Unter dem Gesichtspunkt von Treu und Glauben muß ferner berücksichtigt werden, ob der Gläubiger durch sonstiges vertragswidriges Verhalten die Weigerung des Schuldners provoziert hatte. Eine in solcher

Weise provozierte Weigerung ist als endgültige ungerechtfertigte Leistungsverweigerung nur dann anzusehen, wenn sich ausschließen läßt, daß der Schuldner eingelenkt hätte, sobald der Gläubiger sich seinerseits auf den Boden des Vertrages zurückbegeben haben würde (9/74, JB 1974).

III. Rechte des Gläubigers

10 1. Der Gläubiger kann vom Vertrage zurücktreten. Die Bemerkung III 1 zu § 17 gilt entsprechend.

11 2. Der Gläubiger kann nach seiner Wahl auch Schadensersatz wegen Nichterfüllung verlangen. Hier gelten die Bemerkungen III 2 zu § 17 entsprechend. Abweichend von § 17 und abweichend vom allgemeinen Gewohnheitsrecht der positiven Vertragsverletzung wird in § 18 nur der für die Schadensberechnung maßgebliche Zeitpunkt bestimmt, aber diese Bestimmung des § 18 ist in der Praxis von hoher Bedeutung.

12 Außerhalb der WVB ist für die Berechnung des Schadens der Zeitpunkt maßgeblich, zu welchem der vertragstreue Teil dem die Leistung verweigernden Vertragsteil anzeigt, daß er Schadensersatz wegen Nichterfüllung verlange. Anders § 18 WVB: Maßgebliche Zeit für die Schadensberechnung ist hiernach der erste Geschäftstag nach Zugang der (endgültigen) Leistungsverweigerung. Diese Bestimmung beruht auf der in ständiger Rechtsprechung des Schiedsgerichts (2/55, 6/64) entwickelten Überzeugung, daß der Käufer sich zur Schadensminderung eindecken müsse, sobald er vernimmt, daß der Verkäufer nicht liefern kann oder nicht liefern will. Der Schuldner, welcher eine Hauptleistung ungerechtfertigt verweigert, wird also nach WVB besser gestellt als der Schuldner, welcher eine Hauptleistung ohne solche Erklärung verzögert, denn im zuletzt genannten Fall steht es gemäß § 17 (2) WVB dem Gläubiger frei, wann er dem Schuldner eine Nachfrist setzt und auf wie lange er diese Frist, die angemessen sein muß und mindestens drei Geschäftstage betragen muß, bestimmt.

13 Maßgebliche Zeit für die dortige Schadensberechnung ist gemäß § 17 (4) WVB der erste Geschäftstag nach Ablauf der Frist; der Gläubiger kann auf diese Weise den Zeitpunkt der Schadensliquidation bestimmen. Im Falle des § 18 liegt die Initiative beim Schuldner. Die deutliche Erklärung eines Schuldners, daß er nicht leisten wolle oder könne, wird also nach WVB honoriert. Ein Schuldner, der in solcher Weise dem Gläubiger klarmacht, woran dieser ist, wird hinsichtlich der Schadensberechnung besser behandelt als der Schuldner, welcher den Gläubiger schweigend im unklaren läßt.

14 Die unter II 5 a erörterte Frage, wann eine *endgültige* Leistungsverweigerung anzunehmen ist, gewinnt daher auch Bedeutung für die Bestimmung des maßgeblichen Zeitpunktes und damit für die Höhe des Klagan-

spruchs. Haben sich die Preise während der in Betracht kommenden Zeit wesentlich geändert, wird deshalb vor dem Schiedsgericht auch über die Frage, *wann* der Schuldner sein letztes Wort gesprochen hat, oft gestritten. Auch unter diesem Gesichtspunkt wird ein vorsichtiger Gläubiger zur gegebenen Zeit dem Schuldner eine Erklärungsfrist setzen und mit dem Ende dieser Frist den Zeitpunkt für die Schadensberechnung endgültig fixieren.

IV. Erfüllungsanspruch

Nach allgemeinem Gewohnheitsrecht entfallen die beiderseitigen Erfül- 15
lungsansprüche, sobald der Gläubiger dem die Leistung verweigernden Vertragsteil anzeigt, daß er Schadensersatz wegen Nichterfüllung verlange. Nach allgemeinem Gewohnheitsrecht entfällt also der Erfüllungsanspruch zugleich mit der Fixierung des Termins für die Schadensberechnung. § 18 WVB enthält – anders als § 17 WVB – keine Bestimmung darüber, wie es sich bei einseitiger Leistungsverweigerung mit den beiderseitigen Erfüllungsansprüchen verhält. Es wäre ungewöhnlich, wenn der Schuldner durch die Erklärung der Leistungsverweigerung, also durch einseitigen Willkürakt, nicht nur den Schadensberechnungstermin bestimmen könnte, sondern auch den Erfüllungsanspruch des Gläubigers beseitigen könnte. Andererseits kann der Erfüllungsanspruch nicht beliebig lange neben einem Schadensersatzanspruch wegen Nichterfüllung unverändert bestehen bleiben, wenn für den zu ersetzenden Schaden eben der Zeitpunkt des Zugangs der Erfüllungsverweigerung maßgeblich ist. Der Gläubiger könnte sonst ohne eigenes Risiko auf dem Rücken des Schuldners spekulieren und sich erst später – je nach der Preisentwicklung – für die Geltendmachung des Erfüllungsanspruchs oder für die Geltendmachung des Schadensersatzanspruchs entscheiden. Die Lösung dieser Frage fand das Schiedsgericht (48/73, JB 1974) in der entsprechenden Anwendung von § 254 BGB, die regelmäßig dann geboten ist, wenn beiderseitiges Verschulden gegeneinander abzuwägen ist. Verweigert der Verkäufer ungerechtfertigt die Lieferung der verkauften Ware, so geht das Schiedsgericht davon aus, daß der Käufer sich zur Schadensminderung eindecken müsse (48/73, JB 1974).

Besteht nun der Käufer trotz Leistungsverweigerung des Verkäufers auf Erfüllung des Vertrages, so kann der Verkäufer verlangen, auch bei Erfüllung des Vertrages im wirtschaftlichen Ergebnis so gestellt zu werden, wie er dastehen würde, wenn der Käufer sich rechtzeitig eingedeckt hätte. Der Verkäufer kann deshalb neben der Zahlung des vereinbarten Kaufpreises den Betrag verlangen, um welchen sich der Marktpreis seit Zugang der Erfüllungsverweigerung erhöht hat (48/73, JB 1974). Wenn hiernach auch der Erfüllungsanspruch des Gläubigers aus prinzipiellen Gründen zunächst erhalten bleibt, so wird doch unter Berücksichtigung seiner Eindeckungspflicht die Abwicklung des Vertrages so kompliziert, daß dem Gläubiger aus praktischen Gründen anzuraten ist, spätestens mit Erhebung der Schiedsgerichtsklage zum Schadensersatzanspruch wegen Nichterfüllung überzugehen.

Spätestens mit der Erklärung des Gläubigers, daß er Schadensersatz wegen Nichterfüllung verlange, ist jedoch sein Erfüllungsanspruch entsprechend allgemeinem Gewohnheitsrecht ausgeschlossen.

§ 19
Vertragswidrige Ware. Rechte des Käufers

(1) Ist eine Ware bei Übergang der Gefahr auf den Käufer vertragswidrig beschaffen, so stehen dem Käufer wahlweise die in den Absätzen 2 und 5 bezeichneten Rechte zu, soweit die dort erforderten weiteren Voraussetzungen gegeben sind.

(2) Der Käufer kann verlangen, daß der Verkäufer ihm den am maßgeblichen Tage bestehenden Unterschied zwischen dem Wert der vertragswidrig beschaffenen Ware und einer vertragsmäßig beschaffenen Ware (Minderwert) vergütet.

(3) Der Käufer kann Rückgängigmachung des Kaufvertrages verlangen, wenn der Minderwert mehr als 10 % des am maßgeblichen Tage geltenden Marktpreises vertragsmäßiger Ware beträgt. Zu diesem Marktpreis ist die vertragswidrige Ware dem Verkäufer zurückzurechnen.

(4) Maßgeblicher Tag im Sinne der Absätze 2 und 3 ist der Tag, an welchem der Käufer dem Verkäufer angezeigt hat, daß die Ware nicht vertragsmäßig ausgefallen ist. Kommt es zur Erstattung eines Gutachtens nach der Verfahrensordnung für Sachverständige, ist der Tag, an welchem die Sachverständigen das Gutachten abgefaßt haben, maßgeblich.

(5) Der Käufer kann erklären, daß er die Lieferung der vertragswidrig beschaffenen Ware nicht als Erfüllung annehme oder als Erfüllung gelten lasse, wenn diese Ware nicht zu der im Vertrag bestimmten Gattung gehört (Gattungsmangel).

(6) Der weitergehende Schadensersatzanspruch aus § 463 Satz 1 BGB und § 494 BGB wird ausgeschlossen. Ausgeschlossen wird ferner der weitergehende Schadensersatzanspruch aus § 480 Abs. 2 BGB für den Fall, daß der Sache eine zugesicherte Eigenschaft fehlt. Auch zur Ersatzlieferung nach § 480 Abs. 1 BGB ist der Verkäufer nicht verpflichtet; Absatz 5 bleibt unberührt.

(7) Erbietet sich der Verkäufer zur Rückgängigmachung des Kaufvertrages oder ist in einem Gutachten nach der Verfahrensordnung für Sachverständige ein Minderwert von mehr als 10 % festgestellt worden, kann der Verkäufer den Käufer auffordern, innerhalb von drei Geschäftstagen nach Zugang der Aufforderung zu erklären, ob er Rückgängigmachung des Kaufvertrages wählt. Erklärt der Käufer sich nicht fristgerecht, verliert er das Recht auf Rückgängigmachung des Kaufvertrages. Die etwaigen Rechte des Käufers aus Absatz 5 bleiben unberührt.

(8) Jede zur Bewirkung einer zulässigen Teillieferung angediente Partie ist für sich zu beurteilen. In diesem Sinne liegen Teillieferungen auch dann vor, wenn zur Erfüllung eines Vertrages mehrere Partien gleichzeitig angedient werden.

(9) Jede Partie ist im ganzen zu beurteilen. Sind jedoch weniger als 10 % einer Partie vertragswidrig beschaffen und läßt sich der vertragswidrig beschaffene Teil ohne weiteres abtrennen, ist der abgetrennte Teil für sich zu beurteilen.

(10) Die Bestimmungen der Absätze 1 bis 4 und 6 bis 9 gelten auch, wenn mit der Klausel „Zahlung nach Richtigbefund der Ware" verkauft ist.

Übersicht

I. Allgemeines

1. Geltungsbereich

1 § 19 regelt umfassend die Rechte, welche dem Käufer bei vertragswidriger Beschaffenheit der angedienten oder gelieferten Ware zustehen. Diese Regeln gelten im wesentlichen für alle Geschäftsarten. Modifikationen gibt es nur für Gattungsmängel bei Abladegeschäften (§ 48 Abs. 2) und für Transportschäden bei Ab-Kai-Geschäften (§ 82).

Laut Absatz 10 gelten die Bestimmungen der Absätze 1 bis 4 und 6 bis 9 auch, wenn mit der Klausel „Zahlung nach Richtigbefund der Ware" verkauft wurde. Es ist nicht ohne weiteres verständlich, aus welchem Grunde diese Vorschrift an dieser Stelle überhaupt für nötig befunden wurde und warum nur die Bestimmungen der Absätze 1 bis 4 und 6 bis 9 und nicht auch die in Absatz 5 getroffene Bestimmung bei Verträgen mit der Klausel „Zahlung nach Richtigbefund ..." für anwendbar erklärt wurden, denn die Annahme, daß bei dieser Klausel eine gattungsfremde Ware nicht zurückgewiesen werden könne, ergibt keinen rechten Sinn. Diese Unklarheit ist der Preis, den die Beibehaltung eines überlieferten Textes gefordert hat. An entsprechender Stelle (§ 18 Abs. 5 WVB a. F.) gab es vor 1971 die Bestimmung, daß die damaligen Absätze 1 bis 3 des § 18 a. F. auch bei „Zahlung nach Richtigbefund ..." gelten sollten. Der damalige Absatz 4, wo die als Gattungsmängel anzusehenden Abweichungen von der vereinbarten Ernte, Herkunft und Verpackung mit schärferen Sanktionen bedroht wurden, war also in diese Bezugnahme nicht eingeschlossen. Die Vorschrift des § 18 (5) a. F. wurde 1955 in die WVB eingefügt und sollte laut Mathies-Grimm Anm. 18 zu § 18 „im Handel bestehende Zweifel wegen der Klausel ‚Zahlung nach Richtigbefund' beseitigen". Diese Zweifel bestanden, wie die Entscheidungen 1/69 (JB 1969) und 32/76 (JB 1976) erkennen lassen, schon damals darin, daß teilweise die Ansicht vertreten wurde, die Klausel „Zahlung nach Richtigbefund ..." begründe einen Kauf auf Besicht (§ 23). Dieser Annahme sollte offenbar schon 1955 durch § 18 (5) a. F. entgegengetreten werden. Die so verstandene Regelung sollte 1971 in entsprechender Weise durch § 19 (10) aufrechterhalten werden. Die zusätzliche Erwähnung von Absatz 5, welche eine Abweichung von dem Vorbild des § 18 (5) a. F. bedeutet hätte, wurde für entbehrlich gehalten, weil bei der Regelung des Kaufs auf Besicht (§ 23) ausdrücklich bestimmt wurde, daß der Verkäufer beim Kauf auf Besicht verpflichtet sei, dem Käufer eine Ware vorzusetzen, welche zur vereinbarten Gattung gehört. – Daraus, daß in § 19 (10) nur auf die Absätze 1 bis 4 und 6 bis 9 Bezug genommen wird, darf also nicht der Umkehrschluß gezogen werden, daß bei „Zahlung nach Richtigbefund ..." gattungsfremde Ware als Erfüllung angenommen werden müsse.

2. Einführung

Die in § 19 getroffenen Bestimmungen weichen von den gesetzlichen Vorschriften über die Gewährleistung für Sachmängel (§§ 459 ff. BGB) so wesentlich ab, daß von einem völlig anderen System der Mängelhaftung gesprochen werden darf. Anstelle von Wandelung oder Minderung (§ 462 BGB) kann der Käufer beschränkten Schadensersatz verlangen. Dieser Schadensersatz ist grundsätzlich als Vergütung eines Minderwerts (Abs. 2) und bei einem Minderwert über 10 % als Rückgängigmachung des Kaufvertrages durch Rücknahme der Ware zum gegenwärtigen Marktpreis (Abs. 3) gestaltet. Diese Abweichungen beruhen auf den besonderen Umständen des Imports von Lebensmitteln und des weiteren Handels mit importierten Lebensmitteln. Einerseits wird die Haftung des Verkäufers eingeschränkt, weil die Beschaffenheit von Naturprodukten weitgehend von unabwendbaren Umständen, nämlich vom Ernteausfall, abhängt. Deshalb sollen Qualitätsmängel von geringerer Bedeutung (Minderwert bis höchstens 10 %) nicht zur Rückgängigmachung des Kaufes führen. Überhaupt soll eine vertragswidrige Beschaffenheit der Ware grundsätzlich nicht zu einer Begünstigung des Käufers oder des Verkäufers führen. Insbesondere soll dem Käufer nicht ermöglicht werden, daß er sich wegen irgendeines Mangels von einem Vertrage, der wegen Rückgangs des Marktpreises unbequem geworden ist, löst. Andererseits hat der Verkäufer den Käufer bei jeglicher vertragswidrigen Beschaffenheit der Ware durch marktgerechte Vergütungen so zu stellen, wie dieser gestanden haben würde, wenn er richtig beliefert worden wäre. Sind also die Marktpreise nach Abschluß des Kaufvertrages gestiegen, gehen die Ansprüche des Käufers auf (beschränk- 2 ten) Schadensersatz. Sind die Marktpreise gefallen, so kann der Käufer sich vom Vertrage nur durch Zahlung eines entsprechenden Ausgleichs (Rückrechnung) lösen; behält er in diesem Falle die Ware, so wird die ihm zustehende Vergütung nach dem niedrigeren Marktpreis berechnet. Weitergehende Ansprüche stehen dem Käufer nur zu, wenn die angediente oder gelieferte Ware nicht zur ausbedungenen Gattung gehört. Eine weitere wesentliche Abweichung von der gesetzlichen Regelung ist auch der Ausschluß des Anspruchs auf Lieferung mangelfreier Ware (§ 480 Abs. 1 BGB) und der Ausschluß des Anspruchs auf Ersatz von Folgeschäden (§§ 463 Satz 1, 480 Abs. 2, 494 BGB), falls es sich nicht um Gattungsmängel handelt.

II. Gegenstand der Mängelhaftung

3 Gegenstand der Rechte aus § 19 können nur Partien sein, auf welche sich der Kauf, mindestens auflösend bedingt, konzentriert hat.

1. Die Rechte des Käufers beziehen sich auf *einzelne* angediente oder gelieferte Partien *einer* Ware. Das bedeutet zweierlei:

a) „Eine Ware" (§ 19 Abs. 1) ist nur Ware aus einer und derselben Gattung. (Zum Gattungsbegriff: Bem. V 2 a.) Wurden durch ein und denselben Vertrag Waren aus verschiedenen Gattungen (etwa Sultanas Type 21 und 22) verkauft, so ist jede Gattung besonders zu beurteilen, und zwar auch dann, wenn Ware aus mehreren Gattungen gleichzeitig, z. B. in Gestalt *eines* Konnossements, angedient wird (30/63, JB 1965).

4 **b)** In der Regel ist der Verkäufer zu Teillieferungen in wirtschaftlich vertretbarem Umfang berechtigt (§ 8 Abs. 2). Jede zur Bewirkung einer hiernach zulässigen Teillieferung angediente Partie ist für sich zu beurteilen, und zwar auch dann, wenn zur Erfüllung eines Vertrages mehrere Partien gleichzeitig angedient werden (§ 19 Abs. 8). Seinen Willen zur Bewirkung mehrerer Teillieferungen bekundet der Verkäufer durch Übersendung mehrerer Dokumente auch dann, wenn diese Dokumente dem Käufer gleichzeitig zugehen (MGS 28 zu § 18). Holt der Käufer die Ware zulässigerweise in Teilmengen vom Erfüllungsort ab (§ 8 Abs. 3), so ist § 19 (8) entsprechend anzuwenden, wenn der Käufer die Ware nicht schon am Ort der Abholung zu untersuchen hat (§§ 20 Abs. 1 Satz 3, 62, 72). In diesen Fällen und in allen Fällen, in denen die Parteien sich auf Teillieferungen besonders verständigen, ist jede als Teillieferung anzusehende Partie besonders zu beurteilen. Es findet also unter den einzelnen Partien kein Ausgleich wegen der Beschaffenheit statt.

5 2. Andererseits ist jede einzelne Partie gemäß § 19 (9) im Ganzen zu beurteilen. Diese Vorschrift beruht auf der Erwägung, daß der Minderwert

einzelner Stücke durch den Mehrwert anderer Stücke ausgeglichen werden kann. Würde dem Käufer ein Gewährleistungsanspruch hinsichtlich einzelner Stücke zustehen, so könnte er die über Durchschnitt ausgefallenen Stücke zum vereinbarten Kaufpreis behalten und so insgesamt eine bessere Ware bekommen, als ihm vertraglich zusteht (361/20, JB 1920). Auch in der Wahl seines Gewährleistungsanspruchs muß der Käufer nach Handelsbrauch einheitlich vorgehen. Er kann nicht wegen eines Teiles einer Partie Rückgängigmachung des Kaufvertrages verlangen und wegen eines anderen Teiles eine Vergütung beanspruchen (MGS 30 zu § 18).

Von dem Grundsatz, daß jede Partie im Ganzen zu beurteilen ist, macht § 19 (9) Satz 2 folgende Ausnahme: Sind weniger als 10 % einer Partie vertragswidrig beschaffen und läßt sich der vertragswidrig beschaffene Teil ohne weiteres abtrennen, so ist der abgetrennte Teil für sich zu beurteilen. Ohne weiteres abtrennbar sind z. B. zwei Kisten ranziger Kokosraspel aus einer Partie von insgesamt 25 Kisten. Dagegen ist diese Voraussetzung nicht gegeben, wenn sich unter Haselnußkernen 5 % schlechte Kerne befinden, denn diese können nicht (ohne weiteres) ausgesondert werden.

III. Gefahrübergang

Die in den Absätzen 2–5 bezeichneten Rechte stehen dem Käufer nur zu, wenn die Ware bei Übergang der Gefahr nicht vertragsmäßig beschaffen ist. **6**

1. Wann die Gefahr übergeht, wird im Zweiten Teil der WVB für einzelne dort geregelte Geschäftsarten besonders bestimmt, und zwar für Abladegeschäfte in § 35, für Einfuhrgeschäfte über Land (Versendung) in § 54, für Ab-Kai-Geschäfte in § 76 und für Ab-Lager-Geschäfte in § 90. Der Erste Teil der WVB enthält keine ausdrückliche Bestimmung über den Gefahrübergang. Für alle übrigen Geschäftsarten gelten daher die gesetzlichen Bestimmungen. Grundsätzlich geht hiernach die Gefahr mit Übergabe der Ware auf den Käufer über (§ 446 BGB). Versendet der Verkäufer die Ware auf Verlangen des Käufers nach einem anderen Ort als dem Erfüllungsort, so geht die Gefahr auf den Käufer über, sobald der Verkäufer die Ware dem Spediteur oder dem sonstigen Transportunternehmen ausgeliefert hat (§ 447 BGB). Dies gilt insbesondere für Inlandsgeschäfte, die nicht ab Kai oder ab Lager abzuwickeln sind. Da in § 447 BGB auf den Erfüllungsort verwiesen wird, sind die im Ersten Teil der WVB (§ 9 Abs. 1) über den Erfüllungsort getroffenen Bestimmungen zu beachten.

2. Der hiernach wesentliche Umstand, wann und wo die Gefahr auf den Käufer übergegangen ist, wird in Qualitätsarbitrage-Anträgen von den Parteien oft vernachlässigt, wenn die zu begutachtende Ware bereits einen Transport nach einem anderen Ort als dem Erfüllungsort hinter sich hat. **7**

Stereotyp wird den Sachverständigen nämlich auch in solchen Fällen die Frage vorgelegt: „Entspricht die Ware den vertraglichen Bedingungen?" Richtig müßte danach gefragt werden, ob die Ware bei Übergang der Gefahr vertragsgemäß beschaffen war. Vernünftige Sachverständige legen aber die erwähnte, im kaufmännischen Sprachgebrauch anscheinend stark verwurzelte Formel ohne weiteres in dem Sinne aus, daß sie ein Gutachten über die Beschaffenheit der Ware zum zurückliegenden Zeitpunkt des Gefahrüberganges erstatten sollen. Ein solches Verfahren ist auch vom Schiedsgericht als zulässig anerkannt worden (5/69, JB 1969; 62/74, JB 1975). Entsprechende Feststellungen lassen sich meistens auch rückschließend aus dem gegenwärtigen Befund ziehen, zumal da eine Ware so beschaffen sein muß, daß sie den für sie in Betracht kommenden Transport aushält.

8 3. Sinngemäß stehen die Rechte aus § 19 dem Käufer auch dann zu, wenn schon vor Gefahrübergang feststeht, daß die bereits konkretisierte Partie nicht vertragsgemäß beschaffen sein würde. Dieser Fall kommt in Betracht bei Verkäufen ab Kai und ab Lager, weil dort etwaige Mängel schon vor Gefahrübergang zu rügen sind (§§ 76, 83).

IV. Vertragswidrige Beschaffenheit

9 Gemäß § 7 hat der Verkäufer dem Käufer Ware von der im Vertrage bezeichneten Gattung und Qualität zu liefern. Entspricht die Ware nicht dieser Bezeichnung, so ist sie im Sinne von § 19 vertragswidrig beschaffen. Die dem Käufer bei Andienung oder Lieferung vertragswidriger Ware zustehenden Rechte werden in § 19 unterschiedlich danach bestimmt, ob die Ware nur von der vereinbarten Qualität abweicht oder (auch) einer anderen Gattung zugehört. Oft wird deshalb vor dem Schiedsgericht nur darüber gestritten, ob eine unstreitig gegebene vertragswidrige Beschaffenheit nur einen Qualitätsmangel oder einen Gattungsmangel darstellt; diese besondere Frage ist an anderer Stelle (V 3) zu erörtern. Hier und vorweg geht es nur um die Frage, unter welchen Umständen überhaupt eine vertragswidrige Beschaffenheit im Sinne von § 19 vorliegt.

10 1. Unerhebliche Mängel kommen entsprechend § 459 (1) Satz 2 BGB nicht in Betracht. So z. B. ist eine Partie getrockneter Feigen nicht schon deshalb als verdorben anzusehen, wenn einzelne Früchte geringfügig von Milben befallen sind (1/69, JB 1969). Nur in drei Paketen von insgesamt 30 untersuchten Paketen waren im dort (1/69) entschiedenen Fall Milben gefunden worden, und zwar höchstens sieben Milben je Paket. Einen solchen geringfügigen Grad von „Verdorbenheit" nimmt der Verbraucher bei ei-

nem erfahrungsgemäß nicht völlig sauber zu liefernden Naturprodukt in Kauf; bemerkt er den Befall überhaupt, so legt er eine einzelne von wenigen Milben befallene Frucht beiseite, wie eine einzelne von einem Wurm befallene Himbeere, ohne sich im Genuß der übrigen Früchte beeinträchtigen zu lassen (1/69 aaO). Fragwürdig sind unter dem Gesichtspunkt der Unerheblichkeit solche Sachverständigen-Gutachten, in denen nur minimale Minderwerte festgestellt werden. Ist jedoch standardisierte Ware einer bestimmten Stufe zu liefern und wird diese Stufe durch einen Rahmen (Toleranz) bestimmt, so kann schon die geringfügige Überschreitung dieses Rahmens einen erheblichen Mangel darstellen, denn die Richtlinie für die Beschaffenheit der Ware verläuft in der Mitte des Rahmens.

2. Die folgenden einzelnen Fälle vertragswidriger Beschaffenheit sind 11
hervorzuheben:

a) Die Ware muß dem Lebensmittelrecht des Bestimmungslandes entsprechen und in diesem Sinne verkehrsfähig sein. Diese Regel gilt nicht nur für den Import in die Bundesrepublik Deutschland. Ist z. B. rumänische Ware nach dem Inhalt des Kaufvertrages für Italien bestimmt, so muß sie dem italienischen Lebensmittelrecht entsprechen (26/74, JB 1974). Die zum Verkauf in die Bundesrepublik Deutschland bestimmten Lebensmittel hat der Verkäufer so zu liefern, daß sie insbesondere den hier geltenden Kennzeichnungsvorschriften, von deren Einhaltung die Verkehrsfähigkeit abhängt, entsprechen (2/73, JB 1973). Muß der Verkäufer von Konserven bei Abschluß des Vertrages damit rechnen, daß der Käufer ganze Kartons an Großverbraucher (z. B. Restaurants, Heime, Krankenhäuser) abgeben will, so hat er die Konserven in entsprechend gekennzeichneten Kartons zu liefern. Ist der Vertrieb sowohl im großen wie im kleinen möglich, müssen Groß- und Kleinpackungen gekennzeichnet sein (2/73, JB 1973, mit Nachweisen aus dem lebensmittelrechtlichen Schrifttum und aus der maßgeblichen Rechtsprechung der staatlichen Gerichte). In manchen Fällen mögen die staatlichen Gerichte die lebensmittelrechtlichen Vorschriften nach Ansicht der Kaufleute allzu streng anwenden. Die lebensmittelrechtliche Judikatur der staatlichen Gerichte und die lebensmittelrechtliche Praxis der Verwaltungsbehörden schaffen aber Tatsachen, mit denen die Kaufleute auch untereinander rechnen müssen. Die Schiedsgerichte würden gegen Windmühlenflügel kämpfen, wenn sie etwa die Verkehrsfähigkeit abweichend von ständiger Judikatur der staatlichen Gerichte und von ständiger Praxis der Verwaltungsbehörden beurteilten.

Im Zweifel muß die Ware auch in Einzelbehältnissen solcher Art geliefert werden, die gemäß Anlage 3 zu § 11 der Fertigpackungsverordnung von der Grundpreisauszeichnung befreit sind (60/74, JB 1975). Unter einer „1/1-Dose" Tomatenmark wird deshalb eine Dose mit einem Behältnisvolumen von 850 ml verstanden (60/74 aaO).

12 b) Die für die Verpackung und Kennzeichnung der Ware getroffenen Vereinbarungen sind auch sonst streng einzuhalten. Deshalb müssen auch fremdsprachliche Angaben, die den Verbraucher nicht interessieren mögen und deshalb lebensmittelrechtlich nicht in Betracht kommen, zutreffen, soweit sie im Handel beachtet werden. Nach diesem Grundsatz beurteilte das Schiedsgericht (5/72, JB 1972) einen Verkauf griechischer Pfirsichkonserven aus der Gattung „FREESTON". Der Verkäufer hatte in dem dort entschiedenen Fall Ware geliefert, welche auf den Etiketten durch deutschen Text vollständig und richtig nach deutschem Lebensmittelrecht gekennzeichnet war. Die Etiketten trugen aber zugleich die unrichtige fremdsprachliche Angabe „Yellow Cling", also die Bezeichnung einer anderen Gattung. Die so etikettierte Dose hat das Schiedsgericht als vertragswidrig angesehen (5/72, JB 1972).

13 Der Verkäufer ist, auch wenn er mit „buyer's label" zu liefern hat, für die Richtigkeit des Etiketts verantwortlich. Andererseits muß der Käufer, der sich die Verwendung seines Etiketts ausbedungen hatte, dem Verkäufer für die textliche Gestaltung des Etiketts klare Instruktionen geben. Versäumt der Käufer dies und führt dieses Versäumnis zu einer vertragswidrigen Beschaffenheit des Etiketts, so hat er wegen Mitverschuldens einen Teil des Schadens zu tragen (5/72, JB 1972).

14 Sizilianische Mandeln der Gattung „PG-Extra" brauchen auf den Säcken nicht mit der Angabe „PG" bezeichnet zu werden, und zwar auch dann nicht, wenn sie von einem apulischen Bahnhof verladen werden und wenn auf den Säcken der Name eines Bari-Exporteurs angegeben ist (Schiedsspruch 1963, 47; 29. 11. 1972, JB 1972). Wird aber die Herkunft von Schalenobst auf Säcken angegeben, so muß die Angabe zutreffen. In diesem Sinne hat das Schiedsgericht (33/63, JB 1963) entschieden, daß Haselnußkerne, deren Säcke die Bezeichnung „Unye" oder „Fatsa" tragen, nicht der Herkunftsbezeichnung „Kerassund/Ordu" entsprechen, selbst wenn die Orte Ordu, Unye und Fatsa politisch in einem Bezirk zusammengefaßt sind. Wenn Kerassunder Haselnußkerne verkauft sind, dürfen keine Säcke angedient werden, die mit der Plombe „Ordu" versehen sind, falls nicht der Verkäufer mit der Andienung zugleich den Nachweis führt, daß die Ware trotz der durch die Kennzeichnung der Säcke gegebenen Vermutung aus Kerassund stammt (1933, 14).

Eine vertragswidrige Beschaffenheit der Verpackung ist auch anzunehmen, wenn das Etikett eine geringere Ware ausweist, als das etikettierte Behältnis enthält (1957, 17).

Die Ware ist vertragswidrig beschaffen, wenn sie in Säcken statt in Kisten geliefert wird, wenn halbe Kisten statt Viertelkisten geliefert werden, wenn blanke Kisten verkauft wurden, aber solche mit Marke geliefert werden. War Lieferung von Mandeln in Einzelsäcken vereinbart und liefert der Verkäufer die Mandeln in Doppelsäcken, so liegt ebenfalls eine vertragswidrige Beschaffenheit vor (MGS 19 zu § 18).

c) Vertragswidrig ist die Ware auch dann beschaffen, wenn ihre Her- 15
kunft nicht dem Vertrage entspricht. Bei Naturprodukten, insbesondere bei Schalenobst, ist es nicht wesentlich, wie die Verwaltungsbezirke eines Landes abgetrennt werden; wesentlich ist vielmehr, wie die Herkunftsbezeichnung handelsüblich verstanden wird. Auf diesem Grundsatz beruht die bereits angeführte Entscheidung 1963, 47. Bei Industrie-Erzeugnissen, insbesondere bei Obst- und Gemüsekonserven, kann es dagegen auf die politische Landkarte ankommen. Nach der nationalen Herkunft richten sich nämlich oft die Einfuhrabgaben und die Einhaltung gewisser Standards. In diesem Sinne besteht das wesentliche Merkmal der Herkunft von „südafrikanischen" Ananaskonserven darin, daß die Konserven im Geltungsbereich der in der Republik Süd-Afrika erlassenen Standards hergestellt worden sind, denn entsprechende Standards anderer zum südlichen Afrika gehöriger Staaten sind nicht bekannt (23/75, JB 1975). Im unabhängigen Swasiland haben die in der Republik Süd-Afrika erlassenen Standards keine Geltung. Ananaskonserven aus Swasiland sind daher nicht als „süd-afrikanische Ananas" anzuerkennen (23/75, JB 1975).

V. Die einzelnen Rechte des Käufers

Ist eine Ware bei Übergang der Gefahr auf den Käufer vertragswidrig be- 16
schaffen, so kann der Käufer unter folgenden Rechten wählen, wenn die jeweils erforderten weiteren Voraussetzungen zutreffen:

1. Ohne Rücksicht darauf, ob ein Gattungsmangel vorliegt oder ob die Ware in anderer Weise vertragswidrig beschaffen ist, gilt folgendes:

a) Ist die vertragswidrig beschaffene Ware am maßgeblichen Tage weniger wert als vertragsmäßig beschaffene Ware, so kann der Käufer die Vergütung dieses Minderwerts verlangen (Abs. 2). Dieses Recht wird von den Kaufleuten in Anlehnung an die Terminologie der alten WVB (§ 18 a. F.) häufig noch als „Minderung" bezeichnet. Die WVB 1971 vermeiden diese dem Bürgerlichen Gesetzbuch entnommene Bezeichnung, weil das in § 19 (2) bezeichnete Recht von der gesetzlichen Minderung (§§ 462, 472 BGB) wesentlich abweicht. Nach gesetzlicher Regelung (§ 472 BGB) ist der Kaufpreis in dem Verhältnis herabzusetzen, in welchem zur Zeit des Verkaufs der Wert der Ware in mangelfreiem Zustand zu dem wirklichen Wert gestanden haben würde. Nach § 19 (2) bleibt die Höhe des vereinbarten Kaufpreises außer Betracht. Zu vergüten ist der Unterschied des gegenwärtigen Marktpreises (= Verkäuflichkeitswertes) vertragsmäßig beschaffener Ware und des gegenwärtigen Verkäuflichkeitswertes von Ware der jeweils gegebenen vertragswidrigen Beschaffenheit. Die Vergütung soll also den Schaden ausgleichen, den der Käufer infolge der vertragswidrigen Beschaffenheit erlitten hat, nicht weniger aber auch nicht mehr!

17 b) Beträgt der in § 19 (2) definierte Minderwert am maßgeblichen Tage mehr als 10 %, kann der Käufer nach seiner Wahl auch die Rückgängigmachung des Kaufvertrages verlangen. Der Grund für diese Einschränkung des gesetzlichen Wandelungsrechts liegt darin, daß die nach WVB gehandelten Naturprodukte nicht gleichmäßig auszufallen pflegen. Deshalb soll der Käufer innerhalb der Grenzen eines Minderwerts, der eine Verwendung der Ware nicht ausschließt, die Ware behalten und auf die Vergütung des Minderwerts verwiesen werden. Außerdem bezweckt auch die Rückgängigmachung des Kaufvertrages nur eine Schadloshaltung des Käufers. Deshalb soll dem Käufer nicht erlaubt sein, sich bei gesunkenem Marktpreis unter Berufung auf einen Minderwert der Ware von einem teureren Kontrakt gänzlich loszusagen. Deshalb wird in § 19 (3) bestimmt, daß der Verkäufer den Käufer gegen Rücklieferung der minderwertigen Ware den Marktpreis (= Verkäuflichkeitswert) für vertragsmäßig beschaffene Ware zu bezahlen hat, nicht weniger aber auch nicht mehr! Ist der Marktpreis seit Abschluß des Kaufvertrages gesunken, führt die Rückgängigmachung des Kaufvertrages dazu, daß der Käufer die gesamte Ware zurückgeben muß, dafür aber nur einen Teil des von ihm bezahlten Kaufpreises zurückerhält. In dieser Hinsicht unterscheiden sich auch die Folgen der Rückgängigmachung des Kaufvertrages nach WVB wesentlich von den Folgen der gesetzlich geregelten Wandelung, nach deren Vollzug die Parteien sich gemäß § 467 BGB die empfangenen Leistungen wie nach einem Rücktritt vom Vertrage zurückzugewähren haben. Wegen dieses Unterschiedes vermeiden die WVB 1971 auch die gesetzliche Vokabel „Wandelung“. Verzögert der Verkäufer die Zahlung des ihm zurückberechneten Preises, so kann der Käufer entsprechend § 17 gegen den Verkäufer vorgehen und gegebenenfalls die zurückzunehmende Ware gegen den Verkäufer entsprechend § 17 (5) verkaufen (MGS 1 zu § 38; 30/63).

Der maßgebliche Tag für die Ermittlung des Marktpreises, welcher bei Rückgängigmachung des Vertrages vom Verkäufer zu bezahlen ist oder die Grundlage für die Berechnung des Minderwerts hergibt, wird in Absatz 4 definiert.

18 2. Gehört die angediente oder gelieferte Ware nicht zu der im Vertrag bestimmten Gattung (Gattungsmangel), so kann der Käufer gemäß § 19 (5) erklären, daß er die Ware nicht als Erfüllung annehme oder gelten lasse.

a) Die sich hiernach aus Gattungsmängeln ergebenden weitergehenden und unter Umständen sehr weitgehenden Rechte des Käufers veranlassen in der Praxis oft Streit darüber, ob die vertragswidrig beschaffene Ware zu der im Vertrag bestimmten Gattung gehört oder ob nur ein sogenannter Qualitätsmangel vorliegt. Fehlt der angedienten oder gelieferten Ware ein Gattungsmerkmal, so ist sie eine andere Sache als die bedungene Ware. Sie ist ein „aliud". Umgekehrt ist im Sinne der WVB 1971 jedes vereinbarte Merkmal, dessen Fehlen die angediente oder gelieferte Ware zu einem aliud macht, ein Gattungsmerkmal. Gattungsmängel und aliud-Eigenschaft sind also im Sinne der WVB 1971 dasselbe.

aa) Diese Klarstellung ist geboten, weil in § 18 (4) WVB a. F. folgendes **19**
bestimmt war:

„Abweichungen von den Vertragsbedingungen hinsichtlich der Gattung, Ernte, Herkunft oder Verpackung gelten nicht als Qualitätsmängel, sondern berechtigen stets zur Zurückweisung der Ware. Der Käufer kann statt dessen auch Schadensersatz fordern, bei Lieferungs- und Platzgeschäften jedoch erst, nachdem eine angemessene Nachfrist verstrichen ist."

Abweichungen von der vereinbarten Gattung, Ernte, Herkunft oder Verpackung waren hiernach Merkmale eines anderen Begriffs. Dieser umfangreiche Begriff war das aliud, und in diesem Sinne wurde schon bei MGS 15 zu § 18 unter Hinweis auf den Schiedsspruch 01/60 (JB 1961, 28) zutreffend festgestellt, daß es sich bei Abweichungen der Ware hinsichtlich Ernte, Herkunft oder Verpackung im Grunde nur um besondere aliud-Fälle handelte. Im Text der WVB 1971 werden die Ernte, die Herkunft und die Verpackung nicht mehr besonders erwähnt, sondern unausgesprochen als Merkmale einer entsprechend enger zu begreifenden Gattung aufgefaßt. Abweichungen der angedienten oder gelieferten Ware von der vereinbarten Ernte, Herkunft oder Verpackung sind daher Gattungsmängel im Sinne von § 19 (5) WVB 1971. Das wird auch vom Schiedsgericht in ständiger Rechtsprechung (15/74, JB 1974; 60/74, JB 1975; 23/75, JB 1975) anerkannt.

bb) Im Bereich der WVB wird der Gattungsbegriff auch sonst eng ver- **20**
standen (MGS 11 zu § 18).

aaa) Die ältere Rechtsprechung des Schiedsgerichts entfaltet eine bunte und nicht immer konsequente Kasuistik. Ein aliud, also im Sinne der WVB 1971 ein Gattungsmangel, wurde in folgenden Fällen festgestellt:

verkauft:	**geliefert:**
Orangeat	Zitronat (1921, 14)
Sultanas	Eleme-Rosinen (1921, 17)
choice sulphur	
bleached Sultanas	ungebleichte Rosinen (1924, 14)
Ceylon-Kaneel	wilder Kaneel (1921, 25)
Tellichery-Pfeffer	gemischter Pfeffer (1914/16, 13)

calif. Aprikosenkerne	Gemisch verschiedener Provenienzen (1926, 23)
courante Nelken	Gemisch mit einem Gehalt von 25 % extrahierten Nelken (1919, 29)
90/100er Pflaumen	130er bzw. 165er Pflaumen
120/130er Pflaumen	132er Pflaumen (1926, 42)
süße Mandeln mit bis zu 10 % bitteren Mandeln	Gemisch mit 21 bzw. 47 % bitteren Mandeln (1910, 13)
finest Grenoble Walnüsse	Gemisch von Marbots und Cornes (1929, 45)
Kokosraspeln	Gemisch, das 40–50 % Stärkeprodukte enthielt (1951, 9)
bittere Aprikosenkerne	Gemisch, das etwa 12 % bittere Mandeln enthielt (freundsch. Schiedsg. 1950)
Kapern in Essig	Kapern in Salzlake (freundsch. Schiedsg. 1951)
Kakaopulver	Kakaopulver, welches mehr als 2 % Kakaoschalen enthält (1955, 10)
gradierter Spargel	ungradierter Spargel (37/64)
Dosen mit Florida-Orangensaft à 20 oz	Dosen mit Florida-Orangensaft à 12 oz (3/59)

Dagegen wurde die Feststellung eines aliuds abgelehnt in folgenden Fällen:

verkauft:	**geliefert:**
80/85er Pflaumen	88/89er Pflaumen
süße Mandeln mit bis zu 30 % bitteren Mandeln	Prozentsatz der bitteren 42 bzw. 52 (1907, 13)
gesundes Aprikosenpulp	verdorbenes Aprikosenpulp (1929, 37)
gesiebte Mandeln ohne Staub und Schalen	ungesiebte, stark mit Bruch und Staub durchsetzte Mandeln (1951, 18)

21 Eine allgemeiner gehaltene Definition der Gattung hat das Oberschiedsgericht des Waren-Vereins in einer neueren Entscheidung (1961, 28) versucht. Hiernach hat eine Gattung stets nur „abstrakte Merkmale". Als solche abstrakten Merkmale erwähnt das Oberschiedsgericht „Art der Ware, Herkunft, Erntejahr, Größe, Art der Bearbeitung usw.". Dagegen mache der konkrete Zustand einer Partie, z. B. starker Madenbefall von Erdnußkernen, die Ware nicht zu einem aliud. Eine Begründung dieser Thesen enthält die Oberschiedsgerichts-Entscheidung allerdings nicht.

bbb) Eine systematische und mit Gründen versehene Abgrenzung zwischen Gattungsmängeln und sonstiger vertragswidriger Beschaffenheit (Qualitätsmängeln) hat das Schiedsgericht des Waren-Vereins erstmalig in seiner Entscheidung 24/73 (JB 1973) gefunden. Angeknüpft wird dort an die Gründe, welche überhaupt zur unterschiedlichen Regelung der Rechtsfolgen bei Gattungsmängeln und Qualitätsmängeln durch die WVB geführt hatten. Es heißt dort: 22

„Wo im einzelnen die Grenze zwischen Qualitätsmängeln und Gattungsmängeln zu ziehen ist, ergibt sich aus den Gründen, die dazu geführt haben, daß in den Waren-Vereins-Bedingungen zwischen den rechtlichen Folgen von Gattungsmängeln und den rechtlichen Folgen von Qualitätsmängeln unterschieden wird und darüber hinaus die Haftung für Qualitätsmängel gegenüber der gesetzlichen Mängelhaftung (§§ 459 ff. BGB) erheblich gemildert worden ist. Diese auch bei Regelung des Kaufs auf Mustergutbefund (§ 24 WVB) befolgte Unterscheidung hat ihren wesentlichen Grund darin, daß die Beschaffenheit der nach Waren-Vereins-Bedingungen gehandelten Erzeugnisse weitgehend von einem unberechenbaren und technisch unbeeinflußbaren Ausfall der Rohware abhängt. Naturprodukte fallen eben nicht gleichmäßig aus. Auf diesen Zusammenhang haben schon Mathies-Grimm-Sieveking (Bem. 22 zu § 18 WVB a. F.) hingewiesen. Die schärfere Haftung für Gattungsmängel ist deshalb nur angebracht beim Fehlen solcher Merkmale, die der Verkäufer ohne Rücksicht auf den Ausfall des Naturprodukts exakt herbeiführen kann. Das gilt insbesondere für das Fehlen der Merkmale, welche durch Lieferung aus einer geographisch und botanisch bestimmten Gattung, durch Lieferung aus einer bestimmten Ernte sowie durch Bearbeitung, Sortierung und Verpackung herbeizuführen sind."

In dieser Sache stritten die Parteien darüber, ob Birnenhälften, die von den Sachverständigen als „sehr weich und zum Teil musig zerfallen" bezeichnet waren, noch zur Gattung „W. C. Pears, irregular halves in syrup" zu rechnen seien oder ob nur ein Qualitätsmangel vorliege. Aus den vorstehend angeführten Grundsätzen schloß das Schiedsgericht folgendes:

„Zu liefern waren Hälften, die ‚irregular' beschaffen sein durften. Das Muster hatte auch dieses Merkmal, denn dem von der Klägerin vorgelegten Sachverständigengutachten ist zu entnehmen, daß die Birnen in der Fabrikation zu Hälften zerschnitten worden sind. Zwar bewahrten die Birnen, wie dem Gutachten weiter zu entnehmen ist, diese Form nur zum Teil. Zum anderen Teil ist die nach Feststellung der Sachverständigen sehr weiche Ware musig zerfallen. Diese weiche Konsistenz gehört aber zu dem nicht exakt berechenbaren und beeinflußbaren Ausfall des Naturprodukts. Die auf der Weichheit der Ware beruhende Verformung ist daher kein Gattungsmangel, sondern ein Qualitätsmangel."

Dieser Entscheidung ist zuzustimmen. Sie enthält eine klare und wirtschaftlich vernünftige, aus dem Zweck der WVB gewonnene Richtlinie. Sie stellt übrigens auch klar, daß es keinen numerus clausus der Gattungen gibt: In der Wahl und in der Bezeichnung der Gattungsmerkmale sind die Parteien frei. 23

Nach der grundsätzlichen Entscheidung 24/73 (JB 1973) ist daran festzuhalten, daß Abweichungen von der vereinbarten Ernte, von der vereinbarten Herkunft oder von der vereinbarten Verpackung die angediente oder gelieferte Ware zu einem aliud machen. Die vereinbarten Merkmale der Ernte, der Herkunft und der Verpackung kann der Verkäufer im Sinne der Entscheidung 24/73 exakt herbeiführen, denn sie sind unveränderlich und werden durch den konkreten Zustand der einzelnen Partie nicht berührt. Als Verpackung im Sinne eines Gattungsmerkmals ist natürlich nur die vom Verkäufer gewählte Verpackungsart gemeint. Ist das Verpakkungsmaterial durch äußere Einwirkung oder durch seine natürliche Beschaffenheit mangelhaft geworden, so liegt kein Gattungsmangel vor; Verrostung von Kanistern ist deshalb nur Qualitätsmangel (ebenso 1953, 15). War dagegen Lieferung von Mandeln in Einzelsäcken vereinbart und liefert der Verkäufer die Mandeln in Doppelsäcken, so liegt ein Gattungsfehler vor und nicht nur die Überschreitung der zulässigen Tara (ebenso 1965, 56). Ist entgegen dem Vertrage die Ware auf der Verpackung nicht richtig oder vollständig gekennzeichnet, so weicht sie ebenfalls von der vereinbarten Gattung ab (ebenso 1957, 17 und 1963, 47). Die vereinbarte Herkunft ist in 23/75 (JB 1975) als Gattungsmerkmal bestätigt worden.

24 Neben der klassischen Trias „Ernte, Herkunft oder Verpackung" sind in Übereinstimmung mit den in der Entscheidung 24/73 (JB 1973) gefundenen Grundsätzen die folgenden Umstände als Gattungsmerkmale anzuerkennen:

- die Zugehörigkeit zu der im Vertrage bezeichneten biologischen Gruppe,
- die Erfüllung der lebensmittelrechtlichen Anforderungen an die richtige und vollständige Kennzeichnung der Ware (ebenso 17/67, JB 1967),
- die Verarbeitung zu vereinbarten Formen, z. B. zu Birnenhälften (so 24/73, JB 1973),
- die Einhaltung vereinbarter Größenstufen (ebenso 60/74, JB 1975),
- die Einhaltung vereinbarter sonstiger Normen. Besondere Gattungen sind z. B. die in den „Qualitätsnormen und Deklarationsvorschriften für verarbeitetes Obst und Gemüse" nach Größen der Stücke und Anzahl der Stücke definierten Sorten. „Pfifferlinge unsortiert" sind deshalb eine andere Gattung als „Pfifferlinge mittel" (0.2/68, JB 1969).

25 Die vereinbarte Verwendungsmöglichkeit kann unter Umständen die Gattung bestimmen (MGS 11 zu § 18). Ist z. B. die verkaufte Ware nach dem Inhalt des Vertrages zum unmittelbaren Verzehr bestimmt und ist die angediente oder gelieferte Ware nur zur Weiterverarbeitung geeignet, so liegt im Sinne der Entscheidung 24/73 (JB 1973) ein Gattungsmangel vor, wenn die Beschränkung der Verwendbarkeit eine unter allen Umständen vorgegebene typische Eigenschaft des beanstandeten Erzeugnisses war und nicht erst durch spätere Beeinträchtigungen herbeigeführt worden ist. Wird dagegen die Verwendbarkeit durch spätere Verschlechterung der Beschaffenheit, insbesondere durch Verderb, herbeigeführt, so liegt nur ein Qualitätsmangel vor.

Verderb, Unreife, schlechter Geschmack, schlechter Geruch, Unansehnlichkeit und alle anderen nicht exakt zu vermeidenden Fehler der Ware sind keine Gattungsmängel, auch wenn die Beeinträchtigungen so erheblich sind, daß sie gemäß §§ 8, 17 des Lebensmittel- und Bedarfsgegenständegesetzes nicht in den Verkehr gebracht werden dürfen. Die in der Praxis oft mit besonderem Nachdruck vorgebrachte Rüge, daß die angediente oder gelieferte Ware „nicht verkehrsfähig" sei, bezeichnet also nicht ohne weiteres einen Gattungsmangel. Dagegen ist ein Gattungsmangel anzunehmen, wenn das Erzeugnis unter Zuwiderhandlung gegen Zusatzstoffverbote (§ 11 des Lebensmittel- und Bedarfsgegenständegesetzes) hergestellt oder behandelt worden ist und dadurch verkehrsunfähig geworden ist, denn in diesem Falle handelt es sich um einen berechenbaren, technisch beeinflußbaren Ausfall der Ware.

b) Ist hiernach ein Gattungsmangel gegeben, so kann der Käufer erklären, daß er die Ware nicht als Erfüllung annehme oder gelten lasse. Die durch die Andienung bewirkte Konzentration des Kaufs auf die angediente Ware verliert ihre Wirkung, wenn der Käufer die gattungsfremde Ware mit dieser Erklärung zurückweist. Insbesondere entfällt die durch die Konzentration herbeigeführte Bindung des Verkäufers (15/74, JB 1974). Der Verkäufer darf also weitere Erfüllungsversuche unternehmen. Daraus folgt: **26**

aa) Der Käufer kann sich nach Zurückweisung der gattungsfremden Ware nicht ohne weiteres vom Vertrage lösen. Er kann nur Erfüllung verlangen und gemäß § 17 verfahren. Will er also vom Vertrage zurücktreten oder Schadensersatz wegen Nichterfüllung verlangen, so muß er dem Verkäufer gemäß § 17 (2) und (3) zuvor eine Frist zur Lieferung vertragsmäßiger Ware setzen (15/74, JB 1974). Solange der Kaufvertrag noch besteht und nur die Lieferung vertragsmäßiger Ware noch aussteht, kann der Käufer insbesondere nicht die Rückzahlung des etwa schon bezahlten Kaufpreises verlangen (15/74, JB 1974). – Eine Ausnahmeregelung gilt gemäß § 48 (2) für Abladegeschäfte. Liegt ein Gattungsmangel vor, so kann der Ablade-Käufer ohne Bestimmung einer Frist die Rechte aus § 17 geltend machen. **27**

bb) Der Käufer verliert die Gewährleistungsansprüche aus § 19 (2) und (3), welche ihm zunächst wahlweise neben dem Rechtsbehelf aus § 19 (5) zugestanden hätten, denn jene Ansprüche setzen voraus, daß der Kauf sich auf eine bestimmte Partie konzentriert hat und daß diese Konzentration fortdauert. **28**

29 Der Käufer muß sich also vor Abgabe der in § 19 (5) vorgesehenen Erklärungen überlegen, worauf er hinauswill. Seine sämtlichen Rechte wahrt er zunächst, wenn er dem Verkäufer nur rechtzeitig (§§ 20, 49, 62, 72, 83, 89) erklärt, daß die Ware nicht vertragsgemäß ausgefallen sei. Ergibt sich dann in der Qualitätsarbitrage nicht nur ein Gattungsmangel, sondern auch ein Minderwert von mehr als 10 %, so muß der Käufer unter Berücksichtigung der seit Vertragsschluß eingetretenen Preisentwicklung und unter Berücksichtigung des von den Sachverständigen festgesetzten Marktpreises prüfen, welches der vier im wesentlichen zur Auswahl stehenden Rechte (Vergütung von Minderwert, Rückgängigmachung des Kaufvertrages nebst Rückrechnung der Ware, Rücktritt oder Schadensersatz wegen Nichterfüllung) er mit dem für ihn größten Vorteil ausüben kann. Ist der gegenwärtige Marktpreis höher als der Vertragspreis, so laufen Rückrechnung und Schadensersatz wegen Nichterfüllung bei abstrakter Schadensberechnung auf dasselbe hinaus, wenn die Sachverständigen sich nicht verschätzt haben sollten oder wenn nicht zwischen dem für die Schätzung maßgeblichen Tage und dem Ende der gemäß § 17 zu setzenden Frist der Marktpreis sich weiter ändert; ändert sich der Marktpreis zwischen diesen beiden Tagen nicht, könnte die Rückrechnung dem Schadensersatzanspruch vorzuziehen sein, weil dann keine Nachfrist (§ 17) gesetzt zu werden braucht. Ist jedoch der gegenwärtige Marktpreis niedriger als der Vertragspreis, so bringt der Rücktritt dem Käufer den größeren Vorteil, weil er sich von dem ungünstigen Vertrag ohne Vergütung lösen kann; der Käufer muß dann aber zuvor dem Verkäufer die Nachfrist des § 17 gewähren und damit rechnen, daß ein Verkäufer, der die Rechtslage richtig überblickt, dann alles daransetzen wird, daß er den Käufer doch noch innerhalb der Nachfrist richtig beliefert. Die schiedsgerichtliche Praxis (z. B. der Fall 15/74, JB 1974) zeigt, daß der Käufer es manchmal an der richtigen Überlegung fehlen läßt und damit die ihm zustehenden Rechte beeinträchtigt.

30 3. Die Mehrzahl und Vielfalt der dem Käufer unter Umständen wahlweise zustehenden Rechte begründen ein schutzwürdiges Interesse des Verkäufers daran, daß er in gehöriger Zeit erfährt, welches dieser Rechte der Käufer letztlich geltend machen will. Insbesondere wird der Verkäufer bald nach der Mängelrüge und erst recht bald nach einer Qualitätsarbitrage wissen wollen, ob er sich auf Rücknahme der Ware – sei es aufgrund Rücktritts (Abs. 5), sei es aufgrund Rückgängigmachung des Kaufvertrages (Abs. 3) – einstellen muß.

a) Kommen nur Ansprüche nach Absatz 2 oder Absatz 3 in Betracht, kann der Verkäufer die Klärung nach Absatz 7 herbeiführen.

b) Kommen daneben auch Ansprüche aus Absatz 5 in Betracht, so kann der Verkäufer ebenfalls nach Absatz 7 vorgehen und dadurch den Anspruch aus Absatz 2 oder den Anspruch aus Absatz 3 eliminieren. Die

Rechte aus Absatz 5 bleiben aber hierdurch nach ausdrücklicher Bestimmung im letzten Satz von Absatz 7 unberührt.

Verzögert der Käufer die in Absatz 5 vorgesehene Erklärung, daß er die Ware nicht als Erfüllung annehme oder nicht als Erfüllung gelten lasse, so kann der Verkäufer den Käufer entsprechend § 264 (2) BGB auffordern, innerhalb angemessener Frist zwischen den Ansprüchen aus Absatz 5 einerseits und den Ansprüchen aus Absatz 2 oder 3 andererseits zu wählen; nach ergebnislosem Ablauf dieser Frist geht das Wahlrecht auf den Verkäufer über.

Hat der Käufer nach Zurückweisung der Ware bereits gemäß § 17 eine Frist für die Ersatzlieferung oder für die Erklärung der Bereitschaft zur Ersatzlieferung bestimmt und ist diese Frist ergebnislos abgelaufen, gilt Bem. III Einl. zu § 17.

VI. Ausschluß gesetzlicher Rechte des Käufers

Liegt kein Gattungsmangel, sondern nur ein Qualitätsmangel vor, so **31**
werden durch Absatz 6 eine Reihe von weitergehenden gesetzlichen Rechten des Käufers ausgeschlossen. Dieser Ausschluß beruht auf den unter I 2 dargelegten Besonderheiten des Handels mit Lebensmitteln. Im einzelnen:

1. Ausgeschlossen sind die Schadensersatzansprüche aus §§ 463 Satz 1 und **32**
494 BGB. Hiernach würde der Verkäufer auf Schadensersatz wegen Nichterfüllung, also auch für alle Folgeschäden, haften, wenn der Ware eine zugesicherte Eigenschaft fehlt; beim Kauf lt. Muster (§ 24 Abs. 4) wären das alle Eigenschaften des Musters. Ausgeschlossen ist auch die in § 480 (2) BGB für den Gattungskauf getroffene Bestimmung, nach welcher der Verkäufer Schadensersatz wegen Nichterfüllung beim Fehlen einer zugesicherten Eigenschaft schulden würde. Nicht ausgeschlossen und auch nicht ausschließbar (§ 476 BGB) sind die Ansprüche auf Schadensersatz wegen Nichterfüllung, soweit der Verkäufer einen Mangel arglistig verschwiegen hat.
2. Ausgeschlossen ist ferner der Anspruch auf Ersatzlieferung, d. h. der **33**
Anspruch auf Lieferung mangelfreier Ware, der dem Käufer einer nur der Gattung nach bestimmten Ware gemäß § 480 (1) BGB bei vertragswidriger Beschaffenheit der angedienten oder gelieferten Ware zustehen würde. In § 19 WVB a. F. wurde außerdem bestimmt, daß der Verkäufer „zur Ersetzung einer wegen Qualitätsmangel beanstandeten Partie durch eine andere" auch nicht berechtigt sei. Diese Bestimmung war überflüssig, weil der Verkäufer nach Gesetz oder Handelsbrauch ohnehin nicht berechtigt war, die Gewährleistungsansprüche des Käufers durch eine solche Ersatzlieferung abzuwenden (MGS 4 zu § 19). Eine

solche Bestimmung ist deshalb in die WVB 1971 nicht wieder aufgenommen worden.

VII. Entkräftung und Erlöschen der Rechte des Käufers

34 1. Die durch § 19 begründeten Ansprüche des Käufers unterliegen der Verjährung.

a) Wenn auch diese Ansprüche in mancher Hinsicht anders zugeschnitten sind als die regulären Gewährleistungsansprüche nach BGB (Wandelung und Minderung), so bleibt doch die für die Bemessung der Verjährungsfrist wesentliche Übereinstimmung, daß der Verkäufer für die Beschaffenheit der Kaufsache haftet. Für die Ansprüche aus § 19 gilt deshalb ausnahmslos die kurze in § 477 BGB auf sechs Monate bemessene Verjährungsfrist. Diese umfassende Anwendung von § 477 BGB steht im Einklang mit der Rechtsprechung der staatlichen Gerichte zu § 477 BGB: Nach dieser Rechtsprechung ist § 477 BGB auf jegliche Ansprüche anzuwenden, die sich unmittelbar aus der Beschaffenheit der Ware ergeben, und zwar auch dann, wenn die gesetzlichen Ansprüche vertraglich modifiziert sind. Auch in der Praxis des Waren-Vereins-Schiedsgerichts wird die Anwendbarkeit von § 477 BGB auf alle durch § 19 begründeten Ansprüche nicht in Zweifel gezogen.

35 Die Sechs-Monats-Frist beginnt mit der Ablieferung der Ware. Abgeliefert wird die Ware in diesem Sinne, wenn der Verkäufer dem Käufer die Möglichkeit verschafft, die Ware körperlich in Besitz zu nehmen. Im allgemeinen ist dies derselbe Vorgang, der die Untersuchungs- und Rügelast des Käufers auslöst (§ 20); am Beginn der Verjährungsfrist ändert sich aber nichts dadurch, daß eine festbestimmte Rügefrist schon durch einen früheren Vorgang, z. B. durch die Übersendung von Dokumenten (§§ 77, 83), in Lauf gesetzt wird.

36 b) Für die Unterbrechung der Verjährung ergeben sich im Bereich der WVB einige Besonderheiten deshalb, weil in §§ 30, 31 die Zuständigkeit des Schiedsgerichts und der Sachverständigen begründet wird.

aa) In dem gemäß § 30 vereinbarten Schiedsvertrag sind die Schiedsrichter nicht von vornherein bestimmt. Die Ernennung der Schiedsrichter ist vielmehr den Parteien vorbehalten (§ 2 SchGO). Gemäß § 220 (2) BGB wird deshalb die Verjährung schon dadurch unterbrochen, daß der Berechtigte das zur Erledigung der Sache seinerseits Erforderliche vornimmt. Der Käufer tut das seinerseits Erforderliche, indem er einen Schiedsrichter ernennt und diesen Schiedsrichter dem Verkäufer benennt (ebenso Staudinger-Coing, Bem. 4 zu § 220 BGB; Straatmann-Ulmer, Handelsrechtliche Schiedsgerichtspraxis, B 3 Nr. 2). In der Regel und auch zweckmäßigerweise verbindet der Käufer diese Anzeige mit der an den Verkäufer gerichteten Aufforderung, binnen einer bestimmten Frist seinen Schiedsrichter zu ernennen (§ 2 Abs. 1 Satz 1 SchGO). Diese Aufforderung ist jedoch zur Unterbrechung der Verjährung nicht erforderlich. Die Ernennung des Gegenschiedsrichters ist nämlich eine Obliegenheit des Verkäufers. Der Verkäufer kann seinen Schiedsrichter wirksam ernennen, auch ohne daß es erforderlich wäre, daß der Käufer ihn hierzu auffordert. Die Aufforderung zur Ernennung des Gegenschiedsrichters dient nur der Eröffnung eines besonderen Verfahrens, nämlich der Ernennung eines Gegenschiedsrichters durch einen Dritten (§§ 2 Abs. 1 letzter Satz, 28 Nr. 2 SchGO), und ist deshalb im Sinne von § 220 (2) BGB nicht erforderlich.

bb) Wegen der Ansprüche aus § 19 kann das Schiedsgericht beim Streit über die Beschaffenheit der Ware vernünftigerweise erst angerufen werden, nachdem der Käufer die Qualitätsarbitrage durchgeführt hat. Gemäß § 31 (2) kann nämlich die streitige Beschaffenheit einer Ware nur durch ein nach der Verfahrensordnung für Sachverständige erwirktes Gutachten bewiesen werden. In einem solchen Fall wird daher gemäß § 220 (2) BGB die Verjährung bereits dadurch unterbrochen, daß der Käufer dem Verkäufer einen Sachverständigen benennt. Diese Wirkung ergibt sich auch aus entsprechender Anwendung von § 477 (2) BGB, wonach die Verjährung auch durch Stellung eines Antrages auf gerichtliche Beweisaufnahme zur Sicherung des Beweises unterbrochen wird, denn mindestens die Sicherung des Beweises ist auch eine Funktion der nach § 31 zu betreibenden Qualitätsarbitrage. **37**

Streitig ist die Frage, wie lange die durch das einseitige Tätigwerden des Käufers eintretende Unterbrechung dauert. Überwiegend wird angenommen, daß sofort eine neue Verjährung beginne und daß dieser neue Verjährungslauf dann wiederum unterbrochen werde, wenn bei dem nun konstituierten Schiedsgericht ein der Klagerhebung analog zu behandelnder Akt vorgenommen werde (Staudinger-Coing, Bem. 4 zu § 220 BGB mit weiteren Nachweisen). Dieser Annahme kann indessen nicht zugestimmt werden, denn es kann vorkommen, daß die endgültige Konstituierung des Schiedsgerichts sich trotz aller denkbaren Bemühungen des Käufers länger als sechs Monate verzögert. Es läßt sich z. B. denken, daß der Verkäufer die Benennung des Gegenschiedsrichters verzögert und daß ein für den Verkäufer ernannter („Zwangs-")Schiedsrichter die Übernahme des Amtes ablehnt. Es könnte auch zu einem langwierigen Verfahren vor den ordentlichen Gerichten über die Ernennung oder über die Ablehnung eines Schiedsrichters kommen (§ 1045 ZPO). Ob vor Beendigung eines solchen Verfahrens der Käufer überhaupt eine Klage vor dem Schiedsgericht in der **38** bemängelten Besetzung wirksam einreichen kann, ist zweifelhaft (§ 1037 ZPO), doch kann dies dahingestellt bleiben. Wird nämlich nach Klagerhebung die Besetzung des Schiedsgerichts in einem gemäß § 1045 ZPO anhängig gemachten Verfahren vom ordentlichen Gericht für unzulässig erklärt, würde die Klage keinen Unterbrechungseffekt haben, da der Anspruch vor dem *so* konstituierten Schiedsgericht eben nicht geltend zu machen war (§ 220 Abs. 1 BGB). Die entsprechende Anwendung von § 211 BGB sollte deshalb im Fall des § 222 (2) BGB dazu führen, daß das gesamte mit der Bildung des Schiedsgerichts oder des Sachverständigen-Kollegiums beginnende und mit der Niederlegung des Schiedsspruchs endende Verfahren als einheitliches Verfahren zu betrachten ist, dessen Einleitung die Verjährung unterbricht und einen Wiederbeginn der Verjährung erst zuläßt, wenn es in Stillstand gerät und von keiner Partei weiter betrieben wird.

39 2. Neben der Verjährung gibt es einen Verlust der nach § 19 begründeten Rechte des Käufers nur in den nach allgemeinem Recht anerkannten oder durch die WVB ausdrücklich geregelten Fällen. Nach WVB sind dies die Fälle, in welchen eine Genehmigung der Ware fingiert wird, und zwar

a) bei Versäumung der Rügefrist (§§ 20, 49, 62, 72, 83, 89),

b) bei Entfernung der Ware vom Ort der Untersuchung vor verbindlicher Feststellung der Beschaffenheit (§§ 20 Abs. 2, 49 Abs. 4, 62 Abs. 2, 72),

c) bei Weiterveräußerung der Ware unter bestimmten Voraussetzungen (§ 20 Abs. 3).

Eine früher bei den Kaufleuten verbreitete Neigung zur mehr oder weniger willkürlich erscheinenden Konstruktion weiterer Tatbestände, an welche ein Rechtsverlust geknüpft werden sollte, hat deutlich nachgelassen. Das haben besonders die Beratungen des Ausschusses für die Abfassung der WVB 1971 ergeben, und diese Besinnung rechtfertigt im Grundsatz eine einschränkende Auslegung der ohnehin strengen Obliegenheiten, die der Käufer zur Wahrung seiner Rechte zu erfüllen hat. Einzelfälle, in denen dieser Richtungsstreit durch die Rechtsprechung des Schiedsgerichts und durch die WVB 1971 im Sinne einer Wahrung der Rechte eines Käufers ausgetragen wurden, werden in Bem. IV 2 zu § 14 (verbotene Untersuchung), in Bem. V zu § 20 („Anfassen" der Ware) und in Bem. III 1 zu § 31 (Zögern des Käufers in der Qualitätsarbitrage) erörtert. In derselben Richtung bewegt sich auch die nichtveröffentlichte Entscheidung 9/63. Dort hat das Schiedsgericht ausgesprochen, daß der Käufer ein von der Verladeanzeige abweichendes Dokument nicht einzulösen brauche; tue er dies doch, so billige er damit nicht eine vertragswidrige Qualität der Ware. Auch dadurch, daß der Käufer die Ware vor Andienung der Dokumente untersucht, verliert er nicht seine Ansprüche aus § 19 (9/65).

VIII. Nebenforderungen des Käufers

1. Ist der Kauf rückgängig gemacht worden oder ist der Käufer wirksam vom Vertrage zurückgetreten, so muß dieser dem Verkäufer die bereits gelieferte Ware zurückgeben. Entsprechend §§ 467, 347, 994 (2), 683 BGB hat deshalb der Käufer einen Anspruch auf Ersatz notwendiger Verwendungen. Das sind insbesondere Verwendungen für Einfuhrabgaben, Fracht und sonstige Transportkosten (z. B. Kaigebühren), ferner die Verwendungen für die Versicherung und für die Lagerung der Ware. Hinsichtlich der verauslagten Einfuhrabgaben gelten für Einfuhrgeschäfte über Land die Sondervorschriften der §§ 64, 74. Der Verkäufer hat dem Käufer die tatsächlich bezahlten Lagerkosten zu vergüten, soweit diese sich im üblichen Rahmen halten. Zu erstatten ist deshalb das volle tatsächlich bezahlte Kai-Lagergeld, soweit es sich im Rahmen des Kai-Tarifs hält, und der Verkäufer kann von dem Käufer nicht verlangen, so gestellt zu werden, wie der Käufer vielleicht von der Kaianstalt aufgrund besonderer Geschäftsbeziehungen gestellt worden wäre, wenn er (der Käufer) selbst im Ergebnis die Last der Lagerkosten zu tragen gehabt hätte (5/72, JB 1972). 40

2. Wenn der Käufer nur Vergütung des Minderwerts verlangen kann oder sich trotz weitergehender Ansprüche auf dieses Verlangen beschränkt, entfällt die Anspruchsgrundlage des Ersatzes notwendiger Verwendungen, denn der Käufer will die Ware behalten. Trotzdem hat der Verkäufer dem Käufer auch in diesen Fällen die Lagerkosten zu erstatten, welche dem Käufer dadurch entstehen, daß er die Ware für die Qualitätsarbitrage aufbewahrt und aufbewahren muß (5/72, JB 1972). Die Lagerkosten sind nämlich notwendige Kosten der Rechtsverfolgung und werden unter diesem allgemeinen Gesichtspunkt (§ 91 ZPO) dem unterliegenden Verkäufer in ständiger Rechtsprechung des Waren-Vereins-Schiedsgerichts auferlegt; sie gelten also nicht als „eigene Kosten" des Käufers im Sinne von § 24 SchGO. 41

3. Für die Zeit, um welche der Käufer die Qualitätsarbitrage unnötig verzögert, sind dementsprechend keine Lagerkosten zu erstatten (38/74, JB 1975).

IX. Beweisführung und Beweislast

1. Die streitige Beschaffenheit einer Ware kann gemäß § 31 (2) nur durch Vorlage eines nach der Verfahrensordnung für Sachverständige erwirkten Gutachtens bewiesen werden. Näheres in Bem. III 3 zu § 31. 42

2. Macht ein Käufer Rechte aus § 19 geltend, so hat *er* zu beweisen, daß die Ware vertragswidrig beschaffen ist. Das folgt aus der Fassung des Bedingungssatzes in Absatz 1: 43

„Ist eine Ware ... vertragswidrig beschaffen",

denn nach allgemeinen Grundsätzen muß derjenige, der ein Recht geltend macht, den Sachverhalt beweisen, an den die Norm die Entstehung des Rechts knüpft. Ob der Käufer sein Recht als Kläger fordert oder als Beklagter einwendet, ist unerheblich. In § 18 WVB a. F. hieß es entsprechend:

„Der Käufer einer Ware kann, falls diese den vereinbarten Bedingungen nicht entspricht, ... verlangen."

Hiervon ausgehend hat das Schiedsgericht erkannt, daß der Käufer einen von ihm geltend gemachten Qualitätsmangel auch dann beweisen muß, wenn „Zahlung nach Richtigbefund der Ware" vereinbart wurde und/oder wenn er die Ware noch nicht als Erfüllung angenommen hat (1/69, JB 1969). Den Käufer trifft die Beweislast auch dann, wenn ein Gattungsmangel in Betracht kommt, denn Absatz 1 gilt nach seinem klaren Wortlaut auch für Ansprüche aus Absatz 5. Auf die Beweislast läuft es im wesentlichen auch hinaus, wenn herkömmlich danach gefragt wird, wer die Qualitätsarbitrage zu betreiben habe. Hierzu wurde die Meinung vertreten, die Arbitrage sei von derjenigen Partei zu betreiben, die das Verfügungsrecht über die Ware habe (MGS 32 zu § 3). Im praktischen Ergebnis ist dies auch nach dieser alten Regel stets der Käufer. Ist nämlich der Käufer noch nicht im Besitz der Ware, so gibt es nur drei Möglichkeiten: Entweder ist der Käufer vorleistungspflichtig (Hauptfall: Kasse gegen Dokumente); dann kann er sich vor der Zahlung auf Mängel der Ware überhaupt nicht berufen (§ 13). Oder der Käufer hat Zug um Zug gegen Lieferung zu zahlen; dann kann er die Einrede des nichterfüllten Vertrages erheben und ist mithin auf die Rechte aus § 19 nicht angewiesen. Oder der Verkäufer ist vorleistungspflichtig, dann kann der Käufer in Ruhe und ohne Risiko abwarten, was der Verkäufer ihm liefert, und danach gemäß § 31 vorgehen.

§ 20
Vertragswidrige Ware. Obliegenheiten des Käufers

(1) Der Käufer hat die Ware unverzüglich nach der Ablieferung durch den Verkäufer, soweit dies nach ordnungsmäßigem Geschäftsgang tunlich ist, zu untersuchen. Zeigt sich eine vertragswidrige Beschaffenheit der Ware, hat er dem Verkäufer unverzüglich anzuzeigen, daß die Ware nicht vertragsgemäß ausgefallen ist. Holt der Käufer die Ware von einer Fabrik ab, braucht er mit der Untersuchung erst am Bestimmungsort zu beginnen. Für Abladegeschäfte, Einfuhrgeschäfte über Land – Versendung, Einfuhrgeschäfte über Land – Abholung und Ab-Kai-Geschäfte und Ab-Lager-Geschäfte gelten besondere Bestim-

mungen des Zweiten Teils dieser Geschäftsbedingungen. Unterläßt der Käufer die rechtzeitige Anzeige, so gilt die Ware als genehmigt, es sei denn, daß die vertragswidrige Beschaffenheit bei ordnungsmäßiger Untersuchung nicht erkennbar war.

(2) Zeigt sich eine vertragswidrige Beschaffenheit der Ware, so darf der Käufer die Ware nicht von dem Ort der Untersuchung entfernen oder entfernen lassen, bevor die Beschaffenheit durch ein Gutachten nach der Verfahrensordnung für Sachverständige oder sonst bindend festgestellt worden ist; als Ort der Untersuchung gilt der Ort, an welchem der Käufer vor der Beanstandung durch Untersuchung die Beschaffenheit der Ware festgestellt hatte, andernfalls der Ort, wo der Käufer die Ware spätestens hätte untersuchen müssen. Soweit der Käufer diesem Verbot zuwiderhandelt, gilt die Ware als genehmigt.

(3) Hat der Käufer die Ware weiterveräußert und entsprechend bewegt, so gilt die Ware als genehmigt, es sei denn, daß die vertragswidrige Beschaffenheit bei ordnungsmäßiger Untersuchung nicht erkennbar war.

Übersicht

I. Allgemeines

§ 20 entspricht den §§ 377, 378 HGB. Sein Absatz (1) stimmt im wesentlichen mit § 377 HGB überein: Vertragswidrige Ware, die nicht unverzüg- 1 lich beanstandet wird, gilt als genehmigt. Indessen gibt es Modifikationen für einzelne Geschäftsarten. Diese Sonderregelungen beziehen sich hauptsächlich auf den Beginn und auf die Dauer der Untersuchungs- und Rügefrist. Den Verfassern der WVB erschienen die Obliegenheiten, die der Käufer zur Wahrung der Ansprüche aus vertragswidriger Beschaffenheit der Ware zu erfüllen hat, so wichtig, daß sie sich bei der Regelung der einzelnen Geschäftsarten nicht auf die Anführung der jeweiligen Besonderheiten beschränkt haben, sondern jeweils vollständige, in sich geschlossene und aus sich selbst verständliche Regeln festgestellt haben. Diese Sondervorschriften sind enthalten

- für Abladegeschäfte in § 49
- für Einfuhrgeschäfte über Land in §§ 62, 72
- für Ab-Kai-Geschäfte in § 83 und
- für Ab-Lager-Geschäfte in § 89 i. V. mit § 83

Um der Deutlichkeit willen haben die Verfasser der WVB deshalb gewisse Wiederholungen in Kauf genommen und in § 20 (1) sogar ausdrücklich auf die besonderen Vorschriften für einzelne Geschäftsarten hingewiesen.

Über die gesetzliche Regelung (§§ 377, 378 HGB) hinaus fingieren die WVB in § 20 (2) und (3) eine Genehmigung der Ware noch für weitere Tatbestände, die in der herkömmlichen Branchensprache als „Anfassen" der Ware bezeichnet werden. Auch in dieser Hinsicht gibt es Modifikationen für einzelne Geschäftsarten in den §§ 49 (4), 62 (2), 72.

II. Untersuchung

2 1. Ob der Käufer die Ware wirklich untersucht, ist unwesentlich. Eine Beanstandung ist nicht etwa deshalb unwirksam, weil der Käufer die Ware nicht untersucht hatte. Er riskiert nur die Kosten, welche durch die Beanstandung bei ihm selbst und bei dem Verkäufer entstehen. Beanstandet der Käufer ins Blaue hinein und erweist sich die Ware dann als vertragsmäßig, so hat er insbesondere die Arbitragekosten zu tragen. Läßt dagegen der Käufer die Frist verstreichen, so hat er sich damit grundsätzlich seiner Rechte begeben, gleichgültig ob er die Ware untersucht hat oder ob er dies nicht getan hat. Wesentlich ist nur, wann bei gehöriger und rechtzeitiger Untersuchung ein Mangel festgestellt und dem Verkäufer angezeigt werden konnte. Deshalb ist eine Beanstandung nicht schon deshalb unwirksam, weil der Käufer beim Versendungskauf an einem unrichtigen Ort untersucht hat. Versäumt der Käufer die Untersuchung am richtigen Ort, so schadet ihm dies unter dem Gesichtspunkt von § 20 nur, wenn sich dadurch die Anzeige verzögert (56/64, JB 1965). Nur in diesem Sinne ist es also zu verstehen, wenn davon die Rede ist, wo zu untersuchen sei.

2. Wenn die verkaufte Ware in Teilmengen angedient wird, so findet § 20 entsprechend § 19 (8) für jede Teillieferung besondere Anwendung. Auch wenn der Käufer früher schon einmal Teile einer Partie bezogen hatte und dann von derselben Partie eine weitere Teilmenge mit der Bedingung ,,Qualität wie gehabt" kauft, so muß er auch die neue Teilpartie untersuchen (1926, 20). 3

3. Die Ablieferung im Sinne von § 20 bedeutet dasselbe wie die Ablieferung im Sinne des § 377 HGB. Das wurde bei der Berichterstattung in der Mitgliederversammlung vom 16. 11. 1971 von dem Ausschußvorsitzenden ausdrücklich klargestellt. Die Ablieferung findet hiernach statt, wenn die Ware aus der Verfügungsgewalt des Verkäufers in die Verfügungsgewalt des Käufers übergegangen ist und dem Käufer damit zugänglich gemacht worden ist. In der Mitgliederversammlung vom 16. 11. 1971 wurde auf die Frage einer Mitgliedsfirma außerdem klargestellt, daß die Ablieferung der Andienung folgt und der Abnahme bzw. der Annahme vorangeht. Für Geschäfte, bei denen der Käufer die Ware unter Vorweisung eines ihm vom Verkäufer gelieferten Dokuments abholt, wurde zur weiteren Klärung der Begriffe in der Mitgliederversammlung vom 16. 11. 1971 von dem Ausschußvorsitzenden ausdrücklich die folgende zeitliche Reihenfolge festgestellt: ,,Andienung – Einlösung des Dokuments – Ablieferung – Untersuchung – Abnahme (Annahme)." 4

Holt der Käufer die Ware von einer Fabrik ab, so braucht er lt. ausdrücklicher Bestimmung in § 20 (1) Satz 3 mit der Untersuchung erst am Bestimmungsort zu beginnen. Der Grund für diese Vorschrift besteht darin, daß es bei der Abholung aus Fabriken oft an der notwendigen Zeit, am notwendigen Raum und an sonstigen technischen Voraussetzungen für eine an Ort und Stelle zu bewirkende ordnungsmäßige Untersuchung fehlt. Deshalb ist § 20 (1) Satz 3 entsprechend anwendbar, wenn der Käufer die Ware aus einer Fabrik abholt und die Ware an einen anderen Platz desselben Ortes verbringt. 5

4. Was zur ordnungsmäßigen Untersuchung gehört, wird unter dem Gesichtspunkt des versteckten Mangels erörtert (Bem. IV 2). 6

III. Anzeige (Rüge)

1. Empfänger ist der Verkäufer oder ein von ihm dafür bevollmächtigter Vertreter. Als bevollmächtigt gilt gemäß § 91 (2) HGB sein Agent; im Bereich des Waren-Vereins gilt kein abweichender Handelsbrauch. Nicht als bevollmächtigt gilt der Makler, denn dessen Tätigkeit ist im wesentlichen mit dem Abschluß des Geschäfts beendet. Mit der Abwicklung des Geschäfts hat er nichts mehr zu tun. Beanstandet der Käufer die Ware bei dem 7

Makler, so spielt dieser allenfalls die Rolle eines die Beanstandung zum Verkäufer weiterbefördernden Botens. Nicht als bevollmächtigt gilt auch der Quartiersmann (1919, 21).

8 2. In § 377 HGB wird bestimmt, daß zur Erhaltung der Rechte des Käufers die rechtzeitige Absendung der Anzeige genüge. § 20 (1) hat diese Bestimmung nicht übernommen. Es darf daher angenommen werden, daß die Mängelanzeige nach § 20 (1), ebenso wie die entsprechenden Anzeigen nach §§ 49, 62, 72, 83, 89, eine empfangsbedürftige Mitteilung ist (MGS 4 zu § 3). Sie wird erst wirksam, wenn sie dem Verkäufer oder seinem Bevollmächtigten zugegangen ist. Die allgemeine Empfangsbedürftigkeit der Mängelrüge wird auch in § 4 (2) vorausgesetzt, wo bestimmt wird, daß eine nach Tagen bemessene Rügefrist nur gewahrt wird, wenn sie dem Empfänger innerhalb der Frist zugeht. Die Gefahr, daß ein Brief, welcher die Rüge enthält, verlorengeht, trägt also der Käufer. Ist die Rüge nicht innerhalb festbestimmter Frist anzubringen (§§ 83, 89), wird der Nachteil, der aus dieser Gefahr entstehen kann, gemildert durch die Bestimmung, daß der Käufer seine Obliegenheit durch *unverzügliche* Rüge erfüllt. Trifft ihn also an dem Verlust der Mitteilung kein Verschulden, so tritt kein Rechtsverlust ein. Andererseits muß der Käufer die Gefahr eines Verlustes nach Möglichkeit vermeiden. Sind Käufer und Verkäufer Telex-Teilnehmer, so übermittelt der Käufer dem Verkäufer die Rüge üblicherweise und vernünftigerweise durch Fernschreiben, weil er so die Gewähr für den Zugang der Mitteilung hat.

9 3. Der Käufer braucht dem Verkäufer nur mitzuteilen, daß die Ware vertragswidrig sei. Abweichend von der Rechtsprechung der ordentlichen Gerichte zu § 377 HGB ist nach ständiger Rechtsprechung des Schiedsgerichts eine genaue Angabe des Mangels oder der Mängel nicht erforderlich (1920, 17; 17/67, JB 1967; MGS 5 zu § 3). Dadurch, daß der Käufer nur einen bestimmten Mangel rügt, präjudiziert er sich deshalb nicht wegen weiterer Mängel, denn billigerweise darf ein Käufer nicht deswegen benachteiligt werden, weil er über seine Obliegenheiten hinausgehend dem Verkäufer einen bestimmten Mangel der Ware angezeigt hat; auch das ist ständige Rechtsprechung des Schiedsgerichts (17/67, JB 1967; 29/74, JB 1974).

10 4. Die Frist, innerhalb welcher der Käufer die vertragswidrige Beschaffenheit der Ware dem Verkäufer anzuzeigen hat, wird in § 20 nicht genau nach Tagen oder Stunden bestimmt. Dem Käufer wird nur vorgeschrieben, daß er *unverzüglich* zu handeln habe. Unverzüglich heißt „ohne schuldhaftes Zögern" (§ 121 BGB). Es kommt also auf die Umstände des einzelnen Falles an.

11 Für typische und gleichmäßig verlaufende Abwicklungen wird der Kaufmann nach einer deutlicheren Regel fragen. Für den Regelfall will er eben doch wissen, wieviel Tage oder Stunden die Frist beträgt, und dieses

Verlangen wird durch die Erfordernisse der Praxis legitimiert. Ein Anhalt für eine solche Faustregel ergibt sich aus einer bemerkenswerten Übereinstimmung der Rügefristen, welche im Zweiten Teil der WVB für besondere Geschäftsarten bestimmt werden, denn die dort geregelten Geschäftsarten machen den weitaus überwiegenden Teil der überhaupt zu WVB geschlossenen Kaufverträge aus. Für Abladegeschäfte wird in § 49 bestimmt, daß der Käufer die Ware unverzüglich nach Entlöschen des Schiffes zu untersuchen und dann unverzüglich zu rügen habe. Diese Frist gilt in jedem Fall als gewahrt, wenn die Rüge dem Verkäufer innerhalb von drei Geschäftstagen nach Beendigung der Entlöschung zugeht; eine längere Frist wird dem Käufer nur unter besonderen Umständen zugebilligt, und auch unter solchen besonderen Umständen wird die Mindestfrist von drei Geschäftstagen kaum um mehr als einen weiteren Geschäftstag verlängert (13/70 und 14/70, JB 1972). Für Geschäfte ab Kai und ab Lager beginnt die Rügefrist mit der Andienung und beträgt stets drei Geschäftstage, nicht mehr und nicht weniger (§§ 83, 89); nur für Gewürze gibt es die längere Rügefrist von sieben Geschäftstagen (§§ 83, 89). Für Waggon-Einfuhrgeschäfte gilt gemäß § 62 die Regel, daß der Käufer am Bestimmungsort unverzüglich zu untersuchen habe und danach unverzüglich eine vertragswidrige Beschaffenheit anzuzeigen habe. Nach Ansicht des Schiedsgerichts (1/72, JB 1972) genügen für die Untersuchung der Ware und für die Anbringung der Mängelrüge in der Regel insgesamt drei Geschäftstage nach Ankunft des Waggons am Ausladebahnhof. Nach allem liegt es nahe, auch in den nach § 20 zu beurteilenden Fällen, soweit es sich nicht um Gewürze handelt, *insgesamt drei Geschäftstage* nach Ablieferung stets als erforderlich und in der Regel als ausreichend für die Untersuchung und für die Beanstandung der Ware anzusehen.

Die Parteien können Abweichendes vereinbaren. Insbesondere kann der Verkäufer gestatten, daß der Käufer mit der Anzeige wartet, bis dessen Nachkäufer die Ware untersuchen konnte. Das kommt vor, und auf diese Weise wird die Abwicklung von Kettengeschäften beschleunigt. Von juristischer Ausdrucksweise abweichend, bewilligen die Verkäufer dem Käufer einen solchen Aufschub zuweilen mit der Erklärung: „Ich halte Sie frei." **12**

IV. Versäumung der Anzeige

1. Unterläßt der Käufer die rechtzeitige Anzeige, so gilt die Ware als *genehmigt.* Das bedeutet, daß der Käufer die ihm aus § 19 entstehenden Rechte verliert. **13**

Die Vorschrift des § 20 (1), die sich sonst eng an den Wortlaut des § 377 HGB anlehnt, enthält nicht dessen Absatz 4, wonach die rechtzeitige Absendung der Anzeige „zur Erhaltung der Rechte des Käufers" genügt.

Diese Abweichung hängt wohl in erster Linie damit zusammen, daß die Anzeige nach WVB eine empfangsbedürftige Erklärung ist, so daß die Absendung nicht ausreicht. Die Abweichung stellt aber zugleich in Frage, ob nach WVB die rechtzeitige Anzeige eine Voraussetzung für die Ansprüche aus § 19 ist oder ob die Unterlassung der rechtzeitigen Anzeige die bereits entstandenen Ansprüche vernichtet. In der Praxis des Schiedsgerichts wird davon ausgegangen, daß die Versäumung der Rügefrist eine „rechtsvernichtende Tatsache" sei und daß der Verkäufer deshalb mindestens den Sachverhalt, an den die WVB den Beginn der Untersuchungs- und Rügefrist knüpfen, beweisen müsse (1964, 54). Grundsätzlich muß also der Verkäufer beweisen, ob und wann abgeliefert wurde (§ 20), ob und wann die Entlöschung des Schiffes beendet wurde (§ 49), ob und wann bei Einfuhrgeschäften über Land der Waggon oder das Kraftfahrzeug am letzten Bestimmungsort angekommen waren (§§ 62, 72), ferner ob und wann die Ware bei Ab-Kai- oder Ab-Lager-Geschäften dem Käufer durch Übersendung kontraktmäßiger Dokumente angedient worden ist (§§ 77, 89). Kann der Verkäufer nicht wissen, wann das für den Beginn der Untersuchungs- und Rügefrist maßgebliche Ereignis eingetreten ist, muß dies aber der Käufer wissen, so trifft die Beweislast den Käufer; in die so zu verstehende Sphäre des Käufers kann bei Einfuhrgeschäften über Land die Ankunft am Bestimmungsort gehören, besonders wenn der Käufer die vom Verkäufer an einen Transitort versandte Ware an einen dem Verkäufer unbekannten Ort weitergeleitet hat (1/72, JB 1972). Dagegen ist der Zugang der Rüge stets vom Käufer zu beweisen, denn der Käufer kann den Zugang durch geeignete Übermittlung kontrollieren. Ausgehend davon, daß die Fristversäumung eine rechtsvernichtende Tatsache ist, braucht der Käufer, welcher auf Erfüllung oder Feststellung eines aus § 19 folgenden Anspruchs klagt, in seiner Klagschrift noch nicht die einzelnen Umstände anzugeben, aus welchen sich ergibt, daß er die Rügefrist eingehalten hat. Zur Beschleunigung des Verfahrens tut der Käufer jedoch gut daran, den Sachverhalt schon in der Klagschrift substantiiert darzustellen; mit der häufig vorkommenden Redensart des klagenden Käufers, er habe „unverzüglich gerügt", kann das Schiedsgericht nichts anfangen, wenn der Verkäufer sich auf Fristversäumung beruft.

14 2. Die Ware gilt trotz Fristablaufs nicht als genehmigt, soweit die vertragswidrige Beschaffenheit bei ordnungsmäßiger Untersuchung nicht erkennbar war (versteckter Mangel). Folgende Umstände kommen in Betracht:

15 a) Der Untersuchung sind Grenzen gesetzt, weil der Käufer in der Regel nicht sämtliche Stücke seiner Partie untersuchen kann. Der Käufer pflegt sich daher auf die Untersuchung von Stichproben zu beschränken. Infolgedessen können schlechte Stücke unentdeckt bleiben.

aa) Gleichwohl wird für Ware in Kisten und Fässern in solchen Fällen ein versteckter Mangel nicht anerkannt. Nach altem Herkommen kann der Käufer sich nicht darauf berufen, daß er bei den von ihm vorgenommenen Stichproben zufällig nur gute Stücke in die Hand bekommen habe, während andere Stücke der Partie mangelhafte Ware enthielten. Diese herkömmliche Ansicht wird damit begründet, daß es im Belieben des Käufers stehe, alle Stücke zu untersuchen (MGS 24 zu § 3). Tue er dies nicht und mache er nur Stichproben in größerer oder geringerer Zahl, so gehe die damit verbundene Gefahr, daß ihm die Beschaffenheit einzelner zufällig nicht untersuchter Teile entgeht, zu seinen Lasten. Für den Käufer möge es hart sein, daß ihm die Gefahr des Vorhandenseins nicht bemerkter Mängel aufgebürdet wird, obwohl es ihm praktisch unmöglich ist, sämtliche Kisten und Fässer beim Nachstechen zu öffnen und im einzelnen Stück für Stück zu untersuchen. Das könne an der Beurteilung nichts ändern, denn auf der anderen Seite würde dem Verkäufer gegenüber die noch größere Härte eintreten, daß er nachträglich, oft erst nach längerer Zeit und nachdem die Ware durch viele Hände gegangen ist, noch Beanstandungen ausgesetzt wäre, ohne daß er weiß, was inzwischen mit der Ware geschehen ist (1921, 15 und 1953, 13). – Gegen diese überlieferte Meinung sind Bedenken zu erheben. Spätere Beweisschwierigkeiten begründen keine Härte für den Verkäufer, denn die Beweislast für die vertragswidrige Beschaffenheit der Ware zur Zeit des Gefahrübergangs trifft den Käufer. Außerdem müssen Stichproben in solchem Umfange vorgenommen werden, daß ein repräsentatives Bild von der Beschaffenheit der gesamten Partie entsteht. Es wäre deshalb zu begrüßen, wenn das Schiedsgericht Gelegenheit erhielte, die überlieferte Meinung zu überprüfen. **16**

bb) Für den jüngeren Geschäftszweig des Konservenhandels ist nie zweifelhaft gewesen, daß die Untersuchung von Stichproben genügt. Eine andere Meinung konnte schon deshalb nicht aufkommen, weil eine geöffnete Konservendose im Einfuhrhandel nicht mehr verwertbar ist. Waren die in ausreichender Zahl untersuchten Stichproben frei von erkennbaren Mängeln, so sind Mängel, von denen der restliche Teil der Partie befallen ist, verdeckt, und die Partie gilt insoweit nicht als genehmigt. **17**

Zweifelhaft kann nur sein, in welchem Umfang Stichproben zu nehmen und zu untersuchen sind. Das Oberlandesgericht Hamburg (MDR 1965, 390) hat entschieden, daß der Käufer von Gewürzgurken in 9-Liter-Dosen 4 % dieser Dosen als Stichproben zu öffnen habe. Im Waren-Vereins-Bereich wird dieser Richtsatz für Einfuhr- und Großhandelsgeschäfte als viel zu hoch angesehen. Einen Handelsbrauch dahingehend, daß beim Konservenkauf ein bestimmter Prozentsatz der Dosen zwecks Untersuchung zu öffnen sei, hat sich indessen für den Waren-Vereins-Bereich nicht gebildet. Es kommt auf die Umstände des einzelnen Falles an. Die Anzahl der als

Stichproben zu öffnenden Dosen hängt wesentlich davon ab, ob der Inhalt der zuerst geöffneten Dosen unterschiedlich ausfällt. Je größer diese Unterschiede sind, um so größer ist die Wahrscheinlichkeit, daß sich noch stärker abfallende Stücke ergeben. Bei anerkannten Marken genügen unter diesem Vorbehalt wenige Dosen aus einer Partie. Sonst muß mit mindestens 20 Stichproben (Dosen) begonnen werden. Bei größeren Partien genügt die Öffnung von prozentual weniger Dosen als bei kleineren Partien. Diesen von Mathies-Grimm-Sieveking (25 zu § 3) festgestellten Brauch hat das Schiedsgericht 35/67 (JB 1968) bestätigt. Durch Vertrag vom 6. 4. 1967 hatte die Klägerin dort von der Beklagten 400 Kartons zu je 12 A-3-Dosen Formosa Stangenspargel ab Stadtlager Hamburg auf Mustergutbefund gekauft, und zwar zu einem auffällig niedrigen Preise. Die Beklagte hatte der Klägerin zunächst Muster vorgesetzt, von denen einige Dosen sauren Spargel enthielten. Weitere Muster fielen einwandfrei aus. Das Schiedsgericht vertrat die Ansicht, daß diese besonderen Umstände der Klägerin eine besonders sorgfältige Untersuchung bei Ablieferung der Ware zur Pflicht gemacht hatten. Ausgehend von der Regel, daß mit der Untersuchung von mindestens 20 Dosen begonnen werden müsse, hätten unter den besonderen Umständen des dort vorliegenden Falles mindestens 30 Dosen bei Ablieferung der Ware aus verschiedenen Kartons entnommen und untersucht werden müssen. Die von den Sachverständigen in der Qualitätsarbitrage nach Untersuchung von 30 Dosen festgestellten Mängel, daß 5 Dosen einen sauren Inhalt hatten, hätte die Klägerin also bei ordnungsmäßiger Untersuchung ebenfalls feststellen können. Der von den Sachverständigen festgestellte milchsaure Geschmack der Ware sei deshalb kein verdeckter Mangel gewesen.

18 b) Zur ordnungsmäßigen Untersuchung von tiefgekühltem Fisch gehört es, daß der Käufer Stichproben auftaut und danach untersucht (36/73, JB 1974).

19 c) Mathies-Grimm-Sieveking (27 zu § 3) bezeichneten es als fraglich, ob der Käufer verpflichtet sei, die Ware in einem chemischen oder biologischen Laboratorium untersuchen zu lassen. Dort wurde berichtet, daß das Schiedsgericht hierzu noch keine Grundsätze entwickelt habe. Auch weiterhin hat das Schiedsgericht keine Gelegenheit gehabt, die Frage zu entscheiden, ob eine vertragswidrige Beschaffenheit, die nur durch Laboruntersuchung festgestellt werden kann, stets als versteckter Mangel anzusehen ist.

20 Eigene Meinung: Es gibt typische Mängel bestimmter Warengattungen, die so oft auftreten, daß in jedem Fall eine Laboruntersuchung in bezug auf diesen Mangel angezeigt erscheint. Zum Beispiel kann es bei nicht vollakkierten Dosenkonserven, die schon längere Zeit gelagert haben, je nach der Art des Füllgutes zu übermäßigem Zinngehalt, der auch lebensmittelrecht-

lich zu beanstanden ist, kommen. Bei Fischkonserven ist streng darauf zu achten, daß kein unzulässig hoher Quecksilbergehalt vorliegt. Ähnliches gilt für den Aflatoxingehalt z. B. von Schalenobst. Gleichwohl ist eine vertragswidrige Beschaffenheit, die nur in einem wissenschaftlich geleiteten Laboratorium festgestellt werden kann, stets als verdeckter Mangel anzuerkennen, denn solche Untersuchungen können meistens nicht so schnell durchgeführt und ausgewertet werden, wie dies nach ordnungsmäßigem Geschäftsgang „tunlich" (= angebracht) ist. Laboruntersuchungen auf Zinn, Quecksilber, Aflatoxin und andere Stoffe, deren Vorkommen ein Lebensmittel vom Verkehr ausschließen (§§ 8–15 LMBG), wenn gewisse Werte überschritten werden, mögen unerläßlich sein. Die wertmäßig insgesamt bedeutsameren Gewährleistungsansprüche beziehen sich aber auf solche Mängel, die der Käufer selbst oder durch eigenes Personal oder durch Kontrollfirmen im Wege der Sinnenprüfung oder mit Hilfe einfacher Werkzeuge ohne Mitwirkung eines Wissenschaftlers feststellen kann. Der ordnungsmäßige Geschäftsgang erfordert deshalb, daß diese alsbald feststellbaren Mängel ohne weiteren Aufschub angezeigt werden, damit der Verkäufer schnellstens in diesem wichtigsten Bereich Bescheid weiß. Der Käufer darf deshalb mit der Anzeige solcher gewöhnlichen Mängel nicht warten, bis er auch die Ergebnisse von Laboruntersuchungen beibringen kann. Andererseits gibt es nach dem System der WVB (§§ 20, 29, 62, 72, 83, 89) nur *eine* Untersuchungs- und Rügefrist für alle bei ordnungsmäßiger Untersuchung erkennbaren Mängel. Diese Frist beträgt in der Regel drei Geschäftstage ab Verfügbarkeit der Ware (Bem. III 4). Es darf indessen nicht erwartet werden, daß die oft stark und stoßweise beschäftigten wissenschaftlichen Institute und Handelschemiker innerhalb dieser Zeit ihre Untersuchungen durchführen und auswerten können. In Anbetracht des wechselnden Geschäftsumfangs der Laboratorien und in Anbetracht dessen, daß die wissenschaftlichen Erkenntnisse, die wissenschaftlichen Untersuchungsmethoden und die lebensmittelrechtliche Normengebung sich ständig weiterentwickeln, kann aus praktischen Gründen nicht auf den jeweiligen Einzelfall abgestellt werden. Der Handelsverkehr erfordert eine einfache, praktikable Beurteilung. Der Verkäufer muß sich deshalb gefallen lassen, daß der Käufer die erst durch die Laboruntersuchung entdeckten und zu entdeckenden Mängel erst später meldet. Diese Mängel sind also stets versteckte Mängel.

Ferner gilt die Ware trotz Fristversäumung dann nicht als genehmigt, **21**
wenn der Verkäufer den Mangel arglistig verschwiegen hat. Das wird in § 20 nicht ausdrücklich bestimmt, folgt aber aus dem insoweit nicht ausgeschlossenen § 377 HGB und aus dem Gebot von Treu und Glauben. Der Ausschluß der Genehmigungsfiktion bei arglistigem Verschweigen des Mangels wird auch vom Schiedsgericht als selbstverständlich vorausgesetzt

(36/73, JB 1974). Der maßgebliche Zeitpunkt wird beim Gattungskauf bestimmt durch den Eintritt des Ereignisses, welches die Untersuchungs- und Rügefrist in Lauf setzt. Gibt der Verkäufer zu, zur Zeit der Ablieferung oder des sonst maßgeblichen Ereignisses einen Mangel der Ware gekannt zu haben, behauptet er aber zugleich, daß er den Käufer vorher oder gleichzeitig auf diesen Mangel hingewiesen habe, so muß der Käufer diese Gegenbehauptung widerlegen (36/73, JB 1974).

Der Verkäufer kann durch schlüssige Handlung, z. B. durch vorbehaltlose Unterzeichnung eines Qualitätsfeststellungsantrages, auf den Einwand der Genehmigung verzichten.

V. Sonstige Fälle der Genehmigung („Anfassen" der Ware)

22 1. *Zeigt sich* eine vertragswidrige Beschaffenheit der Ware, so darf der Käufer die Ware zunächst nicht vom Ort der Untersuchung entfernen oder entfernen lassen. Diese Vorschrift gilt also nicht bei geheimen Mängeln, denn diese zeigen sich nicht. Soweit der Käufer diesem Verbot zuwiderhandelt, gilt die Ware als genehmigt (Abs. 2). Für Abladegeschäfte (§ 49) und für Einfuhrgeschäfte über Land (§§ 62, 72) gelten besondere Vorschriften. Der gemeinsame Sinn dieser Regelungen besteht darin, daß der Käufer die Ware durch Fortnahme vom Untersuchungsort schlüssig genehmigt; unter Umständen begründet der Käufer durch solches Verhalten auch Identitätszweifel, mit denen dem Verkäufer eine Auseinandersetzung nicht zugemutet werden soll. Wird der Käufer unverschuldet zur Fortnahme der Ware genötigt, so wird eine Genehmigung nicht angenommen; im Sinne dieses Grundgedankens verliert der Abladungskäufer seinen Gewährleistungsanspruch bei Wegnahme der Ware vom Kai dann nicht, wenn der Kai die Wegnahme verlangt hat (MGS 37 zu § 18). Die Fiktion der Genehmigung entfällt auch dann, wenn der Verkäufer die Verlegung der Ware unbeanstandet läßt (1958, 22; MGS 37 zu § 18).

23 2. Ferner gilt die Ware als genehmigt, wenn der Käufer die Ware weiterveräußert und entsprechend bewegt hat. Sinngemäß gilt auch diese Bestimmung entsprechend Absatz 2 nur, wenn der Käufer sich so verhält, bevor die Beschaffenheit durch ein Gutachten nach der Verfahrensordnung für Sachverständige oder sonst bindend festgestellt worden ist. Nach allgemeiner Überzeugung unterliegt es daher keinem Zweifel, daß der Käufer ohne Beeinträchtigung seines Vergütungsanspruchs über die Ware frei disponieren kann, sobald das Sachverständigen-Gutachten vorliegt. Deshalb pflegen auch die Sachverständigen die Parteien oder mindestens den Käufer telefonisch vorweg davon zu unterrichten, daß sie die Ware besichtigt haben und etwa erforderliche Proben entnommen haben, so daß der Käufer

zur Vermeidung weiteren Lagergeldes schleunigst die Ware vom Ort der Untersuchung und der Arbitrage fortnehmen kann.

Unter der Geltung der alten WVB meinten manche, daß der Käufer seine Gewährleistungsansprüche auch dann verliere, wenn er lediglich eine Verfügung im Rechtssinne trifft, ohne daß die Ware selbst berührt wird, z. B. wenn der Käufer für eine am Kai oder auf einem Inlandslager liegende Ware seinem Abnehmer einen Lieferschein gegen Zahlung übergibt und der Abnehmer daraufhin bei dem Lagerhalter die Partie auf sich umschreiben läßt. Dieser Meinung waren schon Mathies-Grimm-Sieveking (36 zu § 18) mit eingehender Begründung entgegengetreten, und in diesem Sinne wird laut Absatz 3 eine Genehmigung nur noch angenommen, wenn die Ware entsprechend der Weiterveräußerung *bewegt* worden ist. 24

3. Deswegen gilt die Ware nicht als genehmigt, wenn der Käufer sie unzulässigerweise, z. B. unter Mißbrauch von Dokumenten, untersucht hat (9/65; MGS 39 zu § 18; 10/73, JB 1973; V 2 zu § 13). 25

§ 21
Fehlmengen

Eine Fehlmenge braucht nicht innerhalb der in § 378 HGB bestimmten Frist gerügt zu werden, soweit der Käufer nicht die Nachlieferung der Fehlmenge, sondern nur die Minderung des Kaufpreises verlangt. Der Anspruch auf Rückzahlung des zuviel bezahlten Kaufpreises verjährt in sechs Monaten nach der Ablieferung.

I. Allgemeines

1. Bei Mengenfehlern gilt – anders als bei Beschaffenheitsfehlern (§§ 19, 20) – im Grundsatz die gesetzliche Regelung. Es ist also davon auszugehen, daß der Käufer die Ware unverzüglich nach der Ablieferung auf Mengenfehler zu untersuchen hat und etwaige Fehlmengen unverzüglich dem Verkäufer anzuzeigen hat (§ 378 HGB). Bei Versäumung der Rügefrist gilt aber gemäß § 21 die berechnete Menge als anerkannt nur, soweit Nachlieferung der Fehlmenge in Betracht kommt. Die Minderung des berechneten Kaufpreises kann der Käufer nach § 21 ohne Rücksicht auf den Zeitpunkt der Beanstandung verlangen. 1

2. Besondere Regelungen gelten für das Abladegeschäft (§ 50) und für die Einfuhrgeschäfte über Land (§§ 63, 73).

3. Die auf Mengenfehlern beruhenden Rechte beeinträchtigt der Käufer auch durch sonstige Unterlassungen: Bei Abladegeschäften kann die Fehl-

menge nur durch eine rechtzeitig beantragte Wiegenote bewiesen werden (§ 37). Für Geschäfte ab Kai gelten besondere Beweisregeln (§ 84).

II. Begriff der Fehlmenge

2 Die Fehlmenge im Sinne von § 21 ist der Unterschied zwischen der berechneten Menge und der gelieferten Menge. Der Unterschied zwischen der verkauften Menge und der berechneten Menge heißt Teilmenge (§ 8 Abs. 2 und 3). Nicht so klar ist der Unterschied zwischen Beschaffenheitsmängeln (§ 19) und Fehlmengen.

1. Ein Teil einer Partie kann z. B. so mangelhaft beschaffen sein, daß die betroffenen Stücke als vernichtet, also als ein Nichts, zu gelten haben. So werden einzelne ausgelaufene oder auch nur geplatzte Konservendosen nach Auffassung des Handels einfach als Fehlmengen betrachtet (7/75, JB 1976). Der Kai erteilt für solche Mengen einen „Restschein".

2. Andererseits können Mengenfehler einen Beschaffenheitsmangel darstellen, wenn die Verwendbarkeit der gesamten Partie berührt wird. So z. B. begründen Untergewichte von Füllmengen in Fertigpackungen einen Beschaffenheitsmangel, wenn die lebensmittelrechtliche oder eichrechtliche Verkehrsfähigkeit beeinträchtigt wird.

III. Rechte des Käufers

3 Wegen einer Fehlmenge kann der Käufer die ihm angebotene Ware in der Regel schon deshalb nicht zurückweisen, weil dem Verkäufer Teillieferungen in wirtschaftlich vertretbarem Umfange gestattet sind (§ 8 Abs. 2 Halbsatz 1). Aber auch dann, wenn eine bestimmte bei Vertragsschluß schon am Erfüllungsort befindliche Partie verkauft worden ist und dort vom Käufer abzuholen ist (§ 8 Abs. 2 Halbsatz 2), muß der Käufer nach Treu und Glauben auch eine Partie als Erfüllung annehmen, wenn keine beabsichtigte Teillieferung und nur eine geringe Fehlmenge vorliegt. Andererseits werden im Waren-Vereins-Bereich die Preise wohl stets für eine Mengeneinheit, aber nicht pauschal für eine Partie vereinbart. Deshalb braucht der Käufer nur die Menge zu bezahlen, welche ihm geliefert wurde. Hat der Käufer eine Partie als Erfüllung angenommen, so trifft ihn die Beweislast für eine Fehlmenge (§ 363 BGB). In diesem Sinne hat der Käufer eine Ware, welche er in der Fabrik abzuholen hat, auch dann als Erfüllung angenommen, wenn er die Partie in einem Container verpackt übernimmt und daher bei der Abholung auf Fehlmengen nicht untersuchen kann (45/74, JB 1975). Näheres in Bem. 2 zu § 73.

Liefert der Verkäufer weniger, als er in Rechnung stellt, so stehen dem Käufer nach seiner Wahl die folgenden Rechte zu: 4

1. Der Käufer kann Nachlieferung der Fehlmenge verlangen, denn der Verkäufer hatte nicht vollständig erfüllt. Dieses Recht wird in § 21 ausdrücklich vorausgesetzt und bedarf deshalb keiner weiteren Begründung. Allenfalls könnte die Forderung nach Nachlieferung kleiner und kleinster Fehlmengen gegen Treu und Glauben verstoßen und deshalb eine unzulässige Rechtsausübung darstellen.
2. Der Käufer, welcher schon den vollen Rechnungspreis bezahlt hat, kann 5 nach Handelsbrauch ohne weiteres die Rückzahlung des anteilig auf die Fehlmenge entfallenden Kaufpreises verlangen. Dieser Handelsbrauch wird hiermit registriert, weil sich aus dem Gesetz ein solcher Anspruch nicht ohne weiteres ergibt. Ein Anspruch auf Rückzahlung zuviel bezahlten Kaufpreises würde nach gesetzlicher Regelung (§ 326 BGB) voraussetzen, daß der Käufer zunächst auf dem Umwege über eine Fristsetzung für die Nachlieferung der Fehlmenge vom beiderseits noch nicht erfüllten Teil des Vertrages zurücktritt. Nach berechtigter kaufmännischer Auffassung wäre eine so umständliche Abwicklung nicht sinnvoll. Stellt also der Käufer eine Fehlmenge fest, für die der Verkäufer einzustehen hat, so schickt er dem Verkäufer in der Regel einfach seine Debetnote über den anteiligen Kaufpreis der Fehlmenge, wenn nicht die Größe der Fehlmenge und die Marktlage eine Geltendmachung des Nachlieferungsanspruchs lohnender erscheinen lassen. Dieser unmittelbare Anspruch ist gemeint, wenn in § 21 von einer „Minderung des Kaufpreises" und von dem Anspruch auf „Rückzahlung des zuviel bezahlten Kaufpreises" die Rede ist.

IV. Rügefrist

Eine Rügelast trifft den Käufer nur, soweit er Nachlieferung der Fehlmenge verlangt. Das Recht auf Minderung des Kaufpreises wird durch Verzögerung der Rüge nicht beeinträchtigt. Der Sinn dieser unterschiedlichen Regelung liegt darin, daß die ausgelieferte Menge bei den für die Anwendung des § 21 hauptsächlich in Betracht kommenden Ab-Kai-Geschäften und Ab-Lager-Geschäften in der Regel einwandfrei festgestellt werden kann, so daß ein Eingreifen des Verkäufers zur Feststellung der Fehlmenge in der Regel nicht notwendig ist. Eben deshalb läßt sich der Käufer bei der Abrechnung über die oft nur kleinen Vergütungsansprüche manchmal etwas Zeit. Anders liegt es beim Nachlieferungsanspruch, der doch wohl nur bei größeren Fehlmengen in Betracht kommt, um deren Ersatz der Verkäufer sich baldigst bemühen muß. 6

Gemäß § 378 HGB hat der Käufer die Ware unverzüglich nach der Ablieferung auf Quantitätsmängel zu untersuchen. Die Entgegennahme oder die Einlösung eines Lieferscheins ist noch keine „Ablieferung". Als abgeliefert gilt die Ware erst, nachdem der Käufer sie vom Kai, vom Lager oder von dem sonst vereinbarten Platz fortnimmt (24/67, JB 1967).

V. Verjährung

7 Die unterschiedliche Regelung der Verjährung ist ein notwendiges Korrektiv zu der ebenfalls unterschiedlichen Verteilung der Rügelast. Für Ansprüche aus Quantitätsmängeln gilt nämlich nicht die kurze (sechsmonatige) Verjährungsfrist der Qualitätsmängelhaftung. Vielmehr verjährt der Anspruch auf Rückzahlung des für eine Fehlmenge bezahlten Kaufpreises nach dem Gesetz erst in vier Jahren (§ 196 Abs. 2 BGB), wenn nicht erst in dreißig Jahren (§ 195 BGB). Es wäre unzumutbar, den Verkäufer noch auf so lange Zeit einem von unverzüglicher Rüge unabhängigen Rückzahlungsanspruch auszusetzen. Deshalb erschien es angebracht, insoweit die Verjährungsfrist auf sechs Monate entsprechend den Qualitätsmängeln zu verkürzen; eine solche Vereinbarung ist zulässig (§ 225 BGB). Beim Anspruch auf Nachlieferung verbleibt es bei der regelmäßigen Verjährungsfrist von dreißig Jahren (§ 195 BGB). Ungebührlich verzögerten Ansprüchen kann der Verkäufer auch schon vor Ablauf der Verjährung durch den Einwand der Verwirkung begegnen, wenn die verspätete Geltendmachung des Nachlieferungsanspruchs gegen Treu und Glauben verstößt und deshalb einen Rechtsmißbrauch darstellt.

§ 22
Vertragswidrige Dokumente. Obliegenheiten des Käufers

(1) Vertragswidrige Dokumente hat der Käufer unter Angabe der Gründe spätestens am dritten Geschäftstag nach deren Lieferung zurückzuweisen; auf Gründe, die erst nach Ablauf dieser Frist angeführt werden, kann der Käufer sich nur berufen, wenn ein zunächst angegebener Grund zutraf und danach vom Verkäufer ausgeräumt wurde. Unterläßt der Käufer die richtige und rechtzeitige Zurückweisung, gelten die Dokumente als genehmigt, wenn diese nicht so unrichtig oder unvollständig sind, daß der Verkäufer eine Genehmigung für ausgeschlossen halten mußte.

(2) Vertragswidrige Dokumente gelten ferner als genehmigt, wenn der Käufer sich ihrer bedient. Bedient der Käufer sich der Dokumente

nur zur Untersuchung der Ware, so gelten sie nur dann als genehmigt, wenn „Kasse gegen Dokumente" verkauft worden war.

1. Dokumente im Sinne von § 22 sind alle Urkunden, zu deren Lieferung der Verkäufer sich verpflichtet hat oder deren Lieferung ihm als Erfüllung der Voraussetzungen eigener Rechte obliegt. Welche Dokumente der Verkäufer in dem einen Sinne oder in dem anderen Sinne zu liefern hat, wird für die einzelnen Geschäftsarten im Zweiten Teil der WVB eingehend bestimmt (§§ 42, 61, 71, 77, 92). Die Liste dieser Dokumente kann durch zusätzliche Vereinbarungen der Parteien erweitert oder eingeschränkt werden. 1

2. Die Lieferung der Dokumente hat in der Vorstellung der Kaufleute gleichen Rang mit der Lieferung der Ware. In diesem Sinne ist die Lieferung der Dokumente eine Hauptleistung (§ 17 Abs. 1). Aus dieser Vorstellung hat sich im Handel die Überzeugung entwickelt, daß der Käufer die ihm gelieferten Dokumente mit derselben Sorgfalt zu prüfen hat, wie er die ihm gelieferte Ware zu untersuchen hat, und daß die Dokumente als genehmigt gelten, wenn er sie nicht rechtzeitig beanstandet. Wegen der Ähnlichkeit beider Tatbestände sind weitere Bestimmungen über die Rüge von Warenmängel auf die Beanstandung von Dokumenten entsprechend anzuwenden. Ist z. B. in einem Lieferschein die Ware nicht unverwechselbar bezeichnet und ist diese vertragswidrige Ungenauigkeit für den Käufer auch bei sorgfältiger Prüfung des Dokuments innerhalb der Beanstandungsfrist nicht erkennbar, so handelt es sich um einen versteckten Mangel des Dokuments, so daß dieses nicht schon deshalb als genehmigt gilt, weil es nicht binnen dreier Geschäftstage beanstandet wurde (43/75, JB 1977). Während jedoch die Mängel einer beanstandeten Ware zur Einhaltung der Rügefrist nicht im einzelnen bezeichnet zu werden brauchen (Bem. III 3 zu § 20), müssen bei Zurückweisung vertragswidriger Dokumente die Gründe der Beanstandung angegeben werden. Der Grund für diesen Unterschied liegt darin, daß die Vertragswidrigkeit eines Dokuments in der Regel sofort erkannt und beschrieben werden kann, wogegen es nach Beanstandung einer Ware oft zu einer Qualitätsarbitrage nach der Verfahrensordnung für Sachverständige (§ 31) kommt, in welcher die Sachverständigen nicht selten einen Minderwert der Ware aus anderen Gründen als der Käufer sie gerügt hatte oder gerügt haben würde für gegeben halten. 2

Die in § 22 (1) Satz 1 Halbsatz 2 WVB *1971* bestimmte Beschränkung des Nachschiebens von Beanstandungsgründen beruht auf einem Schiedsspruch vom 29. 5. 1969 (37/68, JB 1969), ein instruktives Beispiel für die Fortbildung von Branchenrecht durch die Rechtsprechung eines Branchenschiedsgerichts. 3

3. Dient der Verkäufer dem Käufer zur Erfüllung eines Vertrages gleichzeitig mehrere Dokumente über Teilmengen an und ist nur eines dieser Do- 4

kumente unrichtig, dann muß der Käufer das zu beanstandende Dokument so genau bezeichnen, daß es identifiziert werden kann (18/71, JB 1972).

5 4. Vertragswidrige Dokumente gelten auch dann als genehmigt, wenn der Käufer sie zu treuen Händen erhalten hatte und nicht innerhalb der in § 14 Satz 1 bestimmten Frist zurückgibt; das wird in § 14 Satz 2 vorgeschrieben. Von diesen Vorschriften des § 14 bleibt § 22 unberührt. Für Dokumente, die der Käufer zu treuen Händen erhalten hatte, gelten also zusätzlich die Vorschriften des § 22. Einzelheiten zum Nebeneinander von § 14 und § 22 sind in Bem. IV 1 zu § 14 erörtert.

§ 23
Kauf auf Besicht

(1) Ein Kauf auf Besicht ist unter der Bedingung geschlossen, daß der Vertrag als nicht zustande gekommen gilt, wenn der Käufer dem Verkäufer erklärt, daß er die Ware nicht übernehmen wolle.

(2) Diese Erklärung muß der Käufer spätestens am ersten Geschäftstag nach der Andienung abgeben. Wird die Erklärung nicht rechtzeitig abgegeben, gilt der Kauf als unbedingt abgeschlossen und die Ware als genehmigt.

(3) Der Verkäufer ist verpflichtet, dem Käufer eine Ware vorzusetzen, die zur vereinbarten Gattung gehört. Das Vorsetzen solcher Ware ist eine Hauptleistung im Sinne der §§ 17, 18; maßgeblich für die Schadensberechnung ist Ware mittlerer Qualität.

1 1. § 23 WVB entspricht § 495 (1) BGB. Nach beiden Regelungen wird der Kauf auf Besicht unter einer Bedingung geschlossen. Nach § 495 (1) BGB gilt die aufschiebende Bedingung der Billigung. Dagegen wird der Kauf auf Besicht nach § 23 WVB unter einer *auflösenden* Bedingung geschlossen: Der Kauf gilt als nicht zustande gekommen, wenn der Käufer innerhalb bestimmter Frist erklärt, daß er die Ware nicht übernehmen wolle.

2 2. Ein Kauf auf Besicht wird in aller Regel nur über eine Ware abgeschlossen, die der Käufer sofort nach der Andienung ordnungsmäßig besichtigen kann, denn die Frist für die den Vertrag auflösende Erklärung läuft schon am ersten Geschäftstag nach der Andienung ab (Abs. 2). Ein unter der Klausel „subject to inspection" zustande gekommenes Abladegeschäft hat das Schiedsgericht (32/76, JB 1976) deshalb nicht als Kauf auf Besicht angesehen. In dem dort entschiedenen Fall war dem Fob-Käufer vertraglich die Inspektion im Abladehafen gestattet worden. Das Schiedsgericht (aaO) hat diese Vereinbarung dahin ausgelegt, daß der Käufer sich vor der Aufnahme der Dokumente in gewissem Umfange von der Beschaffen-

heit der verladenen Ware überzeugen wollte, aber die Ware nicht endgültig genehmigen wollte.

3. Die Klausel „Zahlung nach Gutbefund" oder ähnliche Klauseln bedeuten im Waren-Vereins-Bereich nicht, daß auf Besicht im Sinne von § 23 verkauft werden solle. 3

a) Sind WVB vereinbart, so folgt dies für die Klausel „Zahlung nach Richtigbefund der Ware" ausdrücklich aus § 19 (10) WVB. § 19 (10) gilt entsprechend auch für ähnliche Klauseln. Für die Klausel: „Zahlung: contre documents après arrivèe du bateau et agréage de la marchandise dans le port de destination" ist ein Kauf auf Besicht jedenfalls dann nicht anzunehmen, wenn der Verkäufer die Ware zu versenden hat oder der Käufer die Ware erst nach der Abholung zu untersuchen hat, denn bei angemessener Berücksichtigung der beiderseitigen Interessen kann nicht angenommen werden, daß ein Verkäufer die Ware aus der Hand geben will auf die Gefahr, daß der Käufer später nach seinem Belieben erklärt, er wolle die Ware nicht übernehmen (1/69, JB 1969).

b) Außerhalb des Geltungsbereichs der WVB hat das OLG Düsseldorf (BB 1973, 1372) in dem Kauf einer überholungsbedürftigen Maschine mit der Klausel „netto Kasse nach Wareneingang und Gutbefund" einen Kauf auf Besicht im Sinne von § 495 (1) BGB erblickt. Mit dieser Entscheidung hatte das Schiedsgericht sich in einem Fall auseinanderzusetzen, in welchem die Parteien die WVB nicht vereinbart hatten. Dort war Tomatenmark ab italienischer Abladestation mit den Klauseln „Zahlung nach Erhalt der Ware und Rechnung und Gutbefund" und „Gutbefund der Ware am Bestimmungsort durch den Käufer" verkauft worden. Unter Berufung auf die Entscheidung 1/69 (JB 1969) hat das Schiedsgericht auch unabhängig von den WVB erkannt, daß solche Klauseln keinen Kauf auf Besicht begründen (9/75, JB 1976). Zur weiteren Begründung hat das Schiedsgericht im Hinblick auf OLG Düsseldorf aaO ausgeführt, ein mit besonderem Qualitätsrisiko behafteter Stückkauf sei anders zu beurteilen als der im vorliegenden Kauf aus einer streng definierten Gattung mit einer vertraglich bestimmten Herstellermarke. 4

4. Der Verkäufer erfüllt seine Verpflichtung aus Abs. 3, wenn er dem Käufer eine Ware vorsetzt, die zur vereinbarten Gattung gehört. Auf die Qualität kommt es nicht an. Wer auf Besicht verkauft, darf also dem Käufer ungestraft die miserabelste Ware vorsetzen, wenn sie nur zur Gattung gehört. Das ist auch nicht unbillig, wenn man berücksichtigt, daß es im freien Belieben des Käufers steht, ob er die Ware akzeptiert. An und für sich dürfte der Käufer, wenn er Schadensersatz wegen Nichterfüllung verlangt, nicht besser gestellt werden als er darstehen würde, wenn der Verkäufer so erfüllt hätte, wie er erfüllen durfte, also durch Lieferung schlechtester Qualität aus der vereinbarten Gattung. Diese Konsequenz hätte aber nicht der 5

schiedsgerichtlichen Rechtsprechung (1922, 28) entsprochen, wonach der Verkäufer nicht sollte geltend machen dürfen, daß die Partie, die er zu liefern beabsichtigt hatte, minderwertig gewesen sei und daß deshalb auch der Preisfestsetzung nur eine minderwertige Ware zugrunde gelegt werden dürfe. Deshalb ist in § 23 (3) WVB 1971 ausdrücklich bestimmt worden, daß Schadensersatz wegen Nichterfüllung nach Maßgabe des Preises von Ware mittlerer Qualität zu leisten sei. Auf Besicht sollte also nur derjenige verkaufen, welcher über eine ausreichende Menge aus der verkauften Gattung sicher verfügt. Zur Abgrenzung zwischen Gattungsmängeln und Qualitätsmängeln wird auf Bem. V 2 zu § 19 verwiesen.

6 5. Beim Kauf auf Besicht gilt auch gattungsfremde Ware als genehmigt, wenn der Käufer nicht innerhalb der in § 23 (2) bestimmten Frist dem Verkäufer erklärt, daß er die Ware nicht übernehmen wolle (44/74, JB 1974).

7 6. Ein Kauf auf Besicht wird durch die in § 23 (1) vorgesehene Erklärung nur dann aufgelöst, wenn die Ablehnung eine zur vereinbarten Gattung gehörige Ware betrifft (44/74, JB 1974). Erklärt also der Käufer dem Verkäufer, daß er eine gattungsfremde Ware nicht übernehmen wolle, bleibt sein Erfüllungsanspruch unberührt.

8 7. Wird ein Makler beauftragt, einen Vertrag nach WVB zu vermitteln, so ergibt sich sinngemäß aus dem Maklervertrag der Parteiwille, daß der Makler für den Nachweis oder die Vermittlung eines Kaufs auf Besicht eine Provision nur verlangen kann, wenn der Kaufvertrag unbedingt geworden ist. Jedenfalls ist das die Usance im Waren-Vereins-Bereich (MGS 9 zu § 15). Es erübrigt sich deshalb eine Erörterung der sonst umstrittenen Frage, wie es sich mit dem Provisionsanspruch des Maklers bei Vermittlung eines auflösend bedingten Geschäftes verhält.

§ 24
Kauf auf Mustergutbefund

(1) Ein Kauf auf Mustergutbefund ist unter der Bedingung geschlossen, daß der Käufer das Muster billigt.

(2) Der Verkäufer hat dem Käufer ein Muster vorzusetzen, das zu der Gattung gehört, aus welcher verkauft wurde. Das Vorsetzen eines solchen Musters ist eine Hauptleistung im Sinne der §§ 17, 18; maßgeblich für die Schadensberechnung ist Ware mittlerer Qualität.

(3) Der Käufer muß das Muster billigen, wenn es vertragsgemäß beschaffen ist. Die Billigung des Musters ist eine Hauptleistung im Sinne der §§ 17, 18.

(4) Durch Billigung des Musters wird der Kauf auf Mustergutbefund umgewandelt in einen Kauf laut Muster.

I. Konstruktion

1. Der Kauf auf Mustergutbefund, den das Gesetz nicht kennt, gleicht grundsätzlich dem in § 23 geregelten Kauf auf Besicht: Der Fortbestand beider Geschäfte hängt davon ab, daß der Käufer den Kaufgegenstand nachträglich billigt oder mißbilligt. Gegenstand dieser Erklärung des Käufers ist aber beim Kauf auf Mustergutbefund nicht die Ware selbst, sondern ein vom Verkäufer vorgelegtes Muster. In beiden Fällen werden bedingte Rechtsgeschäfte abgeschlossen. Im Falle des § 24 wird der endgültige Kaufvertrag unter der Bedingung geschlossen, daß der Käufer das Muster billigt. Im Gegensatz zu § 23 ist dies jedoch eine *aufschiebende* Bedingung. 1

2. Absatz 1 ist nahezu wörtlich übernommen aus § 16 (1) WVB 1955, wo es hieß: 2

„Ein Kauf ‚auf Mustergutbefund' ist unter der Bedingung geschlossen, daß der Käufer das Muster gutheißt."

Beide Fassungen sind ungenau. Aufschiebend bedingt durch die Billigung des Musters ist nämlich nicht der Kauf auf Mustergutbefund, sondern der „Kauf laut Muster", in welchem der Kauf auf Mustergutbefund gemäß Absatz 4 umgewandelt wird, wenn der Käufer das Muster billigt. Auch diesen Absatz 4 gab es mit gleichem Inhalt schon in den WVB 1955, wo es hieß:

„Nach Genehmigung des Musters durch den Käufer gilt der Abschluß als umgewandelt in einen Kauf ‚laut Muster'."

Die traditionell begründete Fassung des Absatzes 1 ist hiernach irreführend, aber in der Praxis hat sich noch niemand daran gestoßen.

3. So bestehen beiderseitige Hauptverpflichtungen gemäß den Absätzen 2 und 3 schon vor Eintritt der in Absatz 1 bestimmten Bedingung. Schon bei MGS 3 zu § 16 wurde deshalb festgestellt, daß *insoweit* der Vertrag unbedingt geschlossen sei. 3

II. Die unbedingten Verpflichtungen der Parteien

1. Der Verkäufer hat dem Käufer ein Muster aus der vereinbarten Gattung vorzusetzen. 4

a) Welche vereinbarten Eigenschaften des Kaufgegenstandes zu dessen Gattungsmerkmalen gehören, ist in Bem. 3 zu § 7 und in Bem. V 2 zu § 19 erörtert.

b) In manchem Einzelfall wird darüber gestritten, innerhalb welcher Frist der Verkäufer das Muster vorzulegen hat. Entsprechend § 10 WVB und eventuell gemäß § 271 BGB hat der Verkäufer das Muster sofort nach 5

Abschluß des Vertrages vorzulegen, wenn dem Wortlaut des Vertrages oder den Umständen nichts anderes zu entnehmen ist. Die Regel lautet also: „So früh wie möglich“, und das entspricht auch dem redlichen Interesse beider Parteien, denen daran liegen sollte, baldigst zu wissen, woran sie sind, damit sie weiter disponieren können. Besondere Umstände ergeben sich beispielsweise, wenn die Hauptlieferung nicht sofort mit Vertragsschluß fällig wird. Ist etwa im Juli auf Abladung Oktober verkauft worden, was erst im September geerntet wird, so kann der Verkäufer das Muster nicht sofort vorlegen. Er muß aber das Muster spätestens Ende September mit dem schnellsten Beförderungsmittel an den Käufer abschicken. Zeigt der Verkäufer die Verschiffung schon früher an, so muß er das Muster spätestens gleichzeitig mit der Verschiffungsanzeige abschicken (MGS 7 zu § 16). – Ist die Hauptlieferung nicht befristet, muß der Verkäufer das Muster sofort vorlegen.

6 § 16 (2) WVB 1955 enthielt die Bestimmung:

„Der Verkäufer hat innerhalb der dafür im Vertrag bestimmten Frist dem Käufer das Muster vorzusetzen, das der Gattung nach der im Vertrag genannten Bezeichnung zu entsprechen hat.“

Diese Bestimmung wurde bei Mathies-Grimm (Anm. 1) wie folgt erläutert:

„Es wurde davon abgesehen, bestimmte Fristen für die Vorlage des Musters und für die Erklärung des Käufers festzusetzen, da diese Fristen in der Praxis je nach den Umständen sehr verschieden gestaltet zu werden pflegen und deswegen zweckmäßigerweise der Vereinbarung der Parteien zu überlassen sind.“

Auch der Ausschuß für die Abfassung der WVB 1971 fand, daß die Umstände zu verschieden liegen, als daß eine bestimmte Frist für das Vorsetzen des Musters in die WVB aufzunehmen sei. MGS 6 zu § 16 folgend, hielt der Ausschuß aber die in § 16 Abs. 2 WVB 1955 enthaltene Bestimmung, der Verkäufer müsse das Muster „innerhalb der dafür im Vertrag bestimmten Frist“ vorlegen, für überflüssig, und diese nichtssagenden Worte wurden daher gestrichen. Aus dem Mißerfolg des in § 16 (2) WVB 1955 angestellten Versuchs verblieb deshalb nur der beherzigenswerte Rat für alle Vermittler oder vertragschließenden Teile, daß sie in dem Vertrag ausdrücklich bestimmen, bis wann das Muster vorzusetzen ist.

7 c) Der Verkäufer hat dem Käufer das Muster in solcher Menge und Stückzahl zu liefern, daß nach dessen Untersuchung weitere unveränderte Mengen oder Stücke für eine Arbitrage (§ 31) hinsichtlich des Musters und gegebenenfalls auch für eine Arbitrage hinsichtlich der Ware zur Verfügung stehen.

d) Das Vorsetzen des Musters ist eine Hauptleistung im Sinne der §§ 17, 18. Für die fällig gewordene Vorlegung des Musters kann der Käufer daher gemäß § 17 (2) eine angemessene Frist bestimmen. Nach Ablauf dieser Frist kann er u. a. Schadensersatz wegen Nichterfüllung aufgrund abstrakter Schadensberechnung (§ 17 Abs. 4) verlangen. Da nun die Vorlage eines nur der Gattung des Kaufgegenstandes entsprechenden Musters genügt, bleibt die Qualität der Ware, deren Marktpreis die Höhe des Schadensersatzanspruchs bestimmt, ungewiß. Deshalb wird in § 24 (2) bestimmt, daß Ware mittlerer Qualität für die Schadensberechnung maßgeblich ist. 8

2. Der Käufer muß das Muster billigen, wenn es vertragsmäßig beschaffen ist. 9

a) Der Käufer muß also das Muster billigen, wenn dessen Gattung und Qualität dem Vertrage entsprechen (§ 7). Anders als beim Kauf auf Besicht übernimmt hiernach der Käufer beim Kauf auf Mustergutbefund von vornherein eine schwerwiegende Verpflichtung. Diese Verpflichtung geht um so weiter, je allgemeiner der Kaufgegenstand im Vertrage nach Gattung und Qualität bezeichnet ist. Der so gebundene Käufer hat weniger Entscheidungsfreiheit als der Verkäufer, welcher das Muster in beliebiger Qualität aus der vereinbarten Gattung entnehmen darf. Dieser Unterschied wurde in der Mitgliederversammlung vom 16. 11. 1971 erkannt, diskutiert und ausdrücklich gebilligt.

In der Praxis lehnt mancher Käufer diese weitgehende Bindung ab und bedingt sich aus, daß er das Muster nach Belieben billigen oder zurückweisen könne. Eine gängige Klausel, welche dies bedeutet, lautet: „Auf Mustergutbefund, Ja oder Nein."

b) Von der Festlegung einer genau bemessenen Frist für die Billigung des Musters wurde in der Mitgliederversammlung vom 16. 11. 1971 abgesehen, weil die Fälle verschieden liegen und die Untersuchung verschieden lange Zeit beanspruchen kann, je nachdem, ob eine Laboruntersuchung erforderlich ist. Die Billigung muß also, wenn ihre sonstigen Voraussetzungen vorliegen, innerhalb angemessener Frist erklärt werden. Hat der Verkäufer es eilig, z. B. bei haussierendem Markt, muß er sich eine entsprechend kurze Frist für die Billigung des Musters ausbedingen. Hat er es besonders eilig, mag er auch noch die Klausel „ohne Nachfrist" hinzusetzen mit dem Ergebnis, daß er ohne die in § 17 (2) vorgesehene Bestimmung vom Vertrage zurücktreten kann oder Schadensersatz wegen Nichterfüllung verlangen kann, wenn der Käufer die Billigung verzögert. 10

c) Verzögert der Käufer die geschuldete Billigung des Musters, so kann der Verkäufer auf Billigung klagen. Dieses Verfahren ist umständlich, aber sicher. Der Verkäufer kann aber in unmittelbarem Durchgriff auch sofort die Erfüllung des Vertrages verlangen, hierzu Bem. III. 11

III. Die bedingten Verpflichtungen der Parteien

12 1. Durch Billigung des Musters entsteht gemäß Absatz 4 ein Kauf laut Muster. Zur Herbeiführung dieses Erfolges braucht der Verkäufer aber nicht erst umständlich auf Billigung des Musters, also auf Abgabe einer Willenserklärung, zu klagen. Ein Käufer, welcher seiner Verpflichtung zuwider die Billigung des Musters unterläßt, verhindert nämlich den Eintritt der in § 24 (1) vorgesehenen Bedingung wider Treu und Glauben. Dann gilt die aufschiebende Bedingung gemäß § 162 BGB als eingetreten, und der Verkäufer kann unmittelbar aufgrund des damit voll wirksam gewordenen Kaufvertrages vorgehen. Diese Meinung galt schon nach MGS 4 zu § 16 a. F. In der Mitgliederversammlung vom 16. 11. 1971 wurde dasselbe festgestellt, ohne daß sich Widerspruch erhob. Zum mindesten kann der Verkäufer entsprechend den Regeln des Vorvertrages die Klage auf Billigung des Musters mit der Klage auf Erfüllung des endgültigen Kaufs laut Muster verbinden, also zugleich die Billigung des Musters und die Zahlung des Kaufpreises mit ein und derselben Klage verlangen.

13 2. In der Regel tritt die Umwandlung in einen Kauf laut Muster nur ein, wenn der Käufer das Muster ausdrücklich billigt. Eine fingierte Billigung – etwa durch Versäumung einer angemessenen „Rügefrist" entsprechend § 20 (1) – gibt es nicht. Im Interesse der Rechtssicherheit kann auch nicht anerkannt werden, daß ungerechtfertigtes Schweigen schon eine Verweigerung der Zustimmung und damit die Verhinderung des Bedingungseintritts (§ 162 BGB) bedeutet. Alles in allem kann der Käufer und Empfänger eines vertragsmäßig beschaffenen Musters sich wie folgt verhalten:

a) Er billigt das Muster ausdrücklich innerhalb vereinbarter oder angemessener Zeit: Dann ist endgültig ein Kauf laut Muster zustande gekommen.
b) Der Käufer gibt innerhalb vereinbarter oder angemessener Zeit keine Erklärung ab: Dann kann der Verkäufer ihm eine Frist gemäß § 17 (2) bestimmen mit den dort vorgesehenen weiteren Folgen.
c) Der Käufer verweigert die Billigung des Musters: Dann hat der Verkäufer die Wahl, entweder gemäß § 162 BGB die Erfüllung des Kaufvertrages laut Muster zu verlangen oder wegen Verweigerung der in § 24 (3) zur Hauptleistung deklarierten Billigung die Rechte aus § 18 geltend zu machen.

14 3. Der Kauf laut Muster ist in den WVB nicht besonders geregelt. Anwendbar ist daher **§ 494 BGB,** welcher wie folgt lautet:

„Bei einem Kaufe nach Probe oder nach Muster sind die Eigenschaften der Probe oder des Musters als zugesichert anzusehen."

Daneben können vertraglich weitere Eigenschaften der Ware zugesichert werden. Hat der Käufer die erkennbar mangelhafte Probe gebilligt, so stehen ihm die Ansprüche aus § 19 nicht zu, soweit die später gelieferte Ware die gleichen Mängel wie die Probe aufweist.

IV. Beweisführung und Beweislast

1. Die streitige Beschaffenheit eines Musters kann gemäß § 31 (2) nur **15**
durch Vorlage eines aus der Verfahrensordnung für Sachverständige erwirkten Gutachtens bewiesen werden; Näheres in Bem. III 3 zu § 31. Ob die von den Sachverständigen festgestellte Beschaffenheit die Zugehörigkeit des Musters zur vereinbarten Gattung (Abs. 2) oder die sonstige Übereinstimmung mit dem Vertrage (Abs. 3) begründet, ist eine vom Schiedsgericht zu entscheidende Rechtsfrage.

2. Die Beweislast liegt grundsätzlich beim Verkäufer. **16**

a) Ist streitig, ob der Verkäufer dem Käufer ein Muster vorgesetzt hat, welches zur vertraglichen Gattung gehört, so ist der Verkäufer für die Erfüllung einer Verpflichtung aus § 24 (2) beweispflichtig. Hat der Käufer das Muster als Erfüllung der Verpflichtung aus § 24 (2) angenommen, so trifft ihn die Beweislast, wenn er das Muster nicht als zur Gattung gehörig anerkennen will (§ 363 BGB). Im bloßen Hinnehmen des Musters ist die Annahme als Erfüllung aber im Zweifel nicht anzusehen, denn gerade ein Muster läßt der Käufer sich vorsetzen, um es erst später genau zu untersuchen.

b) Beweispflichtig für die Beschaffenheit des Musters ist der Verkäufer **17**
auch dann, wenn er behauptet, daß es vertragsmäßig beschaffen sei, und hiernach vom Käufer die Billigung des Musters verlangt. Das folgt aus der Fassung des Bedingungssatzes in Absatz 3:

> „Der Käufer muß das Muster billigen, wenn es vertragsgemäß beschaffen ist",

denn nach allgemeinem Grundsatz muß derjenige, der ein Recht geltend macht, den Sachverhalt beweisen, an den die Norm die Entstehung des Rechts knüpft.

Die Beweislast ist also beim Kauf auf Mustergutbefund hinsichtlich der **18**
Beschaffenheit des Musters anders verteilt als bei den Rechten des Käufers wegen vertragswidriger Beschaffenheit der Ware (Bem. IX 2 zu § 19). Das folgt aus der abweichenden Gestaltung der jeweiligen Rechte und ihrer Voraussetzungen: Dem Käufer stehen die Rechte aus § 19 zu, wenn die Ware vertragswidrig beschaffen war; der Käufer muß also in diesem Fall die Beschaffenheit der Ware nachweisen. In § 24 wird jedoch für den Kauf auf Mustergutbefund angeknüpft an die Frage, ob das Muster der Gattung nach (Abs. 2) und im übrigen (Abs. 3) vertragsmäßig beschaffen war; diese Voraussetzungen muß der anspruchserhebende Verkäufer beweisen.

19 Daraus ergibt sich weiter, daß im Streitfall grundsätzlich der Verkäufer die Qualitätsarbitrage (§ 31) einzuleiten hat. Der Verkäufer hat dem Antrag Muster aus seinen Beständen beizufügen. Bestreitet der Käufer die Gleichheit der Arbitragemuster und der ihm vorgelegten Muster, so mag er den Sachverständigen die letzteren ebenfalls zur Begutachtung vorlegen.

§ 25
Kosten der Untersuchung

In jedem Fall hat der Käufer die Kosten der ihm obliegenden Untersuchung zu tragen und die von ihm entnommenen Proben dem Verkäufer zu bezahlen.

1 1. Der Käufer hat die Kosten der ihm gemäß §§ 20, 23, 49, 62, 72, 83, 89 obliegenden Untersuchung zu tragen. Zu diesen Kosten gehört der Kaufpreis für die zum Zwecke der Untersuchung entnommenen Proben. Der verstärkende Zusatz „In jedem Fall" stellt klar, daß der Käufer diese Kosten auch dann zu bezahlen hat, wenn eine vertragswidrige Beschaffenheit der Ware festgestellt wird. Das ist ohnehin folgerichtig, denn der Käufer kann nicht verlangen, daß er bei schlechter Lieferung insoweit besser gestellt werde als bei vertragsmäßiger Lieferung. Das bedarf der Hervorhebung, denn in vielen Schiedsgerichtssachen erlebt man es, daß der mangelhaft belieferte Käufer in seiner Schadensberechnung die Untersuchungskosten unterzubringen versucht, welche ihm auch bei einwandfreier Lieferung entstanden wären. Die entnommenen Proben und die sonstigen Kosten der Untersuchung hat der Käufer auch dann zu bezahlen, wenn er beim Kauf auf Besicht erklärt, daß er die Ware nicht übernehmen wolle. Das wurde schon aufgrund von § 23 WVB a. F. angenommen (MGS 1 zu § 23), und diese Auffassung wird in § 25 WVB 1971 durch den Zusatz „In jedem Fall" bestätigt.

2 2. § 25 bezieht sich aber nur auf Proben, die der Käufer selbst einer Partie entnommen hat. Deshalb braucht er die Proben, welche der Verkäufer ihm beim Kauf auf Mustergutbefund übergibt, nicht zu bezahlen.

§ 26
Verlagerung untersuchter Ware

Eine Ware, die der Käufer bereits untersucht hat, darf der Verkäufer ohne Zustimmung des Käufers nicht auf ein anderes Lager verbringen oder verbringen lassen, wenn er dem Käufer nicht rechtzeitig vorher Gelegenheit zur Überwachung des Transports und der neuen Einlage-

rung gegeben hat. Handelt der Verkäufer diesem Verbot schuldhaft zuwider, kann der Käufer nach seiner Wahl vom Vertrage zurücktreten oder Schadensersatz wegen Nichterfüllung verlangen. § 17 Abs. 4 bis 7 findet entsprechende Anwendung.

1. Diese Bestimmung setzt sinngemäß voraus, daß der Verkäufer eine bestimmte Partie oder eine Teilmenge aus einer bestimmten Partie zu liefern hat. War eine solche Stückschuld oder beschränkte Gattungsschuld nicht schon im Kaufvertrag vereinbart worden, so muß die ursprüngliche Gattungsschuld sich nachträglich auf eine bestimmte Partie oder auf den Teil einer bestimmten Partie konzentriert haben, denn sonst wäre § 26 gegenstandslos. Auf eine bestimmte Partie wird ein Kauf nach der allgemein geltenden Vorschrift des § 243 (2) BGB beschränkt, wenn der Verkäufer das zur Lieferung dieser Partie seinerseits Erforderliche getan hat. § 26 WVB wird meistens einen Kauf ab Kai oder ab Lager betreffen: Bei diesen Geschäften wird die Konzentration durch die Andienung bewirkt (§§ 77, 78, 89). Die Konzentration kann auch dadurch herbeigeführt werden, daß der Käufer mit Zustimmung des Verkäufers eine bestimmte Partie untersucht. Untersucht der Käufer aus einer größeren Partie genau die Anzahl von Kolli, welche er gekauft hat, so beschränkt sich der Kaufvertrag auf diese Stücke, auch ohne daß der Käufer besonders erklärt, daß gerade diese für ihn zurückzustellen seien (1911, 10; MGS 1 zu § 27). Anders liegt es, wenn der Käufer aus einer Partie, die größer als die gekaufte Menge ist, nur eine Anzahl von Säcken untersucht, welche nicht das volle Kaufquantum ausmacht. Er kann dann nicht verlangen, daß gerade die von ihm untersuchten Stücke liegenbleiben, es sei denn, daß er sie besonders für sich zurücksetzen läßt (1919, 22; MGS 1 zu § 27). – § 26 gilt nicht nur für Käufe auf Besicht (MGS 1 zu § 27).

2. Eine Umlagerung läßt sich nicht immer vermeiden. Sie kann z. B. notwendig werden, wenn der Verkäufer die auf dem Lager eines Dritten liegende Ware selbst noch nicht empfangen hat, seine Empfangszeit (§§ 80, 93) abläuft und der Dritte von ihm die Abnahme verlangt, während die Empfangszeit für den Käufer noch nicht abgelaufen ist. Da der Verkäufer deswegen von dem Käufer keine vorzeitige Abnahme verlangen kann, darf er die Ware auf ein anderes Lager bringen. Der Käufer soll aber durch § 26 gegen eine Vertauschung und gegen eine Beeinflussung der bereits untersuchten Ware geschützt werden. Er soll kontrollieren können, ob die Identität gewahrt bleibt und daß die Ware während des Transports nicht leidet.

3. Aus diesen Gründen ist es dem Verkäufer verboten, die Ware ohne rechtzeitige vorherige Benachrichtigung des Käufers auf ein anderes Lager zu verbringen. Die Benachrichtigung ist nur rechtzeitig, wenn dem Käufer ausreichend Zeit für die Einleitung von Kontrollmaßnahmen (2) verbleibt. Aus welchem Grunde die Ware bewegt wird, ist unerheblich. Ebensowenig

kommt es darauf an, ob die Interessen des Käufers im Einzelfall gefährdet werden. Eine Bewegung auf demselben Lager, z. B. ein Umstapeln, ist unbeschränkt erlaubt. Übereinstimmend mit allem: MGS 3 zu § 27.

4. Stößt der Ware auf dem rechtzeitig angezeigten Transport etwas zu, so geht das vor Ablauf der Empfangszeit entsprechend §§ 76, 80, 89, 90, 93 zu Lasten des Verkäufers, danach zu Lasten des Käufers.

5. Hat der Verkäufer dem Verbot der Verlagerung schuldhaft zuwidergehandelt, kann der Käufer nach seiner Wahl vom Vertrage zurücktreten oder Schadensersatz wegen Nichterfüllung auch dann verlangen, wenn der Verkäufer die Identität und Unversehrtheit der Ware nachweist (MGS 4 zu § 27). Diese Auslegung ist gerechtfertigt, weil der Verkäufer durch sein unzulässiges Verhalten den Vertragszweck mindestens gefährdet hatte und damit in der Regel eine positive Vertragsverletzung begangen hat (MGS aaO).

§ 27
Zahlungseinstellung

Wenn eine Partei ihre Zahlungen einstellt, so kann die andere Partei innerhalb von drei Geschäftstagen, nachdem sie von der Zahlungseinstellung Kenntnis erhalten hat, bestimmen, daß schwebende Geschäfte sofort zu dem Preise, welcher für ein gleiches Geschäft am Tage der Zahlungseinstellung galt, glattgestellt werden.

1 1. Was als Zahlungseinstellung anzusehen ist, wird in den WVB nicht definiert. Auch das Schiedsgericht hat sich dazu noch nicht geäußert. Nach sonst herrschender Meinung (BGH in WertpMitt. 59, 891) ist Zahlungseinstellung gegeben bei andauerndem Unvermögen, einen nach der Verkehrsauffassung wesentlichen Teil der fälligen Schulden zu bezahlen, wenn dieses Unvermögen beteiligten Geschäftskreisen bekannt geworden ist. Wechselproteste reichen nicht immer aus (BGB in NJW 62, 103). Eine bloße Zahlungsstockung ist keine Zahlungseinstellung.

2 2. § 27 gilt nicht, soweit zwingende Vorschriften der Konkursordnung (KO) und der Vergleichsordnung (VerglO) entgegenstehen.

a) Als Vorschriften der Konkursordnung kommen §§ 17, 18 KO in Betracht.

Gemäß § 17 KO kann der Konkursverwalter anstelle des Gemeinschuldners den Vertrag erfüllen und die Erfüllung von dem anderen Teil verlangen, wenn der Vertrag zur Zeit der Eröffnung des Konkursverfahrens beiderseits nicht oder nicht vollständig erfüllt ist. Durch Abreden, die der Gemeinschuldner mit seinem Vertragsgegner trifft, kann nach herrschender Meinung das durch § 17 KO dem Konkursverwalter verliehene

Wahlrecht nicht ausgeschlossen oder eingeschränkt werden. Insoweit enthält § 17 KO ein zwingendes gesetzliches Verbot (Jaeger-Lent, 8. Auflage, Anm. 55 b zu § 17 KO; Böhle-Stamschräder, 12. Auflage, Anm. 8 zu § 17 KO). Für wirksam wird allenfalls eine Klausel gehalten, welche dem Vertragsgegner die schlichte Lösung des Vertrages durch Kündigung oder Rücktritt erlaubt, aber darauf beschränkt sich § 27 WVB nicht. Das Wahlrecht des Konkursverwalters dient dem Vorteil der Konkursmasse und damit dem gemeinsamen Wohl der Konkursgläubiger. Ein Schiedsspruch, der die zwingende Vorschrift des § 17 KO unberücksichtigt ließe, unterläge daher der Aufhebung wegen Verstoßes gegen die öffentliche Ordnung (§ 1041 Abs. 1 Ziffer 2 ZPO).

War die Lieferung von Waren, welche einen Marktpreis haben, genau zu 3
einer festbestimmten Zeit oder binnen einer festbestimmten Frist vereinbart und tritt die Zeit oder der Ablauf der Frist erst nach der Eröffnung des Konkursverfahrens ein, so kann der Konkursverwalter gemäß § 18 KO nicht die Erfüllung, sondern nur Schadensersatz wegen Nichterfüllung verlangen. Maßgeblich ist nach § 18 KO der Marktpreis vom zweiten Werktag nach der Eröffnung des Konkursverfahrens. Maßgeblich ist also nicht der Marktpreis vom Tage der Zahlungseinstellung, welcher nach § 27 WVB die Glattstellungsbedingungen bestimmt. Auch § 18 KO ist zwingend. Die Vereinbarung einer bestimmten Abladefrist geht übrigens nicht auf „Lieferung von Waren binnen einer festbestimmten Frist" im Sinne des § 18 KO, denn unter einer Lieferfrist versteht der Kaufmann beim Abladegeschäft nur die Vereinbarung, daß der Verkäufer die Ware innerhalb bestimmter Frist tatsächlich zu verschaffen habe (Bem. 2 zu § 10). Die Abladung ist also nicht gleich der Lieferung im Sinne von § 18 KO (1960, 25 – MDR 1961, 421; zustimmend Böhle-Stamschräder, 12. Auflage, Anm. 1 d zu § 18 KO).

b) Außerdem versagt § 27 im gerichtlichen Vergleichsverfahren, wenn 4
der Schuldner gemäß §§ 50, 52 VerglO die Erfüllung eines zur Zeit der Eröffnung des Verfahrens beiderseits unerfüllten Kaufvertrages mit Ermächtigung des Vergleichsgerichts ablehnt. Auch diese Bestimmung der Vergleichsordnung ist entsprechend a) für zwingend zu halten.

§ 28
Eigentumsvorbehalt

Dem Verkäufer bleibt das Eigentum an den von ihm gelieferten Waren sowie an den aus deren Verarbeitung entstehenden Erzeugnissen bis zur Bezahlung seiner einzelnen Forderungen und bis zur Begleichung seines sich für ihn aus laufender Rechnung ergebenden Guthabens vor-

behalten, und zwar auch dann, wenn die Ware verarbeitet wird (§§ 947, 948, 950, 951 BGB). Im Falle des § 955 BGB wird das Eigentum an diesen Gegenständen im Augenblick der Entstehung auf den Verkäufer übertragen. Der Käufer darf die gelieferten Waren und die aus ihrer Verarbeitung entstehenden Gegenstände nur im ordnungsmäßigen Geschäftsverkehr weiterveräußern. Die ihm aus der Weiterveräußerung oder aus einem sonstigen Rechtsgrunde zustehenden Forderungen tritt er durch Abschluß des Kaufvertrages sämtlich an den Verkäufer zu dessen Sicherung ab. Der Käufer ist ermächtigt, die abgetretenen Forderungen solange einzuziehen, wie er seiner Zahlungspflicht gegenüber dem Verkäufer vertragsgemäß nachkommt. Übersteigt die Summe der abgetretenen Forderungen den Nennbetrag der zu sichernden Forderung um mehr als 20 %, so hat der Verkäufer Forderungen im Werte des übersteigenden Betrages nach seiner Wahl an den Käufer zurückabzutreten.

§ 28 enthält einen Eigentumsvorbehalt nach einem Muster, welches auch außerhalb des Waren-Vereins-Bereichs verwendet wird.

§ 29
Selbstbelieferungsvorbehalt

(1) Wer unter dem Vorbehalt der richtigen und rechtzeitigen Selbstbelieferung oder unter einem ähnlichen Vorbehalt verkauft hat, wird von der Lieferpflicht oder von der Gewährleistungspflicht frei, soweit er aus einem entsprechenden zuvor geschlossenen Einkaufsvertrag nicht richtig, nicht rechtzeitig oder überhaupt nicht beliefert wird. Ein Einkaufsvertrag entspricht dieser Bestimmung, wenn er nach sorgfältiger Beurteilung eine richtige, vollständige und rechtzeitige Selbstbelieferung erwarten ließ und von dem Verkäufer zugleich mit dem Verkauf endgültig und nachprüfbar zur Beschaffung der von ihm zu liefernden Ware bestimmt worden ist. Ist ein Einkaufsvertrag von dem Verkäufer zur Beschaffung der von ihm auf mehrere Verkäufe zu liefernden Ware bestimmt worden, so wird der Verkäufer gegenüber allen Käufern nur in dem Verhältnis frei, in welchem seine richtige, vollständige oder rechtzeitige Selbstbelieferung ausgeblieben ist; hat der Verkäufer zugleich mit den jeweiligen Verkäufen endgültig und nachprüfbar eine Reihenfolge für die Erfüllung der Lieferpflicht bestimmt, ist jeder Verkauf für sich zu betrachten.

(2) Soweit der Käufer die Leistungsfreiheit des Verkäufers anerkennt, kann er von dem Verkäufer die Abtretung der Rechte aus dem

Einkaufsvertrag gegen Übernahme der Erfüllung der entsprechenden Verpflichtungen des Verkäufers verlangen.

(3) Der Verkäufer ist verpflichtet, dem Käufer jeden Umstand, welcher die richtige, vollständige oder rechtzeitige Selbstbelieferung in Frage stellt, unverzüglich mitzuteilen. Tut der Verkäufer das nicht unverzüglich, wird er nicht frei.

Übersicht

Schrifttum: *Timmermann*, Anmerkung bei Straatmann-Ulmer J 4 Nr. 19.

I. Allgemeines

§ 29 WVB 1971 ist – soweit erkennbar – die erste und bisher einzige Kodifikation eines Handelsbrauchs, der sich zur Auslegung der verbreiteten Selbstbelieferungsklausel entwickelt hat. Der Inhalt des § 29 WVB 1971 folgt im wesentlichen der im Jahre 1967 von Mathies-Grimm-Sieveking **1**

(Bem. 9–14 zu § 38 a. F.) gegebenen Darstellung, die sich aus der Rechtsprechung des Waren-Vereins-Schiedsgerichts ergeben hatte. Die dortigen Erläuterungen sind auch höchstrichterlich beachtet worden und neben anderen Quellen als Beleg für eine übereinstimmende Rechtsüberzeugung aller Handelszweige angeführt worden (BGHZ 49, 388; OLG Celle BB 1974, 200). Die Selbstbelieferungsklausel befreit hiernach grundsätzlich den Verkäufer von der Verpflichtung zur Leistung, soweit er von seinem eigenen Verkäufer nicht beliefert worden ist; höhere Gewalt (§ 15 WVB) braucht nicht vorzuliegen. Im übrigen ist der Selbstbelieferungsvorbehalt wie alle Freizeichnungsklauseln eng auszulegen.

2 Über die rechtliche Konstruktion des unter Selbstbelieferungsvorbehalt abgeschlossenen Kaufvertrages besteht im Schrifttum und in der Rechtsprechung keine Klarheit. Palandt-Putzo (Anm. 2 b cc zu § 433 BGB) schwanken zwischen der Annahme einer auflösenden Bedingung oder eines Rücktrittsvorbehalts. Beide Konstruktionen passen aber nicht für die in § 29 WVB gefundene Regelung, und zwar schon deshalb nicht, weil der Verkäufer auch nach Ausbleiben der Selbstbelieferung mindestens zur Abtretung seiner Rechte aus dem Einkaufsvertrage verpflichtet bleibt. Zu solcher Abtretung ist der Verkäufer übrigens auch nach allgemeinem Handelsbrauch verpflichtet (MITTEILUNGEN der Handelskammer Hamburg 1951, 149). Näher liegt deshalb die Konstruktion, daß der Verkäufer durch Erfüllung gewisser Obliegenheiten oder Bedingungen den Gegenstand des ursprünglichen Gattungskaufs auf die aus einem bestimmten Einkaufsvertrag zu beziehende Ware beschränken kann. Wird aus diesem Einkaufsvertrag nichts geliefert, so wird die Leistung infolge eines vom Verkäufer nicht zu vertretenden Umstandes unmöglich (§§ 275, 323 BGB). Zwar wird der Verkäufer hiernach von der Verpflichtung zur Lieferung frei, er bleibt aber zu weiteren Leistungen, insbesondere zur Abtretung der Ansprüche aus dem Einkaufsvertrag, verpflichtet. Der Kaufvertrag wird also durch Ausbleiben der Selbstbelieferung nicht vernichtet (Palandt-Heinrichs, Anm. 7 zu § 275 BGB). Daraus ergeben sich entsprechende Folgen für die Gegenleistung und für den Provisionsanspruch des Maklers (Bem. III 1 b vor §§ 5 und 6).

II. Wirksamkeitsvoraussetzungen

3 Der Vorbehalt ist nur wirksam, wenn der Verkäufer zuvor einen entsprechenden Einkaufsvertrag geschlossen hatte. Im einzelnen gelten folgende Voraussetzungen:

1. Der entsprechende Einkaufsvertrag muß bereits endgültig zustande gekommen sein, bevor der Verkäufer den unter Selbstbelieferungsvorbe-

halt gestellten Vertrag (Vorbehaltsvertrag) abschließt. Die Einigung über den Einkaufsvertrag wird durch Mengen- und Preisvorbehalte nicht ausgeschlossen (2/74, JB 1975).

2. Der Einkaufsvertrag muß bei Abschluß des Vorbehaltsvertrages nach sorgfältiger Beurteilung eine richtige, vollständige und rechtzeitige Selbstbelieferung erwarten lassen. 4

a) In der Praxis wird dieses Erfordernis vielfach dahin formuliert, daß der Verkäufer einen „kongruenten" Einkaufsvertrag nachzuweisen habe. Diese Formulierung trifft für § 29 WVB nicht zu, wenn darunter buchstäbliche Deckungsgleichheit zu verstehen wäre.

aa) Welche Abweichungen zu dulden seien, war streitig. 5

aaa) Ein Schiedsgericht der Hamburger freundschaftlichen Arbitrage hat in einem Schiedsspruch vom 15. 12. 1965 (Straatmann-Ulmer, J 4 Nr. 10) folgende Meinung vertreten:

„Die ständige Rechtsprechung der Schiedsgerichte hat stets sehr strenge Anforderungen an die Kongruenz des mit einer Selbstbelieferungsklausel abgeschlossenen Vertrages mit dem entsprechenden Deckungskontrakt gestellt und dabei bisher praktisch nur die Ausnahme abweichender Preise und einer nach oben abweichenden Menge zugelassen. Stets ist aber gefordert worden, daß beide Kontrakte zu den gleichen allgemeinen Bedingungen abgeschlossen werden mußten."

Eine Abweichung von dem Kongruenzgebot wird in diesem Schiedsspruch schon darin erblickt, daß der Vorbehaltsvertrag zu WVB abgeschlossen worden war, während der Einkaufsvertrag diese Bedingung nicht enthielt. Beanstandet wird in diesem Schiedsspruch vom 15. 12. 1965 auch die Abweichung, daß der Vorbehaltsvertrag die Schiedsklausel „Hamburger freundschaftliche Arbitrage" enthalten habe, wogegen im Einkaufsvertrage auch diese Schiedsklausel fehlte. Von einer Kongruenz könne schon dann nicht die Rede sein, wenn die beiden Verträge nicht unter der gleichen Schiedsklausel stünden. Das gleiche gelte für Abweichungen in den Allgemeinen Geschäftsbedingungen. Zuzulassen seien nur abweichende Preise und eine nach oben abweichende Menge.

bbb) Diese strenge Auffassung ist in der Rechtsprechung des Waren-Vereins-Schiedsgerichts niemals anerkannt worden. Schon in dem Schiedsspruch 7/54 (JB 1955, 24 ff.) hat das Waren-Vereins-Schiedsgericht eine Selbstbelieferungsklausel trotz abweichender Schiedsklauseln mit folgender Begründung anerkannt: 6

„Dem steht, wie die Klägerin zu Unrecht meint, nicht entgegen, daß bei dem ersten Kontrakt Waren-Vereins-Schiedsgericht, bei dem anderen Kontrakt Hamburger freundschaftliche Arbitrage ausbedungen ist. Denn die Kongruenz im Rahmen der Selbstbelieferungsklausel bedeutet nicht, daß die beiden Kontrakte in derartigen Nebenbedingungen identisch sein müßten."

Eine „ständige Rechtsprechung der Schiedsgerichte" im Sinne des Schiedsspruchs der Hamburger freundschaftlichen Arbitrage vom 15. 12. 1965 hat es also im Waren-Vereins-Bereich nicht gegeben. Im Gegenteil: Schon Mathies-Grimm, 2. Auflage 1955, haben in Anm. 9 des Anhangs zu § 38 festgestellt:

„Unter Kongruenz ist ... kein wörtliches Übereinstimmen der beiden Kontrakte zu verstehen, z. B. werden die beiden Kontrakte hinsichtlich der Preisgestaltung und der Währung, häufig auch hinsichtlich der Termine und Lieferungsbedingungen natürlicherweise voneinander abweichen. So mag der Verkäufer die Ware in Dollar mit September-Abladung eingekauft und sie in DM auf November-Lieferung weiterverkauft haben. In solchem Fall kann durchaus Kongruenz zwischen den beiden Kontrakten bestehen. Die Kongruenz ist immer nur dann gegeben, wenn bei natürlichem reibungslosen Ablauf die Erfüllung des Verkaufskontraktes mit der aus dem Eindeckungskontrakt erwarteten Ware möglich war."

Diese Auffassung wurde von Mathies-Grimm-Sieveking, 3. Auflage 1967, unter Hinweis auf den Schiedsspruch 1955, 24 bestätigt.

7 **bb)** An dieser Auslegung, die nicht auf den Buchstaben, sondern auf den wirtschaftlichen Zusammenhang der Verträge abstellt, haben die Waren-Vereins-Kaufleute auch weiterhin festgehalten, und so wurde die in § 29 (1) Satz 2 enthaltene Definition des „entsprechenden" Einkaufsvertrages gefunden. Eine wörtliche oder in alle Einzelheiten gehende Übereinstimmung zwischen dem Vorbehaltsverkauf und dem Einkaufsvertrag ist deshalb nicht zu fordern. Es ist auch nicht immer zu fordern, daß beide Verträge zu denselben Allgemeinen Geschäftsbedingungen abgeschlossen werden. Zuletzt wurde über diese Frage am 19. 3. 1973 im ständigen Ausschuß zur Überprüfung der Waren-Vereins-Bedingungen verhandelt. Auf Anregung eines Mitgliedes wurde erörtert, ob § 29 WVB durch eine genauere Definition des „entsprechenden" Einkaufsvertrages ergänzt werden solle. In der Sitzungsniederschrift vom 19. 3. 1973 wird in diesem Zusammenhang folgendes berichtet:

„Insbesondere wird die Frage erörtert, ob ein Einkaufsvertrag den Kongruenzerfordernissen entsprechen kann, wenn er zu anderen Allgemeinen Geschäftsbedingungen abgeschlossen ist als der Vorbehaltsverkauf. Der Ausschuß gelangt zu dem Ergebnis, daß eine wörtliche oder in alle Einzelheiten gehende Übereinstimmung der Bedingungen nicht zu fordern sei, und zieht in Betracht, daß in manchen Fällen schon die Herkunft der Ware auf eine gewisse Divergenz zwischen Einkaufs- und Verkaufsbedingungen, zum Beispiel in der Schiedsklausel, hinweisen kann. Der Ausschuß findet auch, daß der Käufer, welcher unter Selbstbelieferungsvorbehalt des Verkäufers kaufen will, sich vor Abschluß des Vertrages erkundigen mag, zu welchen Bedingungen die Vorgängerkette gehandelt hat."

Der Ausschuß beschloß dann, daß der Mitgliederversammlung keine Änderung des § 29 WVB vorgeschlagen werden solle. In der Rechtsprechung des Schiedsgerichts hat sich diese wirtschaftliche Betrachtungsweise inzwischen weiter gefestigt. So wurde ausgesprochen, ein Einkaufsvertrag könne eine richtige, vollständige und rechtzeitige Selbstbelieferung auch dann erwarten lassen, wenn er einen im Handel mit Polen üblichen Mengenvorbehalt enthalte (2/74, JB 1975).

Nach wie vor dürfte jedoch eine Kongruenz – auch im Sinne des „natürlichen reibungslosen Ablaufs" – nicht anzunehmen sein, wenn der Einkaufsvertrag von der Erteilung der Ausfuhrlizenz des Herkunftslandes abhängig war und der Verkäufer diesen Vorbehalt gegenüber seinem Nachkäufer nicht ausbedungen hatte (1950, 20) oder wenn der Verkäufer zur „prompten" Lieferung verkauft hatte, wogegen sein eigener Lieferant sich nur verpflichtet hatte, „prompt nach Mitteilung über die Eröffnung des Akkreditivs" zu liefern (1950, 18).

Genaue Übereinstimmung der Verträge fordert das Schiedsgericht des 8
Waren-Vereins nach § 29 WVB für Gattung und Qualität der zu liefernden Ware. Jedenfalls muß der Einkaufsvertrag dem Verkäufer – notfalls unter Ausübung eines ihm zustehenden Wahlrechts – den Anspruch auf Lieferung von Ware solcher Beschaffenheit, wie er selbst verkauft hat, geben. Ein Einkaufsvertrag, welcher es dem Vorverkäufer überläßt, ob er die unter Selbstbelieferungsvorbehalt weiterverkaufte Ware oder Ware anderer Beschaffenheit liefert, ist nicht kongruent. In einer neueren Entscheidung (1/77, JB 1977) hatte das Schiedsgericht folgenden Fall zu beurteilen:

Unter Selbstbelieferungsvorbehalt war Tomatenmark in bestimmten Dosengrößen und bestimmten Kartongrößen (hier: in Kartons à 6–5/l Dosen) verkauft. Der Einkaufsvertrag ließ aber dem Vorverkäufer die Wahl zwischen der Lieferung verschiedener Kartongrößen (à 4–5/l oder à 6–5/l Dosen), wie dies auch § 7 Satz 3 WVB entspricht.

Das Schiedsgericht stellte fest, daß der Einkaufsvertrag wegen dieses Unterschiedes keine richtige Selbstbelieferung habe erwarten lassen, und ließ deshalb die Berufung auf den Selbstbelieferungsvorbehalt nicht gelten.

b) Eine richtige, vollständige und rechtzeitige Selbstbelieferung ist nach 9
sorgfältiger Beurteilung auch dann nicht zu erwarten, wenn dem Verkäufer bei Abschluß des Vorbehaltsverkaufs Nachteiliges über den Vorverkäufer bekannt war oder hätte bekannt sein müssen. In diesem Sinne hat der Vorstand in seiner Sitzung vom 6. 11. 1973 ausgesprochen, daß ein Einkaufsvertrag mit einem Vorverkäufer, der auf der Schwarzen Liste unzuverlässiger ausländischer Firmen steht, die Erwartung richtiger, vollständiger und rechtzeitiger Selbstbelieferung in der Regel nicht rechtfertige (Rundschreiben Nr. 76/73 vom 7. 12. 1973). Näheres über die „Schwarze Liste": Abschnitt V der Bemerkungen zu § 30. Ein Einkaufsvertrag entspricht den Erfordernissen des § 29 WVB auch dann nicht, wenn der Vorverkäufer dem Verkäufer schon vor Abschluß des Vorbehaltsvertrages erklärt hatte, daß er

den Einkaufsvertrag nicht richtig, vollständig und rechtzeitig im Sinne der Kongruenz erfüllen werde (Schiedsspruch der Hamburger freundschaftlichen Arbitrage vom 27. 10. 1971, Straatmann-Ulmer J 4 Nr. 16). Andererseits dürfen die Anforderungen an die Lieferfähigkeit des Vorverkäufers nicht übertrieben werden, denn schon mit dem Selbstbelieferungsvorbehalt bringt der Verkäufer zum Ausdruck, daß ihm die Selbstbelieferung nicht völlig sicher erscheint.

10 3. Der Verkäufer muß einen identifizierbaren Einkaufsvertrag zugleich mit dem Verkauf endgültig und nachprüfbar zur Beschaffung der von ihm zu liefernden Ware bestimmt haben. Diese Vorschrift fordert von dem Verkäufer den Nachweis, daß dieser gerade bezüglich der für den Käufer, gegenüber welchem er den Selbstbelieferungsvorbehalt geltend macht, bestimmten Partie von seinem Vordermann im Stich gelassen worden ist. Im Schrifttum (MGS 10 zu § 38) und in der Rechtsprechung (BGHZ 49, 395) ist bereits zutreffend darauf hingewiesen worden, daß andernfalls der Verkäufer sich dank *eines* unerfüllt gebliebenen Einkaufskontraktes von beliebig vielen Vorbehaltsverkäufen befreien könnte, wenn nur dieser Einkaufsvertrag mindestens jedem einzelnen Vorbehaltsverkauf kongruent wäre. Zwar mag ein solcher Mißbrauch erkannt werden, wenn mehrere Käufer die ihnen usancemäßig oder gemäß § 29 WVB zukommende Abtretung der Ansprüche gegen den Vordermann erwirkt haben und die abgetretenen Ansprüche gegen den Vordermann auch geltend machen. Indessen mögen viele Käufer von einer weiteren Verfolgung der ihnen abgetretenen Rechte absehen, weil sie die Kosten und Mühen der Verfolgung abgetretener Rechte gegen einen bereits als unzuverlässig befundenen Vorverkäufer scheuen. Es kann aber auch nicht im Belieben des Verkäufers stehen, von eventuell mehreren Käufern einen auszusuchen, der den Nachteil der unterbliebenen Selbstbelieferung tragen soll (Würdinger-Röhricht in Großkommentar HGB, 3. Auflage 1970 Anm. 108 Vor § 373). Völlig wäre der Käufer jedenfalls dann der Willkür des Verkäufers ausgeliefert, wenn dieser mehrere kongruente Einkaufsverträge vielleicht mit mehreren Vorverkäufern abgeschlossen hat und nur ein Teil dieser Einkaufsverträge unerfüllt bleibt. Der Verkäufer würde dann versuchen, einen Abnehmer, mit welchem er den Selbstbelieferungsvorbehalt vereinbart hatte, auf einen nicht belieferten Einkaufsvertrag zu verweisen und den Rest gewinnbringend zu veräußern. Solche Willkür ist von jeher als unzulässig angesehen worden, und es wurde deshalb nach Abhilfe gesucht.

11 a) Das Schiedsgericht des Waren-Vereins hat einmal entschieden, daß der Verkäufer durch sein Lagerbuch beweisen müsse, welcher Einkaufskontrakt gegen welchen Verkaufskontrakt stehe (1922, 23). Ein späteres Schiedsgericht des Waren-Vereins (1923, 14) hat eine willkürliche Benachteiligung eines Käufers auszuschließen versucht, indem es von dem Verkäufer den Nachweis forderte, daß er entweder auf seine sämtlichen entsprechenden Einkaufskontrakte von seinem Lieferanten im Stich gelassen worden war oder die hereingekommene Ware pro rata auf seine Käufer verteilt hatte. Bei Straatmann-Ulmer (J 4 Nr. 14 und Nr. 17) werden zwei Schiedssprüche der Hamburger freundschaftlichen Arbitrage aus 1970 und 1972 bekanntgegeben, die allerdings nicht den Waren-Vereins-Bereich, sondern frische Früchte bzw. Fleisch betreffen: Dort wurde verlangt, daß der teilweise im Stich gelassene Verkäufer die verfügbaren Teilmengen auf die einzelnen Anschlußkontrakte im Verhältnis der darin verkauften Mengen aufzuteilen habe.

b) Über die in § 29 WVB 1971 erstmalig gefundene Kodifizierung des **12** Selbstbelieferungsvorbehalts ist in der beschließenden Mitgliederversammlung vom 16. 11. 1971 diskutiert worden. Den Vorschlag einer Mitgliedsfirma, den Verkäufer ganz allgemein zur anteiligen Belieferung seiner Käufer zu verpflichten, lehnte die Mitgliederversammlung ab, weil für eine solche Repartierung die Verhältnisse zu verschieden lägen. Insbesondere wurde der Fall in Betracht gezogen, daß nicht der Verkäufer, sondern der Käufer den Liefertermin bestimmen könne (Abruf) und dadurch eine allgemeine Repartierung erschwert werde. So folgt § 29 WVB 1971 grundsätzlich der Schiedsgerichtsentscheidung 1922, 23 und geht davon aus, daß jeder einzelne Verkauf mit einem bestimmten Einkaufsvertrag endgültig und nachprüfbar in Verbindung zu bringen sei.

Der Beweis für diese Wirksamkeitsvoraussetzung muß für den Käufer **13** *nachprüfbar* sein. Dieses Erfordernis dient in erster Linie der Vermeidung von Streit. Der Käufer hat in der Regel einen Anspruch auf Vorlage vollständiger schriftlicher Belege, die erkennen lassen, welche Kontrakte der Verkäufer miteinander in Verbindung gebracht hatte und wann dies geschehen ist. Auch im Schiedsgerichtsverfahren genügt es nicht, daß der Verkäufer einen Zeugen oder vielleicht eine ganze Reihe von Angehörigen seines Betriebes benennt, um die rechtzeitige Verbindung der Verträge nachzuweisen. Vielmehr muß der Verkäufer mindestens als Basis des ihm obliegenden Beweises Urkunden darüber vorlegen, in welchen er rechtzeitig und endgültig die Verbindung zwischen einem bestimmten Einkaufskontrakt und bestimmten Verkaufsverträgen dokumentiert hat. Nur ergänzend können Zeugen darüber gehört werden, wann die vorgelegte Urkunde errichtet worden ist, ob sie das einzige authentische Dokument darstellt usw. In der Regel wird also der Verkäufer im Schiedsgerichtsverfahren den etwa bestrittenen Zusammenhang durch Vorlage seiner vollständigen Kartei, insbesondere der den Einkaufsvertrag betreffenden Karte, zu beweisen haben.

4. Eine Repartierung ist in § 29 WVB nur vorgesehen, wenn aus *einem* **14** Einkaufsvertrag mehrere Käufer zu beliefern sind. Im Grundsatz wird der

Verkäufer dann gemäß § 29 (1) Satz 3 Halbsatz 1 gegenüber den einzelnen Käufern nur in dem Verhältnis frei, in welchem die Selbstbelieferung insgesamt ausgeblieben ist. Der Verkäufer muß also grundsätzlich dafür sorgen, daß jeder Käufer gleichzeitig im richtigen Verhältnis beliefert wird, denn der Vorverkäufer kann überraschend seine Lieferungen völlig einstellen, und dann darf proportional gegenüber keinem Käufer ein Rückstand bestehen. Die Einhaltung dieses Prinzips ist einfach, wenn der Vorverkäufer dem Verkäufer mit *einem* Transport eine aufteilbare Menge liefert.

Beispiel: Auf Abladung sind 10 000 Kartons eingekauft. Davon sind ab Kai mit Selbstbelieferungsvorbehalt 6000 Kartons an A und 4000 Kartons an B weiterverkauft. Abgeladen werden nur 5000 Kartons, die aber mit *einem* Schiff ankommen. Dann repartiert der Verkäufer sehr einfach, indem er dem A 3000 Kartons und dem B 2000 Kartons ab Kai liefert.

Schwierig oder unmöglich wird jedoch die Repartierung, wenn der Vorverkäufer mit jedem Transport nur kleinere, aus technischen Gründen nicht aufteilbare Mengen liefert.

Beispiel: Ab Werk Italien sind auf Abruf und Abholung mit LKW 10 000 Kartons eingekauft. Davon sind unter sonst gleichen Bedingungen mit Selbstbelieferungsvorbehalt 6000 Kartons an A und 4000 Kartons an B weiterverkauft, wobei der Verkäufer die Ware nur beim Werk „freistellen" muß. A ruft früher ab als B und erhält aufgrund dieser Abrufe vorweg 3000 Kartons = 3 LKW-Fuhren. Unmittelbar darauf stellt das Werk die Lieferungen ein.

Was könnte der Verkäufer in diesem Falle noch repartieren? Für solche und ähnliche Fälle gilt § 29 (1) Satz 3 Halbsatz 2. Indem auf Abruf weiterverkauft wurde, bestimmte der Verkäufer zugleich endgültig und nachprüfbar die Reihenfolge der Lieferungen: Wer zuerst abruft und entsprechend beliefert wird, hat den Vorteil. Die weiteren Verkäufe an A und B sind dann für sich zu betrachten, d. h., eine Aufteilung findet nicht statt. Übernimmt bei LKW-Geschäften der Verkäufer selbst die Versendung der ab Werk eingekauften Ware, so macht er sich vielleicht von vornherein einen Plan, wie er unter praktischer Ausnutzung seiner Transportmöglichkeiten nacheinander die einzelnen Käufer beliefern will. Macht er diesen Plan zugleich mit Abschluß des Vorbehaltsverkaufs nachprüfbar aktenkundig, so gibt es keine Repartierung, wenn dieser Plan eingehalten wird. Nachprüfbar kann die Reihenfolge der Belieferung der Nachkäufer auch durch differenzierte Fälligkeiten bestimmt werden.

Das Repartierungsgebot besteht also nur, soweit nicht betriebsnotwendig eine bestimmte Reihenfolge in der Belieferung der Nachkäufer eingehalten ist und keine Willkür vorliegt. Auch solche Dispositionen gehören zum „natürlichen reibungslosen Ablauf", an welchem die Kongruenz von Einkauf und Verkauf gemessen wird.

5. Keine Wirksamkeitsvoraussetzung ist, daß der Verkäufer dem Käufer einen Einkaufsvertrag „vorlegt". Das bedarf der Klarstellung, weil die Handelskammer Hamburg in ihren MITTEILUNGEN 1951, 149 die Selbstbelieferungsklausel wie folgt definiert hat: 15

„Die Klausel ‚Richtige und rechtzeitige Selbstbelieferung vorbehalten' erstreckt sich auf das Lieferungsrisiko. Der Verkäufer wird frei, wenn er seinerseits von seinem Verkäufer nicht beliefert worden ist. Er ist jedoch verpflichtet, seinem Käufer einen kongruenten Deckungsvertrag *vorzulegen* und diesem die Ansprüche gegen seinen Verkäufer abzutreten."

Der letzte Satz dieses Textes ist eher anschaulich als klar. Das Stück Papier, welches hiernach der Verkäufer dem Käufer „vorlegen" soll, ist unwesentlich. Außerdem liefern die üblichen Vertragsdokumente (Schlußnoten, Verkaufsbestätigungen) für sich allein niemals vollen Beweis für das Zustandekommen des darin beurkundeten Geschäfts. Einer einseitigen, vom Vorverkäufer nicht unterzeichneten Bestätigung kann widersprochen worden sein. Bei der Verkaufsbestätigung eines Vertreters kann dessen Vollmacht in Zweifel gezogen werden, und aus einer nur vom Makler unterzeichneten Schlußnote geht nicht hervor, ob sie auch der Gegenpartei zugegangen ist. Der vorgelegte Vertrag kann auch angefochten oder längst erfüllt sein. Solche Papiere reichen deshalb in der Regel nur zur Glaubhaftmachung, aber nicht zum Beweis des Einkaufsvertrages aus. Von materiellrechtlicher Bedeutung ist deshalb vernünftigerweise nur das rechtzeitige Zustandekommen und der Fortbestand des kongruenten Einkaufsvertrages, aber nicht die Vorlage irgendwelcher Papiere. In diesem Sinne hat das Oberlandesgericht Celle in einem Urteil vom 24. 1. 1974 (BB 1974, 200 = Betrieb 1974, 375) bei Erörterung der Wirksamkeitsvoraussetzungen der Selbstbelieferungsklausel zutreffend bemerkt, es sei nicht zu rechtfertigen, die Wirksamkeit der Berufung auf die Selbstbelieferungsklausel mit dem Nachweis des Abschlusses des Einkaufsvertrages zu koppeln. Auch sonst sei es nicht so, sagt das OLG Celle (aaO) zutreffend,

„daß man ein Recht nur hat, wenn man seine Voraussetzungen nachweisen kann; dies ist vielmehr nur eine Voraussetzung für die Durchsetzung im Rechtsstreit. Dafür, daß es hier anders sein sollte, besteht kein Anhalt".

Das Urteil des OLG Celle ist von Timmermann (aaO) kritisiert, aber nicht widerlegt worden.

Die Bekanntmachung der Handelskammer Hamburg hat in der Recht- 16
sprechung des Waren-Vereins-Schiedsgerichts zunächst Verwirrung angerichtet. In 1955, 10 sprach ein Schiedsgericht aus, der Einkaufskontrakt müsse „in handelsüblicher Weise durch schriftliche Belege dergestalt fundiert (sein), daß die beiderseitigen Rechte und Pflichten zwischen dem Verkäufer und seinem Lieferanten einwandfrei ersichtlich und beweisbar

sind", und mit dieser Begründung hat das Schiedsgericht (aaO) die Erhebung eines Zeugenbeweises über eine nach Behauptung des Verkäufers telefonisch getroffene Vereinbarung abgelehnt. Gegen diesen Schiedsspruch haben schon Mathies-Grimm-Sieveking (Bem. 12 zu § 38) begründete Bedenken erhoben. Außerdem hat ein weiteres Schiedsgericht sich in der Entscheidung 1964, 50 von der merkwürdigen Beweisregel, die im Schiedsspruch 1955, 10 aufgestellt worden war, beiläufig distanziert. Gewiß haben die Schiedsrichter im Streitfall einen überzeugenden Beweis dafür zu verlangen, daß ein kongruenter Einkaufsvertrag ernstlich und bindend abgeschlossen wurde, und schon das Fehlen eines üblichen Vertragsdokumentes mag den Beweis scheitern lassen. Das kann aber nur unter Berücksichtigung aller Umstände im Einzelfall entschieden werden (MGS 12 zu § 38).

17 Schon in 1964, 50 hat das Schiedsgericht es als fraglich bezeichnet und ausdrücklich unentschieden gelassen, ob der Käufer außerhalb des Schiedsgerichtsverfahrens von dem Verkäufer den Nachweis für den Einkaufskontrakt und insbesondere die Vorlegung von Beweisurkunden verlangen kann. Es hat dort aber entschieden, daß die Beibringung solchen Nachweises jedenfalls keine Hauptverpflichtung wäre, bei deren Verletzung der Käufer die Rechte aus § 38 (jetzt: §§ 17, 18) geltend machen könnte. Diese zutreffende Auffassung hat das OLG Celle (aaO) bestätigt, indem es die Pflicht des Verkäufers zur Vorlage der Urkunden über den Einkaufsvertrag als eine Nebenverpflichtung bezeichnete.

Nach § 29 WVB gehören also der Anspruch auf Abtretung der Rechte aus dem Einkaufsvertrag und der Anspruch auf Vorlegung von Urkunden über den Einkaufsvertrag nicht zu den Wirksamkeitsvoraussetzungen, sondern zu den Wirkungen des Selbstbelieferungsvorbehalts. Diese Ansprüche sind deshalb im folgenden Abschnitt zu behandeln.

III. Wirkungen

18 1. Liegen die Wirksamkeitsvoraussetzungen vor, so wird der Verkäufer nach Maßgabe des § 29 (1) Satz 1 und Satz 3 von der Verpflichtung zur Leistung frei. Diese Bestimmungen sind wie alle Freizeichnungsklauseln eng auszulegen (MGS 8 zu § 38). Der Selbstbelieferungsvorbehalt soll den Vorbehaltsverkäufer nur schützen, soweit er durch die Nichterfüllung pp. des Einkaufsvertrages an der Erfüllung seiner eigenen Lieferpflicht gehindert wird. Dem Vorbehaltsverkäufer soll aber kein zusätzlicher Gewinn ermöglicht werden.

Beispiel: Der Vorbehaltsverkäufer hatte die Menge 1000 eingekauft. Hiervon hat er zunächst nur an den Abnehmer A verkauft, und zwar die Menge 100. Dem Vorbehaltsverkäufer wird aus dem Einkaufsvertrag nur die Menge 800 geliefert. Dann kann er nicht ohne weiteres die an A zu bewirkende Lieferung um 20 % kürzen, sondern er hat dem A volle 100 aus der ihm bei Eintritt der Lieferschwierigkeit verfügbaren Menge 800 zu liefern (ebenso 18/77, JB 1978). Verkauft er nach Eintritt der Lieferschwierigkeit weitere Mengen an andere Abnehmer, so beruht sein Lieferungsunvermögen nicht mehr darauf, daß er aus dem Einkaufsvertrag nicht ausreichend beliefert wurde, sondern darauf, daß er aus freien Stücken nach Eintritt der Lieferschwierigkeit weitere Mengen verkaufte.

a) Soweit er überhaupt nicht beliefert worden ist, braucht er seinerseits nicht zu liefern. Er wird also vollen Umfangs von der Verpflichtung zur Leistung frei. Das ist der Fall der §§ 275, 323 BGB. Der Verkäufer verliert dementsprechend den Anspruch auf die Gegenleistung, also den Anspruch auf Zahlung des Kaufpreises. Weitere Ansprüche des Verkäufers können sich allenfalls aus § 29 (2) ergeben, nämlich die Ansprüche aus der dort vorgesehenen Erfüllungsübernahme.

b) Wird der Verkäufer verspätet beliefert, muß der Käufer auch eine entsprechend verspätete Lieferung als Erfüllung annehmen und bezahlen, wenn kein Fixgeschäft vorliegt oder aus sonstigen Gründen anzunehmen ist, daß sowohl der Verkäufer als auch der Käufer das Interesse an der Erfüllung des Vertrages infolge der Verzögerung verloren haben.

c) Wird der Verkäufer mit vertragswidrig beschaffener Ware beliefert, so ist er von der Gewährleistungspflicht (§ 19) befreit. Andererseits soll der Verkäufer aus solchen Mängeln keinen Vorteil ziehen. Er kann also von dem Käufer die Zahlung des Kaufpreises nur verlangen, soweit er seinerseits dem Vorverkäufer den Kaufpreis schon bezahlt hat oder etwa trotz des Mangels (z. B. aufgrund der Klausel „Kasse gegen Dokumente") noch bezahlen muß.

2. Soweit der Käufer die Leistungsfreiheit des Verkäufers anerkennt, 19
kann er von dem Verkäufer die Abtretung der Rechte aus dem Einkaufsvertrag gegen Übernahme der Erfüllung der entsprechenden Verpflichtungen des Verkäufers verlangen (§ 29 Abs. 2).

a) Das Anerkenntnis ist ein Vertrag im Sinne von § 812 (2) BGB. Das Anerkenntnis kann deshalb zurückgefordert werden, wenn es unrichtig war, z. B. wenn sich ergeben sollte, daß ein entsprechender Einkaufsvertrag fehlte. Im Zweifel hat dieses Anerkenntnis nach dem Willen der Vertragsteile nicht den Sinn, ohne Rücksicht auf die Wirksamkeit des Selbstbelieferungsvorbehalts für die Zukunft eine endgültige Rechtslage zu schaffen, denn das Anerkenntnis ist Voraussetzung für den Anspruch auf Abtretung der Forderungen aus dem Einkaufsvertrag, und erst bei Geltendmachung dieser abgetretenen Forderungen stellt sich oft erst der wirkliche Sachverhalt heraus.

Immerhin kehrt sich durch das Anerkenntnis die Beweislast um. Der Käufer muß also, wenn er das Anerkenntnis zurückfordern will, die Unrichtigkeit der anerkannten Rechtslage beweisen. Schon vor Anerkennung der Leistungsfreiheit des Verkäufers hat deshalb der Käufer nach Treu und

Glauben einen Anspruch auf Auskunft über die Wirksamkeitsvoraussetzungen des Selbstbelieferungsvorbehalts, insbesondere hat er schon in diesem Stadium der Abwicklung einen Anspruch auf *Vorlage* der Urkunden, welche das Zustandekommen des Einkaufsvertrages belegen. Diese Auskunft ist aber keine Hauptleistung, und ihr Ausbleiben gibt dem Käufer deshalb noch kein Recht auf Schadensersatz wegen Nichterfüllung (1964, 50). Dem Käufer, dessen Verkäufer sich auf den Selbstbelieferungsvorbehalt beruft, ohne den Einkaufskontrakt zu belegen, ist daher zu empfehlen, auf Lieferung der Ware zu bestehen und gegebenenfalls den Verkäufer auf Schadensersatz wegen Nichterfüllung *dieser* Verpflichtung beim Schiedsgericht zu verklagen. In diesem Verfahren muß nämlich der Verkäufer die Wirksamkeitsvoraussetzungen beweisen, wenn er der Verurteilung zur Leistung von Schadensersatz wegen Nichterfüllung entgehen will, und so erfährt der Käufer von einem widerstrebenden Verkäufer am einfachsten, was er für seine weiteren Entschließungen braucht. Ein vernünftiger Verkäufer wird schon zur Vermeidung der ihm bei mutwilliger Provozierung des Schiedsgerichtsverfahrens aufzuerlegenden Kosten (§ 23 Abs. 1 SchGO) dem Käufer die nach Sachlage gebotenen Auskünfte und Nachweise von vornherein nicht vorenthalten. Die Kostenpflicht des Verkäufers, welcher die Vorlage des kongruenten Einkaufsvertrages trotz Aufforderung zunächst unterläßt und erst im Schiedsgerichtsverfahren betreffend Schadensersatz wegen Nichterfüllung des Kaufvertrages vorlegt, hat ein Schiedsspruch der Hamburger freundschaftlichen Arbitrage vom 11. 3. 1964 (Straatmann-Ulmer J 4 Nr. 9) auch für deren Verfahren anerkannt. Materiellrechtlich folgt die Kostenpflicht eines solchen störrischen Verkäufers aus § 16 WVB, weil er die Erfüllung der aus Treu und Glauben herzuleitenden Auskunftspflicht verzögert hat (§ 16 WVB).

20 b) Nach Vorlage der Beweisdokumente und nach Erhalt der dazugehörigen Auskünfte mag der Käufer sich entschließen, ob und inwieweit er die Leistungsfreiheit des Verkäufers anerkennen will. Zug um Zug gegen die Anerkennung der Leistungsfreiheit kann der Käufer die Abtretung der entsprechenden Rechte des Verkäufers aus dem Einkaufsvertrag verlangen. In der Regel werden dies einseitige Schadensersatzansprüche wegen Nichterfüllung sein, die sich für den Verkäufer aus Leistungsverweigerung oder aus Leistungsverzögerung des Vorverkäufers ergeben hatten. Besteht noch ein Erfüllungsanspruch gegen den Vorverkäufer, muß der Käufer Zug um Zug gegen Abtretung der Forderungen die Erfüllung des Anspruchs auf die Gegenleistung übernehmen. Mit Abtretung der Forderungen aus dem beiderseits noch nicht erfüllten Einkaufsvertrag gehen im Zweifel auch die Gestaltungsrechte auf den Zessionar über (38/76, JB 1977). Dem Käufer wird damit insbesondere das Recht übertragen, dem Verkäufer eine Nachfrist entsprechend § 17 WVB, § 326 BGB oder den entsprechenden Vorschriften

des sonst anzuwendenden Rechts zu setzen und dadurch die Erfüllungsansprüche in einen einseitigen Schadensersatzanspruch wegen Nichterfüllung umzuwandeln. Während der Käufer vor Anerkennung der Leistungsfreiheit nur einen Anspruch auf *Vorlage* der Beweisdokumente hatte, wird der Verkäufer durch die Abtretung gemäß § 402 BGB verpflichtet, dem Käufer diese Urkunden *herauszugeben* (MGS 13 zu § 38).

Gemäß § 29 (2) kann der Käufer die Abtretung aller Rechte des Verkäufers hinsichtlich der ausgebliebenen Lieferung verlangen. Hatte der Verkäufer die Ware mit Gewinn gehandelt und gelingt dem Käufer die restlose Durchsetzung der abgetretenen Ansprüche, so erhält er aufgrund der abgetretenen Rechte unter Umständen mehr als ihm ohne Selbstbelieferungsvorbehalt zustehen würde.

Beispiel: Der Preis des Einkaufsvertrages beträgt 100. Der Preis des Vorbehaltsverkaufs beträgt 120. Der maßgebliche Marktpreis, nach welchem der Vorverkäufer dem Verkäufer Schadensersatz zu leisten hat, beträgt 150. Dann erhält der Käufer aus abgetretenem Recht einen Schaden von 50 vergütet, während ihm ohne Selbstbelieferungsvorbehalt und ohne Abtretung nur ein Schadensersatzanspruch in Höhe von 150–120 = 30 zustünde.

Gemäß § 323 (2) BGB hätte zwischen dem Verkäufer und dem Käufer ein Ausgleich stattzufinden. Diese gesetzliche Vorschrift ist aber in die WVB nicht besonders übernommen worden. Man darf deshalb § 29 (2) WVB dahin auslegen, daß ein etwaiger Gewinn dem Käufer, der ja auch das Kostenrisiko der Rechtsverfolgung getragen hätte, verbleiben soll.

3. Die Wirkungen des Selbstbelieferungsvorbehalts entfallen, wenn der **21**
Verkäufer entgegen § 29 (3) es unterläßt, dem Käufer einen Umstand, der die Selbstbelieferung in Frage stellt, unverzüglich mitzuteilen. Für die Bemessung der Frist, innerhalb welcher der Verkäufer dem Käufer gemäß § 29 (3) solche Umstände mitzuteilen hat, kommt es darauf an, wie groß das Interesse des Käufers an einer schnellen Unterrichtung ist. Dabei ist die jeweilige Tendenz des Marktes in Betracht zu ziehen (2/74, JB 1975).

4. Solange die Wirksamkeitsvoraussetzungen des Selbstbelieferungsvorbehalts bestehen, aber noch nicht klar ist, ob die Selbstbelieferung ausbleiben wird, besteht ein Schwebezustand, während dessen dem Käufer eine Vorleistung nicht zuzumuten ist. Dementsprechend darf der Käufer mit der Stellung eines vereinbarten Akkreditivs warten, bis der Verkäufer den Selbstbelieferungsvorbehalt aufgehoben hat (26/74, JB 1974). Durch einen solchen Verzicht auf den Selbstbelieferungsvorbehalt kann der Verkäufer, welcher keine Zweifel an der Erfüllung des Einkaufsvertrages mehr hat, den Schwebezustand beenden und die Abwicklung des Geschäfts in Gang bringen, soweit eine Vorleistung des Käufers in Betracht kommt.

IV. Ähnliche Vorbehalte

22 Die in § 29 über den Vorbehalt der richtigen und rechtzeitigen Selbstbelieferung getroffenen Bestimmungen gelten laut § 29 (1) Satz 1 auch für „ähnliche" Vorbehalte. Hier ist zu unterscheiden:

1. Es gibt anders lautende Klauseln, welche vollen Umfangs die gleichen Wirksamkeitsvoraussetzungen und Wirkungen der Klausel „richtige und rechtzeitige Selbstbelieferung" haben. Sinngemäß sollte hierzu die einfachere Fassung „Selbstbelieferung vorbehalten" gehören. Gleichbedeutend ist auch die Klausel „ordnungsgemäße Erfüllung des Abladerkontraktes bleibt vorbehalten" (Hamburger freundschaftliche Arbitrage, Schiedsspruch vom 10.6.1968, Straatmann-Ulmer J 4 Nr. 13). § 29 dürfte vollen Umfangs auch anzuwenden sein, wenn die Klausel „Kontrakt geschlossen im Anschluß an Verkäufers Einkaufskontrakt" vereinbart ist. Dafür spricht bei Vereinbarung der WVB die Verwendung des Wortes „Einkaufsvertrag", welches ausschließlich in § 29 WVB vorkommt.

23 2. Ein „Erntevorbehalt" ist ein qualifizierter Selbstbelieferungsvorbehalt: Der Verkäufer wird von der Verpflichtung zur Leistung frei, wenn und soweit sein Lieferant ihn wegen Ernteausfalls im Stich läßt (10/77, JB 1977; 18/77, JB 1978).

24 3. Vorsicht ist geboten bei der Verwendung und Auslegung von Klauseln, in welchen von „Übernahme des Kontraktes" mit dem Vorverkäufer die Rede ist. Diese Klausel kann bedeuten, daß nicht die Ware, sondern der Vertrag gekauft ist, so daß der Verkäufer dem Käufer nicht nur die Leistungsgefahr, sondern auch die Preisgefahr überbürdet. Geht der zwischen Verkäufer und Käufer mit der Klausel „Übernahme des Kontraktes" geschlossene Vertrag im übrigen eindeutig (z. B. durch die Zahlungsbedingung „Kasse gegen Dokumente") auf Lieferung von Ware, so trägt der Käufer nur die Leistungsgefahr und braucht dem Verkäufer bei Ausbleiben der Lieferung nicht etwa noch zusätzlich eine Vergütung zu bezahlen (Oberschiedsgericht des Waren-Vereins der Hamburger Börse e. V., Schiedsspruch vom 25. 1. 1960, Straatmann-Ulmer J 4 Nr. 8). Im Ergebnis läuft das auf einen Selbstbelieferungsvorbehalt hinaus, bei welchem der entsprechende Einkaufsvertrag von vornherein durch Parteivereinbarung festgestellt worden ist. Dagegen soll die früher häufig verwendete Klausel „Originalkontrakt" bedeuten, daß der Verkäufer keinerlei eigene Haftung übernehme, sondern nur verpflichtet sei, dem Käufer die Ansprüche aus dem Einkaufsvertrage abzutreten (1922, 22). Diese Klausel wird anscheinend kaum noch verwandt, denn seit dem Schiedsspruch von 1922 ist sie nicht mehr Gegenstand eines Schiedsspruchs des Waren-Vereins-Schiedsgerichts gewesen.

4. Die häufig formularmäßig vorkommende Klausel „glückliche Ankunft vorbehalten" deckt nur das Transportrisiko (MGS 16 zu § 38), erfordert aber im übrigen die Wirksamkeitsvoraussetzungen des Selbstbelieferungsvorbehalts. Die Klausel „kaufgemäßer Ausfall der Ware vorbehalten" deckt entsprechend nur das Qualitätsrisiko (MGS 17 zu § 38). 25

5. Für die im Konservengeschäft vorkommende Klausel „subject to pack" läßt sich für den Waren-Vereins-Bereich keine einheitliche usancemäßige Bedeutung feststellen. Sie mag bedeuten, daß das Packen ausreichender Mengen in das Belieben des Verkäufers gestellt wird und daß der Verkäufer nur eine entsprechende Erklärung innerhalb vereinbarter Frist abzugeben hat. Sie mag auch bedeuten, daß der Verkäufer sich die Selbstbelieferung mit ausreichenden Mengen an Rohware vorbehält. Sie mag ferner bedeuten, daß der Vorbehalt nur gilt, wenn die Selbstbelieferung auf bestimmte Gründe, z. B. auf schlechte Ernte, zurückzuführen ist. Schließlich kann ein ganz allgemeiner Vorbehalt höherer Gewalt gemeint sein. Was die Klausel jeweils bedeutet, kann nur unter Berücksichtigung aller Umstände des einzelnen Falles entschieden werden. 26

Im allgemeinen scheinen die Verkäufer im Bereich des Waren-Vereins sich zur Abwälzung des Lieferungsrisikos (= Leistungsgefahr) durchweg die durch § 29 festgestellte Klausel „richtige und rechtzeitige Selbstbelieferung vorbehalten" auszubedingen. Die in § 29 (1) Satz 1 vorsichtshalber erwähnten „ähnlichen" Klauseln werden, soweit erkennbar, kaum noch verwendet, sofern nicht besondere Umstände, wie beim Erntevorbehalt, eine besonders gefaßte Freizeichnungsklausel nahelegen. 27

§ 30
Schiedsgericht

(1) Alle Streitigkeiten aus einem zu diesen Geschäftsbedingungen oder mit der Klausel „Waren-Vereins-Arbitrage" abgeschlossenen Vertrage werden unter Ausschluß des Rechtsweges durch ein Schiedsgericht entschieden. Diese Schiedsklausel gilt auch für und gegen die persönlich haftenden Gesellschafter der Vertragsteile. Das Schiedsgericht ist allein befugt, über die Gültigkeit des Hauptvertrages und über die Wirksamkeit der Schiedsklausel zu entscheiden. Für die Bildung dieses Schiedsgerichts und für das vom Schiedsgericht einzuhaltende Verfahren gilt die von der Mitgliederversammlung des Waren-Vereins der Hamburger Börse e. V. beschlossene Schiedsgerichtsordnung. Für jede Verfahrenshandlung gilt die jeweils neueste Fassung.

(2) Ausschließlicher Gerichsstand für die Niederlegung und für die Vollstreckbarerklärung eines Schiedsspruchs oder eines Schiedsvergleichs, ferner für die Aufhebung eines Schiedsspruchs ist Hamburg.

(3) Die Absätze 1 und 2 gelten auch für das Verhältnis zwischen einer Vertragspartei und einem vermittelnden Makler oder einem vermittelnden oder abschließenden Agenten sowie für das Verhältnis zwischen mehreren beteiligten Maklern oder Agenten.

I. Allgemeines

1 Das gemäß § 30 WVB zuständige Schiedsgericht ist eine durch Artikel 19 der Satzung begründete Institution des Waren-Vereins der Hamburger Börse e. V. Sein Wesen, seine Bedeutung und seine besonderen Merkmale werden in den Vorbemerkungen zu der ebenfalls in diesem Buch abgedruckten und erläuterten Schiedsgerichtsordnung behandelt.

II. Vereinbarung der Schiedsklausel

2 Ob die Zuständigkeit des Schiedsgerichts wirksam vereinbart worden ist, hat das Schiedsgericht bei Erlaß eines Schiedsspruchs zu prüfen und zu entscheiden. Diese Entscheidung des Schiedsgerichts unterliegt jedoch der Nachprüfung durch das ordentliche Gericht, denn gemäß § 1041 (1) Nr. 1 ZPO kann die Aufhebung des Schiedsspruchs beantragt werden, wenn dem Schiedsspruch ein gültiger Schiedsvertrag nicht zugrunde liegt. Die Entscheidungen des Schiedsgerichts sind deshalb zu dieser Frage von geringerer Bedeutung. Bedeutsam sind eigentlich nur die Entscheidungen, in denen es seine Zuständigkeit verneint hat, denn gemäß § 10 der Schiedsgerichtsordnung ist es befugt, in jedem Stadium des Verfahrens die Fällung eines Schiedsspruchs abzulehnen mit der Wirkung, daß den Parteien der ordentliche Rechtsweg offensteht.

3 1. Nach deutschem Recht (§ 1027 Abs. 2 ZPO) kann die Schiedsklausel im Handelsverkehr zwischen Vollkaufleuten formlos, also auch durch widerspruchslose Entgegennahme einer entsprechenden Schlußnote oder eines entsprechenden Bestätigungsschreibens, vereinbart werden. Es genügt die Vereinbarung der WVB ohne besondere Hervorhebung der Schiedsklausel. Insbesondere ist die Vereinbarung der Zuständigkeit eines Schiedsgerichts in den Allgemeinen Geschäftsbedingungen für den Groß- und Außenhandel keine überraschende Klausel im Sinne von § 3 AGBG, und sie verstößt auch nicht gegen das Gebot von Treu und Glauben im Sinne von § 9 AGBG (Löwe-Graf von Westphalen-Trinkner, RN 106 zu § 9 AGBG). Vorsichtige Makler erwähnen die Schiedsklausel trotzdem ausdrücklich neben den WVB. Verbreitet ist deshalb ein Schlußnotenvordruck mit folgender Einleitung:

Zu den Geschäftsbedingungen des Waren-Vereins der Hamburger Börse e. V., dessen Schiedsgericht und Sachverständige zur endgültigen Entscheidung aller Streitigkeiten zuständig sein sollen, ist folgender Abschluß zustande gekommen:

Im einzelnen gilt folgendes:

a) Die Zuständigkeit des Waren-Vereins-Schiedsgerichts wird nicht 4
schon dadurch begründet, daß beide Parteien Mitglieder des Waren-Vereins sind. Von Bedeutung ist die Mitgliedschaft nur bei Geschäften besonderer Art, auf welche die WVB insgesamt nach Handelsbrauch anzuwenden sind (Abschnitt B V 3 der Einleitung).

b) Wenn die Parteien schon mehrfach Kontrakte zu WVB geschlossen 5
haben, so folgt daraus nach Meinung des Schiedsgerichts (3/55) nicht, daß das Waren-Vereins-Schiedsgericht auch für einen späteren Abschluß zuständig ist. Das hat das Schiedsgericht (aaO) aus § 1026 ZPO abgeleitet, wo bestimmt wird, daß ein Schiedsvertrag über künftige Rechtsstreitigkeiten unwirksam ist, wenn er sich nicht auf ein bestimmtes Rechtsverhältnis bezieht. Das Schiedsgericht hat aber nicht erörtert, ob unter solchen Voraussetzungen eine Schiedsklausel bei dem neuen Abschluß stillschweigend vereinbart wird. Eine solche stillschweigende Einigung dürfte mindestens bei längerer, regelmäßig zu WVB unterhaltener Geschäftsbeziehung anzunehmen sein.

In dieser Richtung geht die Rechtsprechung, welche das Schiedsgericht für die von Agenten vermittelten Abschlüsse entwickelt hat. Ein Agent kann für seinen Ablader eine Schiedsklausel wirksam nur vereinbaren, wenn er von dem Ablader dazu bevollmächtigt worden ist (1957, 15). Die Erteilung einer solchen Vollmacht hat das Schiedsgericht (1958, 19) darin erblickt, daß der Agent für denselben Ablader längere Zeit hindurch eine erhebliche Anzahl von Kontrakten mit der Schiedsklausel getätigt hatte und der Ablader die Abschlußbestätigungen mit dieser Schiedsklausel stets unwidersprochen entgegengenommen hatte. Die Entscheidungen 3/55 und 1958/19 passen nicht recht zusammen, denn es ist nicht einzusehen, warum an die stillschweigende Erteilung einer Vollmacht für die Vereinbarung einer Schiedsklausel geringere Ansprüche zu stellen sein sollen als an die stillschweigende Vereinbarung der Schiedsklausel. Das Schiedsgericht sollte bei der Annahme eines stillschweigenden Einverständnisses in beiden Fällen den gleichen Maßstab anlegen.

c) Wer auf die Aufforderung des Gegners einen Schiedsrichter benennt 6
und dabei nicht ausdrücklich erklärt, daß er das Schiedsgericht für unzuständig halte, hat sich mit der Zuständigkeit des Schiedsgerichts einverstanden erklärt. Die Äußerung der Meinung, daß das Schiedsgericht die Entscheidung über die vorliegende Streitfrage gemäß § 10 SchGO ablehnen werde, hat das Schiedsgericht nicht als ausreichenden Vorbehalt anerkannt (1957, 18).

7 2. Nach manchem ausländischen Recht ist eine Schiedsklausel nur wirksam, wenn besondere Formen, insbesondere die Schriftform, eingehalten werden. Die vom Schiedsgericht anzuwendenden deutschen Kollisionsnormen verweisen unter Umständen auf ausländisches Recht. Näheres: Bem. 2 zu § 2 und Bem. I 2 d zu § 5.

III. Der Zuständigkeitsbereich des Schiedsgerichts

8 Der Wortlaut des § 30 macht deutlich, daß der Zuständigkeitsbereich des Schiedsgerichts möglichst weit definiert werden sollte.

1. *Alle* Streitigkeiten aus einem zu WVB geschlossenen Vertrage werden unter Ausschluß des Rechtsweges dem Schiedsgericht zugewiesen. Gemeint sind damit alle Streitigkeiten, die aus Anlaß eines zu WVB geschlossenen Vertrages entstehen, also nicht nur vertragliche Ansprüche im engeren Sinn. Das Schiedsgericht ist deshalb auch zuständig für Ansprüche aus Verschulden beim Vertragsschluß, für Ansprüche aus ungerechtfertigter Bereicherung und für Ansprüche aus unerlaubten Handlungen, die ein Vertragsteil anläßlich des Geschäfts zum Nachteil des anderen Vertragsteils begangen hat. Ausdrücklich hebt § 30 in diesem Sinne hervor, daß das Schiedsgericht über die Gültigkeit des Vertrages zu entscheiden habe; das gilt z. B. für die Entscheidung der Frage, ob eine Bedingung, von welcher das Geschäft abhängt, eingetreten ist oder ob das Geschäft wirksam angefochten worden ist (1955, 10).

9 2. Eine Ausdehnung besonderer Art erfährt die Zuständigkeit des Schiedsgerichts durch die ausdrückliche Bestimmung, daß das Schiedsgericht auch über die Wirksamkeit der Schiedsklausel zu entscheiden habe. Diese Kompetenz-Kompetenz-Klausel ist zulässig (BGHZ 68, 356 ff.). Sie enthält eine zweite Schiedsabrede zur Frage der Gültigkeit des Schiedsvertrages. Im Aufhebungs- oder Vollstreckbarerklärungsverfahren hat das ordentliche Gericht also nur zu prüfen, ob die Kompetenz-Kompetenz-Klausel wirksam vereinbart worden ist. Ob diese Klausel vereinbart wurde, mag zweifelhaft sein, wenn die Parteien nur kurz und schlicht die Zuständigkeit des Waren-Vereins-Schiedsgerichts vereinbart haben. Die Kompetenz-Kompetenz-Klausel ist aber klar vereinbart, wenn die Parteien daneben besonders die Geltung der WVB und damit die Anwendung von § 30 (1) WVB vereinbart haben, etwa durch die Einigung auf die unter II 1 angeführte Klausel.

10 3. Ergeben sich aus einem und demselben Geschäft nacheinander oder nebeneinander mehrere Streitigkeiten, so ist das Schiedsgericht für alle deswegen anhängig zu machenden Verfahren zuständig. Infolgedessen ist die Schiedsklausel in ihrer Wirksamkeit nicht durch den Erlaß eines

Schiedsspruchs derart erschöpft, daß nicht noch weitere Klagen wegen anderer Ansprüche aus demselben Geschäft vor dem Schiedsgericht erhoben werden könnten (1919, 19). In welcher Besetzung das Schiedsgericht in einem weiteren Verfahren zu entscheiden hat, hängt davon ab, für welchen Bereich die Schiedsrichter benannt worden waren. Die Schiedsklausel ist auch dann nicht verbraucht, wenn der Schiedsspruch wegen eines Verfahrensfehlers vom ordentlichen Gericht aufgehoben wird (§ 26 SchGO). In diesem Fall kann also das Schiedsgericht sogar über denselben Anspruch, über den es schon einmal entschieden hatte, nochmals entscheiden, vorausgesetzt, daß es ursprünglich zuständig war.

4. Das vom Kläger angerufene Schiedsgericht ist in gleicher Besetzung **11**
auch zuständig für die Beurteilung eines Gegenanspruchs, mit welchem der Beklagte aufzurechnen hat, denn die Aufrechnung führt, wenn die Gegenforderung begründet ist, zur Tilgung der Klagforderung, so daß Klagforderung und Gegenforderung nicht getrennt beurteilt werden können (34/64). Anerkanntermaßen ist das vom Kläger angerufene Schiedsgericht in gleicher Besetzung zuständig für die Entscheidung über eine Widerklage.

5. Das gemäß § 30 vereinbarte Schiedsgericht ist auch zuständig für **12**
Streitigkeiten zwischen einem Vertragsteil und dem Konkursverwalter des nach Geschäftsabschluß in Konkurs geratenen anderen Vertragsteils, insbesondere wegen der Schadensersatzansprüche des Konkursverwalters aus §§ 17, 18 KO (14/59).

6. Gemäß § 30 (3) ist das Schiedsgericht auch zuständig für das Verhält- **13**
nis zwischen einer Vertragspartei und einem Vermittler sowie für das Verhältnis zwischen mehreren beteiligten Vermittlern. Das verstünde sich nicht von selbst, denn für den praktisch besonders wichtigen Fall, daß ein Vermittler als Vertreter ohne Vertretungsmacht in Anspruch genommen wird, hat der Bundesgerichtshof (BGHZ 68, 356 ff.) ausgesprochen, daß die gesetzliche Garantiehaftung nach § 179 BGB dem Vertreter nicht die Stellung eines Vertragspartners gebe; § 179 BGB könne deshalb nicht dahin ausgelegt werden, daß der vollmachtlose Vertreter einer in dem gescheiterten Vertrag enthaltenen Schiedsabrede unterworfen sei.

Bestätigt ein Vermittler den Parteien des Kaufvertrages und etwaigen **14**
weiteren Vermittlern den Abschluß zu WVB, so gilt dieser Bezug eben gemäß § 30 (3) WVB auch für alle gegenseitigen Ansprüche im Verhältnis zwischen dem Vermittler und den Parteien des vermittelten Vertrages sowie den übrigen beteiligten Vermittlern (14/72, JB 1973). Insbesondere gilt die Schiedsklausel für die gegenseitigen Ansprüche aus dem Geschäftsbesorgungsvertrag des Vermittlers. In dem Schiedsspruch 13/62 hat das Schiedsgericht die Meinung vertreten, daß das Schiedsgericht nach WVB nur für solche Ansprüche zuständig sei, die dem Makler- oder Agentenvertrag eigentümlich sind; werde z. B. geltend gemacht, der Vermittler habe eine

Bürgschaft oder eine Garantie für die Erfüllung des von ihm vermittelten Vertrages übernommen, so sei das Schiedsgericht nicht zuständig. Dieser Entscheidung kann nicht gefolgt werden. Wird nämlich das Schiedsgericht für den gesetzlichen Garantieanspruch aus § 179 BGB aufgrund der besonderen Schiedsklausel des § 30 (3) WVB für zuständig gehalten, so muß es erst recht für eine vertraglich übernommene Garantie zuständig sein. Eine solche Garantie ist auch, wie §§ 86 b, 95 (3) HGB ergeben, dem Geschäft eines Vermittlers durchaus nicht fremd.

IV. Abweichende Schiedsklauseln

15 Wer ein Geschäft zu WVB abschließt, begründet gemäß § 30 auch ohne ausdrückliche Hervorhebung die Zuständigkeit des Waren-Vereins-Schiedsgerichts. Manche Kaufleute wollen sich aber dem Waren-Vereins-Schiedsgericht nicht unterwerfen und die WVB nur mit der Zuständigkeit eines anderen Schiedsgerichts vereinbaren. Solche Dissidenten halten sich vorzugsweise an die in § 20 der Platzusancen für den Hamburgischen Warenhandel geregelte „Hamburger freundschaftliche Arbitrage". Wird dies erstrebt, so werden üblicherweise folgende Klauseln vereinbart:

„Hamburger freundschaftliche Arbitrage im Anschluß an die Waren-Vereins-Bedingungen"

oder

„Hamburger freundschaftliche Arbitrage auf Basis der Waren-Vereins-Bedingungen"

oder

„Hamburger freundschaftliche Arbitrage nach Waren-Vereins-Bedingungen".

Diese Klauseln sind für Hamburger Erklärungsempfänger eindeutig: Sie begründen die Zuständigkeit des Schiedsgerichts der Hamburger freundschaftlichen Arbitrage; § 30 WVB wird fortbedungen.

16 Für auswärtige und besonders für ausländische Erklärungsempfänger läßt sich dies so allgemein und unbedingt nicht anerkennen. Mit BGH, NJW 1960 S. 1296 ist nämlich davon auszugehen, daß die Platzusancen für den Hamburgischen Warenhandel nur örtliche Handelsbräuche festlegen. Wohl können sich außerhalb Hamburgs wohnende Personen diesen örtlichen Bräuchen unterwerfen. Eine solche Unterwerfung folgt aber nur aus einer klaren Vereinbarung. Das Fehlen einer klaren Vereinbarung kann gegenüber auswärtigen Firmen nicht dadurch ersetzt werden, daß die Handelskammer Hamburg in § 20 (6) der Platzusancen auch folgende Bestimmung

„Wird im Zusammenhang mit der Abrede ‚freundschaftliche Arbitrage', ‚Privatarbitrage' oder ‚Hamburger Arbitrage' auf andere Geschäftsbedingungen, Kontrakte oder dergleichen mit oder ohne Beifügung eines Zusatzes wie ‚im übrigen', ‚nach', ‚auf Basis', ‚im Anschluß an' oder dergleichen verwiesen, so gelten die in bezug genommenen Bestimmungen nur insoweit, als sie nicht zu den Vorschriften dieses Paragraphen in Widerspruch stehen."

„zur allgemeinen usancemäßigen Beobachtung empfiehlt". Auch diese Empfehlung hat allenfalls einen örtlichen Handelsbrauch begründet. Auswärtigen, besonders ausländischen Erklärungsempfängern wird in *solcher Kombination* nicht erkennbar gemacht, daß sie sich nicht dem in den WVB statuierten Vereinsgericht, sondern einem anderweitig organisierten Schiedsgericht unterwerfen sollen. Immerhin sind die WVB mit ihrer Schiedsklausel weltweit bekannt. Der Name „Hamburger freundschaftliche Arbitrage" ist jedenfalls in der Kombination mit den WVB ohne ausreichende Unterscheidungskraft, denn „freundschaftlich" wird nach Erwartung der Kaufleute grundsätzlich vor jedem Schiedsgericht verhandelt. Um so weniger kann anerkannt werden, daß die noch farblosere Bezeichnung „Hamburger Arbitrage" im Zusammenhang mit den WVB die Zuständigkeit der Hamburger freundschaftlichen Arbitrage begründet. Werden etwa in einem Vertrage unter der Rubrik „Sonstige Bedingungen" die WVB erwähnt und folgen unter einer weiteren Rubrik „Arbitrage" die Worte „in Hamburg" oder „Hamburg" oder auch „Hamburger Arbitrage", so lehrt die Erfahrung, daß auswärtige Parteien damit nicht das auch in Hamburg tätige Waren-Vereins-Schiedsgericht fortbedingen und an seiner Stelle ein anderes Schiedsgericht vereinbaren wollten. Die Worte „in Hamburg", „Hamburg" oder auch „Hamburger Arbitrage" sollen dann nur den gerade für auswärtige Parteien wichtigen Umstand hervorheben, daß das laut § 30 der WVB zuständige Schiedsgericht, welches eben seinen Sitz in Hamburg hat, zuständig sei. Die in Schlußnoten und Verträgen vorkommenden Kombinationen der Klauseln „Waren-Vereins-Bedingungen" und „Hamburger freundschaftliche Arbitrage" sind so vielfältig, daß alle für die Auslegung maßgeblichen Umstände im Einzelfall besonders zu prüfen sind.

Eine weitere Frage geht dahin, *inwieweit* § 30 WVB gegebenenfalls **17**
durch solche Klauseln fortbedungen wird. Manche meinen, § 30 (3) WVB gelte weiter mit der Maßgabe, daß dann das Schiedsgericht der Hamburger freundschaftlichen Arbitrage auch für etwaigen Streit zwischen einer Vertragspartei und einem Vermittler zuständig sei. Dieser Meinung ist nicht zu folgen, denn sie führt zu einer Überschreitung der den Platzusancen durch deren § 20 (6) gezogenen Grenzen. Für sich betrachtet, steht § 30 (3) WVB nicht im Widerspruch zu § 20 der Platzusancen, denn die beiden Bestimmungen schließen einander nicht aus. § 20 der Platzusancen handelt nicht von Vermittlern, und § 30 (3) WVB handelt nur von Vermittlern. Nach dieser Betrachtung würde also die Zuständigkeit des Waren-Vereins-Schiedsgerichts für den Streit mit einem Vermittler erhalten bleiben. Betrachtet

man dagegen § 30 WVB mit der darin ausdrücklich integrierten Schiedsgerichtsordnung des Waren-Vereins als Ganzes, so stünde diese gesamte Regelung im Widerspruch zu § 20 der Platzusancen im ganzen. Unter diesem Gesichtspunkt würde infolge Vereinbarung der Hamburger freundschaftlichen Arbitrage der gesamte § 30 WVB als fortbedungen anzusehen sein mit der Folge, daß für den Streit mit einem Vermittler die ordentlichen Gerichte zuständig wären. Die erste Betrachtungsweise liegt näher, weil in der Regel kein Anhalt dafür besteht, daß der Vermittler für die Entscheidung seiner eigenen Streitigkeiten die Zuständigkeit eines ordentlichen Gerichts vorzieht. Andererseits besteht kein Anlaß zu der Annahme, daß ein Vermittler hinsichtlich seiner eigenen Rechte und Pflichten von der regulären Zuständigkeit des Waren-Vereins-Schiedsgerichts abweichen möchte, nur weil eine Vertragspartei ihm aufgetragen hatte, für das Hauptgeschäft die Zuständigkeit der Hamburger freundschaftlichen Arbitrage in die Schlußnote oder in die Verkaufsbestätigung aufzunehmen.

V. Schwarze Liste

18 Der Waren-Verein der Hamburger Börse e. V. führt eine „Schwarze Liste unzuverlässiger ausländischer Firmen". Auf diese Schwarze Liste, deren Inhalt den Mitgliedsfirmen des Waren-Vereins und den befreundeten Verbänden an ausländischen Einfuhrplätzen bekanntgegeben wird, werden insbesondere solche ausländischen Firmen gesetzt, die einen Schiedsspruch des Waren-Vereins-Schiedsgerichts nicht erfüllt haben. Die Voraussetzungen dieser Eintragung werden vom Waren-Verein in einem förmlich geregelten Verfahren geprüft. In diesem Verfahren erhält der Schuldner Gelegenheit zur Äußerung und eine ausreichende Frist zur Erfüllung des Schiedsspruchs. Über die Aufnahme in die Schwarze Liste befindet der Vereinsvorstand. Die Eintragung wird gelöscht, wenn der Schuldner nachweist, daß er nachträglich den Schiedsspruch erfüllt hat, und wenn eine Umfrage bei den Vereinsmitgliedern keinen Anhalt dafür ergibt, daß die eingetragene Firma noch weitere Schiedssprüche des Waren-Vereins unerfüllt gelassen hat. Die Schwarze Liste hat wohl in erster Linie eine Warnfunktion: Die Vereinsmitglieder sollen vor vermeidbaren Schäden bewahrt werden. Zugleich hat die Eintragung in die Schwarze Liste schon manchen säumigen Schuldner zur nachträglichen Erfüllung seiner Verpflichtungen veranlaßt. Dieser mittelbare Effekt ist von besonderer Bedeutung, wenn der Schiedsvertrag nicht in der vom Heimatrecht des Schuldners vorgeschriebenen Form abgeschlossen ist und die Gerichte im Heimatstaat des Schuldners deshalb den Schiedsspruch nicht für vollstreckbar erklären wollen.

§ 31
Sachverständige

(1) Die streitige Beschaffenheit einer Ware oder eines Musters oder der streitige Minderwert einer Ware oder der streitige Marktpreis einer Ware oder ein streitiger Gewichtsabgang bei Käufen nach ausgeliefertem Gewicht (§ 35 Abs. 4) können durch ein nach der Verfahrensordnung für Sachverständige erwirktes Gutachten bewiesen werden. Die Verfahrensordnung wird von der Mitgliederversammlung des Waren-Vereins der Hamburger Börse e. V. beschlossen. Für jede Verfahrenshandlung gilt die jeweils neueste Fassung. Das Gutachten ist für das Schiedsgericht verbindlich, es sei denn, daß es offenbar unrichtig ist oder auf einem unzulässigen Verfahren beruht.

(2) Die streitige Beschaffenheit einer Ware oder eines Musters und ein streitiger Gewichtsabgang können nur durch ein gemäß Absatz 1 herbeigeführtes Gutachten bewiesen werden.

(3) Absatz 1 und 2 gelten auch, wenn Waren-Vereins-Arbitrage vereinbart ist.

Übersicht

Neueres Schrifttum: *Rauscher,* Das Schiedsgutachtenrecht unter besonderer Berücksichtigung der Regelungen der Praxis des Massenverkehrs, Frankfurter Dissertation 1969.

I. Allgemeines

1 1. Bestimmte Tatsachen können die Parteien in einem besonderen Verfahren außerhalb des Schiedsgerichtsverfahrens mit bindender Wirkung für das Schiedsgericht feststellen lassen. Im wesentlichen sind dies die Beschaffenheit der Ware, die Beschaffenheit eines Musters, der Minderwert einer Ware und der Marktpreis einer Ware, also die Tatsachen, von deren Feststellung die Gewährleistungsansprüche (§ 19) und die Höhe eines Anspruchs auf Schadensersatz wegen Nichterfüllung (§§ 17, 18) abhängen können. Dieses besondere Verfahren ist in der „Verfahrensordnung für Sachverständige" geregelt und verläuft meistens schneller und einfacher als ein Schiedsgerichtsverfahren. Mancher Streit, der nur um solche Tatfragen geht, wird schon durch ein nach der Verfahrensordnung für Sachverständige erwirktes Gutachten entschieden, da das Schiedsgericht grundsätzlich an die Feststellungen der Sachverständigen gebunden ist. Wegen dieser Bindung ist eine Fortsetzung des Streits vor dem Schiedsgericht oft zwecklos, und eben deshalb ist die Verfahrensordnung für Sachverständige ein praktisch wirksames Instrument für eine einfache, formular- und routinemäßig zu betreibende Beilegung vieler gleichförmiger (typischer) Streitfälle.

2 2. Indessen kann aus dieser Wohltat Plage werden, wenn der Gläubiger nach der Verfahrensordnung für Sachverständige ein Gutachten zum Nachweis eines Marktpreises erwirkt und der Schuldner den hiernach berechneten Schaden nicht freiwillig bezahlt und der Gläubiger infolgedessen das Schiedsgericht anrufen muß. Der Gläubiger hat dann die Zeit und das Geld für die Beschaffung des Gutachtens verschwendet. Wer Schadensersatz wegen Nichterfüllung eines Kaufvertrages verlangt und befürchten muß, daß der Schuldner den von den Sachverständigen festzustellenden

Schaden nicht alsbald freiwillig bezahlen wird, handelt zweckmäßiger, wenn er von einem Preisfestsetzungsantrag nach der Verfahrensordnung für Sachverständige absieht und unmittelbar das Schiedsgericht anruft. Zweckmäßigerweise benennt der Gläubiger dann als Schiedsrichter eine Person, die mit den maßgeblichen Preisen Bescheid weiß. In aller Regel stellt das Schiedsgericht in solchen Fällen den Marktpreis aus eigener Sachkunde ohne Erhebung von Mehrkosten fest. Außerdem ist für den Gläubiger nicht immer von vornherein klar, welchen Tag die Schiedsrichter als maßgeblichen Zeitpunkt für die Schadensberechnung erachten werden. Ein Preisfestsetzungsgutachten, welches auf einen unrichtigen Zeitpunkt abgestellt wird, kann das Schiedsgericht nicht verwerten. Die Kosten, welche der Gläubiger für die Erwirkung eines solchen unmaßgeblichen Gutachtens aufgewendet hat, sind vom Schuldner nicht zu erstatten. Deshalb ist von der Erwirkung eines Preisfestsetzungsgutachtens nach der Verfahrensordnung für Sachverständige grundsätzlich abzuraten, wenn der Gläubiger nicht von vornherein sicher sein darf, daß der Schuldner dem Gutachten durch freiwillige Zahlung folgen wird, oder wenn der Gläubiger sich mit dem Schuldner nicht von vornherein auf den für die Schadensberechnung maßgeblichen Zeitpunkt verständigt hat. Ein Preisfestsetzungsverfahren nach der Verfahrensordnung für Sachverständige ist also nur angebracht gegenüber einem Kavalier, dem die Bezahlung einer betragsmäßig feststehenden Schuld Ehrensache ist und der nicht erst durch eine Schiedsgerichtsklage zur Erfüllung seiner Verpflichtung angehalten werden muß.

II. Gemeinsame Vorschriften für alle Gutachten

1. Das gemäß § 31 WVB nach der Verfahrensordnung für Sachverständige zu erwirkende Gutachten ist ein Schiedsgutachten im eigentlichen Sinn des Wortes. Die Sachverständigen bestimmen nicht den Inhalt einer Leistung (§§ 317 ff. BGB), sondern sie *entscheiden* einen Streit über Tatsachen, nach denen sie den Sachverhalt erforscht haben. Auch über die Natur der in diesem engeren Sinn verstandenen Schiedsgutachten besteht außerhalb der WVB Streit. 3

a) Die herrschende Meinung folgt der sogenannten materiellrechtlichen Theorie: Hiernach gestalten die Sachverständigen durch ihre Feststellungen den Leistungsinhalt *analog* §§ 317 ff. BGB. Auch das im engeren Sinn zu verstehende Schiedsgutachten ist deshalb nach dieser Theorie ein anspruchbegründendes Element. Eine vor Einholung des Schiedsgutachtens erhobene Klage wäre hiernach als zur Zeit unbegründet abzuweisen. Andererseits eröffnet diese materiellrechtliche Theorie die analoge Anwendung des § 319 BGB mit der Maßgabe, daß 4 ein offenbar unrichtiges Gutachten nicht verbindlich wäre; bei unmittelbarer Anwendung von § 319 BGB auf die Bestimmung der Leistung durch einen Dritten (§§ 317 ff. BGB) wäre das Gutachten nur dann unverbindlich, wenn es „offenbar unbillig" ist.

5 b) Eine Minderheit vertritt die sogenannte prozeßrechtliche Theorie und erblickt in der Schiedsgutachtenklausel einen Beweisvertrag, durch welchen ein bestimmter Beweis für bindend erklärt werden kann und andere Beweismittel ausgeschlossen werden können. Denn die Erstattung des Gutachtens ist hiernach kein anspruchbegründendes Element und kommt daher bei Prüfung der Schlüssigkeit der Klage nicht in Betracht. Andererseits ist nach dieser prozeßrechtlichen Theorie das Gutachten für das Gericht bzw. das Schiedsgericht unter allen Umständen maßgeblich.

6 Durch § 31 WVB wird dieser Streit grundsätzlich im Sinne der prozeßrechtlichen Theorie entschieden, denn das Schiedsgutachten wird als Beweismittel angesehen. Ausdrücklich heißt es in § 31 (1) WVB, die streitige Beschaffenheit einer Ware und die streitige Höhe des Marktpreises „können durch ein nach der Verfahrensordnung für Sachverständige erwirktes Gutachten *bewiesen* werden". Darüber hinaus wird in § 31 (2) bestimmt, daß die streitige Beschaffenheit einer Ware *nur* durch ein solches Gutachten bewiesen werden könne. Gegen die prozeßrechtliche Theorie wird für den Bereich der staatlichen Gerichtsbarkeit eingewandt, ein solcher Beweisvertrag sei unzulässig, weil der unabdingbare Grundsatz der freien richterlichen Beweiswürdigung verletzt werde. Ob dieser Einwand zutrifft, braucht für § 31 WVB nicht entschieden zu werden, weil der sachliche Streit der Parteien gemäß § 30 WVB von einem Schiedsgericht zu entscheiden ist. Der Schiedsvertrag ist nämlich ein privatrechtlicher Vertrag (RG 144, 98) und ist deshalb nach dem bürgerlichrechtlichen Grundsatz der Vertragsfreiheit zu betrachten. Außerdem hat der Bundesgerichtshof (NJW 1966, 549) anerkannt, daß das Schiedsgericht sein Verfahren und den Umfang einer Beweisaufnahme frei gestalten könne. Erst recht können deshalb die Parteien eine wirksame Vereinbarung über die Verbindlichkeit eines Beweismittels und über die Unzulässigkeit anderer Beweismittel treffen, wenn ein Schiedsgericht dahintersteht.

Wer also beim Waren-Vereins-Schiedsgericht als Kläger einen Anspruch aus der Beschaffenheit einer ihm gelieferten Ware herleitet, kann die Klage schon erheben, bevor er ein Gutachten über die Beschaffenheit der Ware erwirkt hat. Er kann abwarten, ob die Beschaffenheit der Ware überhaupt streitig wird, und erst dann braucht er das Gutachten nach der Verfahrensordnung für Sachverständige zu erwirken. Hierfür hat das Schiedsgericht ihm nach dem Gebot der Gewährung rechtlichen Gehörs die erforderliche Zeit einzuräumen.

2. Gemäß § 31 (1) Satz 4 WVB ist das Gutachten für das Schiedsgericht verbindlich, es sei denn, daß es offenbar unrichtig ist oder auf einem unzulässigen Verfahren beruht. Durch die Worte „es sei denn, daß" wird der Ausnahmecharakter dieser Bestimmung ausgedrückt. Wer sich auf diese Ausnahmebestimmung beruft, muß deshalb die Tatsachen beweisen, aus denen sich die offenbare Unrichtigkeit des Gutachtens oder die Unzulässigkeit des Verfahrens ergeben. 7

Die WVB 1955 enthielten eine solche Bestimmung noch nicht. In der Zeit bis 1971 festigte sich aber im Waren-Vereins-Bereich die Überzeugung, daß der Entscheidungsfreiheit der Sachverständigen gewisse Schranken zu setzen seien und daß deren Gutachten in diesem Sinne auch einer materiellen Kontrolle des Schiedsgerichts bedürften. Ein Signal für das Bewußtsein, daß den Sachverständigen nicht alles zu gestatten sei, war der Schiedsspruch 13/64 vom 30. 9. 1964 (JB 1965), wo unter Anführung von § 319 BGB der ausdrückliche Grundsatz aufgestellt wurde, ein Gutachten sei dann nicht verbindlich, „wenn es offenbar unrichtig wäre oder wenn es auf einem unzulässigen Verfahren beruhte" und deshalb offenbar unbillig erscheine. Dieser Grundsatz wurde von Mathies-Grimm-Sieveking 1967 (Bem. 33 zu § 43) bestätigt und im Jahre 1971 in § 31 der neugefaßten Waren-Vereins-Bedingungen aufgenommen. Die in § 31 (1) Satz 4 WVB 1971 aufgenommene Bestimmung ist deshalb hervorzuheben, weil Rauscher noch 1969 (S. 274, 275) aus älteren schiedsgerichtlichen Entscheidungen (1931, 24; 1964, 54 ff.) folgerte, daß auch ein offenbar unrichtiges Gutachten hinzunehmen sei. Diese Zitate geben jedoch für die von Rauscher vertretene Auffassung nichts her. Die Entscheidung 1931, 24 ist kein Schiedsspruch des Waren-Vereins-Schiedsgerichts, sondern ein Spruch der Hamburger freundschaftlichen Arbitrage, und die Entscheidung 1964, 54 ff. enthält nur beiläufig den Grundsatz, daß das Ergebnis des Sachverständigengutachtens für das Schiedsgericht bindend sei. Niemals ist jedoch im Waren-Vereins-Bereich schiedsgerichtlich anerkannt worden, daß auch offenbar unrichtige Gutachten vom Schiedsgericht hinzunehmen seien. 8

Jedenfalls ist das Schiedsgericht durch § 31 (1) Satz 4 WVB 1971 in einem für den Waren-Vereins-Bereich als notwendig anerkannten Umfange auch zur materiellen Kontrolle der Sachverständigengutachten berufen worden. Eine vom Verfasser bei der Rechtsabteilung der Handelskammer Hamburg gehaltene Rückfrage hat ergeben, daß die von Rauscher postulierte Unangreifbarkeit offenbar unrichtiger Gutachten auch in anderen Branchen nicht anerkannt wird; dies gilt auch für den Bereich solcher Arbitrageordnungen, welche ein Qualitätsgutachten für „endgültig und unanfechtbar" erklären (Schreiben des stellv. Hauptgeschäftsführers der Handelskammer Hamburg vom 2. 9. 1974). Eher darf daher angenommen werden, daß die 9

Regelung in § 31 (1) Satz 4 WVB 1971 einem allgemeinen Handelsbrauch des Hamburger Einfuhrhandels entspricht.

10 Mit der auch nach diesem Kommentar für die WVB grundsätzlich anzuerkennenden prozeßrechtlichen Theorie ist die in § 31 (1) Satz 4 eröffnete materielle Kontrolle der Sachverständigengutachten durchaus vereinbar. Erblickt man in dem Verfahren der Sachverständigen eine vorgeschaltete Instanz, so ist eben das Schiedsgericht eine höhere Instanz mit beschränkter Nachprüfungsbefugnis, wie sie beispielsweise auch dem Revisionsgericht bei der Verletzung von Denkgesetzen und Erfahrungssätzen zusteht. Sieht man in dem Gutachten nur ein Beweismittel besonderer Art, so macht die vereinbarte Einschränkung seiner Beweiskraft erst recht keine begrifflichen Schwierigkeiten.

11 a) Offenbar unrichtig ist ein Gutachten nur, wenn die Unrichtigkeit so extrem ist, daß sie sich jedem sachkundigen und unbefangenen Beobachter sofort aufdrängt (62/74, JB 1975; 4/77, JB 1977). Unverbindlich ist ein Gutachten auch dann, wenn das Attest des von den Sachverständigen hinzugezogenen Spezialexperten (z. B. eines Lebensmittelchemikers) offenbar unrichtig ist (1/69, JB 1969). Die Schiedsrichter, welche darüber zu entscheiden haben, ob ein nach der Verfahrensordnung für Sachverständige erwirktes Gutachten offenbar unrichtig ist, sind nicht immer so sachkundig, daß sie die offenbare Unrichtigkeit im Sinne der vorerwähnten Entscheidungen sofort erkennen. Eine Partei, welche die offenbare Unrichtigkeit des nach der Verfahrensordnung für Sachverständige erwirkten Gutachtens geltend macht, legt deshalb in der Regel das Gutachten eines anderen Sachverständigen vor. Ist aber dieses Gutachten nicht offenbar sorgfältiger begründet als das angefochtene Gutachten, so beweist es nicht dessen offenbare Unrichtigkeit (4/77, JB 1977). Weitere Fragen, die sich bei der Nachprüfung eines Gutachtens auf offenbare Unrichtigkeit ergeben, sind in den sie jeweils betreffenden Abschnitten III (Qualitätsarbitrage) oder IV (Preisfestsetzung) zu erörtern.

12 b) Der Begriff des unzulässigen Verfahrens ist § **1041 (1) Nr. 1 ZPO** entlehnt, wo folgendes bestimmt wird:

„Die Aufhebung des Schiedsspruchs kann beantragt werden:

1. wenn dem Schiedsspruch ein gültiger Schiedsvertrag nicht zugrunde liegt oder der Schiedsspruch sonst auf einem unzulässigen Verfahren beruht;
2. ..."

Die Vorschrift des § 31 (1) Satz 4 WVB, welche an das Gutachten teilweise die gleichen Anforderungen stellt, welchen Schiedssprüche von Gesetzes wegen unterworfen sind, und die Verweisung auf die Verfahrensordnung für Sachverständige machen es besonders deutlich, daß nach WVB die Institution der Sachverständigen im Sinne der prozeßrechtlichen Theorie zu verstehen ist. Im Streitfall hat das Schiedsgericht vorweg zu prüfen, ob die Sachverständigen ordnungsmäßig ernannt sind (1965, 55; MGS 33 zu § 43). Im übrigen gilt folgendes:

aa) Ein Verfahren ist unzulässig, wenn die Sachverständigen die Verfahrensordnung nicht eingehalten haben. Die Unverbindlichkeit eines Gutachtens, welches auf einem derart unzulässigen Verfahren beruht, ergibt sich auch schon aus § 31 (1) Satz 1, wonach Gutachten überhaupt nur verbindlich sind, wenn sie nach der Verfahrensordnung für Sachverständige erwirkt worden sind. Die in § 7 (1) VerfO verlangte Schriftform ist auch dann gewahrt, wenn einer der unterzeichnenden Sachverständigen es mit dem Zusatz „unter Protest" unterschreibt. Auch die unter solchem Protest geleistete Unterschrift bedeutet nämlich mindestens, daß das Gutachten dem Verfahrensergebnis entspricht (4/77, JB 1977). Haben die von den Parteien ernannten Sachverständigen einen Obmann hinzugezogen, weil sie sich nicht einigen konnten (§ 2 Abs. 1 VerfO), so darf der Obmann die Streitfrage nicht allein entscheiden. Vielmehr muß er die Streitfrage mit den beiden anderen Sachverständigen erörtern und dann die Mehrheit entscheiden lassen. Eine Entscheidung ohne vorherige Anhörung beider Sachverständigen ist unzulässig (4/77, JB 1977). Die aus solchem unzulässigen Verfahren folgende Unwirksamkeit umfaßt das gesamte Gutachten, soweit sich aus diesem nicht deutlich ergibt, daß eine Feststellung von diesem Verfahrensmangel nicht betroffen sein kann, also nicht deutlich abgegrenzt werden kann (4/77, JB 1977). 13

bb) Ein Verfahren ist auch dann unzulässig, wenn die Sachverständigen gegen einen wesentlichen Grundsatz geordneter Rechtspflege verstoßen haben; in diesem Fall kommt es nicht darauf an, ob dieser Grundsatz sich ausdrücklich oder sinngemäß aus der VerfO ergibt. Dies folgt aus der entsprechend zu berücksichtigenden Rechtsprechung der ordentlichen Gerichte zu § 1041 ZPO (RGZ 159, 98). Den Sachverständigen sind durch § 31 WVB so erhebliche Entscheidungsbefugnisse verliehen, daß ihre Verfahrensfehler nicht minder ins Gewicht fallen als etwaige Verfahrensfehler des Schiedsgerichts. 14

aaa) Ein klarer Verstoß gegen einen wesentlichen Grundsatz jeder geordneten Rechtspflege ist in diesem Sinne die Versagung des rechtlichen Gehörs (23/67, JB 1967). Dem rechtlichen Gehör dienen insbesondere die Bestimmungen in § 3 (1) Nr. 8 VerfO über die Mitunterzeichnung des Antrages durch die Antragsgegner. Der Antragsgegner hat ein berechtigtes Interesse daran, die Formulierung der den Sachverständigen vorgelegten Fragen zu kennen, eventuell an der Partie interessierte Personen als Sachverständige auszuschließen oder sich davon zu überzeugen, daß die richtige Partie im Stück besichtigt wird (1924, 23; 23/67, JB 1967). Außerdem kann der Antragsgegner ein berechtigtes Interesse daran haben, den Fragen des 15

Antragstellers eigene Fragen hinzuzusetzen und Hinweise für die richtige Beurteilung zu geben. Ein Verfahrensmangel liegt auch vor, wenn dem mitunterzeichnenden Vertreter die Vertretungsmacht fehlt (23/67, JB 1967). Die in § 3 (1) Nr. 8 Satz 4 und 5 VerfO getroffene Bestimmung, daß die Einholung der Unterschrift einer Partei unter den dort bestimmten Umständen entbehrlich sei, berührt nicht den Verfahrensgrundsatz, sondern enthält nur eine zwecks Vermeidung von Zeitverlust begründete Ausnahme, wenn der Antragsgegner sich von vornherein am Verfahren uninteressiert gezeigt hat, oder für den Fall, daß dem Antragsgegner die von den Sachverständigen zu entscheidenden Fragen schon früher bekannt geworden sind, oder wenn der Antragsteller nur bestimmte Standardfragen gestellt hat. Auch in diesen Ausnahmefällen steht es der einmal säumig gewordenen Partei frei, sich unmitelbar an die Sachverständigen zu wenden.

16 bbb) Zu den wesentlichen Grundsätzen einer geordneten Rechtspflege gehört das Gebot, daß die Sachverständigen bei Ermittlung des Sachverhalts unparteilich zu verfahren haben. Dieses Gebot wird verletzt, wenn die Sachverständigen ihre Entscheidung auf das von einer Partei einseitig beschaffte Attest eines Handelschemikers stützen, denn die Besorgnis ist gerechtfertigt, daß ein von nur einer Partei beauftragter Sachverständiger die Sache auch bei bestem Willen anders sieht als ein Spezialexperte, der von beiden Sachverständigen hinzugezogen wurde. Hinzu kommt die Ungewißheit, ob der von einer Partei im Vorwege mit der Sache beauftragte Sachverständige korrekt gezogene Muster beurteilt hat. In erster Linie haben die nach der Verfahrensordnung berufenen Sachverständigen zu versuchen, daß sie aufgrund eigener Sachkunde zu einer Entscheidung gelangen. Sind die Sachverständigen hierzu nicht in der Lage, so müssen sie selbst als Kollegium das Gutachten eines Sonderexperten, z. B. eines Handelschemikers, einholen und dürfen sich erst dann ihre Meinung bilden. Ziehen die Sachverständigen mangels ausreichender eigener Spezialkenntnisse oder mangels eigener Erkenntnisquellen zu einer Spezialfrage das Attest eines Spezialexperten ein und fügen sie das Attest dieses Spezialexperten ihrem eigenen Gutachten bei, so wird dieses Attest Bestandteil des eigentlichen Gutachtens und deshalb für das Schiedsgericht ebenfalls verbindlich (1/69, JB 1969). Bei der Auswahl dieses Spezialexperten müssen die Sachverständigen die erforderliche Sorgfalt walten lassen, andernfalls ist das Gutachten wegen unzulässigen Verfahrens unverbindlich. Vor diese Frage gestellt, hat das Schiedsgericht einmal entschieden, die Sachverständigen dürften auch einen nichtbeeidigten Chemiker hinzuziehen, wenn keine Bedenken gegen seine Sachkunde oder sonstige Zuverlässigkeit bestehen (1/69, JB 1969).

17 ccc) Unterliegt eine Entscheidung der Nachprüfung durch eine weitere Instanz, so muß die Entscheidung mit einer nachprüfbaren Begründung versehen sein, andernfalls kann die höhere Instanz der nachzuprüfenden

Entscheidung nicht gerecht werden. Insbesondere kann das Schiedsgericht nicht kontrollieren, ob ein nach der VerfO erstattetes Gutachten offenbar unrichtig ist, wenn die Sachverständigen nicht in dem Gutachten dargelegt haben, aufgrund welcher Überlegungen sie zu ihren Feststellungen gelangt sind. Die Begründung muß in dem Gutachten selbst enthalten sein. Der Fehler läßt sich nicht dadurch heilen, daß die Sachverständigen nachträglich das Gutachten ergänzen oder erläutern, denn in solchen Fällen besteht die Besorgnis, daß die Sachverständigen – auf ein von ihnen vernachlässigtes Problem einmal aufmerksam gemacht – nach einer Begründung suchen werden, welche die Entscheidung besser trägt. Ein so „verbessertes“ Gutachten gibt nicht die Gewähr dafür, daß die Sachverständigen bei rechtzeitiger Überlegung von vornherein zu dem gleichen Ergebnis gekommen wären. Fehlt dem Gutachten eine nachprüfbare Entscheidung, so ist es also schon aus diesem Grunde für das Schiedsgericht nicht verbindlich (3/74, JB 1975). Dieser Auffassung ist der Vorstand des Waren-Vereins durch Rundschreiben Nr. 3/76 vom 5. 1. 1976 beigetreten; dieses Rundschreiben wird im Anhang abgedruckt. Was im einzelnen zur nachprüfbaren Begründung eines Gutachtens gehört, wird im Abschnitt III für die Qualitätsarbitrage und in Abschnitt IV für Preisfestsetzungen erörtert werden.

cc) Ein Gutachten ist nur unverbindlich, *soweit* es auf einem unzulässigen Verfahren beruht. Betrifft das unzulässige Verfahren nur eine von mehreren Streitfragen, aber gelangen die Sachverständigen dann zu einer pauschalen Entscheidung mehrerer Streitfragen, so ist das Gutachten auch hinsichtlich der pauschal mitentschiedenen Streitfragen unwirksam (4/77, JB 1977). 18

III. „Qualitätsarbitrage“

Ein nach § 31 WVB und nach der Verfahrensordnung für Sachverständige zur Feststellung der Beschaffenheit einer Ware oder eines Musters betriebenes Verfahren wird herkömmlicherweise „Qualitätsarbitrage“ genannt. Diese Bezeichnung ist ungenau, denn das Verfahren dient nicht nur der Feststellung von Qualitätsmängeln, sondern auch der Feststellung von Gattungsmängeln. In dieser Hinsicht nehmen es die Kaufleute mit dem Sprachgebrauch wiederum sehr genau, denn sie halten wegen der verschieden gestalteten Rechtsfolgen die Qualitätsmängel und die Gattungsmängel streng auseinander. Trotzdem ist der Ausdrck „Qualitätsarbitrage“ im kaufmännischen Sprachgebrauch so verwurzelt, daß die Überschrift dieses Abschnitts in den gebotenen Anführungsstrichen hingenommen werden mag. 19

1. Wer die Qualitäsarbitrage betreibt, braucht zur Erwirkung des Gutachtens keine besonderen Fristen einzuhalten. Das ist hervorzuheben, da 20

durch § 3 (10), (11) WVB 1955 einmal Fristen eingeführt worden waren, innerhalb welcher der Antragsteller die Qualitätsarbitrage „anzumelden" und „einzureichen" hatte. Die Absätze 10 und 11 des § 3 WVB 1955 waren überflüssig und in mancher Hinsicht unklar. Die Materialien über den Anlaß ihrer Aufnahme in die WVB 1955 sind entsprechend dürftig. Mathies-Grimm (1955) Anm. 31 zu § 3 WVB ist nur folgendes zu entnehmen:

„Die Absätze 10 und 11 wurden 1955 neu aufgenommen, um dadurch die seit langem bestehende Unsicherheit über die Arbitragefristen zu beseitigen. Neben der Anmeldefrist wurde eine weitere Frist für die Einreichung des Arbitrageantrages eingeführt, um zu verhindern, daß Arbitragen vorsorglich angemeldet werden, deren Durchführung aber verzögert wird."

Die vorweg zu stellende Frage, ob nicht gerade der Zwang zur Einhaltung einer Frist für die Anmeldung der Arbitrage dazu verleiten könnte, „daß Arbitragen vorsorglich angemeldet werden", wird nicht erörtert. Außerdem schuf die Einführung der Arbitragefristen mehr Probleme als sie allenfalls regelte. Insbesondere wurde nicht bestimmt, welche Folgen bei Versäumnis dieser Fristen eintreten sollten. Das wurde bei MGS 31, 36 bis 42 zu § 3 eingehend dargelegt. Einer Entscheidung dieser Frage sind die Schiedsgerichte mit offenkundiger Absicht aus dem Wege gegangen, wie bei MGS 40, 41 zu § 3 im einzelnen berichtet wird. Erst recht hat sich zwischen 1955 und 1971 in dieser Hinsicht kein Handelsbrauch ergeben.

In seiner Sitzung vom 23. 6. 1969 hat sich der Ausschuß eingehend mit diesen Fragen befaßt und hat beschlossen, in die neuzufassenden WVB keine Arbitragefristen aufzunehmen. Der Ausschuß begründete diesen Beschluß laut Niederschrift vom 23. 6. 1969 wie folgt:

„a) Die Fristen sind überflüssig.

aa) Die Partei, die einen von dem Ergebnis der Qualitätsarbitrage abhängigen Gewährleistungsanspruch geltend zu machen hat, hat in der Regel selbst ein Interesse an schneller Abwicklung. Außerdem ist es ihr Risiko, wenn sich durch verspätete Arbitrage nicht mehr feststellen läßt, welches der Zustand der Ware beim Übergang der Gefahr gewesen ist.

bb) Bei Konserven ist das Risiko einer schnellen Veränderung der Beschaffenheit ohnehin gering.

cc) Hat die Gegenpartei ausnahmsweise ein Interesse an einer baldigen Feststellung der Beschaffenheit, kann sie selbst die Arbitrage einleiten, denn sie ist durch die vorangegangene Mängelrüge darüber unterrichtet, daß Gewährleistungs- oder Schadensersatzansprüche drohen.

dd) Dafür, daß solche Qualitätsstreitigkeiten nicht ins Endlose verzögert werden, sorgt die gesetzliche Bestimmung (§ 477 BGB), daß Gewährleistungsansprüche in sechs Monaten nach Ablieferung verjähren.

ee) Die kurzen Qualitätsarbitragefristen hindern vielfach aussichtsreiche Vergleichsverhandlungen.

ff) Ob die Fristen im allgemeinen die Abwicklung von Qualitätsdifferenzen beschleunigen, kann dahingestellt bleiben, denn die Waren-Vereins-Bedingungen sind kein Erziehungsinstrument, welches Parteien, die es beiderseits nicht eilig haben, zur Eile antreiben soll. Die Waren-Vereins-Bedingungen sollen vielmehr *widerstreitende* Interessen rechtlich ordnen. Der Ausschuß zieht auch in Erwägung, daß die Waren-Vereins-Branchen bis 1955 ohne solche Fristen ausgekommen sind.

b) Die gegenwärtige lückenhafte und auch sonst unvollkommene Regelung entspricht nicht der allgemeinen Rechtsüberzeugung im Waren-Vereins-Bereich. Dem Konservenhandel sind sie weitgehend unbekannt oder doch unverständlich. Vielfach werden die Absätze 10 und 11 des § 3 WVB nur als eine unbillige Formvorschrift aufgefaßt, auf welche die Verkäufer sich mangels sachlicher Einwendungen berufen, um sich der Erfüllung klarer Verpflichtungen zu entziehen. Die Rügefrist und die Verjährungsfrist werden als ausreichender Schutz des Verkäufers angesehen.

Hiervon ausgehend hat der Ausschuß auch in die neue Kodifikation des Waggon-Einfuhrgeschäfts keine Arbitragefristen aufgenommen. Vielmehr ist in § 45 bestimmt, daß §§ 1–44 (also auch § 3) ergänzend nur anzuwenden sind, soweit sie nicht ausdrücklich für Abladegeschäfte oder für Platzgeschäfte bestimmt sind. Die Arbitragefristen sind nur für Abladegeschäfte und Platzgeschäfte bestimmt (§ 3 Absätze 10 und 11) und deshalb für Waggoneinfuhrgeschäfte nicht anwendbar.

c) Die Wahrung der Arbitragefristen erfordert im kaufmännischen Betrieb einen zusätzlichen Arbeitsaufwand, der sich aus den vorstehend erörterten Gründen nicht rechtfertigt."

Die vollständige Wiedergabe dieser Erwägungen und Beschlüsse des Ausschusses, deren Ergebnis dann auch einstimmig von der Mitgliederversammlung gebilligt worden ist, erscheint dem Verfasser angebracht, um den Eindruck zu vermeiden, daß der Ausschuß und die Mitgliederversammlung die Bestimmung von Arbitragefristen etwa vergessen hätten und daß deshalb eine Lücke in den WVB 1971 auszufüllen sei, vielleicht sogar unter Hinzuziehung der Regelung von 1955. Im übrigen ist dieser Auszug aus der Niederschrift vom 23. 6. 1969 ein instruktives Beispiel dafür, daß bei der Neufassung der WVB von 1971 umsichtig vorgegangen wurde. – Dementsprechend hat das Schiedsgericht später (10/73, JB 1973) ausdrücklich erkannt, daß der Käufer durch Verzögerung von Qualitätsarbitrage seine Gewährleistungsansprüche nicht verliert.

2. Nur zur Feststellung von *Tatsachen* sind die Sachverständigen berufen. Ihre Gutachten sind gemäß § 31 als Beweismittel anzusehen, und nur Tatsachen sind Gegenstand von Beweisen. **21**

Für die Entscheidung von Rechtsfragen sind die Sachverständigen also nicht kompetent. Insbesondere sind die Sachverständigen nicht zuständig für die Auslegung eines Vertrages oder für die Feststellungen von Tatsachen, welche der Auslegung dienen sollen. Dem widerspricht es nur scheinbar, wenn die Sachverständigen die fast formularmäßig in den Arbitrageanträgen gestellte Frage beantworten, „ob die Ware den vertraglichen Bedingungen entspricht". Regelmäßig ist nämlich die verkaufte Ware im jeweils vorliegenden Vertrage nach Gattung und Qualität so deutlich bestimmt, daß in dieser Hinsicht um die Auslegung des Vertrages nur selten gestritten wird. Streng genommen würde es genügen, wenn die Sachverständigen nur die Beschaffenheit der ihnen vorgeführten Partie in ihrem Gutachten beschreiben und das Schiedsgericht darüber entscheiden lassen, ob die nach ihren Feststellungen beschaffene Ware eine kontraktlich geschuldete Ware darstellt. Das könnte jedoch sehr umständlich sein, besonders wenn die Sachverständigen finden, daß die Ware kontraktgemäß ausgefallen ist. Ist also nach dem Inhalt des Vertrages und etwaigen Bemerkungen, welche die Parteien in dem Arbitrageantrag aufnehmen, ganz deutlich, was vertraglich zu liefern war, so dürfen die Sachverständigen ihr Gutachten auch in die Form bringen, daß sie die Frage nach der Übereinstimmung mit den vereinbarten Bedingungen bejahen, und sich in der Begründung ihres Gutachtens nur mit den essentiellen Erfordernissen vertragsmäßig beschaffener Ware und mit der Abhandlung ausdrücklich erhobener Mängelrügen befassen. Herrscht jedoch Streit darüber, wie die Ware vertragsmäßig beschaffen sein muß, streiten sich die Parteien z. B. darüber, ob nach Muster gekauft sei, so haben die Sachverständigen zu diesem Streit keine Stellung zu nehmen. Zweckmäßigerweise stellen die Sachverständigen dann für beide in Betracht kommenden Eventualitäten die Beschaffenheit der von ihnen untersuchten Ware fest. Alles weitere kann und muß dann das Schiedsgericht entscheiden. So können die Sachverständigen aber praktisch nur verfahren, wenn die Parteien ihnen eine einigermaßen konkrete Alternative für die Rechtsgrundlage unterbreiten. Ganz und gar unzulässig wäre die komplexe Frage, ob die Ware nach Lebensmittelrecht verkehrsfähig sei. Bezweifelt der Käufer die Verkehrsfähigkeit, so mag er im einzelnen angeben, welches Merkmal der zu untersuchenden Ware die Verkehrsfähigkeit beeinträchtigen könnte. Die Sachverständigen können die ihnen unzulässigerweise unterbreitete Frage nach der Verkehrsfähigkeit auch nicht einfach auf einen Spezialexperten, z. B. auf einen Handelschemiker, abschieben. Der Handelschemiker mag tatsächliche Merkmale der Ware, welche unter diesem Gesichtspunkt in Betracht zu ziehen sind, in sein Attest aufnehmen. Wird das Attest von den Sachverständigen akzeptiert, so wird es insoweit Teil ihres Gutachtens und ist insoweit für das Schiedsgericht verbindlich. Zieht der Handelschemiker in seinem Attest aber außerdem noch die Schlußfolgerung, daß die Ware verkehrsfähig sei oder daß sie nicht verkehrsfähig sei, so ist diese Schlußfolgerung für das Schiedsgericht nicht verbindlich im Sinne von § 31 WVB. – Die Entscheidung über

Rechtsfragen war seit jeher ausschließlich Sache des Schiedsgerichts (30/56; MGS 26 zu § 43). In diesem Sinne hat das Schiedsgericht (1965, 58) ohne vorherige Qualitätsarbitrage über die Frage entschieden, ob ein Befall mit Keimen (Salmonellen), welche unter Umständen die Erkrankung von Menschen verursachen können, die betroffene Ware mangelhaft im Sinne von § 19 (§ 18 WVB a. F.) macht. Hier war der Zustand der Ware unstreitig, und es ging deshalb nur um die Rechtsfrage, ob ein solcher Zustand als Mangel anzusehen war.

Üblicherweise stellen die Parteien ihre Standardfrage den Sachverständigen in der Zeitform der Gegenwart. Sie pflegen zu fragen: „*Entspricht* die Ware den vertraglichen Bedingungen?" Meistens ist die Frage in dieser Zeitform unerheblich, denn gemäß § 19 (1) WVB kommt es darauf an, wie die Ware bei Übergang der Gefahr auf den Käufer beschaffen *war.* Dieser Zeitunterschied kann besonders bei Distanzgeschäften wichtig sein. So z. B. geht die Gefahr beim Abladegeschäft regelmäßig schon mit der Verschiffung auf den Käufer über, wogegen die Qualitätsarbitrage selbst im Bestimmungshafen stattfindet. Die in der Zeitform der Gegenwart gestellte Standardfrage darf aber vernünftigerweise von den Sachverständigen dahin verstanden werden, in welchem Zustand sich die Ware im Zeitpunkt des Gefahrüberganges befand. Auszugehen haben die Sachverständigen natürlich immer von dem Zustand, in welchem sie die Ware vorfinden, und rückschließend müssen sie sich dann dazu äußern, ob ein von ihnen festgestellter Mangel schon zur Zeit der Abladung vorgelegen hat (5/69, JB 1969). Kundige und erfahrene Sachverständige sind auch meistens in der Lage, aus dem gegenwärtigen Zustand der Ware, insbesondere aus dem Zustand der Verpackung und aus dem von ihnen zu ermittelnden Reiseverlauf, darauf zu schließen, wie die Ware bei Abladung beschaffen war, insbesondere ob sie so beschaffen war, daß sie den vorgesehenen Tansport unter normalen Verhältnissen unbeschädigt überstanden haben würde. 22

3. Die streitige Beschaffenheit einer Ware oder eines Musters und der streitige Minderwert einer Ware oder eines Musters können gemäß § 31 (1) – für das Schiedsgericht verbindlich – durch ein Gutachten nach der Verfahrensordnung für Sachverständige bewiesen werden. Die Vorschrift in § 31 (2) geht für ein bestimmtes Beweisthema weiter: Die streitige Beschaffenheit einer Ware oder eines Musters kann *nur* durch ein solches Gutachten bewiesen werden. Streitig im Sinne von § 31 (2) sind Ware oder Muster nur, wenn der Beweisführungsgegner die von der beweispflichtigen Partei behauptete Beschaffenheit im Schiedsgerichtsverfahren bestreitet. Läßt der Beweisführungsgegner sich auf das Schiedsgericht überhaupt nicht ein, so darf das Schiedsgericht sich seine Überzeugung von der Beschaffenheit der Ware auch auf andere Weise, z. B. durch unmittelbare Einnahme von Augenschein, bilden (32/77, JB 1977). Das Schiedsgericht darf aber auch vom 23

Beweisführer die Beibringung eines nach der Verfahrensordnung für Sachverständige erwirkten Gutachtes verlangen.

24 4. Zum Begriff der offenbaren Unrichtigkeit darf auf den allgemeinen Abschnitt II 2 a verwiesen werden. Weitere Schiedssprüche, die sich besonders mit offenbar unrichtigen Feststellungen der Qualitätsarbitrage befassen, sind seit 1971 nicht ergangen. Offenbar unrichtige Gutachten beruhen wohl sehr häufig auch auf einem unzulässigen Verfahren, so daß sich die Hinfälligkeit des Gutachtens schon nach der Prüfung dieser verfahrensrechtlichen Vorfrage ergibt.

25 5. Zur Unzulässigkeit des Verfahrens ist auf die allgemeinen Erläuterungen unter II 2 b zu verweisen. Das Verfahren ist unzulässig, wenn die Entscheidung auf einer Verletzung wesentlicher Vorschriften der Verfahrensordnung oder auf der Verletzung wesentlicher Grundsätze einer geordneten Rechtspflege beruht. Für die Qualitätsarbitrage gelten die folgenden Besonderheiten:

26 a) Technische Vorschriften sind in der Verfahrensordnung kaum enthalten, und diese beziehen sich auch nur auf die Frage, ob die Sachverständigen – gegebenenfalls mit dem Obmann – die Ware im Stück zu besichtigen haben oder nur nach Proben zu beurteilen haben (§§ 5, 6 VerfO). Wie die Sachverständigen im übrigen bei der Untersuchung und bei der Beurteilung der Ware technisch verfahren, ist deren pflichtmäßigem Ermessen überlassen. Nur ausnahmsweise revidiert das Schiedsgericht auch die Untersuchungsmethoden, nämlich dann, wenn den Sachverständigen Willkür oder grobe Nachlässigkeit vorgeworfen wird. In diesem Sinne befaßt sich die Entscheidung 1965, 64 mit der Frage, ob die Sachverständigen unter den dort gegebenen Umständen sich auf eine Sinnenprüfung beschränken durften oder ob sie ein botanisches Institut hätten hinzuziehen müssen. In 11/59, 12/59 und 12/63 hat das Schiedsgericht die Frage erörtert, ob ein erst sechs Wochen nach Andienung der Ware oder zwei und einen halben Monat nach Stellung des Antrages erstattetes Gutachten verbindlich sei. Die Entscheidung wurde dort auf die besonderen Umstände der einzelnen Fälle abgestellt, und zwar darauf, ob der Arbitrageführer oder der Arbitragegegner die Verzögerung verschuldet hatten und ob aus den von den Sachverständigen mit solcher Verspätung getroffenen Feststellungen geschlossen werden durfte, daß die festgestellten Mängel auch schon im maßgeblichen Zeitpunkt vorhanden waren. Als unzulässig ist es in einer alten Entscheidung bezeichnet worden, daß für die Beurteilung einer verkauften Partie Proben untersucht wurden, die aus einer größeren Partie vor der Teilung gezogen worden waren, denn größere Partien fallen oft nicht gleichmäßig aus. Erst recht ist es unzulässig, an Stelle einer nicht mehr vorhandenen Partie eine Ersatzpartie zu arbitrieren, und zwar auch dann, wenn die Ersatzpartie als gleichartig bezeichnet wird (1951, 15).

b) Gemäß § 31 (1) WVB sind die Sachverständigen für die Feststellung des Minderwerts einer Ware (§ 19 Abs. 2 WVB) zuständig. Üblicherweise und zulässigerweise stellen die Sachverständigen den Minderwert auf einen bestimmten Geldbetrag für die jeweils maßgebliche Mengeneinheit fest. Das entspricht § 19 (2), (4), wogegen die gelegentlich vorkommende Feststellung eines Prozentsatzes Zweifel daran läßt, ob die Sachverständigen vom Vertragspreis oder vom Marktpreis ausgegangen waren. Stellen die Sachverständigen fest, daß der Minderwert mehr als 10 % des Marktpreises betrage, so sehen sie in der Regel von einer genaueren Schätzung ab und verweisen den Käufer auf einen freihändigen Verkauf durch einen fachkundigen Makler. Gegen diese Praxis ließe sich einwenden, daß die Sachverständigen auch oberhalb von 10 % einen gewissen Bereich finden können und danach einen bestimmten Betrag schätzen können. Gegen diese Praxis läßt sich ferner einwenden, daß der Käufer auch bei einem Minderwert von mehr als 10 % nicht stets die Rückgängigmachung des Kaufvertrages gemäß § 19 (3) WVB verlangen will, sondern unter Umständen auch solche Ware lieber gegen Vergütung behalten möchte und insbesondere nicht den Verlust durch das ungünstige Ergebnis des Verkaufs einer Schadenspartie vergrößern möchte. Andererseits ist den Sachverständigen zuzugeben, daß bei sehr abfälliger Ware die Schätzung an einem praktisch erzielbaren Preise erheblich vorbeigehen könnte. Tatsächlich ist zu registrieren, daß die Gutachten, in welchen die Käufer zur genauen Ermittlung des auf mehr als 10 % festgestellten Minderwerts auf einen freihändigen Verkauf verwiesen werden, allgemein als ausreichend und verbindlich anerkannt werden. Rechtlich ist dieses Verfahren deshalb durch Handelsbrauch sanktioniert. 27

c) Ein Gutachten über die Beschaffenheit einer Ware und über deren etwaigen Minderwert muß – wie jedes Gutachten – mit einer Begründung versehen sein. Diese Begründungen sind in vielen Fällen unzulänglich, weil ihnen die erforderliche Substanz und die erforderliche Präzision fehlt. 28

aa) Der Bericht über Art und Umfang der Untersuchung enthält oft nur vorgefertigte und entsprechend nichtssagende Worte. Eine solcher Begründungsschablonen, die den streitenden Parteien keine ausreichenden Informationen geben, lautet wie folgt: 29

„Nach eingehender und sorgfältiger Prüfung der Partie im Stück, Entnahme zahlreicher Einzelproben und einer großen Durchschnittsprobe aus bislang ungeöffneten, äußerlich einwandfreien Säcken sowie Vornahme einer organoleptischen Prüfung ... beantworten wir die an uns gestellten Fragen nach bestem Wissen und Gewissen ...“

Ob sorgfältig geprüft wurde, sollte sich auch bei Qualitätsgutachten aus substantiierten Angaben über die Untersuchungsmethode ergeben. Daran hat es oft gefehlt. Insbesondere fehlte es oft an einer Angabe darüber, wie viele Proben entnommen und untersucht wurden. Eine solche Angabe wird nicht dadurch ersetzt, daß vorher etwa gesagt wird, die Sachverständigen hätten sich „50 Sack aus dem Waggon herausnehmen lassen". Es muß präzise angeführt werden, aus wie vielen Säcken die Proben entnommen wurden. Manchmal mag eine solche formularmäßige Abfertigung darauf beruhen, daß die Sachverständigen sich Arbeit ersparen wollten. Manchmal gewinnt man aber auch den Eindruck, daß die Sachverständigen absichtlich keine genaueren Angaben machten, um keinen Anhalt für eine Kritik zu geben. – Jedenfalls sind solche Schablonen keine ausreichende Begründung.

30 bb) Häufig konnte man in Qualitätsgutachten über die Beschaffenheit von Schalenobst Feststellungen folgenden Wortlauts lesen:

„In der Tirage stellten wir fest, daß die Toleranzen für Schrumpfkerne und effektiven Bruch im Durchschnitt überschritten wurden."

Auch diese Begründung ist unzureichend, weil nicht angegeben wird, welchen tatsächlichen Anteil an Schrumpfkernen und Bruch die Sachverständigen festgestellt haben und welche Festlegung von Toleranzen die Sachverständigen gemeint haben. Hier besteht weniger der Verdacht, daß die Sachverständigen sich die Sache bequem machen wollten, sondern der Verdacht, daß sie „die Toleranzen" als ihr Geheimnis betrachtet wissen wollten und deshalb keine näheren Angaben gemacht haben.

31 Die zu aa) und bb) genannten Beispiele sind einem Arbeitspapier des Waren-Vereins entnommen, auf welches dessen Vorstand in seinem schon erwähnten Rundschreiben Nr. 3/76 vom 5. 1. 1976 Bezug genommen hat. In demselben Rundschreiben wird für die Begründung eines Qualitätsgutachtens zusammenfassend gefordert:

- „Eine substantiierte Darstellung der Untersuchungsmethode. Undeutliche Angaben („große", „eingehend", „sorgfältig", „zahlreich") sind zu vermeiden.
- Die tatsächlichen Feststellungen sind substantiiert darzustellen. Soweit es möglich ist, sind Fehler zahlenmäßig (zum Beispiel in Prozentsätzen) festzustellen.
- Wird auf Qualitätsnormen verwiesen, müssen diese korrekt bezeichnet werden; wird auf Toleranzen Bezug genommen, muß erkennbar sein, ob normierte Toleranzen oder sonst handelsübliche Toleranzen gemeint sind."

32 6. Bringt eine Partei vor, daß ein in der Qualitätsarbitrage erstattetes Gutachten offenbar unrichtig sei oder auf einem unzulässigen Verfahren beruhe, so ist sie für diese Vorbringung beweispflichtig. Behauptet sie, daß die Beschaffenheit der Ware in dem beanstandeten Gutachten offenbar unrichtig festgestellt sei, so muß sie in einer neuen, von ihr einzuleitenden Qualitätsarbitrage ein neues Gutachten zu derselben Frage erwirken, denn es bleibt bei der Regel, daß die streitige Beschaffenheit einer Ware oder eines Musters nur durch ein solches Gutachten nachgewiesen werden kann. So war der hiernach in Sachen 4/77 (JB 1977) für die Unrichtigkeit beweis-

pflichtige Verkäufer konsequent und richtig verfahren: Nachdem er das in der ersten Qualitätsarbitrage erwirkte Gutachten als unverbindlich gerügt hatte, benannte er dem Gegner einen neuen Sachverständigen. Die zweite Arbitrage ging jedoch ins Leere, da der Käufer, dem in der ersten Arbitrage eine Vergütung zugebilligt worden war, die Ware sofort weiterveräußerte, nachdem ihm das Gutachten bekannt geworden war. In solchen Fällen ergibt sich die Frage, ob der Käufer mit dieser Verfügung dem Verkäufer den Beweis der offenbaren Unrichtigkeit unzulässigerweise vereitelt. Eine schuldhafte Beweisvereitelung steht nämlich nach allgemeinen Verfahrensregeln der gelungenen Beweisführung des Gegners gleich. Häufiger – aber ungenau – wird dieser Effekt als Umkehrung der Beweislast bezeichnet. Schuldhaft handelt der Besitzer der Ware aber nur dann, wenn er vor der Veräußerung der Ware erkannte oder erkennen mußte, daß das Gutachten wegen offenbarer Unrichtigkeit unwirksam war (4/77, JB 1977).

IV. Preisfestsetzungen

Zur Preisfestsetzung nach der Verfahrensordnung kommt es in zwei Fällen: Entweder ist ein durch Nichterfüllung entstandener Schaden abstrakt zu ermitteln (§ 17 Abs. 4 WVB), oder die Sachverständigen haben die Beschaffenheit der Ware zu ermitteln und im Falle eines Minderwerts von mehr als 10 % den Preis für die Rückrechnung zu bezeichnen (§ 19 Abs. 3 und 4 WVB; § 7 Abs. 3 VerfO). **33**

1. Als offenbar unrichtig hat das Schiedsgericht eine Fehlschätzung um 12,3 % (DM 228,– Marktpreis statt richtig DM 260,– Marktpreis) befunden (3/74, JB 1975). **34**

2. Ein unzulässiges Verfahren liegt stets vor, wenn der Preisfestsetzung eine nachprüfbare Begründung fehlt. Diese Meinung hat sich auch der Vorstand in seinem Rundschreiben Nr. 3/76 vom 5. 1. 1976 zu eigen gemacht. Der Vorstand hat (aaO) diesen Grundsatz dahin erläutert, daß nicht alle Details in der Begründung aufgeführt sein müßten. Er hat jedoch gefordert, die Begründung müßte den Lesern eines Gutachtens „plausibel" machen, wie die Sachverständigen zu ihrem Gutachten kamen. **35**

Wurde in einem Qualitätsgutachten ein Marktpreis festgesetzt (§ 7 Abs. 2 VerfO), so fehlte es in letzter Zeit an einer Begründung für den ermittelten Betrag fast immer. Gerade in einer solchen Unterlassung hat das Schiedsgericht (3/74, JB 1975) ein unzulässiges Verfahren im Sinne von § 31 WVB erblickt. Es hat demgemäß das Gutachten verworfen und aufgrund eingehender Ermittlungen, welche im Schiedsspruch mitgeteilt wurden, einen erheblich abweichenden Betrag als maßgeblichen Marktpreis festge- **36** stellt. Den Entscheidungsgründen dieses für die Rechtsentwicklung bedeutsam gewordenen Schiedsspruchs ist folgendes zu entnehmen:

„Das Gutachten beruht auf einem wesentlichen Verfahrensmangel, weil es nicht mit Gründen versehen ist. Es braucht hier nicht entschieden zu werden, ob ein Gutachten stets einer Begründung bedarf und welche Erfordernisse an eine solche Begründung zu stellen sind. Eine Begründung mag entbehrlich sein, wenn ein einfach gelagerter Fall zu beurteilen ist (Bert Rauscher, „Das SCHIEDSGUTACHTENRECHT unter besonderer Berücksichtigung der Regeln der Praxis des Massenverkehrs", Frankfurter Dissertation 1969, S. 267). In diesem Sinne mag ein einfach gelagerter Fall anzunehmen sein, wenn ein Preis für laufend gehandelte standardisierte Ware festzusetzen ist, denn dann weiß die betroffene Partei ohne weiteres, wie sie das Gutachten auf eine etwa vorliegende offenbare Unrichtigkeit überprüfen kann. Anders liegt es jedoch im hier zu entscheidenden Fall, wo ein Artikel (Schrumpfkerne), der wegen unterschiedlichen Qualitätsausfalls überwiegend auf Mustergutbefund oder auf Besicht gehandelt wird, zu beurteilen war. Hier ist zur Nachprüfung der Richtigkeit des Gutachtens und zur Vermeidung des Anscheins der Willkür eine Begründung zu fordern. Eine solche Begründung ist vom Gegenstand der Feststellung her geboten (Rauscher aaO). Gemäß § 31 WVB führt dieser Verfahrensmangel zur Unwirksamkeit des vorliegenden Gutachtens, weil das Gutachten auf diesem Verfahrensmangel beruht. Das Gutachten beruht auf diesem Mangel, weil nicht ausgeschlossen werden kann, daß die Sachverständigen zu einem anderen Ergebnis gelangt wären, wenn sie zugleich eine ausreichende schriftliche Begründung abgefaßt hätten und sich in solcher Weise alle in Betracht zu ziehenden Umstände vergegenwärtigt hätten. Nach Waren-Vereins-Bedingungen ist überdies zu berücksichtigen, welche präzisen Anforderungen gemäß § 17 (5) b WVB an den Nachweis eines ordnungsmäßigen Deckungsgeschäftes gestellt werden. Deckungsgeschäfte und Preisfestsetzung dienen demselben Zweck: Es soll der Preisfaktor für die Glattstellung eines durch vertragswidriges Verhalten einer Partei gestörten Geschäftes ermittelt werden. Wird nun gemäß § 17 (5) b WVB für jedes Deckungsgeschäft verlangt, daß der Makler die nach seinem sorgfältigen Ermessen als Geschäftsgegner in Betracht kommenden Firmen zur Abgabe von Geboten oder Angeboten auffordert und die aufgeforderten Firmen nebst deren Erklärungen in eine Niederschrift aufnimmt, so sind auch die zur Preisfestsetzung berufenen Sachverständigen nicht überfordert, wenn erwartet wird, daß sie – von einfachen Fällen abgesehen – die Quellen, aus denen sie ihr Wissen geschöpft haben, substantiiert verzeichnen und dieses Verzeichnis mit ihrer schriftlichen Wertung den Parteien mitteilen."

37 3. Haben die Sachverständigen die Beschaffenheit der Ware festgestellt, aber die Schätzung des Minderwerts unterlassen, so ist das Schiedsgericht für die Schätzung zuständig, denn nur für die streitige Beschaffenheit der Ware gilt die besondere Regel (§ 31 Abs. 2 WVB), daß sie ausschließlich durch ein Gutachten nach der Verfahrensordnung bewiesen werden kann (49/74, JB 1975). Auf Antrag einer Partei kann jedoch auch das Sachverständigenkollegium die unterbliebene Festsetzung des Marktpreises nachholen. Das Sachverständigenkollegium kann auf einen solchen Antrag den Marktpreis durch Ergänzungsgutachten ohne nochmalige Anhörung der

Gegenpartei festsetzen (3/74, JB 1975). An ein solches Ergänzungsgutachten ist das Schiedsgericht dann gebunden, wenn es ihm rechtzeitig, also vor Schluß der mündlichen Verhandlung, vorgelegt wird. Welches der maßgebliche Zeitpunkt für die Festsetzung des Marktpreises ist (§§ 17 Abs. 4, 19 Abs. 4), wird vom Schiedsgericht entschieden, denn es handelt sich um eine Rechtsfrage. Haben die Sachverständigen den Preis für einen unrichtigen Stichtag festgesetzt, ist ihr Gutachten für das Schiedsgericht nicht bindend. In ständiger Rechtsprechung des Schiedsgerichts besteht deshalb kein Anspruch auf Erstattung der Kosten, die durch die Erwirkung dieses Gutachtens entstanden sind (15/70, JB 1972 und viele andere Entscheidungen).

ZWEITER TEIL

Zusätzliche Vorschriften für einzelne Geschäftsarten

I. Abladegeschäfte

Vorbemerkungen zu §§ 32–51

Schrifttum: *Haage,* Das Abladegeschäft, 4. Auflage 1958. *Würdinger-Röhricht* in Großkommentar HGB, 3. Auflage 1970, Anm. 240 ff. Vor § 373 mit weiteren Schrifttumsnachweisen.

Haages Schrift ist eher ein Leitfaden für Kaufleute und eine Stoffsammlung, wogegen der juristische Leser sich bei Würdinger-Röhricht schneller zurechtfinden wird.

Die §§ 32–51 WVB regeln die Abladegeschäfte nicht umfassend. Auszugehen ist vielmehr von allgemeinen, für alle Branchen geltenden Handelsbräuchen. Für den Bereich des deutschen Rechts sind wichtige Handelsbräuche von der Deutschen Gruppe der Internationalen Handelskammer als Deutsche Trade Terms festgestellt worden und dann von der Internationalen Handelskammer Paris zusammen mit entsprechenden Trade Terms anderer Staaten bekanntgemacht worden. Abgedruckt sind die Deutschen Trade Terms bei Haage in den §§ 18, 22, 23, 24 und 26 der 4. Auflage. Die Trade Terms sind gegliedert in „Gebote für den Verkäufer" und „Gebote für den Käufer", und zwar getrennt nach Basisklauseln des Abladegeschäfts (cif, fob usw.). Entsprechend dieser Gliederung regeln die Trade Terms nur die primären Verpflichtungen der Kaufvertragsparteien. Die sich aus Leistungsstörungen ergebenden sekundären Verpflichtungen der Vertragsteile werden in den Trade Terms nicht geregelt. Diese Lücke wird von den in §§ 32–51 WVB getroffenen Bestimmungen über die rechtlichen Folgen der dem Abladegeschäft eigentümlichen Leistungsstörungen geschlossen. Hervorzuheben sind die Bestimungen betreffend

- den Verstoß gegen das Untersuchungsverbot (§§ 36, 46)
- die Überschreitung der Abladezeit (§ 39 Abs. 4)
- die Verzögerung der Verschiffungsanzeige (§ 41 Abs. 4)

- die verzögerte Lieferung der Dokumente (§ 42 Abs. 5)
- die Verzögerung des Abrufs (§ 43 Abs. 1)
- die Anzeige einer vertragswidrigen Verschiffung (§ 44)
- die Andienung vertragswidriger Dokmente (§ 45)
- die Verzögerung der Weitergabe von Dokumenten (§ 47)
- die Lieferung gattungsfremder Ware (§ 48 Abs. 2)
- die Untersuchungs- und Rügelast im Falle vertragswidriger Beschaffenheit der Ware (§ 49)
- die Untersuchungs- und Rügelast im Falle von Fehlmengen (§ 50)
- die verzögerte Eröffnung eines Akkreditivs (§ 51 Abs. 2)

§ 32
Begriff. Anzuwendende Vorschriften

(1) Ist Ware verkauft, die zur Beförderung über See abzuladen ist oder abzuladen war (Abladegeschäft), so gelten die Vorschriften der §§ 32 bis 51. Abladegeschäfte sind insbesondere die mit den Klauseln cif, c & f, fob und fas abgeschlossenen Geschäfte.

(2) Ist zugleich die Klausel „Ab Kai", „Ab Lager" oder „Ab Kai/Lager" vereinbart, gelten mit Vorrang die Vorschriften der §§ 75 bis 94.

1. Wesentliches Merkmal des Abladegeschäfts ist der Bezug von Ware, die zur Beförderung über See abzuladen ist oder abzuladen war; die zweite Alternative betrifft „schwimmende" Ware. Hervorzuheben ist ferner, daß nach WVB *alle* fob-Geschäfte als Abladegeschäfte gelten. Die §§ 32–51 sind also auch auf echte fob-Geschäfte anzuwenden, bei welchen der Verkäufer zunächst nur die fob-Bereitschaft zu melden hat und dem Käufer die Beschaffung des Schiffsraums überlassen darf; Haage (§ 21) möchte dieses echte fob-Geschäft überhaupt nicht zu den Abladegeschäften zählen, weil nicht der Verkäufer, sondern der Käufer zu verschiffen habe. Die durch § 32 bewirkte Einbeziehung aller fob-Geschäfte in den Begriff der Abladegeschäfte ist von besonderer Bedeutung für die Untersuchungs- und Rügelast des Käufers: Im Gegensatz zur sonst geltenden Regel (BGH, NJW 1973, 189) braucht nach WVB der Fob-Käufer die Ware erst am Bestimmungsort zu untersuchen (Näheres: Bem. II zu § 49). 1

2. Ist „Ab Kai", „Ab Lager" oder „Ab Kai/Lager" verkauft und zugleich die Abladung innerhalb bestimmter Frist und/oder die Beförderung mit einem bestimmten Schiff vereinbart worden, so sollen gemäß § 32 (2) mit Vorrang die Vorschriften der §§ 75–94, also die Regeln des Ab-Kai-Geschäfts bzw. des Ab-Lager-Geschäfts, gelten. Solche kombinierten Geschäfte (MGS, Einl. C 2) werden wegen des durch § 32 begründeten Vor- 2

rangs der Ab-Kai-Vorschriften auch nicht als „unechte Abladegeschäfte" (Würdinger-Röhricht aaO Anm. 242) bezeichnet, sondern als „Ab-Kai-Geschäfte mit Abladeklausel" (§ 86 WVB 71/76).

§ 33
Eigene und fremde Abladung

Der Verkäufer darf auch Ware liefern, die von einem Dritten abgeladen wurde.

1 1. Die Frage, ob der Verkäufer nur eigene Abladung schulde oder ob er auch Dritte für sich abladen lassen dürfe, deckt sich praktisch oft mit der rechtlich anders einzuordnenden Frage nach Begrenzung der geschuldeten Gattung auf eigene Erzeugnisse des Verkäufers (vgl. Bem. 5 zu § 7), denn ein Hersteller wird in der Regel nur Ware eigener Erzeugung abladen und andererseits sich die Abladung seiner Erzeugnisse vorbehalten.

2 2. § 33 bestimmt, daß der Verkäufer auch aus fremder Abladung liefern darf. Solche Geschäfte werden allgemein als „indirekte Abladegeschäfte" bezeichnet (Würdinger-Röhricht, aaO Anm. 249). Nur besondere Umstände oder eine ausdrückliche gegenteilige Vereinbarung können fremde Abladung ausschließen.

3 3. Haage (§ 3) und Würdinger-Röhricht (aaO Anm. 249) meinen, der Verkäufer schulde eigentlich nur eigene Abladung. Die Erfüllung durch Dritt-Abladung sei im Zweifel bloße Ersetzungsbefugnis des Verkäufers (facultas alternativa) mit der Folge, daß der Verkäufer von der Verpflichtung zur Leistung völlig frei werde, wenn ihm nur die eigene Abladung unmöglich werde.

Dem ist nicht zu folgen:

4 a) Von einer Ersetzungsbefugnis oder von einer Wahlschuld kann nur die Rede sein, wenn mehrere Leistungen zur Wahl stehen. Die vertraglich bestimmte Abladung bleibt jedoch dieselbe Leistung, unabhängig davon, ob der Verkäufer sie selbst bewirkt oder durch einen Erfüllungsgehilfen bewirken läßt. Wäre es anders, würde der Käufer in die dann denkbare Ersetzungsbefugnis nicht einwilligen. Es ist auch vom Ergebnis her nicht einzusehen, warum der Käufer für den Fall der Unmöglichkeit eigener Abladung des Verkäufers ungünstiger gestellt werden soll als der zur Ersetzung befugte Verkäufer. Zu Unrecht berufen sich Haage und Würdinger-Röhricht für ihre Auffassung auf RGZ 88, 73, denn dort wird genau das Gegenteil gesagt. Das Reichsgericht führt dort aus:

„Anderseits ist die Erfüllung aber nicht schon dann unmöglich, wenn der Verkäufer selbst keine dem Vertrag entsprechenden Abladungen bewirken kann, sondern nur dann, wenn vertragsmäßig abgeladene Ware (oder Konnossemente über solche in ankommenden Schiffen) am Markte überhaupt nicht erhältlich sind."

b) Die vom Reichsgericht vertretene Auffassung, daß der Verkäufer nur dann frei werde, wenn vertragsmäßig abgeladene Ware (oder entsprechende Konnossemente) am Markt überhaupt nicht erhältlich sind, ist auch seit jeher feste Rechtsprechung der Schiedsgerichte des Waren-Vereins (28/67, JB 1967; 15/70, JB 1972). **5**

§ 33 sollte also nur ausdrücklich klarstellen, daß entgegen einer im Schrifttum vertretenen Auffassung die Abladung keine Verpflichtung sei, die der Verkäufer nur höchst persönlich und nicht durch einen Dritten erfüllen könne.

§ 34
Unechtes fob-Geschäft

Wer Trockenfrüchte und Schalenobst fob verkauft hat, muß selbst das Schiff beschaffen; er darf es selbst auswählen.

1. Nach Trade Terms II 1 hat der Fob-Käufer „auf eigene Kosten ein Schiff zu chartern oder den erforderlichen Schiffsraum zu stellen". Nach Trade Terms II 2 hat er „dem Verkäufer rechtzeitig den Namen, die Abfahrtzeit, den Ladeplatz sowie den Zeitpunkt der Lieferung an Bord des Schiffes bekanntzugeben". Nach diesen Regeln braucht der Verkäufer sich um den mit der Reederei abzuschließenden Seefrachtvertrag nicht zu kümmern. Er braucht nicht einmal zu ermitteln, wann und wo das ihm benannte Schiff ladebereit sein wird. Er braucht nur die Ware vertragsgemäß und instruktionsgemäß an Bord des ihm benannten Schiffes zu liefern. **1**

2. Das zu 1. beschriebene „echte" fob-Geschäft ist in der Regel nicht gemeint, wenn zu WVB fob verkauft wird. **2**

a) Wer Trockenfrüchte oder Schalenobst fob verkauft, muß gemäß § 34 den Frachtraum beschaffen und darf das Schiff selbst auswählen. Hiermit wird ein schon lange vorher begründeter Handelsbrauch festgestellt (MGS, Einl. C II 1 a bb). Fob-Geschäfte dieser Art vollziehen sich im Grundsatz nach den Regeln des cif-Geschäfts. Sie unterscheiden sich vom cif-Geschäft nur darin, daß der Käufer und nicht der Verkäufer die Seefracht, die Versicherungen und die sonstigen Kosten der Beförderung zu zahlen hat. Dieser Unterschied liegt also ausschließlich auf dem Gebiet der Spesenverteilung (1952, 18; 1954, 15).

3 b) Im Konserveneinfuhrhandel hat sich eine andere Auffassung entwikkelt: Wird fob verkauft, so darf der Käufer das Schiff benennen. Von diesem Recht macht der Käufer oft eingeschränkten Gebrauch, indem er von dem Verkäufer nur die Verladung mit einem beliebigen, allerdings innerhalb der Abladezeit ladebereiten Schiff einer bestimmten Reederei fordert. Diese Forderung stellen manche Hamburger Importeure deshalb, weil die dem Verkäufer benannte Reederei ihnen aufgrund ständiger Geschäftsbeziehungen den im Bestimmungshafen erforderlichen Lagerraum zu vorteilhaften Bedingungen reserviert. Wohl ausnahmslos wird eine Abladezeit vereinbart. Im übrigen ist zu unterscheiden:

4 aa) Oft wird neben der Abladezeit vereinbart, daß der Käufer abzurufen habe und daß der Verkäufer entsprechend dem Abruf zu verladen habe. Praktisch ersetzt der Abruf die sog. fob-Instruktion. Zum Abruf gehört die Bezeichnung des vom Käufer gewünschten Schiffes. Der Abruf und die Folgen seiner Unterlassung werden in § 43 geregelt. Bleibt nur die Benennung des Schiffes aus, so darf der Verkäufer entsprechend § 43 (2) selbst das Schiff auswählen. Er kann aber auch dem säumigen Käufer entsprechend § 43 (1) eine Frist für die Benennung oder sonstige Bezeichnung des Schiffes setzen; nach ergebnislosem Ablauf der Frist hat er die Rechte aus § 17.

5 bb) Wird fob mit Abladezeit, aber ohne Abrufklausel verkauft, so hat der Käufer wohl das Recht, aber nicht die Pflicht, dem Verkäufer das Schiff oder die Reederei oder den Reederei-Container zu bestimmen. Andererseits steht es im Belieben des Verkäufers, wann er die Ware innerhalb der Abladezeit an Bord des Schiffes übernehmen läßt (§ 39 Abs. 1). Der Käufer muß daher die vorgesehenen Bestimmungen so rechtzeitig treffen, daß der Verkäufer die Abladezeit voll ausnutzen kann. Für diese Dispositionen ist dem Verkäufer entsprechend § 43 eine Frist von 14 Tagen einzuräumen. Daraus folgt: Der Käufer muß seine Instruktionen spätestens 14 Tage vor Beginn der Abladezeit erteilen. An später erteilte Instruktionen ist der Verkäufer nicht gebunden, wenn er schon verschifft hat oder bereits Frachtraum gebucht hat.

In allen Fällen hat der Verkäufer sich auf die verbindliche Benennung des Schiffes um den Abschluß eines entsprechenden Frachtvertrages zu bemühen. Das eingangs dargelegte Interesse, welches der Käufer an der Verschiffung mit einer bestimmten Reederei haben kann, legt es nahe, daß der Verkäufer den Frachtvertrag im Namen des Käufers abzuschließen hat.

6 3. Es gibt auch die Klausel „fob aus eingetroffenem Schiff". Wird diese Klausel vereinbart, so liegt überhaupt kein Abladegeschäft, sondern ein Geschäft Ab-Kai vor, und zwar mit der Maßgabe, daß der Käufer auch die Fracht zu bezahlen hat. Dementsprechend trägt nach Handelsbrauch der Verkäufer das Kailagergeld wie beim Ab-Kai-Geschäft für die Dauer von drei Geschäftstagen nach Andienung der Dokumente (6/71, JB 1972).

§ 35
Erfüllungsort. Gefahrübergang

(1) Erfüllungsort für die Lieferung der Ware ist der Abladehafen.

(2) Die Gefahr geht auf den Käufer über, sobald die Ware

– bei cif-, c & f- und fob-Geschäften im Verschiffungshafen die Reling des Schiffes überschritten hat,

– bei fas-Geschäften vom Verfrachter tatsächlich übernommen worden ist

und der Wille des Verkäufers, daß die Ware für den Käufer bestimmt sei, klar erkennbar geworden ist.

(3) Bei Trockenfrüchten und Schalenobst trägt der Käufer die Gefahr eines auf der Reise entstehenden natürlichen Schwundes nur bis zu 1 % des Abgangsgewichts. Sind Trockenfrüchte oder Schalenobst „nach ausgeliefertem Gewicht" verkauft worden, trägt der Verkäufer die Gefahr des natürlichen Schwundes bis zum Absetzen der Ware auf den Kai in voller Höhe.

(4) Ist eine nach ausgeliefertem Gewicht gekaufte Ware auf der Reise verlorengegangen, wird von dem Abladegewicht der erfahrungsgemäß sonst auf der Reise eintretende Gewichtsverlust abgezogen und der Kaufpreis nach dem hiernach verbleibenden Gewicht berechnet; das gleiche gilt, wenn die Ware auf der Reise durch Beschädigung einen Gewichtszuwachs erfahren hat.

1. § 35 (1) stellt einen allgemein anerkannten Grundsatz des Abladegeschäfts fest. Diese Bestimmung ist eine Ausnahme von der Regel des § 9 und bedeutet im einzelnen folgendes: 1

a) Der Abladehafen soll Erfüllungsort für die „Lieferung" der Ware sein. Damit ist der in § 7 als Lieferung bezeichnete Inbegriff der auf die Ware bezogenen Leistungen des Verkäufers gemeint. Beim Abladegeschäft hat der Verkäufer diese Leistungen durch richtige Abladung zu erbringen. Alle im Kaufvertrag für die Abladung getroffenen Vereinbarungen müssen deshalb im Abladehafen erfüllt werden. Aus dieser Bestimmung des Erfüllungsortes hat das Schiedsgericht zugleich eine Bestimmung der Erfüllungszeit entnommen: Der Verkäufer hat alle Erfordernisse einer richtigen Abladung vor Abfahrt des Schiffes zu erfüllen (37/68, JB 1969). Hiernach muß der Verkäufer die im Kaufvertrag vereinbarte oder gemäß vertraglichem Vorbehalt vom Käufer nachgeholte Destination mit der Reederei schon vor Abgang des Schiffes vereinbaren. Dementsprechend muß auch die ursprüngliche Destination von vornherein im Konnossement ausgewiesen sein (§ 42 Abs. 1). Nachträgliche Änderungen der ursprünglich getroffenen Bestimmung braucht der Käufer nicht gegen sich gelten zu lassen (37/68, JB 1969). Ändert z. B. ein Hamburger Reedereiagent das in Manila über eine dortige Verladung ausgestellte Konnossement, indem er in die freigebliebene Rubrik „port of destination" das Wort „Amsterdam" einfügt, so erfüllt diese nachträgliche Einfügung nicht einen Vertrag, durch den cif Amsterdam verkauft wurde (37/68, aaO).

2 b) In § 35 (1) ist nicht die Lieferung im Sinne einer Lieferungsklausel (Bem. 2 zu § 10) gemeint: Eine *befristete* Lieferung ist also beim Abladegeschäft nicht mit der Abladung zu verwechseln. Diese Unterscheidung ist bedeutsam für die Anwendung von § 18 KO im Konkurs des Verkäufers (1960, 25), wie in den Bemerkungen zu § 27 eingehender erörtert wurde.

2. Zum Gefahrübergang:

3 a) Schon daraus, daß der Abladehafen gemäß § 35 (1) Erfüllungsort für die Lieferung der Ware ist, ergibt sich, daß der Käufer die Gefahr des Seetransportes trägt. Das folgt aus § 447 BGB. Versendet nämlich der Verkäufer auf Verlangen des Käufers die verkaufte Sache nach einem anderen Orte als dem Erfüllungsorte, so geht nach dieser gesetzlichen Vorschrift die Gefahr auf den Käufer über, sobald der Verkäufer die Sache der Beförderungsperson ausgeliefert hat. § 35 (2) WVB bezeichnet den am Erfüllungsort belegenen Platz des Gefahrüberganges für die einzelnen Abladegeschäfte genauer, und zwar in Anlehnung an die diesbezüglichen Trade Terms. Für cif-Geschäfte ist zu vermerken, daß die Norm 1 der Gebote II der Trade Terms zwischen Verschiffung und Verladung unterscheidet. Ist Verschiffung vereinbart, hat der Käufer die Gefahren zu tragen, sobald die Ware die Schiffsreling überschreitet; ist Verladung vereinbart, so geht die Gefahr auf den Käufer über, sobald der Verkäufer die Ware der Reederei zur Verschiffung übergeben hat. Den zweiten Fall haben die WVB nicht vorgesehen, weil der Verkäufer gemäß § 39 (1) WVB grundsätzlich die Ware fristgemäß an Bord des Schiffes übernehmen lassen muß, unabhängig davon, ob die Frist für Abladung, Verladung oder Verschiffung vereinbart ist. Dagegen genügt es nach Trade Terms zur Verladung, daß der Verkäufer die Ware der Reederei zur Beförderung übergibt. Sollten in einem nach WVB getätigten Abladegeschäft die Verpflichtungen des Verkäufers sich auf die Übergabe an die Reederei gegen ein Übernahme-Konnossement beschränken, müßte sinngemäß Norm 1 Abs. 2 der Trade-Terms-Gebote II gelten, so daß die Gefahr auf den Käufer übergeht, sobald die Ware der Reederei zur Verschiffung übergeben worden ist. Es gilt also der Grundsatz der Trade Terms, daß die Gefahr auf den Käufer übergeht, sobald der Verkäufer seine Verpflichtung zur Heranschaffung der Ware erfüllt hat.

4 b) Gefahrtragung und Gefahrübergang setzen denkgesetzlich voraus, daß der einer Gefahr ausgesetzte Gegenstand sich identifizieren läßt (9/71, JB 1972). Ein Kaufvertrag nach WVB ist im Zweifel ein Gattungskauf

(Bem. 2 zu § 7). Die Gefahr kann deshalb auf den Käufer nur übergehen, wenn die für ihn bestimmte Ware zuvor aus der Gattung ausgesondert war. In diesem Sinne wird gemäß § 35 (2) die Ware ausgesondert, sobald der Wille des Verkäufers, daß die Ware für den Käufer bestimmt sei, klar erkennbar geworden ist. Hierfür genügt es, daß die einzelnen Packstücke gemäß Kaufvertrag markiert worden sind. Diese Konzentration der Gattungsschuld auf bestimmte Stücke kann aber auch in anderer Weise bewirkt werden, und zwar durch Absendung der in § 41 vorgesehenen Verschiffungsanzeige.

3. Zur Transportgefahr gehört grundsätzlich auch die Gefahr eines nach Abladung eintretenden natürlichen Schwundes. Maßgeblich ist deshalb das Abladegewicht, welches der Verkäufer zu beweisen hat. Nach Handelsbrauch ist zur Feststellung des Abladegewichts von dem durch das Konnossement ausgewiesenen Gewicht auszugehen. Die in dem Konnossement angegebenen Abladegewichte sind aber nicht immer zuverlässig ermittelt worden. Die Reedereien pflegen sich hinsichtlich des Gewichts freizuzeichnen und haben der Fracht wegen allenfalls ein Interesse an der Kontrolle, daß das Gewicht nicht zu niedrig angegeben wird. Hiervon ausgehend, enthält § 35 (3) Sonderregelungen für das Risiko des natürlichen Schwundes bei Trockenfrüchten und Schalenobst, weil diese Ware einem Gewichtsverlust durch Verminderung des Feuchtigkeitsgehalts besonders ausgesetzt ist und der Käufer gegen etwaige Manipulationen des Verkäufers geschützt werden soll. Insbesondere soll der Käufer dagegen geschützt werden, daß Ware mit übermäßigem Feuchtigkeitsgehalt verladen wird. 5

a) Allgemein wird deshalb entsprechend einer alten Usance (§ 7 Abs. 1 WVB a. F.) bestimmt, daß der Käufer bei Trockenfrüchten und Schalenobst die Gefahr eines auf der Reise entstehenden natürlichen Schwundes nur bis zu 1 % des Abgangsgewichts trägt. Ist die vom Käufer gemäß § 50 festzustellende Fehlmenge höher als 1 % des Abgangsgewichts, so wird vermutet, daß die gesamte Fehlmenge auf natürlichem Schwund beruht (§ 37). Der Verkäufer muß deshalb beweisen, daß das Untergewicht, soweit es über 1 % hinausgeht, auf anderen Transportereignissen beruht, z. B. daß dieser Teil der Ware gestohlen wurde oder verbrannt ist oder durch unpflegliche Behandlung während der Reise abhandengekommen ist (MGS 4 zu § 7). Dieser Beweis kann im Einzelfall als erbracht angesehen werden, wenn Säcke zerrissen und teilweise ausgelaufen ankommen oder wenn weniger Säcke ankommen als laut Konnossement verladen worden sind. In solchen Fällen kann der Käufer Ansprüche wegen Untergewichts nur mit der Behauptung erheben, daß die Ware schon in schadhaftem Zustand verladen worden sei. Hiergegen wiederum schützt den Verkäufer prima facie das reingezeichnete Konnossement. Ist eine bei Ankunft von Schalenobst festgestellte Differenz zwischen dem durch Konnossement be- 6 scheinigten Abgangsgewicht und dem im Bestimmungshafen ermittelten Ankunftsgewicht so groß, daß sie durch natürlichen Schwund nicht zu erklären ist, muß der Käufer die Anzahl der Säcke offiziell feststellen lassen. Unterläßt der Käufer unter solchen Umständen die zuverlässige Ermittlung der Sackzahl, dann entfällt die Vermutung, daß die gesamte Fehlmenge auf natürlichem Schwund beruht (1966, 58). – Keineswegs ist § 35 (3) dahin zu verstehen, daß der Käufer den vollen Kaufpreis für die volle vertraglich zu liefernde Menge von Schalenobst auch dann zu bezahlen habe, wenn der Verkäufer, der möglicherweise seiner Ware einen weiteren natürlichen Schwund nicht zugetraut hat, von vornherein nur 99 % der vertraglich zu liefernden und von ihm berechneten Menge verladen läßt (41/67, JB 1968).

7 b) Nach ausgeliefertem Gewicht geht der gesamte während der Reise durch natürlichen Schwund eingetretene Verlust zu Lasten des Verkäufers. Ist das ausgelieferte Gewicht geringer als das Abladegewicht, so wird auch beim Kauf nach ausgeliefertem Gewicht vermutet, daß dieses Untergewicht durch natürlichen Schwund verursacht worden ist (MGS 3 zu § 6).

8 4. § 35 (4) regelt weitere Einzelheiten des Kaufs nach ausgeliefertem Gewicht.

a) Diese Klausel hebt den Grundsatz, daß der Käufer das Transportrisiko zu tragen hat, nicht auf. Geht also die Ware auf der Reise verloren, so hat der Käufer gleichwohl den Kaufpreis zu bezahlen. Der Verkäufer soll aber hierdurch keinen Vorteil erlangen, wenn er bei glücklicher Ankunft der Ware einen die Franchise von 1 % üersteigenden natürlichen Schwund hätte vergüten müssen. In diesem Sinne ist bei Verlust der Ware gemäß § 35 (4) Halbsatz 1 ein hypothetischer Gewichtsverlust zu ermitteln.

b) Werden Trockenfrüchte und Schalenobst durch Wasser beschädigt, so kann sich durch den Feuchtigkeitszuwachs eine Gewichtszunahme ergeben, die der Käufer natürlich nicht zu bezahlen braucht. Auch in diesem Falle ist hypothetisch Gewichtsabgang zu ermitteln, indem der Fall gesetzt wird, daß der Wasserschaden nicht eingetreten wäre.

Die maßgeblichen Gewichtsabgänge sind durch Qualitätsarbitrage (§ 31) zu ermitteln.

§ 36
Untersuchungsverbot

Nach der Abladung darf der Verkäufer die Ware nicht mehr untersuchen oder verändern. Er darf es auch nicht ermöglichen, daß ein Dritter die Ware nach der Abladung untersucht oder verändert.

Praktisch betrifft § 36 den Fall, daß nur ein Teil einer Gesamtpartie verkauft wurde. Durch das Untersuchungsverbot soll verhindert werden, daß ein Verkäufer aus der Gesamtpartie für sich selbst die besten Stücke heraussucht und seinem Käufer die mindergute Ware überläßt. Die Folgen einer Zuwiderhandlung gegen das Verbot des § 36 sind in § 46 geregelt.

§ 37
Mengen. Wiegegebühren

(1) Die Richtigkeit der im Konnossement bescheinigten Mengen wird vermutet. Hat sich das Gewicht von Trockenfrüchten oder Schalenobst auf der Reise vermindert, so wird vermutet, daß der gesamte Gewichtsverlust auf natürlichem Schwund beruht. Ein Untergewicht beweist der Käufer nur durch Vorlage einer Gewichtsliste, welche der Kai auf einen spätestens fünf Geschäftstage nach Beendigung der Entlöschung des Schiffes gestellten Wiegeantrag ausgestellt hat; war innerhalb dieser fünf Geschäftstage ein Antrag auf Feststellung der Beschaffenheit der Ware bei den Sachverständigen eingegangen, so verlängert sich die Frist auf zehn Geschäftstage.

(2) Die Wiegegebühr (§ 5 des Hamburger Kaitarifs) oder entsprechende Gebühren in anderen Häfen trägt der Käufer.

1. Waren, die nach Gewicht berechnet werden, hat der Käufer im Bestimmungshafen wiegen zu lassen. In § 4 (2) WVB a. F. war bestimmt, daß die Verwiegung innerhalb bestimmter Frist zu erfolgen habe. Die Einhaltung einer solchen Verwiegungsfrist steht aber nicht allein in der Macht des Käufers, da er auf die Mitwirkung der Kaidienststellen angewiesen ist und diese auf einen gestellten Antrag wegen Arbeitsüberlastung oder aus sonstigen Gründen nicht immer sofort verwiegen. Deswegen wird in § 37 (1) Satz 1 WVB 1971 auf die Zeit des Verwiegungsantrages abgestellt. Nach altem Recht war unklar, was daraus folgt, wenn die Ware nicht fristgerecht verwogen wurde. Jedenfalls verwirkte der Verkäufer die aus der Fristversäumung etwa herzuleitenden Einwendungen, wenn er die Rüge des Untergewichts nicht alsbald mit dieser Begründung zurückwies (18/69, JB 1970). Dementsprechend sollte nach jetziger Regelung der Verkäufer die aus der Versäumung der Antragsfrist herzuleitenden Einwendungen verwirken, wenn er die Rüge des Untergewichts nicht alsbald mit dieser Begründung zurückweist. Versäumt also der Verkäufer die alsbaldige Zurückweisung, so darf das Schiedsgericht auch das Ergebnis der verspätet beantragten Verwiegung als Beweismittel gegen die Vermutung der Richtigkeit des Konnossements zulassen. Ein etwa festgestelltes Untergewicht hat der Käufer dem Verkäufer innerhalb bestimmter Fristen durch Übersendung der Gewichtsliste anzuzeigen (§ 50). 1

2 2. Versäumt der Käufer die Frist zur Stellung des Verwiegungsantrages, so verliert er de facto die Rechte, welche sich aus einem Untergewicht ergeben. Die Wahrung dieser Frist hat deshalb eine ähnliche Bedeutung wie die rechtzeitige Rüge ihrer Beschaffenheit, durch welche der Käufer seine Rechte wegen etwaiger Mängel wahrt (§ 49). Beide Fristen beginnen grundsätzlich mit Leerwerden des Schiffes. Beide Obliegenheiten kann der Käufer erst erfüllen, nachdem er über die Ware verfügen kann. In § 49 (1) Satz 5 ist deshalb bestimmt, daß die Untersuchungs- und Rügefrist frühestens mit Erhalt der Dokumente beginnt. Der ähnliche Sachverhalt rechtfertigt und erfordert deshalb eine entsprechende Anwendung des § 49 (1) Satz 5 auf den Beginn der Frist für die Feststellung eines Quantitätsmangels.

3 3. Die durch § 37 (1) Satz 2 begründete Vermutung, daß der gesamte Gewichtsverlust von Trockenfrüchten und Schalenobst auf natürlichem Schwund beruhe, erhält ihre Bedeutung durch die in § 35 (3) getroffene Bestimmung, daß der Käufer die Gefahr eines auf der Reise entstehenden natürlichen Schwundes nur bis zu 1 % des Abgangsgewichtes trage. Hierzu: Bem. 3 a zu § 35.

4 4. Es gibt Klauseln, welche dem Verkäufer weitere auf der Reise entstehenden Gewichtsverluste überbürden.

a) Beim Kauf „nach ausgeliefertem Gewicht" geht der gesamte auf der Reise durch natürlichen Schwund entstandene Gewichtsverlust zu Lasten des Verkäufers. Deshalb erteilt der Verkäufer dem Käufer in der Regel zunächst nur eine vorläufige Rechnung nach Maßgabe des Abladegewichts, welches durch das Konnossement ausgewiesen wird. Wird ein geringeres Gewicht ausgeliefert, hat der Verkäufer dem Käufer die entsprechende Preisdifferenz zu vergüten. Ist aber das ausgelieferte Gewicht höher als vorläufig berechnet wurde und hält sich diese Differenz innerhalb der durch Vertrag oder Handelsbrauch bestimmten Grenzen, so ist der Verkäufer berechtigt, die entsprechende Preisdifferenz nachzufordern. Der Käufer muß deshalb in jedem Fall die Ware zwecks endgültiger Berechnung des Kaufpreises verwiegen lassen und dem Verkäufer das Ergebnis mitteilen. Im Hinblick auf das Interesse des Verkäufers an einer etwaigen Nachberechnung ist die Verwiegung und die Meldung des Verwiegungsergebnisses beim Kauf nach ausgeliefertem Gewicht nicht nur eine im eigenen Interesse des Käufers zu erfüllende Obliegenheit, sondern Gegenstand einer Verpflichtung, deren Erfüllung der Verkäufer voll von dem Käufer verlangen kann (1966, 57).

5 Als „Untergewicht" bezeichnet man den Unterschied zwischen einem endgültig fakturierten Gewicht und dem niedrigeren, bei Übergang der Gefahr vorhandenen tatsächlichen Gewicht. Um ein solches Untergewicht handelt es sich beim Verkauf nach ausgeliefertem Gewicht nicht, da zunächst nur vorläufig fakturiert wird und die genaue Ermittlung des verkauf-

ten Quantums bis zur Verwiegung aufgeschoben wird. Die in § 37 (1) Satz 3 WVB 1971 für die Ermittlung eines Untergewichts aufgestellte Beweisregel gilt daher nicht beim Verkauf nach ausgeliefertem Gewicht. Vielmehr ist es Sache des Verkäufers, die Erfüllung der Meldepflicht des Käufers anzumahnen. Solange diese Mahnung unterbleibt, verwirkt der Käufer beim Geschäft „nach ausgeliefertem Gewicht" kein Recht auf Vergütung einer Fehlmenge gegenüber der vorläufigen Rechnung (1966, 57).

b) Die Klausel „Hamburger Neugewicht" bedeutet, daß jegliches Risiko eines auf der Reise eintretenden Gewichtsverlustes vom Verkäufer zu tragen ist (1926, 29). Unter der Geltung dieser Klausel ist die Vermutung für die Richtigkeit des im Konnossement bescheinigten Gewichts schlechterdings gegenstandslos. Ist ein Gewichtsverlust eingetreten, so muß der Käufer dem Verkäufer die Ansprüche gegen den Transportversicherer abtreten und dem Verkäufer zwecks Geltendmachung der abgetretenen Ansprüche das Versicherungszertifikat aushändigen. Der Verkäufer kann die von ihm geschuldete Vergütung für den Gewichtsschwund zurückhalten, bis der Käufer ihm das Versicherungszertifikat herausgegeben hat (MGS 9 zu § 7). 6

c) Die Klausel „Originalgewicht" bedeutet, daß ein natürlicher Gewichtsverlust ohne Rücksicht auf den Erfüllungsort zu Lasten des Käufers geht (1925, 22). Das Originalgewicht ist das Gewicht, mit welchem die Ware vom Ursprungsland abgegeben ist. Der Verkäufer muß es nachweisen; die Rechnung eines Vordermannes genügt dafür nicht (1922, 19). Grundsätzlich ist ein bahnamtlicher oder kaiamtlicher Wiegevermerk zu fordern. Kann der Verkäufer diesen Nachweis nicht erbringen, darf er vom Ankunftsgewicht ausgehen und einen angenommenen natürlichen Schwund hinzurechnen (1922, 19). Der Verkauf einer „Originalkiste" bedeutet nicht die Vereinbarung von „Originalgewicht" (1956, 15). 7

d) Es gibt auch noch weitere Gewichtsklauseln, z. B. „Originalgewicht, volle Kisten", die anscheinend nicht mehr oft vereinbart werden. Einzelheiten bei MGS 11 zu § 7. 8

§ 38
Destinationsvorbehalt

(1) Wird dem Käufer die Aufgabe des Bestimmungshafens (Destination) vertraglich vorbehalten, so darf die Ware nur in Übereinstimmung mit der Destination abgeladen werden. Der Käufer ist verpflichtet, die vorbehaltene Destination zwei Wochen vor Beginn der Abladezeit, frühestens am dritten Geschäftstage nach Vertragsschluß zu erklären. Diese Erklärung ist eine Hauptleistung im Sinne der §§ 17, 18.

(2) Zur Entgegennahme der Destination gelten der Agent des Verkäufers und der Makler, der das Geschäft vermittelt hatte, als bevollmächtigt.

1 1. Wirksam im Sinne des § 38 ist nur ein vertraglicher Vorbehalt. Die Parteien müssen sich darüber einig geworden sein, daß der Käufer den Bestimmungshafen für den Verkäufer verbindlich bezeichnen darf. Ein einseitiger Vorbehalt des Käufers ist unerheblich. Bei cif- und c & f-Geschäften wird die Destination dem Käufer manchmal nur in einem gewissen Rahmen, z. B. durch die Bezeichnung „Nordseehäfen", vorbehalten. Ist bei cif- oder c & f-Geschäften dem Vertrage – auch durch Auslegung – kein Bestimmungshafen zu entnehmen, so kann das gemäß §§ 154, 155 BGB zu der Feststellung führen, daß mangels Einigung kein Vertrag zustande gekommen ist, denn der Bestimmungshafen ist im Hinblick auf die Höhe der Fracht und im Hinblick auf die Einhaltung der Abladefrist ein wesentlicher Punkt des Vertrages. Wird jedoch bei einem fob-Geschäft der Bestimmungshafen nicht ausdrücklich in den Vertrag aufgenommen, so ist die Destination dem Käufer stillschweigend vorbehalten, da den Verkäufer die Höhe der Fracht nicht betrifft.

2 2. Ist dem Käufer die Destination vertraglich vorbehalten, so hat er folgende Rechte:

a) Die Ware darf nur in Übereinstimmung mit der Destination abgeladen werden, und zwar auch dann, wenn der Käufer die Aufgabe verzögert oder die vertraglich gezogenen Grenzen seines Bestimmungsrechts nicht einhält. Keinesfalls geht in solchen Fällen das Bestimmungsrecht auf den Verkäufer über. Das Gesetz (§ 315 BGB) hat eine solche Regelung nicht getroffen. Auch ein dahingehender Handelsbrauch läßt sich nicht feststellen (18/65, JB 1966).

b) Der Käufer darf einen oder mehrere Optionshäfen aufgeben, soweit das nicht der Übung oder einer besonderen vertraglichen Bestimmung widerspricht (18/65, JB 1966).

c) Aufgrund des Destinationsvorbehalts kann der Käufer indessen nicht verlangen, daß der Verkäufer die Ware mit einer bestimmten Reederei oder mit einem bestimmten Schiff verlade. Trifft der Käufer seine Bestimmung nur für eine Beförderung mit einem bestimmten Schiff, so kann der Verkäufer die gesamte Bestimmung als unwirksam betrachten (18/65, JB 1966).

d) Im übrigen hat der Käufer seine Bestimmung nach billigem Ermessen zu treffen (§ 315 BGB). Insbesondere darf der Käufer nur solche Bestimmungen treffen, welche der Verkäufer innerhalb der verbleibenden Abladezeit erfüllen kann.

3 3. Verzögert der Käufer die ihm vorbehaltene Destination über den in § 38 (1) Satz 2 bestimmten Termin hinaus, so kann der Verkäufer dem Käufer eine angemessene Frist zur Nachholung bestimmen und, wenn die De-

stination bis zum Ende der Frist ausbleibt, nach seiner Wahl vom Vertrage zurücktreten oder Schadensersatz wegen Nichterfüllung verlangen (§ 17). Trifft der Käufer eine unzulässige Bestimmung, so kann darin eine positive Vertragsverletzung liegen, welche den Verkäufer ohne Fristsetzung zur Forderung von Schadensersatz wegen Nichterfüllung berechtigt, z. B. dann, wenn das Ende der Abladezeit dicht bevorsteht (18/65, JB 1966).

§ 39
Abladezeit

(1) Ist für Abladung, Verladung oder Verschiffung eine Frist vereinbart (Abladezeit), so muß die Ware innerhalb dieser Frist an Bord des Schiffes übernommen werden. Es steht im Belieben des Verkäufers, wann er die Ware innerhalb der Abladezeit übernehmen läßt.

(2) Ist „prompte" Abladung, Verladung oder Verschiffung vereinbart, so sind im Sinne des ersten Absatzes folgende mit Vertragsschluß beginnende Fristen einzuhalten:

- **15 Tage bei Übernahme der Ware in europäischen Häfen der Ostsee, der Nordsee und des Atlantischen Ozeans mit Ausnahme derjenigen Spaniens und Portugals,**
- **21 Tage bei Übernahme der Ware in Häfen Spaniens und Portugals, des Mittelländischen und Schwarzen Meeres sowie der Ostküste Nordamerikas,**
- **30 Tage bei Übernahme der Ware in anderen Häfen.**

(3) Ist mit der Klausel „schwimmend" verkauft, muß die Ware sich bei Vertragsschluß an Bord des Schiffes befinden.

(4) Die Abladung ist eine Hauptleistung im Sinne der §§ 17, 18. Wird die Abladezeit nicht eingehalten, so stehen dem Käufer die in § 17 bestimmten Rechte zu, ohne daß er dem Verkäufer eine Frist gemäß § 17 Abs. 2 und 3 bestimmt hat.

I. Die Verpflichtung des Verkäufers

1. § 39 entspricht mit einem wesentlichen Unterschied der Regelung, **1**
welche früher § 36 WVB a. F. traf. In § 36 WVB a. F. wurde danach unterschieden, ob „Abladung" oder „Verladung" oder „Verschiffung" vereinbart war. War Abladung oder Verschiffung innerhalb bestimmter Frist vereinbart, so mußte die Ware innerhalb dieser Frist dem Transportübernehmer oder dem Transportführer, welche das Konnossement ausstellen, übergeben worden sein. Folge: Als Dokument durfte der Verkäufer dem

Käufer ein „Übernahme-Konnossement" andienen. Nur wenn ausdrücklich Verschiffung innerhalb bestimmter Frist vereinbart war, mußte die Ware innerhalb dieser Frist an Bord des Schiffes gelangt sein. Folge: Als Dokument hatte der Verkäufer in diesem Fall dem Käufer ein „Bord-Konnossement" anzudienen. Diese Regelung wurde bei Abfassung der WVB 1971 als unzweckmäßig befunden, da die Kaufleute des Waren-Vereins die richtige Vorstellung von diesen Unterscheidungen weitgehend verloren hatten. Oft war es bloßer Zufall, ob auf dem Schlußnotenformular des jeweils tätigen Maklers das Wort „Abladung" oder das Wort „Verladung" oder das Wort „Verschiffung" in der betreffenden Rubrik vorgedruckt war. Zweifel entstanden auch, wenn ein in englischer Sprache gehaltener Vordruck das Wort „shipment" enthielt. Zur Beseitigung dieser Unklarheit und zur Angleichung an den Sinn des im englischen Sprachgebrauch überwiegend angewandten Wortes „shipment" und schließlich in der Meinung, daß die Parteien wohl meistens bei allen herkömmlich gebrauchten deutschen Wörtern (Abladung, Verladung und Verschiffung) an „richtige" Verschiffung denken, wurde bei der Neufassung definiert, daß Abladung, Verladung und Verschiffung dasselbe, nämlich die Übernahme an Bord, bedeuten sollen. Wollen die zu WVB handelnden Parteien für ein Geschäft auch jetzt noch eine Übergabe an die Beförderungsperson ausreichen lassen, so müssen sie dies bei c & f-, cif- und fob-Geschäften klar vereinbaren.

2 2. In der Regel wird die Abladezeit im Vertrage kalendermäßig bestimmt, z. B. durch die Klausel „Verschiffung im Oktober 1978". Eine Abladezeit im Sinne des § 39 WVB kann sich aber auch aus der Verwendung anderer Klauseln ohne unmittelbaren kalendermäßigen Bezug ergeben.

a) Beim fob-Geschäft endet die Abladezeit mit der Abreise des vom Käufer vereinbarungsgemäß bezeichneten Schiffes (40/77, JB 1978).

b) Abladezeit im Sinne des § 39 ist auch die durch vertragsmäßigen Abruf in Lauf gesetzte Frist (§ 43 Abs. 1).

c) Ist „prompte" Verschiffung vereinbart, so läuft die Abladezeit vom Beginn des ersten Tages nach Vertragsschluß und dauert 15, 21 oder 30 Tage nach näherer Bestimmung von § 39 (2). Die Frist endet, wie jegliche Abladefrist, um 24 Uhr des letzten Tages, unabhängig davon, ob es sich um einen Geschäftstag handelt (§ 4 Abs. 3).

d) Ist mit der Klausel „schwimmend" verkauft, endet die Abladezeit mit Vertragsschluß.

3 3. Durch Vereinbarung der Parteien kann de Abladefrist verlängert oder sonst geändert werden.

a) Ergibt sich aus einer Verschiffungsanzeige (§ 41) oder aus einer sonstigen Mitteilung des Verkäufers, daß die Ware nicht fristgemäß verschifft wurde, so erklärt sich der Käufer nicht schon durch widerspruchslose Entgegennahme solcher Nachrichten mit einer Änderung der Abladezeit einverstanden (19/71, JB 1972; 28/63).

b) Die Einwilligung des Käufers in eine Verlängerung der Abladefrist bedeutet nicht immer eine Stundung der Abladeverpflichtung; sie braucht nur zu bedeuten, daß der Käufer auch eine verspätete Abladung noch als Erfüllung gelten lassen will (15/70, JB 1972). Das kann Bedeutung erlangen für den Fall, daß innerhalb der Zeit, um welche die Abladezeit verlängert wurde, die Erfüllung des Vertrages für den Verkäufer unmöglich wird. Der Verzug des Verkäufers wurde dann nämlich weder vermieden noch geheilt, und der Verkäufer haftet gemäß § 287 BGB für die während des Verzuges auch für die ohne sein Verschulden eintretende Unmöglichkeit (15/70, JB 1972).

4. Wann der Verkäufer innerhalb der Frist abladen will, steht ausschließ- 4
lich bei ihm. Er kann bis zum letzten Tage warten, ebenso wie er schon am ersten Tage abladen darf. Abweichend von der Regel des § 271 Abs. 2 BGB darf der Verkäufer aber nicht schon vor Beginn der vereinbarten Zeit abladen (1926, 46). Auf keinen Fall kann sich der Verkäufer bei verspäteter Abladung darauf berufen, daß das Schiff, mit welchem er nach Ablauf der Abladefrist verladen hat, schneller reise und deshalb früher am Bestimmungsort eintreffe als das letzte innerhalb der Abladefrist abgehende Schiff. Abladezeiten werden in der Regel genau nach dem Kalender bestimmt, z. B. „Abladung Oktober/November 1978". Weniger zu empfehlen sind ungenaue Ausdrücke, wie z. B. „Ende Juni". Das Schiedsgericht (34/64) hat in diesem Fall entschieden, daß der 19. eines Monats nicht zum Ende dieses Monats gehöre.

Diese Erlaubnis ist von besonderer Bedeutung, falls dem Verkäufer die Abladung erst gegen Ende der Abladezeit unmöglich wird. Beruft sich der Verkäufer zu Recht auf einen schuldbefreienden Fall höherer Gewalt, so wird damit der Vertrag aufgehoben und beide Teile von der Leistung frei. Die Abladefrist wird nicht etwa automatisch um die Dauer des Hindernisses verlängert. War z. B. „Abladung September" vereinbart und wurde der Verkäufer an der rechtzeitigen Abladung durch eine unerwartete, vier Wochen währende Blockade des Abladehafens gehindert, so kann er die Abladung nicht gegen den Willen des Käufers noch bis zum 28. Oktober vollziehen. In den üblichen Freizeichnungsklauseln wird allerdings häufig eine solche Verlängerung ausbedungen; ist dies nicht geschehen, so kann dem Käufer die damit für ihn verbundene Ausdehnung seines Marktrisikos nicht aufgezwungen werden.

5. Der Verkäufer hat die Rechtzeitigkeit der Abladung nachzuweisen. 5
Den Tag der Abladung beweist der Verkäufer prima facie durch das Datum des von ihm vorzulegenden Konnossements. Bestreitet der Käufer die Richtigkeit des Datums, so ist er dafür beweispflichtig (MGS 8 zu § 36).

II. Rechte des Käufers bei Überschreitung der Abladezeit

6 1. Ob die Abladezeit eingehalten wurde, ist nach deren Ablauf für den Käufer nicht sofort ersichtlich, denn bei der Abladung hat er nicht unmittelbar mitzuwirken. Selbst der Verkäufer weiß dies bei Ende der Abladezeit nicht notwendigerweise sofort, denn im Zweifel darf er auch Ware liefern, die von einem Dritten abgeladen wurde (§ 33). Der Verkäufer erfüllt seine Abladeverpflichtung deshalb auch dann noch rechtzeitig, wenn er sich erst nach Ablauf der Abladezeit von einem Dritten die Dokumente über dessen rechtzeitige Abladung verschafft. Klagt also der Käufer auf Schadensersatz wegen Nichterfüllung nach § 39 (4), so genügt seine Behauptung, daß der Verkäufer nicht rechtzeitig abgeladen habe, an sich nur, wenn die Abladung durch Dritte (§ 33) vertraglich ausgeschlossen wurde. Ist § 33 nicht fortbedungen, so kann der Käufer den in § 39 (4) vorgesehenen Schadensersatz wegen Nichterfüllung erst verlangen, nachdem feststeht, daß Dokumente über richtig und rechtzeitig abgeladene Ware nicht mehr am Markt zu haben sind (13/75, JB 1975). Die Behauptung, daß diese Voraussetzung vorliege, gehört zur schlüssigen Begründung der Klage. Sie bedarf keines Beweises, wenn die Unmöglichkeit der Beschaffung von Dokumenten über die Abladung eines Dritten offenkundig ist. Solche Offenkundigkeit kann bestehen, wenn das Ende der Abladezeit schon sehr lange zurückliegt.

7 Um dem Käufer alsbald nach Ablauf der Abladezeit Gewißheit darüber zu verschaffen, ob der Verkäufer die Abladezeit eingehalten hat oder noch einhalten wird, ist in § 41 bestimmt, daß der Verkäufer innerhalb von zehn Tagen nach Ende der Abladezeit den Namen des Schiffes, mit welchem die vertraglich zu liefernde Ware verladen wurde, dem Käufer aufzugeben hat. Erstattet der Verkäufer die fällige Verschiffungsanzeige auch nicht nach Ablauf einer vom Käufer gesetzten Frist (§ 17), kann der Käufer nach seiner Wahl zurücktreten oder Schadensersatz wegen Nichterfüllung verlangen. Hat der Verkäufer die Verschiffung fristgemäß angezeigt, so kann der Käufer die unverzügliche Lieferung der Dokumente verlangen. Liefert der Verkäufer die Dokumente nicht unverzüglich und holt er die Lieferung auch innerhalb einer vom Käufer zu setzenden Frist nicht nach, so kann der Käufer ebenfalls nach seiner Wahl vom Vertrage zurücktreten oder Schadensersatz wegen Nichterfüllung verlangen. Durch Verzögerung dieser weiteren Hauptleistungen (§§ 41, 42) erwachsen also dem Käufer konkurrierende Ansprüche, die er nach seiner Wahl geltend machen kann. Auf diesen scheinbaren Umwegen kommt der Käufer gegenüber einem säumigen Verkäufer in der Regel einfacher und schneller zum Ziel als durch Geltendmachung der Rechte aus § 39 (4).

8 2. Die Abladung ist gemäß § 39 (4) eine Hauptleistung. Ist im Sinne von Nr. 1 festzustellen, daß der Verkäufer die Abladefrist nicht eingehalten hat,

so stehen dem Käufer die in § 17 bestimmten Rechte – Rücktritt oder Schadensersatz wegen Nichterfüllung – zu, ohne daß er dem Verkäufer eine Frist gemäß § 17 (2 und 3) bestimmt hat. Nach Handelsbrauch macht die Vereinbarung einer Abladezeit das Abladegeschäft auch im übrigen zu einem Fixgeschäft im Sinne des § 376 (1) HGB: Erfüllung kann der Käufer bei Nichteinhaltung der Abladefrist also nur beanspruchen, wenn er sofort nach dem Ablauf der Zeit dem Verkäufer anzeigt, daß er auf Erfüllung bestehe.

3. Maßgeblicher Zeitpunkt für die abstrakte Schadensberechnung ist im Falle des § 39 (4) der erste Geschäftstag nach Ablauf der Abladezeit (13/75, JB 1975). Im maßgeblichen Zeitpunkt für die Schadensberechnung besteht ein bedeutsamer Unterschied zwischen dem Schadensersatzanspruch aus § 39 (4) und den konkurrierenden Ansprüchen auf Schadensersatz wegen Nichterfüllung aus den §§ 41 und 42. Für diese konkurrierenden Ansprüche ist maßgeblicher Zeitpunkt der auf das Ende der Nachfrist folgende Geschäftstag (§ 17 Abs. 4 Satz 2). Diese maßgeblichen Zeitpunkte kann der Käufer einseitig bestimmen, denn es steht in seinem Belieben, wann er die Nachfrist zur Erstattung der Verschiffungsanzeige oder zur Lieferung der Dokumente bestimmt und wie lang er diese Fristen im Rahmen des Angemessenen (§ 17 Abs. 2) bemißt. Hiernach könnte der Käufer auf Kosten des säumigen Verkäufers spekulieren, indem er vor Bestimmung einer Nachfrist für die Verschiffungsanzeige oder für die Lieferung der Dokumente abwartet, ob der Marktpreis gegenüber dem ersten Geschäftstage nach Ende der Abladezeit steigt. Dieser Nachteil ist jedoch dem Verkäufer zuzumuten, denn es liegt in seinem Belieben, jederzeit zu erklären, daß er nicht abladen wolle oder abladen könne. Damit fixiert er den maßgeblichen Zeitpunkt für die Schadensberechnung spätestens auf den ersten Geschäftstag nach Zugang der Leistungsverweigerung (§ 18 Abs. 2). 9

Der Anspruch aus § 39 (4) entfällt jedoch, wenn der Verkäufer die Verschiffungsanzeige nicht innerhalb der vom Käufer gemäß § 17 gesetzten Frist nachholt. Dadurch, daß der Käufer diese Nachfrist setzt, entscheidet er sich für die konkurrierenden Ansprüche aus §§ 41, 44 (26/77, JB 1977). Entsprechendes sollte gelten, falls der Verkäufer die Lieferung der gemäß § 42 geschuldeten Dokumente nicht innerhalb der gemäß § 42 (5) zu setzenden Frist nachholt.

4. Der nach § 39 (4) oder § 18 zu ersetzende Schaden kann nach dem Marktpreis entsprechender Lokoware berechnet werden, wenn die Abladefrist abgelaufen ist und auch entsprechende Verschiffungsdokumente nicht mehr zu haben sind (15/70, JB 1972). 10

§ 40
Beförderung

(1) Die Ware darf, wenn nicht ausdrücklich etwas anderes vereinbart ist, direkt oder indirekt befördert werden. Ist ausdrücklich direkte Beförderung vereinbart, so darf das Schiff auf der Reise vom Abladehafen zum Bestimmungshafen keinen Hafen anlaufen, der vom Bestimmungshafen weiter entfernt ist als der Abladehafen; andere Zwischenhäfen darf das Schiff nur anlaufen, wenn sie auf einem Wege liegen, dessen Innehaltung nach den bei Vertragsschluß gegebenen Schiffahrtsverhältnissen erwartet werden durfte.

(2) Umladungen sind zulässig, wenn der Ablader die Ware schon bei der ersten Abladung für den vertraglichen Bestimmungshafen bestimmt hatte.

1 1. Die Bezeichnungen „direkt" und „indirekt" beziehen sich auf den Reiseweg. Als direktes Schiff galt früher vielfach nur ein solches, das ohne Anlaufen eines Zwischenhafens unmittelbar zum Bestimmungshafen fuhr. Die Entwicklung in der Zeit nach dem Zweiten Weltkrieg hat aber dazu geführt, daß auf den einschlägigen Reisewegen solche Schiffe kaum noch vorkommen und deshalb dem Verkäufer eine so weitgehende Einschränkung seiner Auswahlbefugnis nicht zugemutet werden kann. Schon § 36 (6) WVB 1955 definierte deshalb wie folgt:

„Unter einem direkten Dampfer ist ein solcher zu verstehen, der auf der Heimfahrt zum Bestimmungshafen die nächste handelsübliche Route einschlägt; Zwischenhäfen, die sich auf dieser Route befinden, darf der Dampfer anlaufen."

Die in § 40 (1) Satz 2 WVB 1971 bestimmten Erfordernisse einer direkten Beförderung entsprechen den Usancen, die sich auf der Grundlage von § 36 (6) WVB 1955 entwickelt hatten (MGS 32 zu § 36).

2 Bei indirekter Beförderung braucht sich das Schiff zur Zeit der Abladung noch nicht auf der Ausreise oder Heimreise zum Bestimmungshafen zu befinden. Zum Beispiel ist es in der Mittelmeerfahrt bei indirektem Schiff zulässig, wenn der Verkäufer die Ware auf ein ausreisendes Schiff verlädt, welches sich auf einer Rundreise befindet. Für zulässig erklärte dementsprechend ein Schiedsgericht der Hamburger freundschaftlichen Arbitrage durch Schiedsspruch vom 13. 12. 1954 die Verladung mit einem indirekten Schiff, welches eine Partie Mandeln in Bari übernahm, dann nach Triest fuhr und auf der Rückreise zum Bestimmungsort Hamburg den Hafen Bari nochmals anlief. Dieser Schiedsspruch ist in den MITTEILUNGEN der Handelskammer Hamburg vom 15. 2. 1955 veröffentlicht; auszugsweise ist er auch bei Haage (4. Auflage S. 54 ff.) abgedruckt.

2. Umladungen sind zulässig, wenn der Ablader die Ware schon bei der ersten Abladung für den vertraglichen Bestimmungshafen bestimmt hatte. Diese Bestimmung kann der Verkäufer treffen, indem er die Ware von vornherein auf Durchkonnossement zum endgültigen Bestimmungsort verlädt oder mindestens in das erste Konnossement einen Vermerk über den endgültigen Bestimmungsort aufnehmen läßt. Die Kosten einer hiernach zulässigen Umladung gehören beim fob-Geschäft zu den vom Käufer zu tragenden Beförderungskosten. 3

3. Es kommt vor, daß von vornherein die Beförderung mit einem bestimmten Schiff vereinbart wird; häufig wird in diesem Sinne beim Verkauf schwimmender Ware in den Vertrag der Name des Schiffes, in welches abgeladen wurde, aufgenommen. In diesen Fällen muß Ware aus diesem Schiff geliefert werden, und zwar auch dann, wenn sich die Reederei dem Verkäufer gegenüber die Verladung mit einem anderen Schiff vorbehalten hatte. Beim Verkauf schwimmender Ware wird deshalb bei Angabe des Schiffes oft schon in der Schlußnote der „übliche Vorbehalt" hinzugefügt. Diese Klausel befreit den Verkäufer indessen nicht, wenn die Ware zur Zeit des Geschäftsabschlussess überhaupt noch nicht schwamm (1952, 21), denn gerade das Schwimmen der Ware ist ein wesentlicher Umstand des Geschäfts, weil der Käufer daraus den Zeitpunkt des voraussichtlichen Eintreffens der Ware berechnen kann und weil deshalb für schwimmende Ware nicht selten ein höherer Preis bezahlt wird als für eine erst abzuladende Ware. Für die Bedeutung der vertraglichen Klausel „unter üblichem Vorbehalt" gelten im übrigen sinngemäß die Bemerkungen III 3 zu § 41. 4

§ 41
Verschiffungsanzeige

(1) Der Verkäufer hat den Namen des Schiffes, mit welchem die vertraglich zu liefernde Ware verladen wurde, dem Käufer aufzugeben (Verschiffungsanzeige). Bei Gewürzen hat der Verkäufer auch das Datum des Konnossements und die Markierung der Ware dem Käufer aufzugeben.

(2) Der Verkäufer hat die Verschiffungsanzeige innerhalb von zehn Tagen nach Ablauf der Abladezeit zu erstatten. Ist schwimmende Ware verkauft, so beginnt die Frist mit Ablauf des Tages, an welchem der Vertrag geschlossen wurde.

(3) Durch Absendung der Verschiffungsanzeige wird der Kauf auf die darin bezeichnete Ware beschränkt. Der Verkäufer darf nur solche Ware liefern, die gemäß der Verschiffungsanzeige verschifft worden ist. Unwesentliche Fehler der Anzeige schaden dem Verkäufer nicht.

(4) Die Erstattung der Verschiffungsanzeige ist eine Hauptleistung im Sinne der §§ 17, 18.

(5) Der Agent des Verkäufers und der Makler, der das Geschäft vermittelt hatte, gelten als bevollmächtigt zur Entgegennahme und zur Erstattung der Verschiffungsanzeige.

I. Allgemeines

1 1. § 41 gilt gemäß § 32 (1) für Abladegeschäfte. Gemäß § 32 (2) gilt § 41 auch für Geschäfte ab Kai, ab Lager und ab Kai/Lager, wenn zugleich eine Abladeklausel vereinbart ist (32/74, JB 1975; 50/76). Wurde entgegen der Regel des § 39 (1) eine Frist nicht für die Verschiffung, sondern nur für die Übergabe an eine Beförderungsperson vereinbart, so ist § 41 sinngemäß mit der Maßgabe anzuwenden, daß der Verkäufer gegebenenfalls nur anzuzeigen hat, mit welchem Schiff die Ware verladen werden soll (§ 37 Abs. 1 WVB 1955).

2 2. Die wesentliche Bedeutung der in § 41 vorgeschriebenen Verschiffungsanzeige besteht darin, daß die Gattungsschuld des Verkäufers auf eine Partie beschränkt wird, welche durch die Beförderung mit dem vom Verkäufer benannten Schiff bestimmt wird. An dieser Konzentration des Kaufvertrages können beide Parteien interessiert sein: Der Verkäufer hat ein Interesse daran, daß die Transportgefahr auf den Käufer übergeht. Der Käufer will wissen, wie er disponieren kann. Unter Umständen kann allerdings der Verkäufer auch an einer Zurückhaltung der Verschiffungsanzeige interessiert sein, z. B. wenn er die Entwicklung des Marktes abwarten möchte und den zuerst verladenen Teil der von ihm eingekauften Gesamtmenge für spätere Verkäufe reservieren will. Die Rücksicht auf solche Spekulationen des Verkäufers, in denen noch Mathies-Grimm-Sieveking (Bem. 11 zu § 37 WVB 1955) „einen nicht zu unterschätzenden Faktor für die Bildung eines echten Marktes“ erblickten, wurde – nach einer offenbar gewandelten Verkehrsauffassung – bei Abfassung der WVB 1971 für weniger wichtig gehalten. Deshalb wurden in § 41 WVB 1971 die Fristen für die Verschiffungsanzeige im Durchschnitt verkürzt und zugleich vereinheitlicht.

II. Die Verpflichtung zur Anzeige der Verschiffung

3 1. Die Fälligkeit ergibt sich aus § 41 (2). Für die Berechnung der dort bestimmten Frist von zehn Tagen gilt § 4 (1) WVB; die Ausnahmevorschrift des § 4 (3) gilt nur für die Berechnung und Wahrung einer Ablade- oder

Verladefrist. Der Verkäufer wahrt die Frist durch Absendung der Verschiffungsanzeige. Das folgt sinngemäß aus § 41 (3). Die Zehn-Tage-Frist darf der Verkäufer auch dann noch voll ausnutzen, wenn die Ware schon im Bestimmungshafen angekommen ist, vorausgesetzt, daß die Ware noch unangetastet und ununtersucht am Kai liegt (MGS 2 zu § 37).

2. Der Verkäufer hat den Namen des Schiffes, mit welchem die vertrag- 4
lich zu liefernde Ware verladen *wurde*, dem Käufer aufzugeben. Nach der Regel, daß der Verkäufer die Ware innerhalb der Abladezeit an Bord des Schiffes übernehmen lassen muß (§ 39 Abs. 1), erfüllt der Verkäufer seine Verpflichtung *nicht*, wenn er dem Käufer nur anzeigt, daß er *beabsichtige*, die Ware mit dem benannten Schiff zu verladen. Außerdem muß der Verkäufer die Ware nach Gattung und Menge bezeichnen, denn sonst bliebe unklar, auf welche Partie sich die Schuld konzentrieren soll (§ 41 Abs. 3). In der Verschiffungsanzeige muß der Verkäufer auch den zu erfüllenden Vertrag bezeichnen, weil der Käufer den Vorgang sonst möglicherweise nicht unterbringen kann. Die Angabe des Vertrages klärt unter Umständen schon ohne weitere Zusätze die Gattung und die Menge der verschifften Ware. – Die für Gewürze erlassene Sonderregelung, daß der Verkäufer auch das Datum des Konnossements und die Markierung der Ware dem Käufer in der Verschiffungsanzeige aufzugeben habe, beruht auf altem Handelsbrauch.

Der Verkäufer schuldet dem Käufer eine vorbehaltslose Anzeige, denn der Käufer soll sich auf die Angaben des Verkäufers verlassen dürfen. Der „übliche Vorbehalt", unter welchem oft die Anzeige erstattet wird, bedeutet nicht, daß der Käufer sie üblicherweise hinnehmen müsse. Welche Wirkung eine unter solchem Vorbehalt angenommene Anzeige hat, ist unter III erörtert.

3. Der Verkäufer erfüllt seine Verpflichtung durch Absendung der An- 5
zeige. Auch dies ergibt sich sinngemäß aus § 41 (3). Die Verschiffungsanzeige reist also auf Gefahr des Käufers (ebenso Haage, S. 42/43). Der Verkäufer hat insbesondere für eine Verstümmelung seines Telegramms nicht einzustehen.

4. Die Verschiffungsanzeige ist gemäß § 41 (4) eine Hauptleistung im 6
Sinne der §§ 17, 18. Verzögert also der Verkäufer die Verschiffungsanzeige über deren Fälligwerden hinaus, so kann der Käufer ihm gemäß § 17 (2) zur Erstattung der Anzeige eine angemessene Frist bestimmen. Diese Frist muß gemäß § 17 (3) mindestens drei Geschäftstage betragen. Die Verpflichtung zur Anzeige der Verschiffung hat keinen Fixcharakter (26/77, JB 1977; MV 16. 11. 1971).

Der mögliche Schadensersatzanspruch aus §§ 17, 41 konkurriert mit dem 7
etwaigen Schadensersatzanspruch aus § 39 (4), denn beide Ansprüche gehen auf Schadensersatz wegen Nichterfüllung. Der maßgebliche Zeitpunkt

für die Schadensberechnung aus § 39 (4) liegt jedoch früher als der entsprechende Zeitpunkt für die Schadensberechnung aus § 41 (4); Hinweis auf Bem. II 3 zu § 39. Im Schiedsspruch 26/77 (JB 1977) wird für das Abladegeschäft die Meinung vertreten, durch Bestimmung der Nachfrist für die Verschiffungsanzeige entscheide sich der Käufer endgültig für die Schadensberechnung aus § 41 (4); für seine Auffassung argumentiert das Schiedsgericht 26/77 auch damit, daß der Käufer nach Treu und Glauben nicht auf einseitiges Risiko des Verkäufers spekulieren dürfe, indem er sich vorbehält, je nach der Preisentwicklung das Ende der Verschiffungsfrist oder das Ende der Nachfrist für die Verschiffungsanzeige als maßgeblich zu bezeichnen. Dagegen hat ein anders besetztes Schiedsgericht durch den Schiedsspruch 51/76 (JB 1977) bei einem Waggon-Einfuhrgeschäft dem Käufer das Recht zuerkannt, auch nach Ablauf der für die Verladeanzeige gesetzten Frist noch auf die Schadensberechnung per Ablauf der Verladefrist zurückzugreifen. Der Schiedsspruch 51/76 ist für richtig zu halten, und zwar auch mit entsprechender Geltung für das Abladegeschäft. Zutreffend sind beide Schiedsgerichte davon ausgegangen, daß der Käufer zwischen dem Schadensersatzanspruch aus § 41 Abs. 4 (für das Waggon-Einfuhrgeschäft: § 58 Abs. 1) und § 39 Abs. 4 (für das Waggon-Einfuhrgeschäft: § 57 Abs. 1) wählen kann. Schon durch die Wahl des Zeitpunktes für den Zugang der Nachfristsetzung aus §§ 41, 58 spekuliert indessen der Käufer auf einseitiges Risiko des Verkäufers. Die Zeit, welche der Käufer zwischen der Fälligkeit der Anzeige und der Nachfristsetzung verstreichen läßt, kann vielfach länger sein als die hinzukommende Nachfrist, so daß nicht einzusehen ist, warum der Käufer das Wahlrecht mit der Nachfristsetzung verlieren soll. Außerdem steht es dem Verkäufer, was das Schiedsgericht 51/76 zutreffend hervorgehoben hat, jederzeit frei, die Spekulation des Käufers zu beenden, indem er erklärt, daß er nicht leisten werde (§ 18). Hat der Käufer erst einmal die Nachfrist bestimmt, so stehen die beiden in Betracht kommenden Zeitpunkte für die Schadensberechnung ohnehin fest. Das Argument des Schiedsgerichts 26/77, daß der Käufer während der Nachfrist nicht mehr zum Nachteil des Verkäufers spekulieren dürfe, hat wegen der relativen Kürze dieser Nachfrist kein Gewicht.

III. Die Wirkung der Verschiffungsaneige

8 1. Durch Absendung der Verschiffungsanzeige wird der Kauf auf die in der Anzeige bestimmte Ware beschränkt (Abs. 3). Diese Wirkung wird vorweggenommen oder tritt überhaupt nicht ein, wenn der Verkäufer seinen Willen, daß eine bestimmbare Partie für den Käufer bestimmt sei, schon früher erkennbar gemacht hatte (§ 35 Abs. 2). Stimmen beide Be-

kundungen überein, so ist die Verladeanzeige gegenstandslos. Stimmen die Bekundungen nicht überein, so bewirkt die Verschiffungsanzeige keine anderweitige Konzentration, weil der Verkäufer die erste Bestimmung nicht nach eigenem Belieben ändern kann.

Beim Versendungskauf (§ 447 BGB), zu dem auch das Abladegeschäft gehört, reist „die verkaufte Sache" auf Gefahr des Käufers. Beim Gattungskauf setzt dieser Gefahrübergang die Konzentration auf eine einzelne Sache oder eine einzelne Partie voraus. Deshalb läßt die Absendung der Verschiffungsanzeige ohne weiteres die Transportgefahr auf den Käufer übergehen. Beim Versendungskauf geht nicht nur die Leistungsgefahr, sondern auch die Gefahr der Gegenleistung, die „Vergütungsgefahr", auf den Käufer über. Der Käufer bleibt also bei transportbedingtem Verlust oder transportbedingter Beschädigung der Ware zur Zahlung des vereinbarten Kaufpreises verpflichtet.

Ist der Verkäufer bei Absendung der Verschiffungsanzeige gutgläubig, so wirkt die Anzeige auf den Beginn des Transportes zurück (Haage, S. 43).

Die Bestimmung, daß der Verkäufer nur noch solche Ware liefern darf, die er gemäß Anzeige verschifft hatte (Abs. 3 Satz 2), ist nur die Kehrseite der Konzentration, deren Effekt auf der anderen Seite im Gefahrübergang besteht. Auch sonst ist der Verkäufer für den Inhalt der Verschiffungsanzeige verantwortlich. Hatte z. B. der Verkäufer, ohne hierzu vertraglich verpflichtet zu sein, mit der Verschiffungsanzeige auch das Datum des Konnossements mitgeteilt, so darf er nur solche Ware liefern, die auch gemäß dieser zusätzlichen Information verschifft wurde (10/74, JB 1974).

2. Unwesentliche Fehler der Anzeige sollen dem Verkäufer nicht schaden (Abs. 3 Satz 3). 9

Namen der Schiffe werden zuweilen vom Verkäufer unrichtig mitgeteilt. Unwesentlich ist ein solcher Fehler dann, wenn der Käufer den richtigen Namen des Schiffes aus dem Zusammenhang feststellen kann. Eine unwesentliche Abweichung liegt also dann nicht vor, wenn statt des Namens des richtigen Schiffes der Name eines anderen in demselben Verkehr beschäftigten Schiffes mitgeteilt wird, auch wenn die Namen einander ähneln. Der Käufer berechnet nämlich nach Aufgabe des Namens aufgrund der Segelkarte, wann das Schiff voraussichtlich im Bestimmungshafen eintreffen wird, um danach über die Ware zu disponieren. Der Käufer kann also, wenn ihm ein falscher Schiffsname aufgegeben wurde, in eine unangenehme Lage kommen.

Zu den unwesentlichen Abweichungen wurde früher auch die Mitteilung eines unrichtigen Konnossementsdatums gerechnet, vorausgesetzt, daß auch das wirkliche Datum in die Abladezeit fiel (MGS 5 zu § 37). Hier wird man jedoch zu unterscheiden haben: Unwesentlich kann eine solche Abweichung sein, wenn der Verkäufer am angezeigten Tage überhaupt nichts abgeladen hatte. Wesentlich ist die Abweichung aber stets, wenn der Verkäufer sowohl am angezeigten Datum als auch an dem durch das Konnossement ausgewiesenen Tage in dasselbe Schiff abgeladen haben sollte. Instruktiv ist hierzu der Schiedsspruch 10/74 (JB 1974). In dem dort entschiedenen Fall waren Champignonkonserven aus Mai/Juni-Abladung verkauft worden. Der Verkäufer zeigte dem Käufer telegrafisch an, daß gewisse Mengen am 31. 5. mit MS G. verschifft worden seien. Am 10. 7. schrieb der Verkäufer dem Käufer, nach Eingang der Konnossemente habe er festgestellt, daß die für diesen Käufer bestimmte Partie erst am 17. 6. verschifft worden sei. Diesen Fehler hat das Schiedsgericht für wesentlich erachtet, weil durch die erste Anzeige bereits der Übergang der Gefahr herbeigeführt wurde. Aber auch im zweiten Falle kann der Fehler wesentlich werden, nämlich dann, wenn der Käufer auf die unrichtige Anzeige entsprechend disponiert hat. Der Verkäufer haftet auf Schadensersatz, wenn der Käufer im Vertrauen auf die Richtigkeit der ersten Anzeige die als verschifft gemeldete Menge als Mai-Abladung weiterverkauft hat (ebenso 1922, 31; 10/74, JB 1974).

10 3. Gegen die Verantwortlichkeit für etwa unrichtige Angaben sucht der Verkäufer sich meist durch den Zusatz „unter üblichem Vorbehalt" (Abkürzung: „u. ü. V.") zu schützen. Findet sich der Käufer mit diesem Vorbehalt ab (II 2 zu § 41), so erreicht der Verkäufer in der Tat einen weitgehenden Schutz. Aber die Wirkung der Klausel geht nicht, wie manche meinen, so weit, daß nun die Anzeige jede Bedeutung verliere und der Verkäufer später nach seinem Belieben eine ganz andere als die aufgegebene Partie andienen könnte. Vielmehr wird der Verkäufer, der sich auf die Klausel beruft, darlegen und erforderlichenfalls beweisen müssen, daß die Anzeige, welche er nicht gelten lassen will, auf einem Irrtum *beruhte* (MGS 7 zu § 37). Dieser Irrtum ist nur beachtlich, wenn der Verkäufer bei verständiger Würdigung des Falles die vom Irrtum beeinflußte Erklärung nicht abgegeben hätte *und* der Irrende durch die vom Irrtum beeinflußte Erklärung schlechter gestellt wird als er ohne diese Erklärung stehen würde. Diese Einschränkungen sind zum Schutze des Erklärungsempfängers geboten, denn auch einer „u. ü. V." erstatteten Verschiffungsanzeige wird im Handelsverkehr ein gewisses Vertrauen entgegengebracht (10/74, JB 1974).

In der Entscheidung 1957, 29 hat das Schiedsgericht gemeint, der Verkäufer könne sich darauf, daß das u. ü. V. angezeigte Schiff entgegen seiner Erwartung einen bestimmten Hafen nicht angelaufen hat, nur berufen, wenn gerade Verschiffung von diesem Hafen vereinbart worden war oder wenn kontraktgemäße Partien, die das Schiff in anderen vertraglich zugelassenen Häfen geladen hatte, nicht zu haben waren. Dieser Entscheidung kann nicht gefolgt werden. In dem entschiedenen Fall war Verschiffung von einem spanischen Hafen vereinbart worden, aber der Verkäufer hatte irrtümlich angenommen, daß das angezeigte Schiff Barcelona anlaufen würde. Die Verschiffung von Barcelona wäre also zulässig gewesen. Der Irrtum war also ursächlich und auch sonst beachtlich.

4. Auch ohne Vorbehalt kann eine in tatsächlicher Hinsicht falsche Verschiffungsanzeige berichtigt werden, wenn den Verkäufer kein Verschulden trifft. Haage (S. 37/38) meint in diesem Sinne, der Verkäufer könne die tatbestandlich falsche Verschiffungsanzeige berichtigen, wenn er bei ihrer Erstattung „gutgläubig" gewesen sei. Der Verkäufer, welcher die Verschiffungsanzeige „unter üblichem Vorbehalt" erstattet hatte, braucht seinen Irrtum nur zu beweisen, aber nicht zu entschuldigen; das ist der Unterschied. 11

IV. Inkongruenz

Von den in tatsächlicher Hinsicht falschen Verschiffungsanzeigen sind solche Verschiffungsanzeigen zu unterscheiden, welche sich nicht mit dem Vertrage decken. Diese Unterscheidung ist hervorzuheben, weil herkömmlich in beiden Fällen von einer „unrichtigen" Anzeige gesprochen wird. Diesen undeutlichen Ausdruck sollte man vermeiden. Deckt sich die Anzeige nicht mit dem Vertrage, sollte eher von einer inkongruenten Verschiffungsanzeige die Rede sein. 12

1. Ergibt die Verschiffungsanzeige, direkt oder indirekt, daß die Ware nicht vertragsgemäß abgeladen ist, so stehen dem Käufer die in § 44 (1) bestimmten Rechte zu. 13

2. Zu einer inkongruenten Verschiffung braucht der Käufer sich nicht zu äußern, solange ihm nicht gemäß § 44 (1) eine Erklärungsfrist gesetzt worden ist. Im übrigen darf er schweigen, ohne daß er sich irgendwie präjudiziert. Die Verschiffungsanzeige ist kein Dokument, welches gemäß § 22 als genehmigt gelten könnte. Der Käufer darf auch deshalb schweigen, weil die inkongruente Anzeige möglicherweise auch in tatsächlicher Hinsicht falsch ist und deshalb berichtigt werden kann. Ist die Anzeige „u. ü. V." erstattet, muß er damit rechnen, daß der Verkäufer sich auf diesen Vorbehalt beruft. Die Verschiffungsanzeige ist auch kein Bestätigungsschreiben, dessen widerspruchslose Entgegennahme irgendwelche Rechte oder Pflichten begründen könnte. Überhaupt ist die Verschiffungsanzeige keine Willenserklärung, sondern nur eine Wissenserklärung. Ergibt sich also aus einer Verschiffungsanzeige, daß die Ware nicht fristgemäß verschifft wurde, so erklärt sich der Käufer nicht schon durch widerspruchslose Entgegennahme solcher Nachrichten mit einer Änderung der Abladezeit einverstanden (19/71, JB 1972; 28/63). 14

§ 42
Dokumente

(1) Der Verkäufer hat dem Käufer eines der folgenden Abladedokumente,

ein Konnossement,
einen Konnossements-Teilschein,
einen Kai-Teilschein
oder einen Lieferschein der Reederei

zu liefern. Das Abladedokument muß den Abladehafen, den Tag der Abladung, den Namen des Schiffes, den Bestimmungshafen, ferner die Gattung und die Menge der Ware bezeichnen. Außerdem hat der Verkäufer eine Rechnung zu liefern. Bei cif-Geschäften ist der Versicherungsschein beizufügen, welcher die Versicherung der Ware in Höhe des Kaufpreises zuzüglich 10 % imaginären Gewinns gemäß den Allgemeinen Deutschen Seeversicherungsbedingungen (ADS) nebst Zusatzbestimmungen in jeweils neuester Fassung einschließlich Beschädigung ohne Franchise und einschließlich des Kriegsrisikos oder eine gleichwertige Versicherung nachweist; soweit die Prämie für das Kriegsrisiko $^1/_2$ % übersteigt, hat der Käufer sie dem Verkäufer zu vergüten. Sämtliche Dokumente müssen inhaltlich dem Kaufvertrag entsprechen. Bei Gewürzen dürfen Konnossemente, Konnossements-Teilscheine und Lieferscheine keinen Auslieferungsstempel der Reederei tragen. Im übrigen sind Konnossemente, Konnossements-Teilscheine und Lieferscheine auch dann andienbar, wenn sie einen Auslieferungsstempel der Reederei tragen.

(2) Dokumente, in denen eine vertragswidrige Abladung, eine vertragswidrige Beförderung, eine vertragswidrige Beschaffenheit oder eine vertragswidrige Menge der Ware bekundet wird (unrichtige Dokumente), ferner solche Dokumente, welche den Erfordernissen des Absatzes 1 in sonstiger Hinsicht nicht genügen oder denen nicht alle gemäß Absatz 1 und 4 oder nach besonderer Vereinbarung zu liefernden Dokumente beigefügt sind (unvollständige Dokumente), braucht der Käufer nicht als Erfüllung anzunehmen. Zu den unrichtigen Dokumenten gehören bei Gewürzen auch Konnossemente, Konnossements-Teilscheine und Lieferscheine, die einen Auslieferungsstempel der Reederei tragen.

(3) Der Verkäufer hat die Dokumente dem Käufer unverzüglich nach Erstattung der Verschiffungsanzeige zu liefern. Spätestens wird diese Verpflichtung fällig, wenn das Schiff den Bestimmungshafen erreicht.

(4) Werden die Dokumente erst angeboten, nachdem das Schiff länger als einen Geschäftstag im Bestimmungshafen entlöscht ist, muß ih-

nen eine Bescheinigung des Verkäufers und jedes Vorverkäufers beigefügt werden, aus der ersichtlich ist, wie lange jeder die Dokumente nach Beendigung der Entlöschung im Besitz gehabt hat. Kein Verkäufer darf die Dokumente während dieser Zeit länger als einen Geschäftstag in seinem Besitz halten; jeder Verkäufer hat sie vielmehr schnellstens an seinen Käufer weiterzugeben und auf dem schnellsten für ihn zumutbaren Wege zu befördern.

(5) Die Lieferung der Dokumente und die Lieferung der in Absatz 4 bezeichneten Bescheinigung sind Hauptleistungen im Sinne der §§ 17, 18.

I. Zu liefernde Dokumente

Als wesentliches Erfordernis des Abladegeschäfts gilt allgemein, daß die **1**
Ware nicht in natura, sondern „in Gestalt des sie betreffenden Konnossements" (Haage, S. 1) zu liefern sei. Nach WVB (§ 32) ist die Verpflichtung zur Lieferung eines Konnossements oder eines entsprechenden Abladedokuments kein begriffsnotwendiges Merkmal des Abladegeschäfts. Praktisch ist sie jedoch aus der Abwicklung des gemäß § 32 WVB begriffsnotwendigen Seetransports nicht wegzudenken. Gemäß § 42 (1) WVB hat der Verkäufer neben anderen Dokumenten eines der dort bezeichneten Verladedokumente zu liefern, soweit nichts Gegenteiliges vereinbart ist. Die Lieferung dieser Dokumente ist gemäß § 42 (5) eine Hauptleistung.

1. Die einzelnen Dokumente und deren äußerliche Erfordernisse sind in **2**
§ 42 (1) bezeichnet.

a) Stets hat der Verkäufer eines der in Abs. 1 angeführten Abladedokumente zu liefern. Lieferbar sind hiernach
- ein Konnossement
- ein Konnossements-Teilschein
- ein Kai-Teilschein oder
- ein Lieferschein der Reederei

Gesetzlich definiert ist nur das Konnossement (§§ 642, 643 HGB). Der Name „Konnossement-Teilschein" hat außerhalb der WVB eine andere Bedeutung. Nach Seehandelsrecht (Schlegelberger-Liesecke, Anm. 13 ff. zu § 648 HGB) ist der Konnossements-Teilschein ein Sammelbegriff für folgende Dokumente:

(1) Teilkonnossement
(2) Auslieferungsanweisung des Schiffsvertreters
(3) Teilschein des Konnossements, ausgestellt vom Konnossement-Inhaber und abgestempelt vom Kai-Betrieb (Kai-Teilschein)
(4) Gewöhnliche „delivery-order" des Konnossements-Inhabers, ohne daß der Schiffsvertreter mitwirkt

Als „Konnossements-Teilschein" im Sinne der WVB ist nur das Teilkonnossement (1) zu verstehen. Die Auslieferungsanweisung der Reederei (2) ist im Sprachgebrauch der WVB der „Lieferschein der Reedeei". Nr. (3) ist der „Kai-Teilschein", unter welchem auch nach WVB nur ein abgestempelter Kai-Teilschein zu verstehen ist. Nr. (4) ist nach WVB nicht andienbar. Lieferscheine dieser Art, mögen sie von Banken, Kontrollfirmen, anderen Firmen oder gar vom Verkäufer selbst ausgestellt sein, sind kein Ersatz für die vorgeschriebenen Abladedokumente, es sei denn, daß sie den Stempel der Reederei oder ihres Agenten tragen. Das zu liefernde Abladedokument muß in jedem Falle eine klare Verpflichtung der Reederei beweisen. Zwar akzeptiert der Käufer in der Praxis oft eigene Lieferscheine eines zahlungsfähigen und auch sonst zuverlässigen Verkäufers, aber das ist jeweils ein Akt der Kulanz und beruht nicht auf Handelsbrauch.

3 **aa)** Für die in Absatz 1 bezeichneten Abladedokumente gelten bestimmte äußerliche Mindesterfordernisse, und zwar auch für den manchmal nur kurzgefaßten Reederei-Lieferschein (1964, 49; 37/68, JB 1969). Als Tag der Abladung gilt im Zweifel das Datum, unter welchem das Konnossement ausgestellt ist. Bestimmungshafen im Sinne von § 42 (1) ist der Hafen, für welchen die Ware schon bei der Abladung bestimmt wurde. In der Regel ergibt sich diese Bestimmung aus dem Konnossement. Hat eine Umladung stattgefunden, so ergibt sich der ursprüngliche Bestimmungshafen aus dem zu liefernden Konnossement nur, wenn von vornherein ein Durchgangskonnossement ausgestellt worden war. Ist dies nicht der Fall, ist also für die Reise vom Zwischenhafen zum Bestimmungshafen ein besonderes Konnossement ausgestellt worden, so muß der Verkäufer zugleich mit der Andienung des Abladedokuments den urkundlichen Nachweis erbringen, daß die Ware schon bei der ersten Abladung für den Bestimmungshafen bestimmt war und wann sie am ersten Abladeplatz abgeladen worden war. Der Verkäufer schuldet dem Käufer Dokumente, in denen die Ware unverwechselbar bezeichnet wird. Verletzt der Verkäufer diese Verpflichtung schuldhaft, so hat er dem Käufer den daraus entstehenden Schaden zu ersetzen (29/76, JB 1977). Auf Vermeidung von Verwechselungen hat der Verkäufer besonders zu achten, wenn sein Vorverkäufer mit *einem* Konnossement Waren verschiedener Gattung abgeladen hatte und der Verkäufer einen Teilschein für eine dieser Partien bilden läßt und andient (29/76, JB 1977).

4 **bb)** Die Regel, daß Konnossemente, Konnossements-Teilscheine und Lieferscheine keinen Auslieferungsstempel der Reederei tragen dürfen, galt früher nach schiedsgerichtlicher Rechtsprechung in allen Waren-Vereins-Branchen. Diese Rechtsprechung beruht auf der seit jeher bestehenden Usance, daß der Verkäufer die Ware nach der Abladung nicht mehr untersuchen dürfe (§ 36), und auf der Vorschrift, daß untersuchte Partien nicht

andienbar seien (§ 46 = § 39 Abs. 2 WVB 1955), und wurde von einem Schiedsgericht der Hamburger freundschaftlichen Arbitrage (1958, 25) wie folgt begründet:

(1) Der Auslieferungsstempel auf dem Dokument gebe dem Verkäufer die Möglichkeit, an die Ware heranzukommen. Der Käufer, dem ein solches Dokument angedient wurde, habe also keine Gewähr dafür, daß der Verkäufer die Partie bereits am Kai untersucht hat und womöglich sortiert hat.

(2) Dieser Grundsatz gelte auch dann, wenn das Schiff bei Andienung des abgestempelten Dokuments noch nicht eingetroffen sei. Dokumente müßten so beschaffen sein, daß sie auch den Nachmännern des Käufers zur Erfüllung von Abladeverkäufen dienen können. Bis zur Andienung an einen Nachmann, könne aber das Schiff angekommen sein.

Im Schrifttum (MGS 14 zu § 39; Haage, S. 64/65) ist diese Regel mit Recht als nicht sinnvoll kritisert worden, weil anerkanntermaßen Kai-Teilscheine seit jeher als andienbar gelten. Kai-Teilscheine werden nämlich nur aufgrund eines abgestempelten Konnossements ausgegeben, und nichts hatte mithin den Inhaber des abgestempelten Konnossements und des Kai-Teilscheins an der Untersuchung der Partie gehindert. So war auch die Zustimmung der beteiligten Kaufleute zu dieser folgewidrigen Regel bei Abfassung der WVB 1971 weitgehend verlorengegangen, und so ergab sich die ausdrückliche Feststellung in § 42 (1) Satz 7 WVB 1971, daß Konnossemente, Konnossements-Teilscheine und Lieferscheine auch dann andienbar seien, wenn sie einen Auslieferungsstempel der Reederei tragen. Nur die Gewürzbranche hat 1971 an dem alten Zopf festgehalten, und daraus ergab sich die auf die Gewürzbranche bezogene Sonderregelung des § 42 (1) Satz 6.

cc) Die Abladedokumente müssen äußerlich in Ordnung sein. Streichungen und sonstige Änderungen sollten grundsätzlich nicht vorkommen. Besonders empfindlich reagiert das Waren-Vereins-Schiedsgericht, wenn das Verschiffungsdatum von solchen Änderungen berührt wird. Mindestens wird verlangt, daß jede Änderung durch eine auf das Dokument gesetzte Unterschrift einer autorisierten Firma oder einer autorisierten sonstigen Person gebilligt wird. Aus einem Konnossement, welches mehrere Korrekturen enthält, muß sich deutlich ergeben, auf welche Korrekturen sich ein unterschriebener Stempel mit dem Wortlaut „correction approved" bezieht (29/77, JB 1977). Ein Konnossement, dessen Datum ausradiert wurde, ist nicht andienbar und kann auch nicht nachträglich durch Beibringung einer Bescheinigung der Reederei andienbar gemacht werden, weil durch diese Entfernung des Datums dem Konnossement ein wesentliches Merkmal und damit auch seine Traditionswirkung genommen wird (1952, 11; 1954, 15). Einfacher läßt sich sagen, daß eine Urkunde, an deren entscheidender Stelle radiert wurde, nicht ernst zu nehmen ist. 5

6 b) In der Faktura muß die zu liefernde Ware und der zu zahlende Preis bezeichnet sein. In der Faktura brauchen aber nicht alle vertraglich erforderten Eigenschaften der Ware ausdrücklich erwähnt zu werden. Es genügt die Bezugnahme auf den Kontrakt (MGS 25 zu § 13).

7 c) Bei cif-Geschäften ist der Versicherungsschein beizufügen. Zur Identifizierung der versicherten Ware muß er die gleichen Angaben enthalten wie das Konnossement. Die früher streitige Frage, welche Gefahren durch Versicherungen gedeckt sein müssen (MGS 26 zu § 13), ist durch § 42 (1) WVB 1971 so klargestellt worden, daß seit 1971 ein solcher Streit dem Schiedsgericht nicht mehr zur Entscheidung unterbreitet worden ist. Lautet der Versicherungsschein über eine größere Partie, von welcher mehrere Teile an eine gleiche Zahl von Abnehmern verkauft worden sind, so begnügen sich manche Käufer mit der Erklärung des Verkäufers, daß sich die Urschrift des Versicherungsscheins in seinen Händen befinde und daß er dem Käufer einen der Teilpartie entsprechenden Teil des Versicherungsanspruchs abtrete. Akzeptiert der Käufer diese Erklärung, so liegt darin ein Entgegenkommen, auf welches der Verkäufer keinen Anspruch hat. Ein Dokument im Sinne der cif-Klausel ist eine solche vom Verkäufer ausgestellte Erklärung jedenfalls nicht, ebensowenig eine schriftliche Bestätigung des Vorlieferanten darüber, daß die Versicherung gedeckt sei (1952, 9). Auch die Mitteilung einer ausländischen Bank, daß die Versicherung gedeckt sei, genügt nicht, desgleichen nicht das Angebot des Verkäufers, der Käufer möge die Ware untersuchen. Auf ein solches Angebot braucht der Käufer sich schon deshalb nicht einzulassen, weil er durch die Untersuchung das Recht der Weiterandienung zu cif-Bedingungen verlieren würde (Vorstand 3. 1. 1950). Anstelle des Versicherungsscheins ist in solchen Fällen allenfalls eine entsprechende Erklärung des Versicherers oder seines Vertreters als Dokment anzuerkennen.

8 d) Durch den Vertrag kann bestimmt werden, daß der Verkäufer weitere Dokumente beizubringen hat. Hängt der Zollsatz von der Herkunft der Ware ab, so wird häufig vereinbart, daß der Verkäufer ein Ursprungszeugnis beizubringen hat. Besondere Ursprungszeugnisse sind die Warenverkehrsbescheinigungen des EWG-Rechts. Ein Handelsbrauch, daß der Verkäufer von Ware, die möglicherweise vom Käufer zur Einfuhr in ein EWG-Land bestimmt ist, eine entsprechende Warenverkehrsbescheinigung zu liefern habe, besteht nicht. Nach Auffassung des Handels ist es vielmehr Sache des Käufers, sich die Beibringung der benötigten Warenverkehrsbescheinigung ausdrücklich auszubedingen. Deshalb pflegen die Makler eine Verpflichtung des Verkäufers zur Lieferung einer Warenverkehrsbescheinigung in den Schlußschein nur dann aufzunehmen, wenn der Käufer dies im Laufe der zum Abschluß des Vertrages führenden Verhandlungen verlangt hat (5/70, JB 1970). Verzögert sich die vereinbarte Beibrin-

gung einer Warenverkehrsbescheinigung, so muß der Käufer sich unter Umständen nach Treu und Glauben damit zufriedengeben, daß der Verkäufer für etwaige Schäden, insbesondere für das Risiko des höheren Zolles, Sicherheit leistet (MGS 29 zu § 13). Eine solche Regelung kommt aber allenfalls in Betracht, wenn feststeht, daß der Käufer die Ware selbst einführen und verzollt ab Kai oder ab Lager ohne Herkunftsnachweis weiterverladen wollte (1966, 63).

e) Werden die Dokumente erst angeboten, nachdem das Schiff länger als **9**
einen Geschäftstag im Bestimmungshafen entlöscht ist, muß ihnen die in Abs. 4 bestimmte Bescheinigung beigefügt werden. Die Folgen etwaiger Verzögerungen in der Weitergabe der Dokumente sind in § 47 geregelt.

2. Die Dokumente müssen inhaltlich dem Kaufvertrage entsprechen. **10**

a) Für das Abladedokument, insbesondere für das Konnossement, gilt **11**
folgendes:

aa) Das Konnossement muß ausweisen, daß die Ware fristgerecht abgeladen worden ist.

bb) Das Konnossement muß bekunden, daß am vereinbarten Ort abge- **12**
laden wurde. Daraus, daß Ware einer bestimmten Herkunft verkauft ist, folgt nicht ohne weiteres, daß der Verkäufer in einem Hafen des Herkunftsbereichs abgeladen habe. So dürfen z. B. Mallorca-Mandeln von Valencia verladen werden. Ist Abladung von einem bestimmten Land oder vom Ursprungsland bedungen, so kann von jedem Hafen dieses Landes abgeladen werden (MGS 35 zu § 13).

cc) Das Konnossement muß bekunden, daß die Ware mit dem etwa ver- **13**
einbarten Schiff, gegebenenfalls mit dem durch Verschiffungsanzeige deklarierten Schiff verladen worden ist. – Lautet der Kontrakt auf Verladung mit einem bestimmten Schiff eines Linienverkehrs, dann erfüllt der Verkäufer im Zweifel auch dann richtig, wenn er mit einem „substitute" verschiffen läßt. Ein „substitute" ist ein Schiff anderen Namens, welches von derselben Reederei für dieselbe Abfahrtszeit bereitgestellt wird. Ein „substitute" ist auch das entsprechende Schiff eines Gemeinschaftsdienstes (MGS 36 zu § 13).

dd) Das Konnossement muß den vereinbarten Bestimmungshafen oder **14**
die vom Käufer vereinbarungsgemäß erklärte Destination (§ 38) enthalten. Das hat besondere Bedeutung, wenn mit Option verladen wurde und/oder sogar eine Verladung mit bestimmter Optionsklausel vereinbart worden war. Wurde cif Hamburg gekauft, so ist ein Konnossement andienbar, das auf „Amsterdam/Rotterdam/mit Option" lautet, wenn die Ware in Holland nach Hamburg umgeladen wurde und diese Umladung vor Andienung im Konnossement vermerkt wurde (1921, 31). Wurde die Destination „Hamburg Option Amsterdam" vereinbart, so ist ein Konnossement, welches die Destination „Amsterdam Option Hamburg" enthält, nicht an-

dienbar (1965. 67). Für einen Käufer ist es nämlich grundsätzlich nicht dasselbe, ob er Dokumente mit der Destination A Option B oder Dokumente mit der Destination B Option A erhält. Im ersten Fall kann er sicher sein, daß seine Ware im Hafen A gelöscht wird, und das kann für ihn wichtig sein. Im zweiten Fall müßte der Käufer die Option der Reederei gegenüber erklären, bevor das Schiff den ersten möglichen Löschhafen erreicht. Ob eine rechtzeitige Erklärung der Option möglich ist, kann der Käufer in der kurzen Frist, in welcher er die ihm angedienten Dokumente bezahlen und eventuell beanstanden muß (§§ 13, 14, 22), nicht immer zuverlässig feststellen. Solche Ermittlungen sind deshalb dem Käufer nicht zuzumuten. Darüber hinaus ist stets der Fall zu berücksichtigen, daß der Käufer Dokumente für gleiche Ware mit der Destination A Option B einem Nachkäufer zu liefern hat. Zu berücksichtigen ist ferner, daß sich an diesen Nachkäufer möglicherweise eine längere Kette weiterer Nachkäufer anschließt, die ebenfalls mit Destination A Option B gekauft haben. Diesen Nachkäufern darf der Käufer die Options-Ausübung also nicht vorwegnehmen. Die Nachkäufer müssen die Dokumente unter Umständen auch dann noch aufnehmen, wenn die Ware längst gelöscht und mithin die Optionsfrist abgelaufen ist. Dann müssen die Nachkäufer sich aber wenigstens darauf verlassen können, daß die Ware im Hafen A gelöscht ist. Auch aus diesem Grunde darf der vertragliche Hauptbestimmungshafen in den Dokumenten nicht mit einem Optionshafen vertauscht werden. Entspricht das Konossement hinsichtlich der Optionshäfen nicht dem Kontrakt, so kann dieser Fehler nicht dadurch geheilt werden, daß die Reederei nachträglich die Bezahlung der Fracht bis zum kontraktlichen Optionshafen bescheinigt (8/65).

15 ee) Die Bezeichnung der Ware im Konnossement muß gattungsmäßig dem Kaufvertrage entsprechen. Sie braucht sich dagegen nicht auf genaue Qualitätsbezeichnungen zu erstrecken. Es schadet nicht unheilbar, wenn das Konnossement infolge eines Versehens der Reederei eine vom Vertrage und von der tatsächlich abgeladenen Ware abweichende Gattung nennt, z. B. Rosinen statt Aprikosen. Der Verkäufer muß dann von der Reederei die Bezeichnung im Konnossement berichtigen lassen oder eine entsprechende Erklärung der Reederei beifügen (1911, 13).

16 ff) Enthält das Konnossement Angaben über die Marke (Firma oder Warenzeichen des Herstellers oder Abladers), über die Markierung (Kennzeichnung der einzelnen Kolli) und die Verpackung, welche mit dem Vertrage nicht übereinstimmen, so kann der Käufer es zurückweisen. Für Abweichungen in der Verpackung ist das den Schiedssprüchen 16/63 und 5/65 zu entnehmen. Sind blanke Kisten verkauft und läßt schon das Konnossement erkennen, daß die Kisten eine besondere Marke tragen, so braucht der Käufer die Dokumente nicht aufzunehmen, auch wenn der Verkäufer sich

erbietet, die Marke durch Abhobeln der Kisten zu entfernen (1904, 9). – Dies alles hängt damit zusammen, daß Abweichungen von der vereinbarten Verpackung als Gattungsmangel gelten (Bem. V 2 a aa zu § 19).

gg) Das Konnossement darf auch keine Angaben enthalten, welche erkennen lassen, daß die Ware mit Qualitätsmängeln behaftet ist. So hat das Schiedsgericht (18/56) entschieden, als das Konnossement Bruch und Lekkage von Fruchtpulpe-Dosen ausgewiesen hatte. Ob ein solcher Vorbehalt das Konnossement unandienbar macht, ist eine besondere Frage, die im Abschnitt III zu erörtern sein wird. **17**

hh) Weist das Konnossement nicht das vertragsmäßige *Gewicht* aus, indem es z. B. die „circa"-Marge (§ 8 Abs. 1) überschreitet, so ist es nicht andienbar; ob sich bei der Verwiegung herausstellt, daß sich das Quantum in Wahrheit innerhalb der zulässigen Grenzen hält, ist unerheblich. So hat das Schiedsgericht (1957, 23) für einen Kai-Teilschein entschieden. Das gleiche hat erst recht für ein Konnossement zu gelten. Das Schiedsgericht hat diese Entscheidung ausdrücklich damit begründet, daß in dem entschiedenen Fall „Kasse gegen Dokumente" vereinbart worden war. Diese Einschränkung ist allerdings nicht zu billigen, denn es ist nicht einzusehen, warum sich der Käufer, wenn etwa „Kasse nach Richtigbefund" vereinbart wurde, ein Dokument über ein zu hohes Quantum aufhalsen lassen soll, welches ihn zum mindesten mit einer Verantwortung für die zuviel gelieferte Menge belasten würde. Weist das Konnossement ein geringeres Gewicht aus als vertraglich zu liefern war, so bleibt es grundsätzlich kontraktgemäß, weil bei Abladegeschäften der Verkäufer zu Teillieferungen berechtigt ist (§ 8 Abs. 2); anders nur, wenn gegen ein solches Konnossement Zahlung des Kaufpreises für ein höheres Gewicht verlangt wird. Entsprechendes gilt für die Stückzahl. **18**

b) Was zu a) für das Abladedokument ausgeführt wurde, gilt *entsprechend* für die übrigen gemäß Absatz 1 zu liefernden Dokumente. Insbesondere darf die in der Faktura enthaltene Bezeichnung der Ware nicht den im Vertrage enthaltenen Vereinbarungen über die Beschaffenheit der Ware widersprechen. Besteht ein solcher Widerspruch, so kann der Käufer die Dokumente in ihrer Gesamtheit zurückweisen (MGS 46 zu § 13; 5/65). **19**

II. Fälligkeit

1. Der Verkäufer hat die Dokumente unverzüglich zu liefern, nachdem er die Verschiffungsanzeige (§ 41) erstattet hat. Der Verkäufer muß die Verschiffung erst innerhalb von zehn Tagen nach Ablauf der Abladezeit anzeigen. Er kann deshalb innerhalb gewisser Grenzen die Fälligkeit der Dokumentenlieferung indirekt hinausschieben, indem er die Verschiffungsan- **20**

zeige verzögert. „Unverzüglich" heißt: Ohne schuldhaftes Zögern (§ 121 BGB). Die Fälligkeit tritt also nicht ein, solange der Verkäufer ohne eigenes Verschulden (Vorsatz oder Fahrlässigkeit) an der Leistung verhindert ist. An einem Verschulden des Verkäufers fehlt es insbesondere, wenn der Vorverkäufer ihn trotz Mahnung auf die Dokumente warten läßt.

21 2. Ohne Rücksicht auf ein Verschulden des Verkäufers wird die Verpflichtung zur Lieferung der Dokumente fällig, sobald das vereinbarte oder angezeigte Schiff den Bestimmungshafen erreicht. Steht der Verkäufer in einer Kette, so gelten zwecks Beschleunigung die besonderen in Abs. 4 getroffenen Bestimmungen. Durch Einhaltung der in Abs. 4 bestimmten Fristen wird aber die in Abs. 3 Satz 2 strikt („spätestens") bestimmte Fälligkeit hinausgeschoben. Der Käufer kann also alsbald nach Eintreffen des Schiffes dem Verkäufer entsprechend Abs. 4 in Verbindung mit § 17 (2) eine Nachfrist zur Lieferung der Dokumente setzen. Die in Abs. 4 den einzelnen Gliedern der Kette eingeräumten Fristen beschränken nur den zu ersetzenden Verzögerungsschaden (§ 47).

III. Vertragswidrige Dokumente

22 Unrichtige und unvollständige Dokumente braucht der Käufer nicht als Erfüllung des Anspruchs auf Lieferung der Dokumente (Abs. 1) anzunehmen. Die in Abs. 2 für unrichtige und unvollständige Dokumente gegebenen Definitionen sind ferner bedeutsam für die in § 45 geregelten Folgen der Andienung vertragswidriger Dokumente. Laut Überschrift des § 45 sind „vertragswidrige Dokumente" der Sammelbegriff für unrichtige und unvollständige Dokumente im Sinne von § 42 (2). Näheres zur (weitgehend geschwundenen) Bedeutung dieses Unterschiedes in den Bemerkungen zu § 45.

23 1. Die in § 42 (2) enthaltene Abgrenzung der unrichtigen Dokumente von den unvollständigen Dokumenten beschränkt sich auf solche Dokumente, die den Erfordernissen des § 42 (1) nicht entsprechen. Aus der früheren Rechtsprechung des Schiedsgerichts mögen insoweit die folgenden Entscheidungen zum besseren praktischen Verständnis der Neuregelung angeführt werden: Unrichtig ist die Andienung stets dann, wenn sich aus den Dokumenten eine Vertragsverletzung ergibt, die nicht durch Ergänzung oder Vervollständigung heilbar ist (1952, 10). Als unrichtig wurden Dokumente insbesondere angesehen,

- wenn das Konnossement „unrein" ist und aus seinem Text erkennen läßt, daß die Ware mangelhaft ist (18/56),
- wenn der Kai-Teilschein ein Gewicht ausweist, welches das vereinbarte Gewicht übersteigt (1957, 23),

- wenn der Verkäufer anstelle des geschuldeten Kai-Teilscheins ein fälschlich als „Kai-Teilschein“ bezeichnetes Dokument andient, welches von ihm ausgestellt, aber von der Kaiverwaltung nicht akzeptiert war (1953, 11),
- wenn ein Konnossement mit dem Auslieferungsstempel der Reederei versehen ist (1958, 25). Jetzt gilt hierfür die Spezialvorschrift § 42 (1) Satz 6.

In bezug auf die Abladedokumente, welche einen Auslieferungsstempel der Reederei tragen, ist übrigens in § 42 (2) ein Redaktionsversehen festzustellen: Zu den Dokumenten, „welche den Erfordernissen des Absatzes 1 in sonstiger Hinsicht nicht genügen“, würden nach wörtlicher Auslegung auch Dokumente mit einem Auslieferungsstempel der Reederei gehören. Es würde aber vernünftigem Sprachgebrauch widersprechen, solche Dokumente als unvollständig im Sinne der Klammerdefinition des Absatzes 2 anzusehen. Insbesondere hat der Ausschuß keinen Anlaß gesehen, von dem keinesfalls alten oder sonst überholten Schiedsspruch 1958, 25 abzuweichen. Sinngemäß ist deshalb die Aufzählung der unrichtigen Dokumente in § 42 (2) um die abgestempelten Abladedokumente zu ergänzen.

Die Aufzählung der unrichtigen Dokumente in § 42 (2) ist aber nicht vollständig. Unrichtig sind auch vordatierte oder nachdatierte Konnossemente, welche den unrichtigen Eindruck vermitteln sollen, daß vertragsgemäß abgeladen sei (3/66; MGS 57 zu § 13; 9/74, JB 1974). Die Richtigkeit der Konnossementsdaten wird vermutet. Diese Vermutung ist aber widerlegbar. Beweispflichtig für die von ihm behauptete Vordatierung oder Nachdatierung ist der Käufer.

2. Unvollständig und daher ergänzbar sind die angedienten Dokumente, 24
wenn der Verkäufer es versäumt, alle notwendigen Urkunden sofort vorzulegen, das Versäumte aber nachholen kann. Unvollständig sind die Dokumente nicht nur dann, wenn sie durch die Beifügung einer weiteren Urkunde ergänzt werden können, sondern auch dann, wenn sich eine Urkunde durch einen Zusatz ohne Veränderung ihres sonstigen Inhalts vervollständigen läßt, z. B. durch die Nachholung einer fehlenden Unterschrift (12/68, JB 1968). Unvollständig ist eine Andienung insbesondere dann, wenn der Verkäufer zunächst die Faktura, den Versicherungsschein oder die Ursprungsbescheinigung nicht mit präsentiert, oder wenn er anstelle des Versicherungsscheins zunächst eine rechtlich bedeutungslose Bescheinigung seines Lieferanten über die Deckung der Versicherung vorlegte (1952, 9). Unvollständig ist die Andienung auch dann, wenn Verschiffung innerhalb bestimmter Zeit geschuldet wird, aber gleichwohl zunächst nur ein Übernahmekonnossement präsentiert wird ohne die erforderliche Bescheinigung der Reederei, daß die Ware innerhalb der Verschiffungszeit an Bord gekommen sei (MGS 58 zu § 13). In allen diesen Fällen ist der Verkäu-

fer berechtigt und verpflichtet, die zunächst unvollständige Andienung durch Nachreichung der fehlenden Belege zu ergänzen.

IV. Leistungsstörungen

25 Der Verkäufer kann seine Verpflichtung zur Lieferung vertragsmäßiger Dokumente in verschiedener Art verletzen, und diese verschiedenen Leistungsstörungen regeln die WVB in verschiedenen Paragraphen.

1. Dient der Verkäufer nach Eintritt der Fälligkeit überhaupt keine Dokumente an, so verzögert er laut § 42 (5) eine Hauptleistung. Der Käufer kann deshalb dem Verkäufer gemäß § 17 (2) eine Frist für die Lieferung der Dokumente oder für die Erklärung entsprechender Lieferungsbereitschaft mit den dort vorgesehenen Folgen bestimmen.

26 2. Dient der Verkäufer vertragswidrige Dokumente an, so ergeben sich für den Käufer die in § 45 bestimmten Ansprüche und Gestaltungsrechte. Ist überdies der Anspruch auf Lieferung der Dokumente schon fällig, so konkurrieren die Rechte aus § 17 (2) mit den Rechten aus § 45. Hatte der Verkäufer von Gewürzen unrichtige Dokumente angedient und hat der Käufer diese unrichtigen Dokumente zurückgewiesen (§ 22), so besteht nur der Anspruch aus § 45 (1), denn mit weiteren Erfüllungsversuchen des Verkäufers ist auch der Erfüllungsanspruch des Käufers ausgeschlossen; die Bestimmung einer Nachfrist zur Erfüllung wäre mithin gegenstandslos. Solange der Anspruch auf Lieferung der Dokumente noch nicht fällig geworden ist, bestehen nur die sich aus § 45 ergebenden Rechte. Näheres dort!

§ 43
Abruf

(1) Ist Lieferung auf Abruf vereinbart, so ist die abgerufene Menge innerhalb von 14 Tagen nach Abruf abzuladen; ist innerhalb der zweiten Hälfte dieser Frist kein Schiffsraum verfügbar, genügt die Verladung mit dem nächsten abgehenden Schiff. Der Käufer darf wirtschaftlich vertretbar bemessene Teilmengen abrufen. Ist für den Abruf keine Frist vereinbart, so muß der Käufer innerhalb angemessener Zeit abrufen. Der Abruf ist eine Hauptleistung im Sinne der §§ 17, 18.

(2) Ist Lieferung auf Abruf bedungen und zugleich für die Abladung eine Frist vereinbart, so darf der Käufer zwischen Beginn der Abladezeit und 14 Tagen vor Ende der Abladezeit nach seinem Belieben die Gesamtmenge oder wirtschaftlich vertretbar bemessene Teilmengen abru-

fen. Der Käufer hat spätestens 14 Tage vor Ende der Abladezeit die Gesamtmenge abzurufen; wird nicht rechtzeitig abgerufen, so kann der Verkäufer ohne Abruf abladen.

1. Abruf und Abladezeit sind wechselseitige Funktionen. Der Abruf 1
kann die Abladezeit bestimmen (Abs. 1). Die etwa neben dem Abruf vereinbarte Abladezeit bestimmt andererseits den Inhalt der mit dem Abruf verbundenen Rechte und Verpflichtungen des Käufers (Abs. 2). Ob zugleich mit dem Abruf eine Abladezeit vereinbart werden sollte, wird in den Vertragsurkunden nicht immer deutlich vereinbart, insbesondere sind die Schlußnoten der Makler oft mehrdeutig ausgefüllt.

Beispiel:

(Vorgedruckte Rubrik:)	*(Individueller Text:)*
Verschiffung:	Auf Käufers Abruf im Dezember 1978

Hier weiß man nicht, ob die Zeitbestimmung sich auf das Leitwort der Rubrik, also auf die Verschiffung, bezieht oder ob das nächststehende Hauptwort, also der Abruf, gemeint ist. Deutlicher im Sinne der ersten Alternative (Bestimmung der Abladezeit) wäre:

Verschiffung:	Im Dezember 1978. Der Käufer hat abzurufen

Deutlicher im Sinne der zweiten Alternative (Bestimmung einer Frist für den Abruf) wäre:

Verschiffung:	Auf Abruf. Der Käufer hat im Dezember 1978 abzurufen

2. Ist nur Abruf, aber keine Abladezeit vereinbart, so bestimmt der Käu- 2
fer die Abladezeit durch den Abruf: Der Verkäufer hat grundsätzlich innerhalb 14 Tagen nach Abruf abzuladen. Der Käufer darf jedoch nach seinem Belieben die Frist auch länger bemessen. Gemäß § 39 (1) Satz 2 steht es auch dann im Belieben des Verkäufers, wann er die Ware innerhalb längerer Frist ablädt. In jedem Fall entsteht ein fixer Endtermin im Sinne von § 39 Abs. 4 (17/77, JB 1977; 28/77, JB 1978).

Ist fob „during November/December 1976 in buyer's option" verkauft, so muß der Käufer abrufen. Bestimmt der Käufer auch das Schiff, so muß deshalb dem Verkäufer eine Frist von mindestens 14 Tagen bis zum Ende der Ablademöglichkeit verbleiben (40/77, JB 1978). Die Abladezeit endet in diesem Falle mit der Abreise des fristgerecht bezeichneten Schiffes.

Ist für den Abruf eine Frist vereinbart, so handelt es sich grundsätzlich um keine fixbestimmte Zeit. Will der Verkäufer vorankommen und notfalls das Geschäft durch Rücktritt oder durch Forderung von Schadensersatz wegen Nichterfüllung beenden, so muß er deshalb nach Verstreichen der Abrufsfrist, also nach Fälligwerden der Abrufsverpflichtung, dem Käufer eine Nachfrist gemäß § 17 (2) setzen.

Lassen beide Parteien längere Zeit nach Verstreichen der Abrufszeit nichts von sich hören, so kommt beiderseits Verwirkung in Betracht (4/76, JB 1976).

3 3. Ist Lieferung auf Abruf bedungen und zugleich für die Abladung eine Frist vereinbart, so gilt Absatz 2. Diese Vorschrift enthält eine vermittelnde Lösung, welche das Prinzip, daß Abladezeiten streng einzuhalten sind, wahrt und doch dem Käufer eine gewisse zeitliche Disposition einräumt. Die Vorschrift, daß der Käufer spätestens 14 Tage vor Ende der Abladezeit die gesamte Menge abzurufen habe, entspricht in diesem Sinne der in Absatz 1 enthaltenen Vorschrift, daß der Verkäufer die abgerufene Menge innerhalb von 14 Tagen nach Abruf abzuladen habe. Verzögert der Käufer den Abruf über diesen Termin hinaus, so stehen dem Verkäufer wahlweise die folgenden Rechte zu:

4 a) Er kann ohne Abruf abladen, allerdings riskiert er dann Schwierigkeiten, weil der Käufer möglicherweise zur Abnahme der Ware und zur Bezahlung der Dokumente nicht bereit ist. Von der Ausnutzung dieser Erlaubnis ist dem Verkäufer allerdings abzuraten, wenn der Käufer ihm schon vor der Abladung ausdrücklich mitgeteilt hat, daß er die Erfüllung des Vertrages ablehne; für die dann entstehenden Nachteile (Fracht, Lagerkosten etc.) könnte der Verkäufer dann nämlich gemäß § 254 BGB für verantwortlich, mindestens aber für mitverantwortlich gehalten werden.

b) Der Verkäufer tut zunächst nichts und wartet ab, ob der Käufer den Abruf vielleicht nachholt. Zögert der Käufer weiter bis zum Ende der Abladezeit oder auch nur bis zum Zeitpunkt der letzten Ablademöglichkeit, so kann der Verkäufer Schadensersatz wegen Nichterfüllung verlangen, da der Käufer ihm durch vertragswidriges Verzögern des Abrufs die rechtzeitige Abladung unmöglich gemacht hat.

c) Der Verkäufer setzt dem Käufer gemäß § 17 (2) eine Nachfrist für den Abruf. Holt der Käufer den Abruf innerhalb dieser Frist nicht nach, so kann der Verkäufer sofort zurücktreten oder sofort Schadensersatz wegen Nichterfüllung verlangen.

Zur Fristberechnung bei Feiertagen wird auf Bemerkung 1 zu § 4 und Bemerkung 2 zu § 60 verwiesen.

§ 44
Vertragswidrige Abladung. Vertragswidrige Beförderung

(1) Ergibt die Verschiffungsanzeige, daß die darin bezeichnete Ware nicht rechtzeitig oder in sonstiger Hinsicht nicht vertragsgemäß abgeladen worden ist oder befördert wird, kann der Käufer nach seiner Wahl

ohne weiteres vom Vertrage zurücktreten oder Schadensersatz wegen Nichterfüllung verlangen oder die Ware als Erfüllung annehmen und daneben Ersatz des durch die Verletzung des Vertrages entstandenen Schadens verlangen. Der Verkäufer kann dem Käufer nach Zugang der Verschiffungsanzeige eine Frist für die Wahl eines dieser Rechte bestimmen. Erklärt der Käufer sich nicht fristgemäß, steht ihm nur der Anspruch auf Schadensersatz wegen Nichterfüllung zu. Die Frist muß mindestens drei Geschäftstage betragen.

(2) Wird Schadensersatz wegen Nichterfüllung verlangt, sind für die Berechnung des Schadens die Absätze 4 bis 6 des § 17 anzuwenden. Maßgebliche Zeit ist der erste Geschäftstag nach Zugang der Erklärung des Käufers, daß er Schadensersatz wegen Nichterfüllung wähle, spätestens der erste Geschäftstag nach Ablauf einer vom Verkäufer gemäß Absatz 1 bestimmten Frist.

1. § 44 bestimmt die rechtlichen Folgen einer inkongruenten Verschif- 1
fungsanzeige (Bem. IV zu § 41). Die Bestimmung wurde 1971 neu in die WVB aufgenommen, und sie ist die ausgestaltende Kodifikation einer in der Rechtsprechung des Schiedsgerichts (57/64) gefundenen und in der Kommentierung (MGS 12 zu § 37) bestätigten Auffassung. Das Schiedsgericht (57/64) hatte entschieden, daß der Verkäufer Schadensersatz wegen Nichterfüllung schulde, wenn er ein Schiff aufgebe, mit welchem fristgemäß nicht verschifft werden konnte. Diese Ansicht des Schiedsgerichts beruhte auf der Konstruktion, daß der Käufer den Verkäufer auch an einer vertragswidrigen Verschiffungsanzeige festhalten könne. Durch diese Konzentration der Gattungsschuld auf eine vertragswidrige Abladung habe der Verkäufer die von ihm geschuldete richtige Abladung unmöglich gemacht. Deshalb schulde der Verkäufer Schadensersatz wegen Nichterfüllung aus § 325 BGB (MGS 12 zu § 37). Praktisch wird die Vorschrift des § 44 gerechtfertigt durch die Erfahrung, daß der Verkäufer in der Regel doch nur solche Dokumente andienen kann, die der inkongruenten Verschiffungsanzeige entsprechen. Daher ist es zweckmäßig, die Folgen, die sich aus der Andienung vertragswidriger Dokumente ergeben würden (§ 45), vorweg zu nehmen, denn die beschleunigte Abwicklung des mißglückten Geschäfts liegt im vernünftigen Interesse beider Parteien.

2. Die in § 44 bestimmten Folgen einer inkongruenten Verschiffungsan- 2
zeige treten nicht ein, wenn der Verkäufer die Verschiffung nur „unter üblichem Vorbehalt" angezeigt hatte. Diese Einschränkung muß der Käufer hinnehmen, denn er kann, sobald die Fälligkeit eingetreten ist, auf Erstattung einer vorbehaltslosen Verschiffungsanzeige bestehen und eventuell die Rechte aus § 41 (4) geltend machen. Trotzdem bleiben die dem Käufer durch § 44 gewährten Rechte problematisch, weil der Verkäufer unter Umständen (Bem. III 4 zu § 41) auch eine vorbehaltslos erstattete Verschif-

fungsanzeige berichtigen kann. Deshalb darf der Käufer die vertragswidrige Verschiffungsanzeige zunächst ohne Präjudiz hinnehmen und abwarten, welche Dokumente der Verkäufer ihm schließlich andienen wird. Insbesondere bleibt nach ausdrücklicher Bestimmung in § 44 (1) Satz 1 der Erfüllungsanspruch des Käufers zunächst unberührt. Dieser muß sich erst erklären, nachdem der Verkäufer ihm gemäß § 44 (1) Satz 2 eine Frist für die Bezeichnung des von ihm ausgewählten Rechtes gesetzt hat. Durch die Bestimmung dieser Frist erkennt der Verkäufer schlüssig die Inkongruenz der Verschiffungsanzeige an.

3 3. Solange der Käufer nicht den Rücktritt oder den Schadensersatz wegen Nichterfüllung gewählt hat oder die ihm vom Verkäufer gesetzte Erklärungsfrist versäumt hat, konkurrieren die Rechte des Käufers aus § 44 mit dessen Rechten aus §§ 42 (5), 45 und gegebenenfalls mit dessen Rechten aus § 39 (4). Verlangt der Käufer Schadensersatz wegen Nichterfüllung aus § 44, so entscheidet er sich für diesen Anspruch. Die konkurrierenden Ansprüche entfallen dann. Das ist bedeutsam, weil die maßgebliche Zeit für die Schadensberechnung hinsichtlich der konkurrierenden Ansprüche verschieden bestimmt wird.

4 4. Die in § 44 (2) getroffene Bestimmung der für den vorliegenden Schadensersatzanspruch maßgeblichen Zeit entspricht der Regelung, daß der Käufer die Entwicklung der Dinge zunächst abwarten darf. Einer Spekulation des Käufers auf ein Steigen des Marktpreises kann der Verkäufer entgegentreten, indem er dem Käufer die in § 44 (1) Satz 2 vorgesehene Frist setzt.

§ 45
Vertragswidrige Dokumente

(1) Hat der Verkäufer von Gewürzen unrichtige Dokumente angeboten, so kann der Käufer ohne weiteres nach seiner Wahl vom Vertrage zurücktreten oder Schadensersatz wegen Nichterfüllung verlangen. Weitere Erfüllungsversuche des Verkäufers (zweite Andienungen) sind ausgeschlossen. Für die Berechnung des Schadens sind die Absätze 4 bis 6 des § 17 anzuwenden. Maßgebliche Zeit ist der erste Geschäftstag nach Zurückweisung der unrichtigen Dokumente. Statt des Rücktritts und der Forderung von Schadensersatz wegen Nichterfüllung kann der Käufer die Lieferung richtiger Dokumente verlangen, wenn er dies innerhalb von drei Geschäftstagen nach der Andienung der Dokumente dem Verkäufer erklärt. Soweit der Verkäufer von Gewürzen unvollständige Dokumente angeboten hat, darf und muß er diese vervollständigen oder durch weitere Dokumente ergänzen.

(2) Hat der Verkäufer sonstiger Ware unrichtige oder unvollständige Dokumente angeboten und hat der Käufer die Annahme solcher Dokumente verweigert, sind zweite Andienungen des Verkäufers nicht ausgeschlossen. Zur Andienung richtiger und vollständiger Dokumente kann der Käufer dem Verkäufer eine angemessene Frist bestimmen. Ist die Frist abgelaufen, kann er nach seiner Wahl vom Vertrage zurücktreten oder Schadensersatz wegen Nichterfüllung verlangen, wenn nicht die Leistung rechtzeitig bewirkt worden ist. Die Frist muß mindestens drei Geschäftstage betragen; sie ist schriftlich, telegraphisch oder durch Fernschreiben zu bestimmen. Für die Berechnung des Schadens sind die Absätze 4 bis 6 des § 17 anzuwenden.

1. Hat der Verkäufer vertragswidrige Dokumente angedient, so ergeben **1**
sich die in § 45 bestimmten Folgen, es sei denn, daß die vertragswidrigen Dokumente als genehmigt gelten (§§ 14, 22). § 45 handelt insbesondere von dem eigentümlichen Problem der ,,zweiten Andienung"; so heißen weitere Erfüllungsversuche, die der Verkäufer durch Andienung anderslautender oder ergänzender Dokumente unternimmt (12/68, JB 1968).

Haage (S. 93/94) vertrat noch 1958 die Meinung, es gäbe ein ,,Handelsgewohnheitsrecht" in dem Sinne, daß eine zweite Andienung unzulässig sei, wenn das zuerst angediente Konnossement *hinsichtlich des Datums* nicht vertragskonform war. Das Wort ,,Gewohnheitsrecht" ist in diesem Zusammenhang wohl zu hoch gegriffen, aber ein entsprechender Handelsbrauch mochte damals anzuerkennen gewesen sein; Gewohnheitsrecht und Handelsbrauch sind verschiedene Dinge (Ratz in Großkom. HGB Anm. 19, 20 zu § 346). Darüber hinaus hat Haage (S. 94) die Meinung vertreten, daß auch andere ,,unrichtige" Andienungen eine zweite Andienung ausschlössen. Diese Meinung ist für den Waren-Vereins-Bereich erstmalig 1955 als Handelsbrauch registriert worden (MG 3 zu § 19). Bis dahin galt im Bereich des Waren-Vereins nur die Regel, daß nach Zurückweisung eines vertragswidrig datierten Konnossements eine zweite Andienung nicht zulässig sei (Mathies, 1. Auflage 1926 Anm. 6 zu § 36). In anderen Branchen, z. B. im Kaffeehandel und im Holzhandel (Straatmann-Ulmer J 5 a Nr. 11), ergingen abweichende Schiedssprüche.

Die Beratungen, welche der WVB-Neufassung von 1971 vorausgingen, **2**
ergaben in allen Branchen des Waren-Vereins – abgesehen von der Gewürzbranche – eine Änderung der Rechtsüberzeugung. Folgendes wurde erwogen:

a) Es gab keine überzeugende Begründung für die Notwendigkeit oder Zweckmäßigkeit der immerhin verbreiteten Auffassung, daß zweite Andienungen nach Andienung unrichtiger Dokumente unzulässig seien. Insbesondere war nicht anzuerkennen, daß die Erfüllung eines Vertrages nach einmaliger Andienung eines unrichtigen Dokuments für den Käufer plötzlich kein Interesse mehr haben solle.

3 b) Die Aufrechterhaltung der starren, niemals vom Zweck her begründeten und immer nur als vorgegebenes Faktum registrierten Gewohnheit hätte nicht zu einer damals allgemein angestrebten Liberalisierung der Usancen gepaßt: Eine andere Generation von Kaufleuten fand ihre Befriedigung weniger darin, den Kontrahenten auf dem glatten Parkett umständlicher Formvorschriften um den an sich gegebenen Vertragsanspruch zu bringen. Man suchte vielmehr nach Möglichkeiten, wie man sich arrangierte. So ergab sich, daß alle Branchen des Waren-Vereins – außer der Gewürzbranche – das Verbot der zweiten Andienung aufgaben.

4 c) Auch die rechtliche Nachprüfung führte zu keinem anderen Ergebnis. Haage (S. 95) hatte für seine Auffassung wie folgt argumentiert:

„Der Käufer steht häufig in der Kette. Es wird von ihm die Erfüllung seiner Vertragsverpflichtung seinem Abkäufer gegenüber verlangt. Es kann ihm daher nicht zugemutet werden, zunächst eine Nachfrist zur ordnungsmäßigen Erfüllung zu setzen und nach dem erfolglosen Ablauf derselben sich für Rechnung seines säumigen Verkäufers einzudecken."

Dabei wird übersehen, daß es zur Andienung unrichtiger Dokumente auch kommen kann, wenn die Lieferung der Dokumente noch nicht fällig war. Von einer Säumnis oder einem Verzuge des Verkäufers kann dann nicht die Rede sein. War der Verkäufer in Verzug, so hätte der Käufer ihm alsbald eine Nachfrist zur Lieferung vertragsmäßiger Dokumente setzen können, und die Frage nach der Zumutbarkeit späterer Andienungen würde sich nicht stellen. Hätte der Käufer infolge etwaigen Verzuges des Verkäufers an der Erfüllung des Vertrages kein Interesse mehr, wäre sogar die Bestimmung einer Nachfrist entbehrlich. War aber die Andienung der Dokumente überhaupt noch nicht fällig oder hatte der Käufer sich trotz Fälligkeit nicht gerührt, so ist schlechterdings nicht einzusehen, weshalb die Erfüllung des Vertrages für ihn kein Interesse mehr bieten sollte. Daran ändert auch der Umstand, daß der Käufer in einer Kette steht, nichts, denn sein Nachkäufer hat, wenn kongruent weiterverkauft wurde, gegen den Käufer keine weitergehenden Ansprüche, als diesem gegen den Verkäufer zustehen.

Wie dem auch sei: Für den weit überwiegenden Teil des Waren-Vereins-Bereichs ist das Problem der zweiten Andienung erledigt. Gegenstandslos sind damit auch alle mehr oder weniger scharfsinnigen Unterscheidungen zwischen unrichtigen und unvollständigen Dokumenten.

2. Nach der Neufassung hat hiernach die Andienung vertragswidriger Dokumente diese Folgen: 5

a) Dem Verkäufer von Gewürzen sind zweite Andienungen verwehrt, wenn er zuvor ein unrichtiges Dokument angedient hatte. Was unrichtige Dokumente sind, ergeben die Bemerkungen III 1 zu § 42. Der Käufer kann nach seiner Wahl vom Vertrage zurücktreten oder Schadensersatz wegen Nichterfüllung verlangen. Erfüllung kann er nur verlangen, wenn er dies dem Verkäufer innerhalb von drei Geschäftstagen nach Andienung der Dokumente erklärt. Dieser Anspruch ist ohne Rücksicht auf § 42 (3) sofort fällig, denn der Verkäufer hat durch die Andienung vertragswidriger Dokumente Zweifel an seiner Lieferfähigkeit erweckt, und eine längere Ungewißheit kann dem Käufer in dieser Hinsicht nicht zugemutet werden. Unvollständige Dokumente darf der Verkäufer vervollständigen oder durch weitere Dokumente ergänzen. Selbstverständlich kann der Käufer seinerseits diese Ergänzung verlangen; auch dieser Anspruch ist ohne Rücksicht auf § 42 (3) sofort fällig, weil dem Käufer eine längere Ungewißheit nicht zuzumuten ist.

b) Hat der Verkäufer sonstiger Ware unrichtige oder unvollständige Dokumente angeboten und hat der Käufer die Annahme solcher Dokumente verweigert, sind zweite Andienungen des Verkäufers nicht ausgeschlossen. Zur Bestimmung der in § 45 (2) vorgesehenen Nachfrist braucht der Käufer nicht den Eintritt des ursprünglichen Fälligkeitstermins (§ 42 Abs. 3) abzuwarten, denn sonst ergäbe sich die Möglichkeit der Nachfristsetzung ohne weiteres aus § 17 (2). Außerdem folgt auch hier das Recht des Käufers zu sofortigem Handeln aus seinem berechtigten Interesse an alsbaldiger Beseitigung der durch das Verhalten des Verkäufers begründeten Ungewißheit. 6

Innerhalb der vom Käufer bestimmten Nachfrist muß der Verkäufer vertragskonforme Dokumente liefern, wenn er die in § 45 Absatz 2 Satz 3 bestimmten Folgen vermeiden will. Hat der Verkäufer also innerhalb dieser Frist Dokumente geliefert, die abermals – vielleicht in anderer Hinsicht – vertragswidrig sind, so kann er nicht verlangen, daß der Käufer ihm noch einmal eine Nachfrist zur Beseitigung dieser Mängel setzt. Nach Treu und Glauben muß der Käufer aber etwaige neue Fehler sofort beanstanden, um dem Verkäufer Gelegenheit zu geben, die Lieferung eines vertragskonformen Dokuments innerhalb der Frist nachzuholen. Das ergibt sich analog aus dem Schiedsspruch 26/74 (JB 1974). Ein vorsichtiger Verkäufer wird deshalb die Nachfrist möglichst nicht bis zur letzten Stunde ausnutzen. Beanstandet nämlich der Käufer die etwaige Vertragswidrigkeit der Ersatzdokumente, so hat der Verkäufer möglicherweise doch noch Gelegenheit, innerhalb der Frist die richtige und vollständige Leistung nachzuholen. 7

§ 46
Untersuchte Partien

Eine Partie, welche entgegen dem Verbot des § 36 untersucht wurde, braucht der Käufer als Erfüllung nicht anzunehmen. Hat der Verkäufer eine solche Partie angedient, kann der Käufer ohne weiteres nach seiner Wahl insoweit vom Vertrage zurücktreten oder Schadensersatz wegen Nichterfüllung verlangen. Für die Berechnung des Schadens sind die Absätze 4 bis 6 des § 17 anzuwenden. Maßgebliche Zeit ist der erste Geschäftstag nach Zurückweisung der Dokumente.

1 1. § 39 (2) WVB a. F. bestimmte: „Bei Abladegeschäften können Partien, welche hier bereits untersucht sind, nicht angedient werden." Die §§ 36, 46 WVB 1971 wahren diese Tradition. Eine größere praktische Bedeutung dieser Vorschrift ist indessen nicht festzustellen. Insbesondere sind in den Jahresberichten des Waren-Vereins keine Schiedssprüche zu den rechtlichen Folgen einer Zuwiderhandlung des Verkäufers veröffentlicht worden. Seit jeher hat das Untersuchungsverbot des § 39 (2) WVB a. F. allenfalls zur Begründung der These, daß abgestempelte Konnossemente nicht andienbar seien, herhalten müssen. Die Andienbarkeit wurde den abgestempelten Konnossementen nämlich deshalb abgesprochen, weil sie keine Gewähr gegen eine unzulässige Untersuchung böten (Bem. I 1 a bb zu § 42; MGS 9–13 zu § 39). Dieser Bezug ist durch die in §§ 42 (2), 45 WVB 1971 getroffene Regelung der Andienbarkeit abgestempelter Konnossemente gegenstandslos geworden.

2 2. Wer sich auf § 46 WVB 1971 berufen will, muß beweisen, daß der Verkäufer tatsächlich die Ware untersucht hat; die Möglichkeit einer solchen Untersuchung genügt nicht.

§ 47
Verzögerung der Weitergabe von Dokumenten

Hält ein Verkäufer die in § 42 Abs. 4 Satz 2 bestimmte Frist nicht ein, so hat er seinem Käufer den durch die Verzögerung nachweislich entstehenden Schaden zu ersetzen. Ein in einer Kette stehender Verkäufer hat seinem Käufer auch den Schaden zu ersetzen, der diesem durch die Säumnis eines Vorverkäufers nachweislich entsteht.

1 Gemäß § 16 hat der Schuldner dem Gläubiger den durch die Verzögerung einer fälligen Leistung entstehenden Schaden zu ersetzen. § 47 modifiziert diese Schadensersatzpflicht für den besonderen Fall, daß die Weitergabe von Dokumenten verzögert wird.

Gemäß § 42 (3) wird die Lieferung der Dokumente spätestens fällig, wenn das Schiff den Bestimmungshafen erreicht hat. Verzögert sich nach Ankunft und Leerwerden des Schiffes die Lieferung der Dokumente dadurch, daß sie eine Kette von Vormännern durchlaufen müssen, so wird die durch die allgemeine Vorschrift des § 16 begründete weitergehende Haftung des Verkäufers durch die Spezialvorschrift des § 47 in doppelter Hinsicht eingeschränkt.

(1) Verzögerungsschaden ist nur zu ersetzen, soweit ein Verkäufer die in § 42 (4) Satz 2 bestimmte Frist nicht einhält.

(2) Der Verkäufer haftet nur für *nachweisliche* Schäden. Beweiserleichterung durch Zulassung abstrakter Schadensberechnung oder durch Schätzungen findet deshalb nicht statt.

Gemäß § 42 (4) Satz 2 darf kein Verkäufer die Dokumente nach Entlö- **2**
schung des Schiffes länger als einen Geschäftstag in seinem Besitz halten. Die Zeit, während welcher die Dokumente im üblichen Geschäftsgang von einem Mitglied der Kette zum anderen reisen, ist dieser Besitzdauer nicht zuzurechnen. Der in der Kette stehende Verkäufer wahrt also die Frist des § 42 (4) Satz 2 dadurch, daß er die Dokumente auf den Weg bringt (24/64, JB 1966). Der Käufer, welcher Schadensersatz verlangt, hat die Verzögerung zu beweisen (24/64, JB 1966). Eben deshalb braucht er die Dokumente nur aufzunehmen und zu bezahlen, wenn ihnen die in § 42 (4) bezeichneten Bescheinigungen des Verkäufers und jedes Vorverkäufers beigefügt sind, aus denen ersichtlich ist, wie lange jeder die Dokumente nach Beendigung der Entlöschung in Besitz gehabt hat. Entgeht dem Käufer ein Gewinn aus dem Weiterverkauf der Ware, weil die Dokumente später geliefert werden, so kann darin ein ungewöhnlich hoher Schaden im Sinne von § 254 Abs. 2 BGB erblickt werden. Auf die Gefahr eines solchen Schadens muß also der Käufer den Verkäufer rechtzeitig aufmerksam machen (24/64, JB 1966).

§ 48
Vertragswidrige Ware. Rechte des Käufers

(1) Ist die Ware bei Übergang der Gefahr auf den Käufer vertragswidrig beschaffen, so gelten die Bestimmungen des § 19.

(2) Soweit ein Gattungsmangel vorliegt, kann der Käufer nach seiner Wahl ohne Bestimmung einer Frist vom Vertrage zurücktreten oder Schadensersatz wegen Nichterfüllung verlangen. Für die Berechnung des Schadens sind die Absätze 4 bis 6 des § 17 anzuwenden. Maßgebliche Zeit ist der Tag, an welchem der Käufer dem Verkäufer mitteilt, daß die Ware nicht vertragsmäßig ausgefallen sei.

1 1. Für Abladegeschäfte wurde schon in § 18 (4) WVB a. F. bestimmt, daß der Käufer nach Lieferung einer gattungsfremden Ware ohne Nachfrist Schadensersatz fordern könne. Diese alte Regel wurde 1971 durch zusätzliche Gewährung des Rücktrittsrechts zu der in § 48 (2) vorliegenden Bestimmung ausgestaltet und insoweit dem § 17 (2) angepaßt. In diesem besonderen Fall wird also eine zweite Andienung für alle Branchen des Waren-Vereins ausgeschlossen, sobald der Käufer vom Vertrage zurücktritt oder Schadensersatz wegen Nichterfüllung fordert.

2 2. Abweichend von § 17 (2) wird jedoch in § 48 (2) nicht bestimmt, daß der Anspruch auf Erfüllung ausgeschlossen sei. Deshalb ist anzunehmen, daß der Käufer nach seiner Wahl auch auf Erfüllung bestehen kann, solange er sich nicht für die Ausübung seiner Rechte aus § 48 (2) oder für die Ausübung eines der ihm ebenfalls wahlweise zustehenden Rechte aus § 19 (2) und § 19 (3) entschieden hat. Für die Höhe dieser konkurrierenden Ansprüche sind möglicherweise verschiedene Stichtage gegeben. Will der Verkäufer eine deshalb denkbare Spekulation auf sein (des Verkäufers) alleiniges Risiko vermeiden, so mag er dem Käufer gemäß § 18 (2) alsbald erklären, daß er die Ersatzlieferung verweigere: Damit fixiert er den maßgeblichen Zeitpunkt für die Schadensberechnung auf den Geschäftstag, welcher dem Zugang der Leistungsverweigerung folgt; im übrigen wird auf die Bemerkungen IV zu § 18 verwiesen.

§ 49
Vertragswidrige Ware. Obliegenheiten des Käufers

(1) Ist die Entlöschung des Schiffes beendet, so hat der Käufer die Ware unverzüglich zu untersuchen, soweit dies nach ordnungsmäßigem Geschäftsgang tunlich ist. Zeigt sich eine vertragswidrige Beschaffenheit der Ware, so hat der Käufer dem Verkäufer unverzüglich anzuzeigen, daß die Ware nicht vertragsmäßig ausgefallen sei. Diese Frist gilt in jedem Fall als gewahrt, wenn die Rüge dem Verkäufer innerhalb von drei Geschäftstagen nach Beendigung der Entlöschung zugeht. Zeigt der Verkäufer dem Käufer schon vor Beendigung der Entlöschung des Schiffes an, daß die Ware gelöscht ist, so beginnt die Frist für die Untersuchung und Rüge mit dem Zugang dieser Anzeige. Erhält der Käufer die Dokumente erst nach Beendigung der Entlöschung des Schiffes oder nach der Anzeige, daß die Ware gelöscht ist, so beginnt die Frist für die Untersuchung und Rüge erst mit dem Erhalt der Dokumente. Unterläßt der Käufer die rechtzeitige Anzeige, so gilt die Ware als genehmigt, es sei denn, daß die vertragswidrige Beschaffenheit bei ordnungsmäßiger Untersuchung nicht erkennbar war.

(2) Wird der Käufer durch Umstände, die er nicht zu vertreten hat, an der Untersuchung der Ware oder an der Abgabe der Erklärung gehindert, so hat er dies dem Verkäufer unverzüglich anzuzeigen. Unterläßt der Käufer die rechtzeitige Anzeige, so kann er sich auf diese Umstände nicht berufen. Hatte der Verkäufer einen solchen Umstand zu vertreten, so braucht der Käufer zur Erfüllung der in Absatz 1 bezeichneten Obliegenheiten nichts zu tun, solange der Verkäufer ihm nicht angezeigt hat, daß dieses Hindernis beseitigt sei.

(3) Hat der Käufer die Ware weiterverkauft und die Dokumente entsprechend weitergegeben, so genügt es zur Wahrung seiner Rechte, wenn er die ihm von seinem Abnehmer erstattete Anzeige unverzüglich weitergibt. Er hat aber für die rechtzeitige Erstattung der Anzeige durch seinen Abnehmer und dessen Nachkäufer dem Verkäufer einzustehen.

(4) Hat der Käufer oder ein Nachkäufer im Sinne des Absatzes 3 die Ware vom Kai fortgenommen, bevor ein Gutachten nach der Verfahrensordnung für Sachverständige erstattet worden ist, gilt die Ware als genehmigt, es sei denn, daß die vertragswidrige Beschaffenheit bei ordnungsmäßiger Untersuchung nicht erkennbar war.

1. Vorschriften für die Mängelrüge und die sonstigen Obliegenheiten 1
des Käufers, von deren Erfüllung dessen Ansprüche wegen Lieferung vertragswidriger Ware abhängen, sind für die geschäftliche Praxis besonders wichtig. Um deshalb diese Vorschriften für den Praktiker auf den ersten Blick überschaubar zu machen, haben die Verfasser der WVB 1971 in § 49 einige einschlägige Bestimmungen des Allgemeinen Teils, nämlich des § 20, wiederholt. Insoweit wird auf die Bemerkungen zu § 20 verwiesen. Zur Bemessung der durch unverzügliche Untersuchung und Rüge zu wahrenden Frist wird auf die dortigen Bemerkungen III 4 und auf die dort angeführten, besonders das Abladegeschäft betreffenden Entscheidungen 13/70 und 14/70 (JB 1972) hingewiesen.

2. Für das Abladegeschäft gelten gemäß § 49 die folgenden Sonderbe- 2
stimmungen:

a) Mit der Untersuchung der Ware hat der Käufer nicht erst nach deren Ablieferung, sondern unverzüglich nach Leerwerden des Schiffes zu beginnen. Ist die zu untersuchende Partie schon gelöscht und zur Untersuchung bereitgestellt worden, so kann der Verkäufer den Fristbeginn vorverlegen, indem er dem Käufer anzeigt, daß die Ware gelöscht worden sei. Unter keinen Umständen kann jedoch die Frist für die Untersuchung beginnen, bevor dem Käufer die Dokumente zur freien Verfügung ausgehändigt worden sind. Die Aushändigung der Dokumente wird durch deren Andienung auch dann nicht ersetzt, wenn der Käufer die Aufnahme der Dokumente ungerechtfertigt verzögert hat (17/71,

JB 1972). Durch diese Auslegung des § 49 (1) wird der Verkäufer nicht etwa der Willkür des Käufers überlassen, denn der Verkäufer kann auf die Abnahme der Dokumente und auf die Zahlung des Kaufpreises klagen oder durch die Bestimmung einer Nachfrist für die Zahlung des Kaufpreises (§ 17 Abs. 2) und schließlich durch die Androhung eines Deckungsverkaufs (§ 17 N.r 4) auf die Abnahme der Dokumente hinwirken.

3 b) Auf Umstände, die der Untersuchung der Ware oder der Rüge entgegenstehen, kann der Käufer sich nur berufen, wenn er diese Hindernisse dem Verkäufer unverzüglich anzeigt (Abs. 2). Der Grund dieser Vorschrift liegt darin, daß der Verkäufer meistens von solchen Hindernissen nichts weiß und ohne Benachrichtigung annehmen würde, daß die Ware als genehmigt gelte. Auch die von ihm zu vertretenden Umstände werden dem Verkäufer oft nicht bekannt sein, so z. B. eine Verstapelung der zu untersuchenden Ware.

4 c) In Absatz 3 wird der Fall, daß mehrere Käufer in einer Kette stehen, besonders geregelt. Diese Vorschrift enthält für Abladegeschäfte eine Ausnahme von dem sonst geltenden Grundsatz, daß jedes Vertragsverhältnis zwischen Verkäufer und Käufer aus sich allein heraus zu beurteilen ist. Nach allgemeinen Grundsätzen müßte der Käufer die Ware selbst untersuchen oder durch einen Nachkäufer untersuchen lassen. Dieser wäre dann sein Gehilfe, und die Beanstandungsfrist würde durch den Weiterverkauf nicht ausgedehnt. Keinesfalls könnte der Käufer sonst die Rügefrist einfach durch die Weitergabe einer Beanstandung seines Nachkäufers wahren. Die für das Abladegeschäft geltende Ausnahmeregelung ist darin begründet, daß die Dokumente in der Kette weitergegeben werden, bevor das Schiff angekommen ist, so daß bei dessen Ankunft der Käufer selbst nicht mehr untersuchen kann. Er muß aber die Rüge seines Nachkäufers unverzüglich an den Verkäufer weitergeben und haftet ihm für unverzügliches Handeln aller Nachkäufer. Der Käufer ist deshalb für verpflichtet zu halten, dem Verkäufer auf Anfordern sämtliche Nachkäufer aufzugeben (MGS 14 zu § 3). Die in Absatz 3 getroffene Sonderregelung gilt aber sinngemäß nur, wenn der Käufer die Ware bzw. die Dokumente schon vor Leerwerden des Schiffes weiterverkauft hatte, denn ihm kann nicht zugebilligt werden, eine bereits laufende Untersuchungs- und Rügefrist willkürlich zum Nachteil des Verkäufers zu verlängern. Ähnlich MGS 15 zu § 3.

5 d) Bei Einhaltung einer Frist von drei Geschäftstagen ist die Rüge stets als rechtzeitig anzusehen. Durch Einräumung dieser Mindestfrist sollte Streit über den Begriff „unverzüglich" zur Vereinfachung der Geschäfte soweit wie möglich vermieden werden (Ausschuß 25. 5. 1970). Diese Mindestfrist gilt aber wohl allgemein noch als reichlich bemessen.

Vor der Neufassung der WVB von 1971 hat das Schiedsgericht zugunsten eines außerhalb des Hafenplatzes niedergelassenen Käufers wohl einmal eine Rügefrist von vier Geschäftstagen zugebilligt (14/70, JB 1972), aber eine weitere Verlängerung nicht zubilligen wollen (13/70, JB 1972).

e) Gemäß Absatz 4 gilt die Ware als genehmigt, falls sie vom Kai fortgenommen wurde, bevor ein Gutachten nach der Verfahrensordnung für Sachverständige erstattet worden war. Entsprechend § 20 (2) schadet die Fortnahme vom Kai dem Käufer dann nicht, wenn er die Beschaffenheit der Ware sonst bindend, insbesondere also durch Anerkenntnis des Verkäufers, hatte feststellen lassen. Die Entfernung der Ware vom Kai schadet dem Käufer ferner dann nicht, wenn der Kai die Wegnahme verlangt hat (MGS 37 zu § 18). Nach Wegnahme vom Kai gilt die Ware auch dann nicht als genehmigt, wenn der Verkäufer die Verlegung unbeanstandet läßt (1958, 22). **6**

§ 49 gilt für alle Abladegeschäfte im Sinne des § 32 (1). Auch fob gehandelte Ware braucht deshalb der Käufer erst nach der Löschung im Bestimmungshafen zu untersuchen (29/74, JB 1974). Läßt der Fob-Käufer die Ware schon vor oder bei der Abladung inspizieren, so liegt darin nicht unter allen Umständen sein Einverständnis damit, daß die ihm obliegende Untersuchung vom Bestimmungshafen an einen anderen Ort vorverlegt wird (29/74, JB 1974). **7**

§ 50
Fehlmengen. Obliegenheiten des Käufers

Der letzte Käufer hat die Gewichtsliste binnen zehn Geschäftstagen nach deren Datum an seinen Verkäufer weiterzugeben. Die anderen in der Kette stehenden Käufer haben die Gewichtsliste unverzüglich ihren jeweiligen Verkäufern weiterzugeben. Werden diese Fristen für die Weitergabe der Gewichtsliste nicht eingehalten, gilt das im Konnossement angegebene Gewicht als anerkannt; jeder Käufer hat für die rechtzeitige Weitergabe der Gewichtsliste durch seinen Abnehmer und dessen Nachkäufer einzustehen. Der Anspruch auf Vergütung von Fehlmengen verjährt in sechs Monaten nach Beendigung der Entlöschung des Schiffes.

1. § 50 ergänzt § 37 und enthält weitgehende Sonderbestimmungen mit Vorrang gegenüber den Allgemeinen Vorschriften des § 21. Zu beachten ist die Unterscheidung zwischen Untergewichten und sonstigen Fehlmengen. Untergewichte im Sinne der §§ 37, 50 sind nur solche Fehlmengen, die am Kai durch Verwiegung von Großpackstücken (Säcken, Kisten, Kartons) **1**

festgestellt werden können, also nicht Fehlmengen in einzelnen Konservendosen.

2 2. Die Gewichtsliste ist die Bescheinigung, welche der Kai über das Ergebnis der auf Antrag stattfindenden Verwiegung ausstellt (§ 7 Kai-Betriebsordnung; § 5 Kai-Tarif). Die auf rechtzeitigen Antrag des letzten Käufers ausgestellte Gewichtsliste ist gemäß § 37 das einzige zulässige Beweismittel für ein etwaiges Untergewicht. Weiteres zum Begriff des Untergewichts, insbesondere zur Abgrenzung gegenüber dem „ausgelieferten Gewicht": Bem. 3 a zu § 37. Das beim Kauf nach ausgeliefertem Gewicht nur vorläufig fakturierte Gewicht gilt also nicht als genehmigt, wenn ein Käufer die Gewichtsliste nicht rechtzeitig weitergibt (1966, 57). Das gleiche darf bei Verkäufen nach „Hamburger Neugewicht" angenommen werden (MGS 7 zu § 4).

3 3. Die vom letzten Käufer bei Weitergabe der Gewichtsliste einzuhaltende Frist von zehn Geschäftstagen, gerechnet von der Ausstellung der Gewichtsliste, ist reichlich bemessen. Das ist gerechtfertigt, denn das Gewicht wird in der Regel kaiamtlich festgestellt, so daß der tatsächliche Sachverhalt kaum jemals streitig wird. Nach dem Gebot der Verhältnismäßigkeit darf auch die Frist, innerhalb welcher ein in der Kette stehender Käufer die Gewichtsliste „unverzüglich" weiterzugeben hat, länger bemessen sein als bei der Rüge von Beschaffenheitsmängeln (8/55; MGS 6 zu § 4; Ausschuß 25. 5. 1970).

4 4. Die Bestimmung über die Verjährung von Rückforderungsansprüchen des Käufers bezieht sich auf Fehlmengen jeder Art, also nicht nur auf Untergewichte, sondern auch auf Minderlieferungen, wenn der Preis nach Stücken oder Maßeinheiten vereinbart ist. Ergänzend wird auf Bem. V zu § 21 hingewiesen. Hinsichtlich der Verjährung weicht § 50 von § 21 nur insofern ab, als bei Abladegeschäften die Verjährung mit dem Leerwerden des Schiffes statt mit der Ablieferung der Ware beginnt.

§ 51
Akkreditiv

(1) Haben die Parteien für die Zahlung des Kaufpreises die Stellung eines Akkreditivs vereinbart, so ist der Käufer dafür verantwortlich, daß die Bank den Verkäufer zehn Tage vor Beginn der Abladezeit von der Verfügbarkeit des Geldes benachrichtigt; wird der Vertrag später als am elften Tage vor Beginn der Abladezeit geschlossen, ist der Käufer dafür verantwortlich, daß die Bank den Verkäufer sofort von der Verfügbarkeit des Geldes benachrichtigt.

(2) Die Sorge für den rechtzeitigen Eingang der Benachrichtigung ist eine Hauptleistung im Sinne der §§ 17, 18.

1. Im Waren-Vereins-Bereich dienen Akkreditive vorwiegend der Abwicklung internationaler Distanzgeschäfte. In diesem Bereich ist das Abladegeschäft die älteste Form des internationalen Versendungskaufs, so daß sich dort zuerst Gebräuche und Schiedssprüche zum Recht des Akkreditivs ergaben. So war es historisch zu erklären, daß § 51 WVB 1971 zunächst die einzige WVB-Bestimmung war, die sich ausdrücklich auf Akkreditive bezog. Auch jetzt noch werden Bestimmungen über die Fälligkeit der Verpflichtung des Käufers zur Stellung des Akkreditivs nur in § 51 getroffen. Nur in § 51 findet sich auch eine Bestimmung über die Folgen, welche sich aus einer Verzögerung dieser Leistung des Käufers ergeben. Weil aber seither das Akkreditiv zunehmend auch für andere Einfuhrgeschäfte mit ähnlicher Funktion vereinbart wird, ist es erlaubt und geboten, den § 51 auf andere internationale Versendungskäufe (§§ 52–65) und auf internationale Abholgeschäfte (§§ 66–74) entsprechend anzuwenden. Aufgrund dieser Ähnlichkeit können andererseits die zur Akkreditivklausel bei anderen Einfuhrgeschäften ergangenen Schiedssprüche in der Regel auch zur Auslegung des § 51 herangezogen werden; dies geschieht im folgenden ohne besonderen Hinweis. 1

An internationalen Distanzgeschäften waren bis 1976 nur Abladegeschäfte und Waggon-Einfuhrgeschäfte in jeweils besonderen Abschnitten des Zweiten Teils der WVB geregelt. Im Jahre 1976 wurde der Zweite Teil der WVB durch besondere Bestimmungen über internationale LKW-Geschäfte ergänzt. Bei dieser Gelegenheit wurde in den §§ 61 (1) und 71 (1) bestimmt, daß gegen Übergabe der dort jeweils angeführten Dokumente aus einem etwa vereinbarten Akkreditiv zu zahlen sei. Eine solche Bestimmung findet sich nicht im Abschnitt über die Abladegeschäfte. Diese Abweichung war gewiß nicht gewollt. Deshalb ist andererseits § 61 (1) WVB 1976 auf Abladegeschäfte entsprechend anzuwenden. 2

2. Der Wortlaut des § 51 („Haben die Parteien ... die Stellung eines Akkreditivs vereinbart ...“) macht klar, daß der Käufer im Zweifel kein Akkreditiv zu stellen hat. Ist die Stellung eines Akkreditivs nicht vereinbart, so hat der Käufer erst gegen Überbringung der geschuldeten Dokumente zu zahlen; im Zweifel gilt also die Kondition „Kasse gegen Dokumente“ (§ 13). Ein etwa vereinbartes Akkreditiv muß unwiderruflich sein, wenn im Vertrage nicht ausdrücklich etwas anderes bestimmt worden ist, denn der wesentliche Grund, aus welchem der Verkäufer ein Akkreditiv verlangt, besteht darin, daß die Einlösung der Dokumente von einer Bank garantiert wird. Ein widerrufliches Akkreditiv würde aber keine Garantie bedeuten, so daß der Verkäufer es auch bei „Kasse gegen Dokumente“ belassen könnte. Zwar gilt gemäß Artikel 1 (3) der „Einheitlichen Richtlinien und Gebräuche für Dokumenten-Akkreditive“ (ERG) das Akkreditiv als widerruflich, wenn in ihm nicht deutlich angegeben wird, daß es unwider- 3

ruflich sei. Entgegen Wiele (Das Dokumenten-Akkreditiv, S. 37) ist aber aus den ERG nichts für den Inhalt des Kaufvertrages zu folgern, denn die ERG bestimmen nur das Verhältnis der Banken zum Auftraggeber und zum Begünstigten sowie das Verhältnis der Banken untereinander. „Akkreditive sind ihrer Natur nach von den Kaufverträgen, auf denen sie beruhen können, getrennte Geschäfte" (ERG, Präambel Buchstabe c).

4 Das Akkreditiv muß dem Kaufvertrage entsprechen. Gemäß § 8 (2) WVB sind dem Verkäufer Teillieferungen in wirtschaftlich vertretbarem Umfange gestattet. Das Akkreditiv darf deshalb Teilverladungen nicht ausschließen. Ohne ausdrücklichen Ausschluß sind Teilverladungen durch das Akkreditiv gedeckt (Art. 33 Abs. 1 ERG). Gemäß § 33 WVB kann der Verkäufer auch durch einen Dritten abladen lassen. Soweit hiernach die Abladung durch einen Dritten zugelassen ist, muß das Akkreditiv also übertragbar gestellt sein.

5 Zur Fälligkeit der Verpflichtung zur Stellung des Akkreditivs enthält § 51 (1) WVB präzise Bestimmungen. Für die Einhaltung der dort bestimmten Frist hat der Käufer zu sorgen, auch ohne daß der Verkäufer ihn dazu besondes auffordert. Insbesondere darf der Käufer die Stellung des Akkreditivs nicht aufschieben, bis der Verkäufer ihm mitgeteilt hat, daß er die Dokumente zu präsentieren wünsche (17/65, JB 1967). Hatte aber der Verkäufer sich vertraglich die richtige und rechtzeitige Selbstbelieferung vorbehalten (§ 29), so kann dem Käufer die Stellung des Akkreditivs nicht zugemutet werden, solange der Verkäufer den Selbstbelieferungsvorbehalt nicht aufgehoben hat (26/74, JB 1974).

6 Die WVB enthalten keine Bestimmung, welche dem Verkäufer die Beanstandung eines vertragswidrigen Akkreditivs zur Pflicht oder zur Obliegenheit macht. Zwar läßt sich das Schreiben, Fernschreiben oder Telegramm, mit welchem die Bank den Verkäufer von der Verfügbarkeit des Geldes benachrichtigt, als „Dokument" ansehen. Eine Anwendung von § 22 WVB entfällt jedoch, weil dort ausdrücklich nur eine Obliegenheit des *Käufers* zur fristgemäßen Beanstandung der Dokumente begründet wird. Auch eine analoge Anwendung des § 22 wäre nicht zulässig, weil dort an wesentlich andere Dokumente gedacht wird. Gemeint sind in § 22 Dokumente, welche die Ware repräsentieren. Die WVB geben deshalb nichts dafür her, daß ein vertragswidriges Akkreditiv einfach als genehmigt gilt, wenn es nicht innerhalb einer wie immer bemessenen Frist gerügt wird. Wohl aber ist der Verkäufer unter Umständen nach Treu und Glauben für verpflichtet zu halten, daß er den Käufer auf die Vertragswidrigkeit eines Akkreditivs aufmerksam macht. Bei Verletzung einer solchen Verpflichtung wäre der Verkäufer für den daraus entstehenden Schaden verantwortlich oder mitverantwortlich (§ 254 BGB). Eine solche Kooperationspflicht des Verkäufers hat das Schiedsgericht in der Sache 26/74 (JB 1974) ange-

nommen: Dort hatte der Verkäufer dem Käufer zur Stellung des Akkreditivs eine Frist gemäß § 17 WVB gesetzt. Mindestens einen Geschäftstag vor Ablauf dieser Frist eröffnete die Bank das Akkreditiv, fügte jedoch eine Bedingung hinzu, deren Zulässigkeit zweifelhaft sein konnte. Das Schiedsgricht fand, daß der Verkäufer den Käufer auf diese Unstimmigkeit sofort hätte aufmerksam machen müssen, weil der Käufer sie dann vor Fristablauf hätte ausräumen können. Eine solche Mitwirkungspflicht des Verkäufers kann sich nach Treu und Glauben auch dann ergeben, wenn die Akkreditivklausel des Kaufvertrages nur kurzgefaßt ist oder aus anderen Gründen mehrdeutig ist. Keine Rücksicht verdient jedoch ein Käufer, der vorsätzlich eine Bedingung in das Akkreditiv aufnehmen läßt, welche dem Kaufvertrage klar widerspricht, z. B. wenn er die Zahlung von der Vorlage eines Qualitätszertifikats abhängig macht, von welchem in dem Kaufvertrage nicht die Rede war (53/77, JB 1978). Indessen billigt der Verkäufer eine etwa vom Kaufvertrage abweichende Akkreditivbedingung, wenn er nach Avisierung der Akkreditivbedingungen ohne Vorbehalt eine Teillieferung bewirkt (ebenso: Zahn, „Zahlung und Zahlungssicherung im Außenhandel" 3. Auflage 1963, S. 17, Fußnote 6).

3. Verzögert der Käufer die Stellung des Akkreditivs, so ergeben sich die 7
in §§ 16, 17 WVB bestimmten Folgen. Die Anwendung von § 17 folgt aus § 51 (2), wo die Sorge für den rechtzeitigen Eingang der Benachrichtigung von der Verfügbarkeit des Geldes als Hauptleistung im Sinne der §§ 17, 18 erklärt wird.

a) Streitig ist immer noch die Frage, ob die Akkreditivklausel ein Fixge- 8
schäft im Sinne des § 376 HGB ist und ob sich demgemäß die Rechte aus § 17 WVB auch ohne Bestimmung einer Nachfrist ergeben können. Nach WVB ist zu unterscheiden:

aa) In der Regel ist ein Fixgeschäft nicht anzunehmen. Die in § 51 (1) ge- 9
troffene Bestimmung, daß das Akkreditiv zehn Tage vor Beginn der Abladezeit von der Bank dem Verkäufer avisiert sein muß, gewährt dem Verkäufer ausreichende Zeit dafür, daß er dem Käufer gemäß § 17 WVB eine angemessene Nachfrist für die Beibringung des Avises setzt und damit die Sache vor Beginn der Abladezeit endgültig klärt. Damit ist den Interessen des Verkäufers Genüge getan, denn der vertraglich vorgesehene Zweck des Akkreditivs besteht in der Regel nur darin, dem Verkäufer die sofortige Einlösung der Dokumente zu sichern und zugleich die volle Ausnutzung der Abladezeit einzuräumen. Wird indessen der Vertrag später als am elften Tage vor Beginn der Abladezeit geschlossen, so hat der Käufer das Akkreditiv gemäß § 51 (1) Halbsatz 2 „sofort" zu stellen. Was immer diese Zeitbestimmung im Einzelfall bedeuten mag, sie ist nicht fix im Sinne von § 376 (1) HGB (OLG Hbg, BB 54, 613; Baumbach-Duden, Anm. 1 zu § 376 HGB). – In diesen durch § 51 (1) geregelten Fällen muß also der Verkäufer,

der die Rechte aus § 17 WVB geltend machen will, dem Käufer zunächst eine angemessene Nachfrist setzen. Die Mindestfrist von drei Geschäftstagen reicht hierfür nicht immer aus. Im Schiedsspruch 26/74 (JB 1974) wurde eine Frist von mindestens vier Geschäftstagen gefordert.

10 bb) Die Akkreditivklausel ist jedoch ein Fixgeschäft, wenn die Parteien über § 51 (1) hinaus für die Avisierung des Akkreditivs eine festbestimmte Frist vereinbaren, deren Ende in die Abladezeit fällt oder mit dem Beginn der Abladezeit zusammenfällt oder so kurz vor Beginn der Abladezeit endet, daß eine angemessene, vom Verkäufer zu setzende Nachfrist erst innerhalb der Abladezeit ablaufen würde. In diesem Sinne wurde durch Schiedsspruch 17/65 (JB 1967) folgender Fall entschieden: Durch Vertrag vom 24. 8. 1965 waren Levantiner Haselnußkerne fob Istanbul zur Verschiffung nach New York in der ersten Hälfte September 1965 verkauft worden. Damals galt § 51 WVB 1971 noch nicht, und das Schiedsgericht legte den Vertrag dahin aus, der Käufer hätte dafür zu sorgen, daß das Akkreditiv vor Beginn des 1. September 1965 für den Verkäufer verfügbar war. Hiervon ausgehend, hat das Schiedsgericht (aaO) folgendes ausgeführt:

„Ergab sich mithin aus den hier bei Vertragsschluß vorliegenden Umständen, daß die Klägerin das Akkreditiv vor Beginn des 1. September 1965 zu beschaffen hatte, so wurde der Kauf auch im Hinblick auf diese Fristbestimmung zu einem Fixgeschäft im Sinne von § 376 HGB; ebenso Zahn ‚Zahlung und Zahlungssicherung im Außenhandel', 3. Auflage 1963, Seite 19. Anerkanntermaßen steht und fällt das Abladegeschäft mit der Einhaltung der Abladefrist. Trifft der äußerste Termin zur Beschaffung des Akkreditivs mit dem Beginn der Abladefrist zusammen, und hängt mithin die Ausnutzung der Abladefrist von der rechtzeitigen Beschaffung des Akkreditivs ab, dann hat die pünktliche Beschaffung des Akkreditivs bei gerechter Abwägung von Leistung und Gegenleistung kein geringeres Gewicht als die fristgerechte Abladung. Insbesondere darf dann dem Verkäufer zur Rechtfertigung des Rücktritts nicht der oft schwierige Nachweis zugemutet werden, ihm sei infolge einer Verzögerung der Akkreditiv-Beschaffung die rechtzeitige Verschiffung unmöglich geworden, während der Käufer sich bei Nichteinhaltung der Verschiffungsfrist vom Vertrage lossagen kann, ohne daß es auf die Verschiffungsmöglichkeit ankommt."

Dieser Begründung ist zuzustimmen.

11 b) Auch in den von § 51 (1) geregelten Fällen kann die Setzung einer Nachfrist entbehrlich werden, wenn der Verkäufer an der Erfüllung des ganzen Vertrages infolge einer Verzögerung der Banknachricht über die Eröffnung des Akkreditivs kein Interesse mehr hat (Bem. II 4 e zu § 17). Auf die vereinbarte Abladezeit richtet sich eben auch der Verkäufer ein. Sorgt der Käufer also nicht für die rechtzeitige Eröffnung und Avisierung des Akkreditivs und dauert diese Verzögerung über den vereinbarten Fälligkeitstermin hinaus so lange, daß der Verkäufer infolge dieser Verzögerung die Abladezeit nicht mehr einhalten kann, so stehen dem Verkäufer die

Rechte aus § 17 wegen Interessenfortfalls ohne Nachfristsetzung zu (47/73, JB 1976). **12**

4. Der Käufer hat für die Eröffnung und die Avisierung des Akkreditivs zu sorgen, aus welchem die Banken gegenüber dem Verkäufer gegen die gemäß § 42 zu liefernden Dokumente zur Zahlung verpflichtet sind. Von weiteren Leistungen dürfen der Käufer oder die Banken die Zahlung aus dem Akkreditiv nicht abhängig machen. Das ergibt die entsprechende Anwendung von § 61 (1) letzter Satz.

II. Einfuhrgeschäfte über Land. Versendung

Vorbemerkungen zu §§ 52–65

Die in §§ 52–65 geregelten Einfuhrgeschäfte über Land, nämlich das Waggon-Einfuhrgeschäft und das LKW-Einfuhrgeschäft, haben sich im Waren-Vereins-Bereich zu größerer Bedeutung erst nach dem Zweiten Weltkriege entwickelt. Deshalb gab es noch in den WVB 1955 keinen Paragraphen, welcher diese besonderen Geschäftsarten betraf. Trotzdem wurden auch diese Geschäfte schon damals zu WVB getätigt. Die Lücken versuchte man zunächst durch Anwendung gesetzlicher Bestimmungen zu schließen (56/64, JB 1965). Im Jahre 1967 verwiesen Mathies-Grimm-Sieveking auf die Möglichkeit einer entsprechenden Anwendung von Vorschriften, die in den WVB 1955 für das teilweise ähnliche Abladegeschäft erlassen worden waren (MGS 4 zu § 36; 1 zu § 37). Diesem Hinweis folgte das Schiedsgericht des Waren-Vereins alsbald. So erkannte das Schiedsgericht (37/67, JB 1968; 40/67, JB 1968) in entsprechender Anwendung des § 36 (1) WVB 1955 dahin, daß der Käufer auch bei Waggon-Einfuhrgeschäften ohne Gewährung einer Nachfrist Schadensersatz wegen Nichterfüllung verlangen könne, wenn der Verkäufer die Verladefrist versäumte. Die 1969 in die WVB aufgenommenen Bestimmungen über das Waggon-Einfuhrgeschäft wurden deshalb weitgehend nach dem Vorbild der Regeln des Abladegeschäfts gestaltet. Dementsprechend wurde bald darauf auch das LKW-Einfuhrgeschäft vom Schiedsgericht als Fixgeschäft anerkannt (8/69, JB 1970). Im übrigen orientierte die Praxis sich auch für die Abwicklung von LKW-Einfuhrgeschäften weitgehend an den schon 1969 erlassenen Bestimmungen über das ähnliche Waggon-Einfuhrgeschäft. Unter Berücksichtigung dieser Übung wurden 1976 die WVB um Bestimmungen über die internationalen LKW-Geschäfte erweitert: Die LKW-Versendungskäufe (LKW-Einfuhrgeschäfte) wurden mit den Waggon-Einfuhrgeschäften weitgehend einheitlich in dem Abschnitt „Einfuhrgeschäfte über Land. Versendung“ geregelt, wogegen die „Einfuhrgeschäfte über Land.

Abholung" in einen besonderen Abschnitt III (§§ 66–74) verwiesen wurden.

Weil einerseits die Abladegeschäfte und andererseits die Waggon-Einfuhrgeschäfte sowie die LKW-Einfuhrgeschäfte einander ähnlich sind und weitgehend ähnlich geregelt worden sind, ist bei etwaigen Lücken in einer dieser Regelungen jeweils zu prüfen, ob eine passende Vorschrift der anderen Regelung entsprechend anzuwenden ist (hierzu: Bem. 1 zu § 51).

§ 52
Begriff. Anzuwendende Vorschriften

Ist vereinbart, daß der Verkäufer die Ware auf der Eisenbahn über eine nationale Grenze zu versenden hat (Waggon-Einfuhrgeschäft), oder ist vereinbart, daß der Verkäufer die Ware mit einem Kraftfahrzeug über eine nationale Grenze zu versenden hat (LKW-Einfuhrgeschäft), so gelten die Vorschriften der §§ 52–65.

1 1. Gemäß § 52 gelten die §§ 52–65 für Verträge, bei denen der Verkäufer es übernimmt, die verkaufte Ware auf dem Landwege in ein anderes Land zu versenden. Zwischen dem vereinbarten Verladeort und dem vereinbarten Bestimmungsort muß also eine nationale Grenze liegen. Wesentliches Merkmal dieser Geschäfte ist ferner die Versendung über Land; hierdurch unterscheiden sie sich von den Abladegeschäften (§§ 32–51), deren wesentliches Merkmal die Beförderung über See ist.

2 a) Ein entsprechender Bestimmungsort gilt auch dann als vereinbart, wenn dem Käufer vertraglich die spätere Destination vorbehalten wurde (§ 56) und der Käufer später eine Destination erklärt, welche eine Versendung über eine nationale Grenze erfordert. Ausdrücklich oder stillschweigend kann beim Destinationsvorbehalt auch vereinbart werden, daß der Käufer einen Bestimmungsort, der außerhalb des Verkäuferlandes liegt, aufgeben muß. Auch ohne ausdrückliche Vereinbarung kann ein ausländischer Bestimmungsort gemeint sein, wenn der Käufer im Ausland sitzt oder wenn der Verkäufer erkennbar eine Ausfuhrvergütung kalkuliert oder wenn bedungen wird, daß die Ware dem Lebensmittelrecht eines anderen Landes zu entsprechen habe. Übernimmt der Verkäufer die Versendung nicht an den endgültigen Bestimmungsort, sondern nur die Versendung an einen Transitplatz, so kommt es darauf an, ob auf dem Wege zum Transitplatz eine nationale Grenze überschritten wird; trifft dies nicht zu, so liegen die in § 52 bestimmten Voraussetzungen für die Anwendbareit der §§ 52–65 nicht vor.

b) Der Ort oder das Land, in welchem zu verladen ist, werden regelmäßig im Vertrage ausdrücklich bestimmt. Oft wird auch nur Verladung „vom Ursprung“ oder „from origin“ vereinbart. Dann kann grundsätzlich von jedem Ort des Ursprungslandes verladen werden (MGS 35 zu § 13). Eine andere Meinung wird vertreten, wenn PG-Mandeln zur Verladung mit der Eisenbahn „from origin“ verkauft worden sind. 3

Ein besonders vereinbartes Schiedsgericht, beraten von einem Syndikus des Waren-Vereins, hat durch Schiedsspruch vom 29. 11. 1972 (JB 1972) für diesen Fall in Betracht gezogen, daß es in Italien zwei räumlich klar getrennte Hauptanbaugebiete für Mandeln, nämlich einerseits Sizilien und andererseits Apulien mit dem Zentrum Bari, gibt. Als Ursprung (origin) im Sinne einer Verladeklausel sei daher nur das jeweilige Anbaugebiet gemeint. Seien PG-extra-Mandeln, also Mandeln sizilianischen Ursprungs, verkauft worden, so müsse die Ware an einem sizilianischen Bahnhof verladen werden. Eine Verladung aus Apulien sei dann vertragswidrig. Solle die Verladung sizilianischer Mandeln von Apulien zugelassen werden, so würden die gängigen Klauseln „from country of origin“ oder „for italienischer Abgangsstation“ vereinbart. Der Schiedsspruch vom 29. 11. 1972 ist aber allenfalls als maßgeblich für die besonderen Umstände des italienischen Mandelgeschäfts anzuerkennen, und zwar unter dem Gesichtspunkt, daß die Gefahr oder der Verdacht einer Verwechselung zwischen Produkten der beiden Hauptanbaugebiete vermieden werden. Der Vorstand der Fachgruppe Trockenfrüchte/Schalenobst des Waren-Vereins hat nämlich am 26. 2. 1973 einstimmig die Auffassung vertreten, daß beim Waggon-Einfuhrgeschäft die Einhaltung des vereinbarten Verladeortes nur für die Verteilung der Transportspesen Bedeutung habe und daß die Verladung von einem anderen Ort den Käufer jedenfalls nicht berechtigen solle, ohne Bestimmung einer Nachfrist vom Vertrage zurückzutreten oder Schadensersatz wegen Nichterfüllung zu verlangen. Dieser Auffassung ist für den gesamten Waren-Vereins-Bereich zuzustimmen, wenn nicht der tatsächliche Verladeort von dem vereinbarten Ort so weit entfernt ist, daß das Transportrisiko des Käufers sich wesentlich erhöht. Anders liegt es beim Abladegeschäft, weil der Käufer dort einen Anspruch auf Lieferung eines vertragskonformen Abladedokuments hat und weil das Abladedokument den Abladehafen enthalten muß (§ 42).

Die Frage, ob überhaupt die §§ 52–65 anzuwenden sind, hängt aber gemäß § 52 nur davon ab, wo zu verladen war, nicht dagegen davon, wo tatsächlich verladen worden ist.

2. Ergänzend gelten selbstverständlich die allgemeinen Vorschriften der §§ 1–31. Zur Ausfüllung von Lücken sind entsprechend auch passende Vorschriften des Abladegeschäfts anzuwenden (Vorbemerkungen zu §§ 52–65).

§ 53
Ausfuhrabgaben. Verzollungsgebühren. Ausladungskosten

(1) Die mit der Ausfuhr aus dem Lieferland verbundenen Abgaben trägt der Verkäufer, und zwar auch dann, wenn solche Abgaben erst unterwegs erhoben werden. Das gilt insbesondere für die bei der Ausfuhr aus Italien erhobenen Abgaben („doganali italiani").

(2) Die Kosten der Ausladung trägt stets der Käufer.

Erfüllungsort für die Lieferverpflichtung des Verkäufers ist gemäß § 54 der Verladeort. § 53 (1) begründet also Ausnahmen von dem in § 448 (1) BGB bestimmten Grundsatz, daß die Kosten der Versendung ab Erfüllungsort dem Käufer zur Last fallen. § 53 (2) stellt klar, daß der Käufer die Kosten der Ausladung *stets*, also auch dann zu tragen hat, wenn der Verkäufer „franko" oder „frei Haus" zu liefern hat. Schiedssprüche des Waren-Vereins-Schiedsgerichts haben sich zu § 53 bisher nicht ergeben.

§ 54
Erfüllungsort. Gefahrübergang

(1) Erfüllungsort für die Lieferverpflichtung ist der Verladeort. Bei Waggon-Einfuhrgeschäften geht die Gefahr auf den Käufer über, sobald die Eisenbahn die Ware mit dem Frachtbrief zur Beförderung angenommen hat. Bei LKW-Einfuhrgeschäften geht die Gefahr auf den Käufer über, sobald der Frachtführer die Ware zur Beförderung übernommen hat. In beiden Fällen geht die Gefahr auf den Käufer erst dann über, wenn außerdem der Wille des Verkäufers, daß die zur Beförderung angenommene Ware für den Käufer bestimmt sei, äußerlich klar erkennbar geworden ist. Bei Trockenfrüchten und Schalenobst trägt der Käufer die Gefahr eines auf der Reise entstehenden natürlichen Schwundes nur bis zu 1 % des Abgangsgewichtes; die Reise ist beendet, wenn der Waggon oder das Kraftfahrzeug auf dem vom letzten Empfänger für die Ausladung der Ware vorgesehenen Platz angekommen ist.

(2) § 9 Absatz 1 Satz 3 bleibt unberührt.

1 1. Bei Definition der Vorgänge, welche den Gefahrübergang herbeiführen, wird in § 54 angeknüpft

a) bei Waggon-Einfuhrgeschäften an Art. 8, § 1 des Internationalen Übereinkommens über den Eisenbahnfrachtverkehr (CIM) – BGBl., Teil II von 1974, S. 383 ff. Dort heißt es:

„Der Frachtvertrag ist abgeschlossen, sobald die Versandbahn das Gut mit dem Frachtbrief zur Beförderung angenommen hat. Als Zeichen der Annahme wird dem Frachtbrief der Tagesstempel des Versandbahnhofs aufgedrückt."

Unter Kaufleuten wird manchmal dem Tagesstempel eine selbständige Bedeutung beigemessen. Den Verfassern der WVB erschien es jedoch angebracht, auf den nach ihrer Ansicht wesentlichen Abschluß des Frachtvertrages und nicht auf den nur deklaratorischen Stempel, der auch versehentlich aufgedrückt werden kann, abzustellen. Das wurde am 19. 4. 1969 in einem Schreiben des Waren-Vereins an einen Kreis beratender Juristen erklärt. Gewiß bedeutet der Tagesstempel mit Rücksicht auf Art. 8, § 1 CIM eine Vermutung für den Abschluß des Frachtvertrages, aber diese Vermutung ist widerlegbar.

b) bei LKW-Einfuhrgeschäften an § 4 des Übereinkommens über den Beförderungsvertrag im internationalen Straßengüterverkehr (CMR) – BGBl. Teil II von 1961, S. 1119 ff. und von 1962, S. 12. Dort heißt es: 2

„Der Beförderungsvertrag wird in einem Frachtbrief festgehalten. Das Fehlen, die Mangelhaftigkeit oder der Verlust des Frachtbriefes berührt weder den Bestand noch die Gültigkeit des Beförderungsvertrages, der den Bestimmungen dieses Abkommens unterworfen bleibt."

Deshalb gehört beim LKW-Einfuhrgeschäft die Ausstellung eines Frachtbriefes nicht zu dem Tatbestand, an welchen nach WVB der Gefahrübergang geknüpft wird.

2. Äußerlich wird die Bestimmung der Ware durch die vertragsmäßige Bezeichnung des Empfängers klar erkennbar. Im Zweifel muß der Käufer durch den Frachtvertrag als Empfänger bezeichnet werden. Ist Kasse gegen Freistellung vereinbart, so kann im Frachtvertrag auch ein Spediteur, eine Bank oder ein in der Kette stehender Verkäufer als Empfänger bestimmt sein, vorausgesetzt, daß der jeweils letzte Verkäufer den vorausbestimmten Zusammenhang der Verladung mit dem jeweiligen Kaufvertrag beweist. Durch diese Vorgänge wird zugleich die Konzentration des Verkaufs auf die im Frachtbrief bzw. Frachtvertrag bestimmte Partie herbeigeführt; diese Konzentration ist ohnehin Voraussetzung des Gefahrübergangs. Die Konzentration kann auch durch Absendung einer Verladeanzeige (§ 58) herbeigeführt werden. 3

3. Die für Trockenfrüchte und Schalenobst geltende Beschränkung der vom Käufer zu tragenden Gefahr eines auf der Reise entstehenden natürlichen Schwundes entspricht § 35 (3) beim Abladegeschäft. Auf Bemerkung 3 zu § 35 wird verwiesen, insbesondere auf die ein Waggon-Einfuhrgeschäft betreffende Entscheidung 41/67 (JB 1968). 4

§ 55
Gewicht. Beweislast

Die Richtigkeit des auf dem Frachtbrief vom Versender deklarierten Abgangsgewichtes wird vermutet. Hat sich das Gewicht von Trocken-

früchten oder Schalenobst auf der Reise vermindert, so wird zugunsten des Käufers vermutet, daß der gesamte Gewichtsverlust auf natürlichem Schwund beruht; die Reise ist beendet, wenn der Waggon oder das Kraftfahrzeug auf dem vom letzten Empfänger für die Ausladung der Ware vorgesehenen Platz angekommen ist.

1 1. Die in Satz 1 getroffene Bestimmung, daß ein vom Versender einseitig deklariertes Abgangsgewicht als richtig vermutet wird, ist ein juristisches Unikum. Ursprünglich wurde in § 48 WVB 1969 für das Waggon-Einfuhrgeschäft entsprechend den Usancen des Abladegeschäfts (jetzt: § 37 WVB 1971) bestimmt, daß die Richtigkeit des auf dem Frachtbrief bahnamtlich bescheinigten Abgangsgewichts zu vermuten sei. Diese Bestimmung wurde 1971 auf eine Gegenvorstellung der italienischen Schalenobstexporteure für die Waggon-Einfuhrgeschäfte durch § 55 WVB 1971 dahin geändert, daß das vom Versender deklarierte Abgangsgewicht als richtig zu vermuten sei; es war nämlich anzuerkennen, daß die Eisenbahnen die Gewichte nicht immer zuverlässig ermitteln, wenn sie in üblicher Weise von dem Gewicht des beladenen Waggons das registrierte Gewicht des leeren Waggons abziehen. Natürlich konnten die italienischen Exporteure nicht gegenüber den Exporteuren anderer Länder begünstigt werden, deshalb hat man bei der Novelle von 1971 den Exporteuren aller Länder die Rechtswohltat des Satzes 1 eingeräumt. Der Einfachheit halber hat man dieselbe Vergünstigung bei der Novelle von 1976 auch den Exporteuren eingeräumt, die ihre Ware per LKW versenden. Nach dieser Entstehungsgeschichte des § 55 WVB 1971 ist die auf den Frachtbriefen bahnamtlich bescheinigte Feststellung des Gewichts zur Widerlegung der laut § 55 Satz 1 WVB 1971 geltenden Vermutung regelmäßig nicht geeignet.

2 2. Um so größere Bedeutung hat die vom Empfänger nach Beendigung der Reise zu veranlassende Feststellung des Ankunftsgewichts. Erst die in § 55 Satz 2 ausgesprochene Gegenvermutung, daß die gesamte Differenz zwischen dem vom Versender deklarierten Abgangsgewicht und dem vom Käufer zu beweisenden Ankunftsgewicht bei Trockenfrüchten und Schalenobst auf natürlichem Schwund beruhe, macht die an und für sich erstaunliche Vermutung für die Richtigkeit des vom Absender deklarierten Abgangsgewichts tragbar, denn nach Gewicht wird im Waren-Vereins-Bereich der Kaufpreis praktisch nur für Trockenfrüchte und Schalenobst vereinbart, und bei diesen Artikeln trägt der Käufer gemäß § 54 den auf der Reise entstehenden natürlichen Schwund nur bis zur Höhe von 1 % des Abgangsgewichts.

3 3. Anders als beim Abladegeschäft gibt es beim Waggon-Einfuhrgeschäft und LKW-Einfuhrgeschäft keine Beweisregel für die Feststellung des Ankunftsgewichts. Es gibt auch keine Frist für die Verwiegung. Das sind keine Lücken in den WVB, die ein der Präklusion von Rechten geneigtes

Schiedsgericht durch Schaffung neuer Verwirkungstatbestände schließen dürfte. Da die Verwiegungsmöglichkeiten auf den vielen denkbaren Ankunftsplätzen beim Transport mit der Eisenbahn oder beim LKW-Transport zu verschieden liegen, hat der Ausschuß es nämlich ausdrücklich abgelehnt, im Text der WVB zu regeln, innerhalb welcher Frist, nach welcher Methode und an welchem Ort der Käufer die Ware zu verwiegen hat. Insbesondere hat der Ausschuß die Aufstellung irgendwelcher Beweisregeln für die Feststellung eines Untergewichts abgelehnt (Prot. 5. 11. 1968). In diesem Sinne hat der Waren-Verein es auch abgelehnt, den von italienischen Exporteuren geäußerten Wünschen nach Aufnahme detaillierter Vorschriften über die Feststellung des Ankunftsgewichts nachzukommen (Vorstand 2. 2. 1971). Der Käufer darf also jedes ihm angebracht erscheinende Beweismittel vorbringen. Andererseits gilt der Grundsatz der freien Beweiswürdigung. Der Käufer muß dem Schiedsgericht die Überzeugung verschaffen, daß er das Ankunftsgewicht zuverlässig ermittelt hat. Dieser Beweis kann je nach Sachlage auch daran scheitern, daß der Käufer mit der Verwiegung zu lange gezögert hat.

4. Freie Beweiswürdigung gilt auch für die Widerlegung der zugunsten **4**
des Käufers begründeten Vermutung, daß der gesamte Gewichtsverlust auf natürlichem Schwund beruhe. Auf Bemerkung 3 zu § 35 wird verwiesen, insbesondere auf die ein Waggon-Einfuhrgeschäft betreffende Entscheidung 1966/58.

§ 56
Destinationsvorbehalt

(1) Wird dem Käufer die Aufgabe des Bestimmungsortes oder die Aufgabe des Empfängers oder beides (Destination) vertraglich vorbehalten, so darf der Verkäufer die Ware nur in Übereinstimmung mit einer solchen Aufgabe verladen. Der Käufer ist verpflichtet, die vorbehaltene Erklärung zwei Wochen vor Beginn der Verladezeit oder der Lieferzeit, frühestens jedoch am dritten Geschäftstag nach Vertragsschluß abzugeben. Diese Erklärung ist eine Hauptleistung im Sinne der §§ 17, 18.

(2) Zur Entgegennahme der Destinationserklärung des Käufers gelten der Agent des Verkäufers und der Makler, der das Geschäft vermittelt hatte, als bevollmächtigt.

§ 56 stimmt mit der entsprechenden Regelung des Abladegeschäfts, also mit § 38, weitgehend überein. Auf die dortigen Bemerkungen ist daher Bezug zu nehmen. Was dort für die Abladung gesagt wird, gilt hier für die Verladung mit der Eisenbahn oder mit dem LKW. Außerdem enthält § 56 eine Regel für den Fall, daß die Parteien eine Lieferzeit vereinbart haben: Damit ist die in § 57 (3) definierte Frist gemeint.

§ 57
Verladezeit. Lieferzeit

(1) Ist bei Waggon-Einfuhrgeschäften für die Verladung eine Frist vereinbart, so muß die Ware innerhalb dieser Frist von der Eisenbahn mit dem Frachtbrief zur Beförderung angenommen worden sein; maßgeblich ist das Datum des dem Frachtbrief aufgedrückten Tagesstempels des Versandbahnhofs. Ist bei LKW-Einfuhrgeschäften für die Verladung eine Frist vereinbart, so muß die Ware innerhalb dieser Frist vom Frachtführer zur Beförderung übernommen worden sein und auf das Kraftfahrzeug gelangt sein. Wann der Verkäufer die Ware innerhalb dieser Fristen verladen läßt, steht in seinem Belieben. Die Verladung ist eine Hauptleistung im Sinne der §§ 17, 18. Wird die Verladezeit nicht eingehalten, so stehen dem Käufer die in § 17 bestimmten Rechte zu, ohne daß er dem Verkäufer eine Frist gemäß § 17 Abs. 2 und 3 bestimmt hat.

(2) Ist „prompte" Verladung vereinbart, so hat der Verkäufer binnen zehn Tagen nach Abschluß des Kaufvertrages zu verladen.

(3) Hat der Verkäufer sich verpflichtet, die Ware innerhalb bestimmter Frist zu liefern, so hat er die Ware dem Käufer innerhalb dieser Frist am Bestimmungsort zu verschaffen.

1 1. § 57 (1) entspricht der für das Abladegeschäft in § 39 Absatz 1 und 3 getroffenen Regelung. Auf die dortigen Bemerkungen ist daher zu verweisen. Die Verladung entspricht der Abladung. Ähnlich wie beim Abladegeschäft wird die Verladefrist beim LKW-Einfuhrgeschäft nur eingehalten, wenn die Ware innerhalb dieser Frist auf das Kraftfahrzeug gelangt ist. Dagegen genügt es beim Waggon-Einfuhrgeschäft zur Fristwahrung, daß die Eisenbahn die Ware mit dem Frachtbrief zur Beförderung angenommen hat, denn mehr wird durch die Abstempelung des Frachtbriefes (Art. 8, § 1 CIM) in der Regel nicht bewiesen. Einen Hinweis darauf, daß die Ware in den Waggon gelangt ist, ergibt sich allenfalls, wenn die Waggon-Nummer in dem abgestempelten Frachtbrief aufgenommen worden ist (Art. 6, § 5 Buchst. e Abs. 2 CIM). Beim LKW-Einfuhrgeschäft braucht der Käufer sich mit einem Frachtbrief, der nur die Übernahme zur Beförderung bescheinigt, nach WVB nicht zufrieden zu geben, weil der von einem beliebigen Frachtführer unterzeichnete Frachtbrief nicht erwarten läßt, daß die zur Beförderung übernommene Ware alsbald in einem regelmäßig funktionierenden Dienst verladen wird.

2. Gemäß § 59 darf der Verkäufer auch Ware liefern, die von einem Dritten zur Beförderung aufgeliefert wurde. Bei Waggon-Einfuhrgeschäften und LKW-Einfuhrgeschäften ergibt sich deshalb das gleiche Problem wie beim Abladegeschäft aus dem Zusammentreffen der §§ 33, 39: Wann steht im Sinne von § 57 (1) fest, daß die Verladezeit nicht eingehalten wurde, solange sich der Kauf nicht auf eine bestimmte Partie konzentriert hat? Auch für das Waggon-Einfuhrgeschäft hat das Schiedsgericht entschieden, dem Käufer stünden die Rechte aus § 17 in Verbindung mit § 57 (1) Satz 4 dann zu, wenn der Verkäufer selbst nicht fristgemäß verladen hat *und* wegen Ablaufs längerer Zeit auszuschließen ist, daß er noch Ware liefern könnte, die fristgemäß von einem Dritten aufgeliefert wurde (13/74, JB 1974). Die gleiche Lösung erscheint auch für das LKW-Einfuhrgeschäft angebracht. **2**

3. Nach WVB hat die Lieferung stets eine besondere Bedeutung, wenn sie befristet wurde (Bem. 1 zu § 7; Bem. 2 zu § 10). Für das Waggon-Einfuhrgeschäft und für das LKW-Einfuhrgeschäft ist diese besondere Bedeutung in § 57 (3) ausdrücklich bestimmt. Hat der Verkäufer dem Käufer die Ware nicht fristgemäß am Bestimmungsort verschafft, so kann der Käufer dem Verkäufer gemäß § 17 (2) eine Frist zur Nachholung dieser Hauptleistung bestimmen. Holt der Verkäufer die Lieferung auch innerhalb dieser Nachfrist nicht nach, so kann der Käufer nach seiner Wahl vom Vertrage zurücktreten oder Schadensersatz wegen Nichterfüllung verlangen. Die Vereinbarung einer Lieferfrist begründet also – anders als die Vereinbarung einer Verladefrist – kein Fixgeschäft. **3**

§ 58
Verladeanzeige. Konzentration

(1) Der Verkäufer ist verpflichtet, dem Käufer spätestens am dritten Geschäftstag nach Ablauf der Verladezeit die Umstände der Verladung mitzuteilen (Verladeanzeige). Das sind

- **bei Waggon-Einfuhrgeschäften: Die verladene Menge, das Datum des dem Frachtbrief aufgedrückten Tagesstempels des Versandbahnhofs und die Nummer des Waggons, mit welchem die Ware verladen wurde.**
- **bei LKW-Einfuhrgeschäften: Die verladene Menge, der Tag der Verladung, der Name des Frachtführers und das amtliche Kennzeichen des LKW, mit welchem die Ware verladen wurde.**

Die Erstattung der Verladeanzeige ist eine Hauptleistung im Sinne der §§ 17, 18.

(2) Durch die Verladeanzeige wird der Kauf auf die darin bezeichnete Ware beschränkt. Der Verkäufer darf nur solche Ware liefern, die ge-

mäß der Verladeanzeige versandt worden ist. Unwesentliche Fehler der Anzeige schaden dem Verkäufer nicht.

(3) Der Agent des Verkäufers und der Makler, der das Geschäft vermittelt hatte, gelten als bevollmächtigt zur Entgegennahme und zur Erstattung der Verladeanzeige.

(4) Die im Absatz 1 bestimmte Anzeige hat der Verkäufer dem Käufer auch dann zu erstatten, wenn auf eine Abtretung oder eine Anweisung des Käufers unmittelbar an einen Dritten verladen wird.

1 1. Die Verladeanzeige des Waggon-Einfuhrgeschäfts und des LKW-Einfuhrgeschäfts ist der Verschiffungsanzeige des Abladegeschäfts (§ 41) nachgebildet. Zur Erläuterung ist daher grundsätzlich auf die Bemerkungen zu § 41 zu verweisen. Hervorzuheben ist folgendes:

a) Die wesentliche Bedeutung der Verladeanzeige besteht darin, daß die Gattungsschuld des Verkäufers auf die darin bezeichnete Partie beschränkt wird. An dieser Konzentration des Kaufvertrages können beide Parteien interessiert sein: Der Verkäufer hat ein Interesse daran, daß die Transportgefahr auf den Käufer übergeht. Der Käufer will wissen, wie er disponieren kann.

2 b) Eine besondere praktische Bedeutung hat für den Käufer auch das Ausbleiben der fälligen Verladeanzeige. Die dann zulässige Bestimmung einer Nachfrist gemäß § 17 (2) ist nämlich das probate Mittel zur alsbaldigen Klärung der Rechtslage, wenn der Verkäufer nicht deutlich macht, ob er verladen hat oder noch gewillt ist, dem Käufer eine rechtzeitig von einem Dritten verladene Partie zu verschaffen. Schon am vierten Geschäftstage nach Ablauf der Verladezeit kann der Käufer dem Verkäufer eine Frist zur Nachholung der Verladeanzeige bestimmen. Im allgemeinen wird die Mindestfrist von drei Geschäftstagen (§ 17 Abs. 3) genügen, so daß innerhalb von insgesamt sieben Geschäftstagen nach Ablauf der Verladezeit die Rechtslage einschließlich eines für die Schadensberechnung maßgeblichen Tages klar ist. Auf diese Weise vermeidet der Käufer die in Bemerkung 2 zu § 57 erörterten Schwierigkeiten, welche einer alsbaldigen Geltendmachung der konkurrierenden Rechte aus § 57 (1) Satz 4 entgegenstehen.

3 2. Die Verladeanzeige des § 58 unterscheidet sich von der Verschiffungsanzeige des § 41 in folgenden Punkten:

a) Der in § 58 (1) bestimmte Inhalt der Verladeanzeige weicht aus beförderungstechnischen Gründen von dem in § 41 bestimmten Inhalt der Verschiffungsanzeige ab und versteht sich deshalb ohne weiteren Kommentar. Hervorzuheben ist allenfalls die Vorschrift, daß der Verkäufer beim Waggon-Einfuhrgeschäft „die Nummer des Waggons, mit welchem die Ware verladen wurde", anzuzeigen hat, denn der Verkäufer braucht innerhalb der Verladezeit die Ware (mit dem Frachtbrief) von der Eisenbahn nur zur Beförderung annehmen zu lassen. Außerdem ist die Nummer des Waggons in den Frachtbrief nur aufzunehmen, wenn die Verladung dem Absender obliegt (Art. 6, § 5 Buchst. e CIM). Hat die Eisenbahn die Verladung der von ihr angenommenen Partie übernommen, kennt der Verkäufer bei Abstempelung des Frachtbriefes möglicherweise die Nummer des Waggons, in welchen die Ware gelangen soll, noch nicht. Hat die Bahn die fristgerecht zur Beförderung angenommene Ware innerhalb von drei Tagen nach Ablauf der Verladezeit noch nicht in den Waggon gelangen lassen, so kann der Verkäufer die Nummer des Waggons, mit welchem die Ware verladen *wurde,* jedenfalls nicht mitteilen. Er muß aber nach Treu und Glauben den Sachverhalt soweit wie möglich aufklären und das Ergebnis seiner Ermittlungen dem Käufer innerhalb der Anzeigefrist berichten.

b) Entsprechend den für Abladegeschäfte allgemein geltenden Usancen wird in § 41 (3) für das Abladegeschäft bestimmt, daß die Verschiffungsanzeige schon durch ihre Absendung wirksam werde. In § 58 (2) heißt es dagegen, daß der Kauf „durch die Verladeanzeige" auf die darin bezeichnete Ware beschränkt werde. Das ist keine Auslassung, sondern hier gilt der in § 4 (2) bestimmte Grundsatz, daß eine Erklärungsfrist nur gewahrt wird, wenn die Erklärung dem Empfänger innerhalb der Frist zugeht. Praktische Bedeutung dürfte dieser Unterschied allerdings nur unter besonderen Umständen haben, denn in der Regel wird die Verladeanzeige fernschriftlich übermittelt. **4**

c) Auch wenn keine Verladezeit, sondern nur eine Lieferzeit gemäß § 57 (3) vereinbart wurde, kann der Käufer eine Verladeanzeige verlangen. Das schließt das Schiedsgericht (47/76, JB 1977) aus entsprechender Anwendung des § 58. **5**

3. Der Verkäufer kann die Konzentration auch ohne Verladeanzeige herbeiführen. Der Kauf beschränkt sich nämlich auch dann auf eine bestimmte Partie, wenn der Verkäufer das zur Lieferung dieser Partie seinerseits Erforderliche getan hat (§ 243 BGB). Ist Kasse gegen Freistellung vereinbart, so hat der Verkäufer das seinerseits Erforderliche getan, wenn er dem Käufer die Freistellung gegen Zahlung des ihm geschuldeten Betrages anbietet. Stellt der Verkäufer einen überhöhten Anspruch und läßt der Käufer sich darauf nicht ein, so hat der Verkäufer das seinerseits Erforderliche nicht getan, und es tritt deshalb keine Konzentration ein (20/77, JB 1977). **6**

§ 59
Eigene und fremde Verladung

Der Verkäufer darf auch Ware liefern, die von einem Dritten zur Beförderung aufgeliefert wurde.

1. Diese Bestimmung entspricht der laut § 33 für das Abladegeschäft geltenden Regel, daß der Verkäufer auch Ware, die von einem Dritten abgela- **1**

den wurde, liefern darf. Für das Abladegeschäft war dies gegenüber anderen im Schrifttum vorkommenden Ansichten als die im Waren-Vereins-Bereich herrschende Meinung festzustellen. Für Waggon-Einfuhrgeschäfte und LKW-Einfuhrgeschäfte war die Meinung, nur der Verkäufer selbst dürfe die Ware zur Beförderung aufgeben, niemals geäußert worden. In der ersten Fassung der im Jahre 1969 beschlossenen Bestimmungen über Waggon-Einfuhrgeschäfte (damals §§ 45–58) fehlte demgemäß eine Bestimmung über eigene und fremde Verladung. Der jetzige § 59 wurde erst 1971 in die Bestimmungen über Waggon-Einfuhrgeschäfte aufgenommen, weil damals durch § 33 die Zulässigkeit fremder Abladung für Abladegeschäfte festgestellt wurde und einem sachlich nicht gerechtfertigten Umkehrschluß für das Waggon-Einfuhrgeschäft vorgebeugt werden sollte.

2 2. Von der Frage, ob ein Dritter verladen darf, ist die Frage zu unterscheiden, ob der Verkäufer auch aus der Produktion eines Dritten liefern darf und gegebenenfalls liefern muß. Auf Bemerkung 1 zu § 33 und Bemerkung 5 zu § 7 wird verwiesen.

§ 60
Lieferung auf Abruf

(1) Ist Lieferung auf Abruf vereinbart, so hat der Verkäufer die abgerufene Menge innerhalb von zwei Wochen nach Abruf zu verladen. Der Käufer darf wirtschaftlich vertretbar bemessene Teilmengen abrufen. Ist für den Abruf keine Frist vereinbart, so muß der Käufer innerhalb angemessener Zeit abrufen.

(2) Ist Lieferung auf Abruf bedungen und zugleich für die Verladung eine Frist vereinbart, so darf der Käufer zwischen Beginn der Verladezeit und zwei Wochen vor Ende der Verladezeit nach seinem Belieben die gesamte Menge oder wirtschaftlich vertretbar bemessene Teilmengen abrufen. Der Käufer hat spätestens zwei Wochen vor Ende der Verladezeit die gesamte Menge abzurufen; wird nicht rechtzeitig abgerufen, so kann der Verkäufer ohne Abruf verladen.

(3) Der Abruf ist eine Hauptleistung im Sinne der §§ 17, 18.

1 1. Diese Vorschrift deckt sich nahezu wörtlich mit der für das Abladegeschäft getroffenen Regelung des § 43. Es fehlt nur der in § 43 (1) bestimmte Vorbehalt für den Fall, daß innerhalb der zweiten Hälfte der Zwei-Wochen-Frist keine Gelegenheit zur Verladung besteht. Dieser Vorbehalt betrifft indessen nur die besonderen Verhältnisse des Seetransports und gilt deshalb für das Waggon-Einfuhrgeschäft und das LKW-Einfuhrgeschäft auch nicht entsprechend. Erfahrungsgemäß läßt sich die Zwei-Wochen-Frist beim Waggon-Einfuhrgeschäft und beim LKW-Einfuhrgeschäft ohne Schwierigkeiten einhalten.

2. Die in § 60 (2) Satz 2 bestimmte Frist bezweckt den Schutz des Verkäufers nach Art einer Kündigungs- oder Ladungsfrist. Zwischen dem Zugang des Abrufs und dem Ende der Verladefrist müssen deshalb unter allen Umständen mindestens 14 volle Tage (nicht Geschäftstage!) liegen. Fällt der letzte Tag, an welchem der Abruf dem Verkäufer hiernach zugehen müßte, auf einen Feiertag, so ist deshalb § 4 (1) Satz 2 nicht anwendbar. Der Tag, an welchem der Abruf dem Verkäufer spätestens zugehen muß, ist eben nicht der letzte Tag der zu wahrenden Frist, sondern der letzte Tag vor Beginn einer einzuhaltenden Frist. Ferner kann der Käufer nach der Verkehrssitte nicht erwarten, daß der Verkäufer sich an einem Nicht-Geschäftstag in sein Geschäftslokal begibt, um von dem etwaigen Eingang eines Abrufs Kenntnis zu nehmen. Ist also Verladung im März vereinbart und fällt der 31. März auf einen Sonntag, so gilt folgende Berechnung: Die Bemessung der Abrufsfrist wird an die Verladezeit geknüpft. Gemäß § 4 (3) läuft die Verladefrist am Sonntag, dem 31. März, ab. Der Abruf muß also dem Verkäufer vor Beginn des Montags, auf den der 18. März fällt, zugehen. Zugang am Sonntag, dem 17. März, und (je nach der Sitte des Landes) am Sonnabend, dem 16. März, braucht der Verkäufer nicht gegen sich gelten zu lassen. Der Abruf würde also mit Ablauf der Geschäftszeit am Freitag, dem 15. März, fällig. Ab Beginn von Montag, dem 18. März, kann also der Verkäufer dem Käufer die Nachfrist aus § 17 setzen. Grundsätzlich: Bem. 1 zu § 4. 2

3. Die Vereinbarung, daß auf Abruf zu liefern sei, bezweckt den Schutz des Käufers. Im Zweifel kann deshalb der Käufer sofort zu Beginn der Verladefrist das volle Quantum abrufen (Ausschuß 13. 3. 1969). Das Interesse des Verkäufers wird im Zweifel durch die Abrufsfrist ausreichend geschützt. Der Verkäufer kann deshalb im Zweifel nicht verlangen, daß die Abrufe auf längere Zeit verteilt werden (Ausschuß 13. 3. 1969). 3

§ 61
Kasse gegen Dokumente. Akkreditiv

(1) Ist die Klausel „Kasse gegen Dokumente" vereinbart, so hat der Käufer den vereinbarten Kaufpreis Zug um Zug gegen Übergabe folgender Urkunden zu zahlen:
- **bei Waggon-Einfuhrgeschäften gegen Übergabe des Frachtbriefdoppels und der Rechnung des Verkäufers**
- **bei LKW-Einfuhrgeschäften gegen Übergabe der ersten Ausfertigung des Frachtbriefes (Artikel 5 CMR) und der Rechnung des Verkäufers; im Frachtbrief muß vom Absender vermerkt sein, daß bereits seit dessen Ausstellung dem Empfänger das Verfügungsrecht zu-**

steht (Artikel 12 Absatz 3 CMR). Bei Verladung in Ländern, die dem Übereinkommen über den Beförderungsvertrag im internationalen Straßengüterverkehr (CMR) nicht beigetreten sind, ist gegen entsprechende Urkunden zu zahlen.

Gegen Übergabe gleicher Dokumente ist aus einem etwa vereinbarten Akkreditiv zu zahlen.

(2) Der Käufer hat keinen klagbaren Anspruch auf Aushändigung des Frachtbriefdoppels oder der ersten Ausfertigung des Frachtbriefes (Artikel 5 CMR) oder einer entsprechenden Urkunde. Die Übergabe dieser Dokumente ist lediglich eine Bedingung für die in Absatz 1 bestimmte Vorleistungspflicht des Käufers.

1 1. Beim Waggon-Einfuhrgeschäft und beim LKW-Einfuhrgeschäft versteht sich – anders als beim Abladegeschäft – die Klausel „Kasse gegen Dokumente" nicht von selbst. Das beruht auf folgenden Unterschieden:

- Beim Abladegeschäft ist der Verkäufer zur Lieferung der in § 42 bestimmten Dokumente verpflichtet. Beim Waggon-Einfuhrgeschäft und beim LKW-Einfuhrgeschäft besteht eine solche Verpflichtung nicht (§ 61 Abs. 2).
- Beim Abladegeschäft ist ein Konnossement zu liefern. Das Konnossement ist mindestens die Basis der in § 42 (1) zugelassenen Ersatzdokumente. Das Konnossement ist ein Traditionspapier. Wird es nach Vorschrift des § 650 HGB übergeben, so hat diese Übergabe des Konnossements dieselben Wirkungen wie die Übergabe der Ware und ermöglicht damit den alsbaldigen Übergang des Eigentums an der Ware auf den gutgläubigen Erwerber. In diesem Sinne repräsentiert das Konnossement die Ware und bietet deshalb dem Käufer einen soliden Gegenwert für eine dagegen zu leistende Zahlung. Der Frachtbrief ist kein Traditionspapier. Das Frachtbriefdoppel ist immerhin ein Dispositionspapier, denn der Absender kann nur gegen Vorlage des Frachtbriefdoppels den Bestimmungsort und die Person des Empfängers ändern (Art. 21 § 2 CIM). Entsprechendes gilt für die erste Ausfertigung des Frachtbriefes (Art. 5 CMR), wenn darin vermerkt ist, daß bereits seit dessen Ausstellung dem Empfänger das Verfügungsrecht zusteht (Art. 12 Abs. 3 CMR).
- Ist beim Seefrachtvertrag ein Konnossement ausgestellt, so kann nur der legitimierte Besitzer des Konnossements die Auslieferung des beförderten Gutes verlangen (§ 653 HGB), wogegen die mit der Eisenbahn oder dem LKW versandte Ware dem im Frachtbrief bezeichneten Empfänger zurollt und gegen dessen einfache Empfangsbescheinigung zu übergeben ist (Art. 16 § 1 CIM; Art. 13 CMR).

2 Die bei Versendung über Land vorkommenden Verladedokumente, das Frachtbriefdoppel (Art. 8 CIM) und die erste Ausfertigung des Frachtbrie-

fes (Art. 5 CMR), sind also weniger bedeutsam als das Konnossement. Deshalb wird bei Waggon-Einfuhrgeschäften und LKW-Einfuhrgeschäften häufig die Kondition „Zahlung nach Erhalt der Ware und der Rechnung" vereinbart. Ist keine Zahlungsklausel vereinbart, so hat der Käufer Zug um Zug gegen Auslieferung der Ware zu zahlen, wobei ihm vorher die Untersuchung der Ware zu gestatten ist.

2. Wird bei Waggon-Einfuhrgeschäften oder bei LKW-Einfuhrgeschäften die Klausel „Kasse gegen Dokumente" vereinbart, so hat das folgende Bedeutung: **3**

a) Der Käufer hat gegen Übergabe der in § 61 für die in Betracht kommende Versendungsart bezeichneten Verladedokumente nebst Rechnung den Kaufpreis zu zahlen, auch wenn die Ware ihm noch nicht ausgeliefert oder zur Auslieferung angeboten wurde. Dem Käufer erwächst jedoch kein Anspruch auf Lieferung des Verladedokuments. Die Lieferung des Verladedokuments ist nur eine Obliegenheit des Verkäufers, von deren Erfüllung die Vorleistungspflicht des Käufers abhängt.

b) „Zweite Andienungen" im Sinne von § 45 (1) sind beim Waggon-Einfuhrgeschäft und beim LKW Einfuhrgeschäft nicht ausgeschlossen (26/71, JB 1972). Die Regel von der Unzulässigkeit der zweiten Andienung hatte ohnehin nur für Abladegeschäfte oder allenfalls für Geschäfte ab Kai/Lager mit Abladeklausel gegolten (MGS 56 zu § 13). Sie ist auch dort für die meisten Waren-Vereins-Branchen durch § 45 (2) beseitigt worden. Für Waggon-Einfuhrgeschäfte und LKW-Einfuhrgeschäfte brauchte sie nicht beseitigt zu werden, weil sie niemals bestanden hatte und auch nicht sinnvoll gewesen wäre (Ausschuß 18. 3. 1969). Ein Umkehrschluß aus § 45 (2) in der Richtung, daß zweite Andienungen bei Waggon-Einfuhrgeschäften oder LKW-Einfuhrgeschäften ausgeschlossen seien, ist daher nicht zulässig (26/71, JB 1972). Eine entsprechende Anwendung der laut § 45 (1) im Abladegeschäft noch rudimentär (nur für Gewürze!) weitergeltenden Regel von der Unzulässigkeit zweiter Andienungen ist auch deshalb nicht angebracht, weil der Käufer beim Waggon-Einfuhrgeschäft oder beim LKW-Einfuhrgeschäft keinen Anspruch auf Lieferung von Verladedokumenten hat. **4**

c) Ist nichts Gegenteiliges vereinbart, so muß das Frachtbriefdoppel den Käufer als Empfänger bezeichnen, denn sonst bietet dieses Dokument keine Gewähr dafür, daß die Ware auf den Käufer zurollt. Eine gegenteilige Vereinbarung kann angenommen werden, wenn der Verkäufer nicht im Ursprungsland residiert. In diesem Fall ist nämlich davon auszugehen, daß der Verkäufer ein Zwischenhändler ist und dem Absender nicht verraten will oder vor der Verladung überhaupt noch nicht mitteilen kann, wer der endgültige Empfänger sein wird. Will der erste Käufer sich die Abwicklung **5** des Weiterverkaufs erleichtern, so wird bei Waggon-Einfuhrgeschäften oft schon im ersten Kaufvertrag mit dem ausländischen Verkäufer die Versendung an einen Transitplatz zu Händen eines Spediteurs vereinbart. Für die Einfuhr von Schalenobst aus Italien in die Bundesrepublik Deutschland hat die schweizerische Grenzstation Chiasso eine besondere Bedeutung als Transitplatz gewonnen. Hierzu Näheres unter Bemerkung 3.

6 d) Die Lieferung der in § 61 (1) bezeichneten Dokumente ist eine Bedingung nur für die *Vorleistungs*-Pflicht des Käufers. Die Lieferung dieser Dokumente wird also gegenstandslos, wenn der Käufer die Ware schon erhalten hat, denn dann schuldet der Käufer den Kaufpreis ohnedies nach der Regel des § 11 Abs. 1 (25/72, JB 1973).

7 e) Wenn auch dem Käufer kein Anspruch auf Lieferung der in § 61 (1) bezeichneten Dokumente zusteht, so gelten doch für seine Verpflichtungen ergänzend die allgemeinen Bestimmungen des § 13 (4/76, JB 1976).

8 3. Bei Waggon-Einfuhrgeschäften mit Schalenobst adressiert der im Ursprungsland verladende Erstverkäufer die Ware oft nicht unmittelbar an seinen Käufer, sondern an einen Dritten, der im Interesse einer der Parteien oder im Interesse beider Parteien in die Abwicklung eingeschaltet wird. In Betracht kommen Spediteure und Banken. Zur Regelung dieser Kombinationen enthalten die WVB 1971 keine besonderen Vorschriften, weil damals noch keine ausreichend gefestigten Bräuche zu erkennen waren (Ausschuß 14. 9. 1971). Inzwischen sind aber bestimmte Handelsbräuche erkennbar geworden. Die Einschaltung eines Dritten wird in manchen Fällen zwischen den Kaufvertragsparteien vereinbart (a). In anderen Fällen wird der Dritte einseitig vom Verkäufer eingeschaltet (b). Je nachdem sind die rechtlichen Folgen nach Handelsbrauch zu unterscheiden:

9 a) Aus den zu 2 c erörterten Gründen wird oft schon im Kaufvertrag vereinbart, daß das Frachtgut an einen Transitplatz zu Händen eines Spediteurs zu verladen sei. Eine solche Vereinbarung kann im Interesse des Käufers getroffen werden, wenn dieser die Abwicklung von Weiterverkäufen erleichtern will, denn von dem Transitplatz kann der Waggon ohne Umweg unmittelbar dem letzten Käufer einer Kette zugeleitet werden. Die Einschaltung eines Spediteurs kann auch im Interesse des Verkäufers und seiner finanzierenden Bank liegen. Der Verkäufer will hierdurch vermeiden, daß die Ware an den Käufer ausgeliefert wird, bevor dieser die Dokumente eingelöst hat. Auch in dieser Kombination wird die Klausel „Kasse gegen Dokumente“ vereinbart (26/71, JB 1972). Dann pflegt der Verkäufer den Spediteur anzuweisen, daß dieser dem Käufer die Ware nur gegen Nachweis der Zahlung des Kaufpreises ausliefert. Das ist legitim, denn auch unter der Klausel „Kasse gegen Dokumente“ muß der Käufer spätestens gegen Auslieferung der Ware zahlen; einen Anspruch auf Lieferung des Frachtbriefdoppels hat er nicht (§ 61 Abs. 2). Bei Einschaltung eines Schweizer Spedi-

teurs erbringt der Käufer den Zahlungsnachweis durch einen „Ausfolgeschein", welchen der Verkäufer ihm zugleich mit dem Frachtbriefdoppel zum Inkasso präsentieren läßt. Dieser Ausfolgeschein ist ein an Order ausgestellter kaufmännischer Verpflichtungsschein (§ 363 Abs. 1 Satz 2 HGB), den der erste Verkäufer sich schon bei der Verladung von dem Spediteur ausstellen läßt. Auf der anderen Seite erhält der Käufer mit dem Frachtbriefdoppel und dem Ausfolgeschein die Gewißheit, daß der Spediteur ihm die Ware ausliefern wird. In der Praxis kommt es auch vor, daß der Verkäufer eine Delivery-Order auf den Schweizer Spediteur zieht und diese an Order ausgestellte kaufmännische Anweisung (§ 363 Abs. 1 Satz 1 HGB) dem Käufer mit dem Frachtbriefdoppel zur Zahlung präsentieren läßt. Auf die Streitfrage, ob Orderanweisungen und Orderverpflichtungsscheine im Sinne von § 363 (1) HGB wirksam auch über vertretbare Sachen ausgestellt werden können, die nicht Gegenstand einer Gattungsschuld sind (Canaris in Großkomm. HGB Anm. 10 zu § 363), und auf die weitere Frage, nach welchem Recht die Wirksamkeit eines solchen im Ausland ausgestellten Dokuments zu beurteilen ist, kann hier nicht näher eingegangen werden. Mindestens wären solche Dokumente in Rektapapiere mit Zessionen umzudeuten. Gegen eine Delivery-Order des Verkäufers braucht der Käufer allerdings nur zu zahlen, wenn sie vom Spediteur angenommen wurde, denn sonst hat er keine Gewähr für die Freistellung der Ware. – Ist also mit der Klausel „Kasse gegen Dokumente" die Versendung an einen Spediteur vereinbart, so kann sinngemäß der Verkäufer die Vorauszahlung des Kaufpreises nur verlangen, wenn er dem Käufer neben der Rechnung und dem Duplikat des an den Spediteur adressierten Frachtbriefes auch eine schriftliche Verpflichtungserklärung des Spediteurs präsentiert.

Nun liegen aber in den weitaus meisten Fällen diese vom Käufer einzulösenden Dokumente dem am Transitort tätigen Spediteur noch nicht vor, wenn dort der Waggon ankommt. 10

An dem bedeutenden Transitplatz Chiasso ist der Waggon in vielen Fällen schon angelangt, bevor die Dokumente das Domizil des Käufers erreicht haben und dort präsentiert werden können. Theoretisch müßte dann der Waggon in Chiasso stehenbleiben, bis der Käufer, etwa ein deutscher Importeur, den Ausfolgeschein per Post dem Spediteur in Chiasso zusenden kann und dieses Dokument dort eintrifft. Eine solche Verspätung würde erhebliche Standgelder in Chiasso erwachsen lassen. Um zu vermeiden, daß die Waggons am Transitplatz unnötigerweise aufgehalten werden, hat sich ein anderer Brauch entwickelt: Der Spediteur am Transitplatz läßt sich von der Empfangsbank durch Telex bestätigen, daß die Dokumente eingelöst worden sind und der Waggon somit zur freien Verfügung des Käufers steht. Das nennen die Kaufleute „Freistellung". Der Verkäufer ist nach Treu und Glauben für verpflichtet zu halten, bei einer solche Freistellung mitzuwirken, indem er seiner Bank und dem Spediteur die erforderlichen Instruktionen erteilt.

11 Sind die Dokumente bei Ankunft des Waggons am Transitplatz noch nicht am Domizil des Käufers eingetroffen, wird ein weiteres Verfahren befolgt: Eine Bank, welche den Käufer für kreditwürdig hält oder vom Käufer entsprechende Sicherheiten erhalten hat, garantiert dem Spediteur durch Telex unwiderruflich, daß die Dokumente bei Eintreffen unverzüglich eingelöst werden. Auf eine solche Bankgarantie pflegt der Spediteur dem Käufer die Ware freizugeben. Der Verkäufer ist nach Treu und Glauben verpflichtet, dem Spediteur dies zu gestatten.

Innerhalb einer Kette von vertrauenswürdigen Verkäufern und Käufern wird die Freistellung der Ware für den letzten Käufer formlos beschleunigt, indem die beteiligten Firmen in der gegebenen Reihenfolge dem am Transitort eingeschalteten Spediteur durch Telex erklären, daß sie die Ware für ihren Nachkäufer „freistellen". Von dieser „Freistellung" benachrichtigt der jeweilige Verkäufer seinen Käufer und verlangt zugleich die Zahlung des Kaufpreises. Zur Beteiligung an diesem Verfahren ist aber niemand verpflichtet. Jedes Glied der Kette darf vielmehr die Zahlung des Kaufpreises von der ordnungsmäßigen Präsentierung der Dokumente abhängig machen. Verlangt ein Verkäufer aufgrund einer solchen formlosen Freistellung von seinem Käufer die Zahlung des Kaufpreises, ohne sich vorher durch Rückfrage beim Spediteur zu vergewissern, daß dieser den Waggon auf erstes Anfordern an den Käufer ausliefern werde, so mag das kaufmännisch nicht zu billigen sein. Ergibt sich dann, daß der Waggon von einem verfügungsberechtigten Vorverkäufer noch nicht für den Verkäufer freigegeben ist, so berechtigt ein solches Verhalten des Verkäufers den Käufer nicht ohne weiteres zum Rücktritt vom Kaufvertrage (26/71, JB 1972).

12 b) Ist zwischen den Kaufvertragsparteien die Einschaltung eines Dritten nicht vereinbart, so verbleibt es bei der Regel, daß der Verkäufer die Ware an den Käufer als Empfänger zu verladen hat. Trotzdem bezeichnen manche Verkäufer auch ohne vertraglich erteilte Erlaubnis eine Bank oder einen Spediteur im Frachtbrief als Empfänger, um sicherzugehen, daß die Ware nicht vor Zahlung des Kaufpreises an den Käufer ausgeliefert wird. Ein solches Verfahren ist unzulässig. Das Duplikat eines Frachtbriefes, in welchem nicht der Käufer als Empfänger bezeichnet wird, ist keine vertragsgemäß beschaffene Urkunde, gegen welche der Käufer nach § 13 den Kaufpreis zahlen müßte. Auch die Ware selbst würde wegen unrichtiger Verladung nicht vertragsmäßig beschaffen sein und brauchte deshalb vom Käufer nicht als Erfüllung angenommen zu werden. Trotzdem lassen sich manche Käufer zur Vermeidung von Streit und Lieferungsverzögerung auf die Einlösung eines solchen vertragswidrigen Dokuments ein. Ein anerkannter Handelsbrauch, daß der Käufer zur Einlösung des nicht an ihn, sondern an

einen Dritten adressierten Duplikat-Frachtbriefes verpflichtet wäre, läßt sich aber nicht feststellen.

§ 62
Vertragswidrige Ware. Obliegenheiten des Käufers

(1) Sobald der Waggon oder das Kraftfahrzeug auf dem von dem letzten Empfänger für die Ausladung der Ware vorgesehenen Platz angekommen ist, hat der Käufer die Ware unverzüglich zu untersuchen, soweit dies nach ordnungsmäßigem Geschäftsgang tunlich ist. Zeigt sich eine vertragswidrige Beschaffenheit, so hat der Käufer dem Verkäufer unverzüglich anzuzeigen, daß die Ware nicht vertragsgemäß ausgefallen ist. Unterläßt der Käufer die rechtzeitige Anzeige, so gilt die Ware als genehmigt, es sei denn, daß die vertragswidrige Beschaffenheit bei ordnungsmäßiger Untersuchung nicht erkennbar war. Hat der Käufer die Ware weiterverkauft mit der Verfügung, daß der Nachkäufer die Ware von der Eisenbahn oder von dem Frachtführer zu empfangen habe, so genügt es zur Wahrung seiner Rechte, wenn er die ihm von seinem Käufer erstattete Anzeige unverzüglich weitergibt. Er hat aber für die rechtzeitige Erstattung der Anzeige durch seinen Nachkäufer und dessen Nachkäufer einzustehen.

(2) Hat die Eisenbahn oder der Frachtführer dem Empfänger die Ware abgeliefert, so gilt die Ware als genehmigt, wenn der Käufer oder ein Nachkäufer im Sinne des Absatzes 1 die Ware an einen Platz außerhalb des Bestimmungsortes verbringt, bevor ein Gutachten nach der Verfahrensordnung für Sachverständige erstattet worden ist. Die Ware gilt nicht als genehmigt, wenn die vertragswidrige Beschaffenheit bei ordnungsmäßiger Untersuchung nicht erkennbar war.

1. Vorschriften für die Mängelrüge und die sonstigen Obliegenheiten **1**
des Käufers, von deren Erfüllung dessen Ansprüche wegen Lieferung vertragswidriger Ware abhängen, sind für die geschäftliche Praxis besonders wichtig. Um deshalb diese Vorschriften für den Praktiker auf den ersten Blick überschaubar zu machen, haben die Verfasser der WVB 1971 in § 62 einige einschlägige Bestimmungen des Allgemeinen Teils, nämlich des § 20, wiederholt. Insoweit wird auf die Bemerkungen zu § 20 verwiesen. Zur Bemessung der durch unverzügliche Untersuchung und Rüge zu wahrenden Frist wird auf die dortigen Bemerkungen III 4 und auf die dort angeführte, besonders das Waggon-Einfuhrgeschäft betreffende Entscheidung 1/72 (JB 1972) hingewiesen.

2. Für das Waggon-Einfuhrgeschäft und das LKW-Einfuhrgeschäft gel- **2**
ten gemäß § 62 die folgenden Sonderbestimmungen:

a) Der Käufer hat mit der Untersuchung der Ware erst zu beginnen, sobald der Waggon oder das Kraftfahrzeug auf dem von dem letzten Empfänger für die Ausladung der Ware vorgesehenen Platz angekommen ist. Auch die während der Reise eintretenden Änderungen des Bestimmungsortes sind zu berücksichtigen. Insbesondere braucht der Käufer die Ware nicht zu untersuchen, solange der Waggon an einem Transitplatz steht. Diese Verlegung der Untersuchung an den endgültigen Bestimmungsort ist gerechtfertigt, weil die Ware vorher nicht ausgeladen wird. Die Untersuchung an einer Zwischenstation müßte sich auf die Ziehung von Mustern beschränken, und diese Muster wären nicht repräsentativ, weil nicht jedes Packstück einer im Waggon befindlichen Partie zugänglich ist. Die Ziehung von Mustern an einer Zwischenstation wäre daher eine Lotterie, mit welcher keiner Partei gedient sein würde (Ausschuß 23. 7. 1968).

3 b) Die Tatsachen, welche die Untersuchungs- und Rügefrist beginnen lassen, hat grundsätzlich der Verkäufer darzulegen und zu beweisen (Bem. IV zu § 20). Hatte jedoch der Verkäufer die Ware an einen Transitplatz zu verladen, so muß der Käufer dartun und beweisen, wann der Waggon an dem für die Ausladung vorgesehenen Bestimmungsbahnhof angekommen ist (1/72, JB 1972).

4 c) Der Käufer ist berechtigt und nach Maßgabe von § 62 sogar verpflichtet, die Ware nach deren Ankunft am endgültigen Bestimmungsort zu untersuchen, auch wenn er die Dokumente (§ 61 Abs. 1) noch nicht eingelöst hat (Ausschuß 18. 3. 1969).

5 d) Besonders geregelt wird in § 62 (1) Satz 4 und 5 der Fall, daß mehrere Käufer in einer Kette stehen. Diese Regel ist dem Abladegeschäft (§ 49 Abs. 3) nachgebildet. Auf die Bem. II c zu § 49 wird verwiesen. Im Schiedsspruch 1/72 (JB 1972) hat das Schiedsgericht gemeint, für die Ermittlung der Ankunft des Waggons, für die Untersuchung der darin befindlichen Ware und für die Anbringung der Mängelrüge reiche erfahrungsgemäß in der Regel eine Frist von insgesamt drei Geschäftstagen aus, wenn der Käufer und seine Nachkäufer im Sinne von § 62 unverzüglich handeln. Ob diese Meinung auch zutrifft, wenn der letzte Empfänger nicht am Bestimmungsort ansässig ist und wenn die Rüge eine längere Kette von Käufern und Verkäufern durchlaufen muß, ist zweifelhaft, besonders wenn in Betracht gezogen wird, daß dem Käufer regelmäßig mindestens drei Geschäftstage für die unverzügliche Anbringung einer Rüge eingeräumt werden (Bem. III 4 zu § 20). Eine Frist von drei Geschäftstagen ist unter Umständen zu knapp.

6 e) Die in § 62 (2) getroffene Bestimmung, daß die Ware als genehmigt gilt, wenn der Käufer oder ein Nachkäufer sie vor Erstattung eines Arbitragegutachtens vom Bestimmungsort entfernt, ist ebenfalls einer alten

Regel des Abladegeschäfts (§ 49 Abs. 4) nachgebildet. Auf Bemerkung II e zu § 49 ist deshalb zu verweisen.

§ 63
Fehlmengen. Obliegenheiten des Käufers

Liefert der Verkäufer weniger als er dem Käufer in Rechnung stellt, so muß der Käufer die Minderlieferung unverzüglich nach der Ablieferung bei dem Verkäufer rügen. Unterläßt der Käufer die unverzügliche Rüge, so gilt die in der Rechnung angegebene Menge als anerkannt. Hat der Käufer die Ware weiterverkauft mit der Verfügung, daß der Nachkäufer die Ware von der Eisenbahn oder dem Frachtführer zu empfangen habe, so genügt es zur Wahrung seiner Rechte, wenn er die ihm von seinem Käufer erstattete Anzeige unverzüglich weitergibt. Er hat aber für die rechtzeitige Erstattung der Anzeige durch seinen Nachkäufer und dessen Nachkäufer einzustehen.

1. § 63 ist eine Spezialvorschrift, welche dem § 378 HGB und der allge- 1
meinen Vorschrift des § 21 WVB vorgeht. Die in § 21 getroffene Bestimmung, daß der Anspruch auf Rückzahlung des zuviel bezahlten Kaufpreises in sechs Monaten nach der Ablieferung verjährt, gilt trotz weitergehender Rügelast (Bem. V zu § 21) auch für Waggon-Einfuhrgeschäfte und LKW-Einfuhrgeschäfte. Das ergibt schon die analoge Anwendung von § 50 Satz 4, die wegen ähnlicher Sachlage zulässig und geboten erscheint. Rechtssicherheit und Rechtsfrieden erfordern gerade für solche oft kleinen und kleinsten Ansprüche eine kurze Verjährung. Als Ablieferung im Sinne von § 21 ist beim Waggon-Einfuhrgeschäft und LKW-Einfuhrgeschäft entsprechend § 62 (1) die Auslieferung an den Empfänger am endgültigen Bestimmungsort anzusehen.

2. Für Waggon-Einfuhrgeschäfte und LKW-Einfuhrgeschäfte gelten 2
gemäß § 63 die folgenden Bestimmungen:

a) Abweichend von § 21 ist die unverzügliche Rüge einer Fehlmenge die Voraussetzung für *jeglichen* aus der Minderlieferung herzuleitenden Anspruch.

b) Abweichend von § 50 (Abladegeschäfte) sind nicht nur Untergewichte, sondern auch andere Fehlmengen, insbesondere eine Minderzahl von Packstücken, unverzüglich zu rügen.

c) Abweichend von § 37 Abs. 1 (Abladegeschäfte) und §§ 84, 89 (Geschäfte ab Kai/Lager) gibt es für den Nachweis einer Minderlieferung keine Beweisregel. Hierzu: Bem. 3 zu § 55.

d) Nach dem Vorbild einer seit jeher für das Abladegeschäft geltenden Regel (§ 50) kann der Käufer die Feststellung von Fehlmengen dem letzten

Nachkäufer überlassen, doch hat jeder in der Kette stehende Käufer die Rüge unverzüglich weiterzugeben; der Käufer haftet für die rechtzeitige Erstattung der Anzeige durch seinen Nachkäufer und dessen Nachkäufer. Ein Verschulden des Dritten, durch welches die Rüge verzögert wird, ist also dem Käufer zuzurechnen (11/71, JB 1972).

3 3. Die Rüge einer Fehlmenge ist nicht so eilig wie die Rüge eines Qualitätsmangels oder einer sonstigen vertragswidrigen Beschaffenheit der Ware, da nur durch Zeitablauf keine Veränderung des maßgeblichen Sachverhalts eintritt. Deshalb darf die Frist, welche sich der Käufer zur Rüge einer Fehlmenge oder zur Weitergabe einer solchen Rüge nimmt, erheblich länger sein als die Frist für die unverzügliche Anzeige von Qualitätsmängeln (MGS 6 zu § 4 WVB; Ausschuß 5. 11. 1968 und 25. 5. 1970). Gibt allerdings ein Nachkäufer eine bahnamtliche Tatbestandsaufnahme, welche die Fehlmenge ausweist, erst eine Woche nach Erhalt weiter, so handelt er nicht mehr unverzüglich, zumal wenn er nach so langer Verzögerung auch noch die langsame Beförderung durch Brief gewählt hat (11/71, JB 1972).

§ 64
Einfuhrabgaben bei Rückgängigmachung des Vertrages

Zu den nach Rückgängigmachung des Kaufvertrages vom Verkäufer zu ersetzenden Verwendungen gehören die vom Käufer bezahlten Einfuhrabgaben nur, wenn die vertragswidrige Beschaffenheit der Ware bei ordnungsmäßiger Untersuchung nicht erkennbar war.

1 1. Wo der Käufer nach gesetzlicher Regelung im Falle des Rücktritts oder der Wandelung die Kaufsache zurückzuliefern hat, ist streitig (Würdinger-Röhricht, in Großkommentar HGB Anm. 388 vor § 373). Nach herrschender Meinung soll die Rücklieferungsverpflichtung nicht am Erfüllungsort des früheren Kaufvertrages zu erfüllen sein, sondern an dem Ort, an welchem sich der zurückzugebende Gegenstand zur Zeit der Rücktrittserklärung bzw. der Erklärung des Wandelungsverlangens aufgrund des Kaufvertrages befindet. Dagegen ist nach der gewichtigen Meinung Würdinger-Röhrichts (aaO) die Leistung regelmäßig in der gleichen Form und auf dem gleichen Wege zurückzugewähren, wie sie empfangen worden ist. Die WVB entscheiden diese Streitfrage nicht ausdrücklich. Ersichtlich ist jedoch der Ausschuß bei Abfassung des § 64 davon ausgegangen, daß bei Rückgängigmachung des Kaufvertrages der Käufer die Ware dem Verkäufer ins Ausland zurücksenden dürfe. Dies erschien dem Ausschuß unwirtschaftlich und daher unbillig zu sein, weil nicht nur durch die Rücksendung zusätzliche Transportkosten entstehen, sondern auch in der Regel die – wenn auch mangelhafte – Ware am Bestimmungsort verzollt besser als im

Ursprungsland zu verwerten ist. Deshalb hielt der Ausschuß es für angebracht, den Käufer wenigstens indirekt zur Verwertung der Ware im Bestimmungsland anzuhalten, indem er dem Käufer den Anspruch auf Erstattung von Einfuhrabgaben grundsätzlich versagte.

2. Der Ausschuß ist ferner davon ausgegangen, daß der Käufer im Falle 2
einer Rücksendung der Ware durch § 40 des Zollgesetzes in Verbindung mit § 80 der Allgemeinen Zollordnung vom 18. 5. 1970 ausreichend geschützt werde: Hiernach kann der Käufer die Erstattung der Einfuhrabgaben verlangen, wenn er dafür sorgt, daß die Ware unter zollamtlicher Überwachung an oder für den außerhalb des Zollgebietes ansässigen Verkäufer wieder ausgeführt wird (Ausschuß 12. 7. 1971). Den erforderlichen Nämlichkeitsnachweis könne der Käufer stets dann sichern, wenn sich der Mangel bei unverzüglicher Untersuchung sofort ergebe. Ein Recht auf Erstattung der Einfuhrabgaben sei deshalb nur anzuerkennen, wenn die vertragswidrige Beschaffenheit der Ware bei ordnungsmäßiger Untersuchung nicht erkennbar war.

3. Die Vorschrift des § 64 beruht wohl auch auf der Meinung, daß der 3
inländische Käufer sich zwecks zügiger Abwicklung der Reklamation mit einer Vergütung des Minderwerts (§ 19 Abs. 2) zufriedengeben sollte. Wirtschaftlich betrachtet führt jedenfalls die Vergütung des Minderwerts zu demselben Ergebnis wie die Rückgängigmachung des Kaufvertrages mit Vergütung der Einfuhrabgaben. Der Anspruch auf Vergütung des Minderwerts ist nämlich seinem Wesen nach ein Schadensersatzanspruch (Bem. I 2 zu § 19): Der Käufer ist so zu stellen, wie er dastehen würde, wenn er vertragsmäßig beschaffene, verzollte Ware im Inland hätte verkaufen können. Verzollte Ware wird bei der Veräußerung im Inland höher bewertet als unverzollte Ware, weil der Käufer die von ihm bezahlten Einfuhrabgaben in voller Höhe kalkulieren muß. Beträgt der Minderwert über 10 % des Marktpreises, so pflegen die Sachverständigen sich auf die Feststellung dieser Voraussetzung zu beschränken und hinzuzufügen, daß die genaue Höhe nur durch einen freihändigen Verkauf zu ermitteln sei. Wählt der Käufer die Rückgängigmachung des Kaufvertrages und verzögert der Verkäufer die Bezahlung des zurückberechneten Marktpreises (§ 19 Abs. 3 Satz 2), so kann der Käufer nach Ablauf der gemäß § 17 Abs. 2 und 3 zu setzenden Nachfrist einen Deckungsverkauf gemäß § 17 Abs. 5 betreiben und von dem Verkäufer den Unterschied zwischen dem Verkaufserlös und dem Marktpreis vertragsgemäß beschaffener Ware verlangen. Der Käufer kann also die beiden ihm wahlweise zustehenden Ansprüche aus § 19 (2) und § 19 (3) in gleichartiger Weise durch Verkauf der beanstandeten Ware und Forderung des Mindererlöses realisieren.

4. Nur unter einer besonderen Voraussetzung ist nach dem dargelegten 4
Sinn und Zweck des § 64 der Käufer für berechtigt zu halten, dem ausländi-

schen Verkäufer die beanstandete Ware zurückzusenden und neben den für Transitware geltenden Rückrechnungspreis (§ 19 Abs. 3) auch die Vergütung der verauslagten Einfuhrabgaben zu verlangen. Dieser Anspruch steht dem Käufer sinngemäß zu, wenn die Ware im Inland nach deutschem Lebensmittelrecht nicht verkehrsfähig ist. Der Käufer darf dem Verkäufer die Ware sogar dann zurückschicken, wenn ihr Verzehr geeignet ist, die Gesundheit zu schädigen (§§ 8, 50 LMBG). Das Gesetz zur Gesamtreform des Lebensmittelrechts (LMBG) vom 15. 8. 1974, welches erstmalig dem Käufer ein solches Rücksenderecht gewährt, galt noch nicht, als 1971 die Vorschrift des § 64 in die WVB aufgenommen wurde.

§ 65
Standgelder

Jeder Käufer kann verlangen, von seinem Verkäufer so gestellt zu werden, daß er mit Standgeld nicht für die Zeit bis einschließlich des ersten Geschäftstages nach Andienung der Ware belastet wird.

1 1. Nach seiner Entstehungsgeschichte betrifft § 65 nur den Fall, daß der Waggon in einer Kette von Käufern und Verkäufern gehandelt wird. Hat der Absender unmittelbar an den endgültigen Empfänger verkauft, so hat der Käufer die Entstehung von Waggonstandgeldern (§ 79 EVO) allein zu verantworten und es besteht kein Anlaß, ihn von einem Teil der Standgeldbelastung freizuhalten. Der Verkäufer hat den Käufer also gemäß § 65 nur von solchen Standgeldern freizuhalten, die dadurch entstehen, daß ein Zwischenverkäufer die Freistellung oder die Disponierung des Waggons verzögert. Dem Ausschuß erschien es angebracht, diese Standgelder auf die einzelnen in der Kette stehenden Verkäufer in der Weise zu verteilen, daß jeder Verkäufer seinem Käufer eine standgeldfreie Zeit von einem Geschäftstag einzuräumen hat, und zugleich denjenigen Verkäufer, der die Weiterandienung verzögert, mit den hierdurch entstehenden Mehrkosten zu belasten. Von einer weiteren Differenzierung dieses Ausgleichs im Hinblick auf progressiv steigende Standgelder hat der Ausschuß bewußt abgesehen, um die Regelung nicht übermäßig zu komplizieren.

2 2. Standgeldfrei ist für jeden Käufer die Zeit bis zum Ende des ersten Geschäftstages nach Andienung der Ware. Was beim Waggon-Einfuhrgeschäft zur „Andienung der Ware" geschehen muß, wird in den WVB nicht besonders bestimmt. Im allgemeinen wird unter „Andienung" das Erbieten des Verkäufers zu einer Leistung verstanden (MGS 1 zu § 2). Ist beim Waggon-Einfuhrgeschäft vertragsgemäß ein Dritter als Empfänger der

Ware bezeichnet (Bem. 3 zu § 61), so dient der Verkäufer dem Käufer die Ware an, indem er sie für den Käufer freistellt und den Käufer von dieser Freistellung benachrichtigt.

3. Wegen des Standgeldes kann sich die Eisenbahn an den endgültigen Empfänger halten. Hat ein Spediteur die Standgelder verauslagt, so kann dieser die Ware mit einer Nachnahme belasten, welche ebenfalls der endgültige Empfänger zu bezahlen haben würde. In diesen Fällen ist der endgültige Empfänger der fordernde Teil: Er verlangt von dem Verkäufer die Erfüllung der in § 65 bestimmten Freihaltungspflicht. Dieser Verkäufer kann dann bei seinem Verkäufer in gleicher Weise Regreß nehmen, falls er nicht allein das übermäßige Standgeld verursacht hat. Der in die Abwicklung eingeschaltete Spediteur kann die von ihm verauslagten Standgelder auch bei dem ersten Empfänger, also bei dem ersten in der Kette stehenden Käufer, wiederholen. Dieser Käufer kann dann von seinem in Annahmeverzug geratenen Käufer verlangen, daß dieser ihm die Mehraufwendungen ersetzt (§ 304 BGB). In entsprechender Weise kann dieser Käufer sich bei seinem Nachkäufer schadlos halten, soweit nicht er selbst die Abwicklung verzögert hat. **3**

III. Einfuhrgeschäfte über Land. Abholung

Vorbemerkungen zu §§ 66–74

Einfuhrgeschäfte über Land, bei denen der Käufer die Ware zwecks Beförderung über eine nationale Grenze *abzuholen* hat, wurden erst 1976 als besondere Geschäftsart in den WVB geregelt. Anlaß zu dieser Regelung ergab sich, weil im Zweiten Teil der WVB keine Vorschriften für LKW-Geschäfte enthalten waren. Das wurde als Lücke angesehen. Weiter ergab sich, daß solche Geschäfte, bei denen der Verkäufer die Versendung durch LKW übernahm, in der Praxis weitgehend analog den schon 1969 erlassenen Bestimmungen über das Waggon-Einfuhrgeschäft abgewickelt wurden. Deshalb wurden alle Einuhrgeschäfte, bei denen der Verkäufer sich zur Versendung über Land – per Eisenbahn oder LKW – verpflichtete, in einem zusammenhängenden Abschnitt II (§§ 52–65) geregelt. Dementsprechend wurden alle Einfuhrgeschäfte, bei denen der Käufer die Ware über Land – per Eisenbahn oder per LKW – abzuholen hatte, dem besonderen Abschnitt III (§§ 66–74) überwiesen; erhebliche praktische Bedeutung hat, soweit ersichtlich, bisher nur die Abholung per LKW gewonnen. Eine umfangreiche Schiedsgerichts-Rechtsprechung hat sich zu speziellen Fragen dieser Geschäftsart noch nicht ergeben.

§ 66
Begriff. Anzuwendende Vorschriften

Ist vereinbart, daß der Käufer die Ware abzuholen hat, und haben die Parteien vorgesehen, daß die Ware anschließend über eine nationale Grenze befördert werden soll, so gelten die Vorschriften der §§ 66–74.

Die anschließende Beförderung über eine nationale Grenze muß *vorgesehen* sein. Die alsbaldige Ausfuhr aus dem Lande, in welchem abzuholen ist, muß also mindestens Geschäftsgrundlage sein, wenn die §§ 66–74 Anwendung finden sollen. Diese Geschäftsgrundlage wird im Zweifel schon dann zu erkennen sein, wenn der Verkäufer dort residiert, wo abzuholen ist, und der Käufer jenseits einer nationalen Grenze niedergelassen ist. Unter weiteren Umständen kann sich sogar eine Verpflichtung des Käufers zum Abtransport über eine nationale Grenze ergeben, z. B. wenn der Verkäufer bei Bemessung des Kaufpreises erkennbar eine Ausfuhrvergütung kalkuliert hat oder wenn er ein erkennbares und berechtigtes Interesse daran hat, daß die Ware nicht auf den Inlandsmarkt gelangt.

§ 67
Ausfuhrabgaben. Verzollungsgebühren

Die mit der Ausfuhr aus dem Lieferland verbundenen Abgaben trägt der Verkäufer, und zwar auch dann, wenn solche Abgaben unterwegs erhoben werden.

1 Erfüllungsort für die Lieferverpflichtung des Verkäufers ist gemäß § 9 (1) Satz 1 der Ort, an welchem die Ware abzuholen ist; das ergeben die „Umstände", wenn nicht ohnehin der Verkäufer an diesem Ort eine Niederlassung hat. Die in § 9 (1) Satz 4 enthaltene Verweisung auf § 69 ist ein Redaktionsversehen, denn § 69 betrifft nur die Erfüllungszeit für die Verpflichtungen des Verkäufers.

2 § 67 begründet deshalb eine Ausnahme von dem in § 448 (1) BGB bestimmten Grundsatz, daß dem Käufer die Kosten der Versendung ab Erfüllungsort zur Last fallen.

§ 68
Abholung mit Kraftfahrzeug

Im Zweifel hat der Käufer die Ware mit einem Kraftfahrzeug bei dem Verkäufer abholen zu lassen.

Nicht jede Fabrik oder sonstige Abholstelle hat einen Gleisanschluß. Der Käufer hat deshalb im Zweifel die Ware mit einem LKW abholen zu lassen. Die Abholung per Waggon braucht der Verkäufer nur zu ermöglichen, wenn dies besonders vereinbart wurde.

§ 69
Erfüllungszeit für Verpflichtungen des Verkäufers

Ist eine Frist für die Abnahme vereinbart, so kann der Käufer nach seinem Belieben jederzeit in dieser Frist die Übergabe der Ware verlangen. Er hat jedoch die Abholung dem Verkäufer rechtzeitig anzukündigen; eine Ankündigungsfrist von drei Geschäftstagen gilt unter allen Umständen als ausreichend.

1. Soll der Verkäufer die Ware innerhalb bestimmter Frist ausliefern, so 1
pflegen die Makler in ihren Schlußnoten für Abholgeschäfte eine Frist für die „Abnahme" zu vermerken. Nun ist aber die Abnahme gemäß § 433 BGB nur eine Verpflichtung des Käufers und in der Regel nicht einmal eine Hauptverpflichtung (Bem. II 1 a zu § 17). Dieser unpräzisen, aber üblichen Ausdrucksweise haben die Verfasser der WVB-Novelle von 1976 Rechnung getragen, indem sie die für die Abnahme vereinbarte Frist zugleich als Frist für die Hauptleistung des Verkäufers, also für die Übergabe der Ware, definierten.

2. Die in § 69 Satz 2 getroffene Bestimmung, daß der Käufer die Abho- 2
lung vorher anzukündigen habe, ist die Kodifikation eines Leitsatzes des vorher ergangenen Schiedsspruchs 18/75 (JB 1975). In der Ankündigung muß hiernach mitgeteilt werden, wer zur Abholung erscheinen werde. Auch hat der Käufer den Abholtermin mindestens annähernd aufzugeben, da der Verkäufer gewisse Vorbereitungen treffen muß. Gemäß Schiedsspruch 18/75 ist diese Ankündigung ein Abruf und damit eine Hauptleistung kraft ausdrücklicher Definition in § 17 (1). Es kommt auch vor, daß der Verkäufer eine Frist für die Abnahme setzt. Diese Erklärung darf sinngemäß als Fristsetzung für den Abruf ausgelegt werden. Wenn auch die in § 69 vorgeschriebene Ankündigung einen Abruf im Sinne des § 17 (1) darstellt, so bleibt sie doch zu unterscheiden von einem länger befristeten, besonders zu vereinbarenden Abruf im Sinne des § 70; Näheres ergeben die dortigen Bemerkungen.

3. Bevor der Käufer die Abholung gemäß § 69 angekündigt hat und be- 3
vor die nach § 69 Satz 2 zu bemessende Ankündigungsfrist verstrichen ist, wird die Verpflichtung des Verkäufers zur Übergabe und Übereignung der Ware nicht fällig. Vor Eintritt dieser Fälligkeit kann also der Käufer dem Verkäufer eine Frist für die Übergabe der Ware mit dem Effekt des § 17 (2) nicht bestimmen (17/76, JB 1977).

§ 70
Lieferung auf Abruf

(1) Ist Lieferung auf Abruf vereinbart, so hat der Verkäufer die abgerufene Menge innerhalb von zwei Wochen nach Abruf zur Abholung bereitzustellen. Der Käufer darf wirtschaftlich vertretbar bemessene Teilmengen abrufen. Ist für den Abruf keine Frist vereinbart, so muß der Käufer innerhalb angemessener Zeit abrufen.

(2) Ist Lieferung auf Abruf bedungen und zugleich eine Frist für die Abnahme oder für die Übergabe vereinbart, so darf der Käufer zwischen dem Beginn dieser Frist und zwei Wochen vor Ende dieser Frist nach seinem Belieben jederzeit die gesamte Menge oder wirtschaftlich vertretbar bemessene Teilmengen abrufen. Der Käufer hat spätestens zwei Wochen vor Ende der Abnahme- oder Übergabezeit die gesamte Menge abzurufen.

(3) Der Abruf ist eine Hauptleistung im Sinne der §§ 17, 18.

§ 70 ist den entsprechenden Bestimmungen für Abladegeschäfte (§ 43) sowie für Waggon-Einfuhrgeschäfte und LKW-Einfuhrgeschäfte (§ 60) nachgebildet. Die dortigen Bemerkungen gelten deshalb entsprechend. Im Zweifel erfüllt der Käufer durch fristgerechten Abruf zugleich die sich aus § 69 ergebende Ankündigungspflicht. Der Verkäufer hat also die Ware zwei Wochen nach Zugang des Abrufs ohne weitere Ankündigung zur Abholung bereitzustellen, wenn der Abruf die in Bemerkung 2 zu § 69 bestimmten Erfordernisse erfüllt. Weiteres vom Käufer zu verlangen, wäre sinnlose Förmelei.

§ 71
Kasse gegen Dokumente. Akkreditiv

Ist die Klausel „Kasse gegen Dokumente" vereinbart, so hat der Käufer den vereinbarten Kaufpreis Zug um Zug gegen Übergabe einer Rechnung des Verkäufers und einer ordnungsmäßigen Empfangsbestätigung des vom Käufer ermächtigten Transportunternehmens zu zahlen. Die Empfangsbestätigung muß das Transportunternehmen deutlich bezeichnen; sie muß den Stempel oder die Unterschrift des Transportunternehmens tragen. Gegen Übergabe gleicher Dokumente ist aus einem etwa vereinbarten Akkreditiv zu zahlen.

(2) Der Käufer hat keinen klagbaren Anspruch auf Aushändigung der in Absatz 1 bezeichneten Empfangsbestätigung. Die Übergabe dieses Dokuments ist lediglich eine Bedingung für die im Absatz 1 bestimmte Vorleistungspflicht des Käufers.

1. Ist im Kaufvertrag die Klausel „Kasse gegen Dokumente" ohne nähere Bezeichnung dieser Dokumente vereinbart, so hat der Käufer den Kaufpreis gegen Übergabe der in § 71 (1) beschriebenen Empfangsbestätigung des Transportunternehmens nebst Rechnung des Verkäufers zu bezahlen. Gewisse äußerliche Erfordernisse einer „ordnungsmäßigen" Empfangsbestätigung werden in § 71 (1) Satz 2 hervorgehoben, weil manche Verkäufer dem Käufer oder der Akkreditivbank allzu formlose Schmierzettel als angebliche Quittungen des LKW-Fahrers zur Bezahlung vorgelegt hatten. Als ordnungsmäßiges Dokument reicht wohl stets die auf dem Formular eines renommierten Spediteurs oder Frachtführers ausgefertigte Quittung, welche der Fahrer mitbringt und gegen Übergabe der Ware dem Lieferanten aushändigt. 1

2. Werden italienische Konserven ab Fabrik verkauft, so wird häufig die Klausel „Kasse gegen Rechnung/Freistellung" vereinbart. Diese Vereinbarung erleichtert dem Käufer einen Weiterverkauf der Ware schon vor deren Abholung. In solchen Fällen kann der in der Kette stehende Verkäufer vor Ablieferung der Ware die Zahlung des Kaufpreises nur verlangen gegen Übergabe einer Urkunde, in welcher der verfügungsberechtigte Besitzer sich verpflichtet, dem Käufer die verkaufte Ware auszuliefern (39/77, JB 1977). Als Freistellung im Sinne einer solchen Vereinbarung kann es also nicht genügen, daß der Verkäufer einfach dem verfügungsberechtigten Besitzer der Ware erklärt, daß er die Ware für den Käufer freistelle. Noch weniger kann es genügen, daß der Verkäufer dem Käufer einfach mitteilt, daß er freigestellt habe. In beiden Fällen fehlt dem Käufer die Gewähr, daß der verfügungsberechtigte Besitzer der Anweisung des Verkäufers nachkommen wird, und ohne eine solche Gewähr ist dem Käufer eine Zahlung nicht zuzumuten. Dem Verkäufer obliegt es deshalb, dem Käufer – mindestens auf dessen alsbaldiges Verlangen – eine urkundliche Erklärung zu verschaffen, laut welcher der verfügungsberechtigte Besitzer sich verpflichtet, dem Käufer die verkaufte Ware auszuliefern; in diesem Dokument muß mindestens die Gattung der auszuliefernden Ware vertragsmäßig bezeichnet sein. Eine Zahlung gegen ein Dokument, welches nicht diesen Mindesterfordernissen entspricht, ist dem Käufer nicht zuzumuten (39/77, JB 1977). Ein authentisches Fernschreiben des Besitzers dürfte im allgemeinen genügen, denn alle Glieder einer Kette von Käufern und Verkäufern haben ein berechtigtes Interesse an schnellster Abwicklung. 2

3. Die Lieferung der in § 71 (1) oder in besonderer Vereinbarung bezeichneten Dokumente ist gemäß § 71 (2) eine Bedingung nur für die „Vorleistungspflicht des Käufers". Beim Abholgeschäft erbringt der Verkäufer seine Hauptleistungen (Übergabe und Verschaffung des Eigentums) schon durch Überlassung der Ware an die vom Käufer beauftragte Transportperson. Wenn trotzdem die Zahlung gegen die Empfangsbestätigung der 3

Transportperson in § 71 (2) als Vorleistung des Käufers bezeichnet wird, so beruht das auf der Vorstellung, daß der Käufer auch bei Zug-um-Zug-Leistung den Kaufpreis nur zu bezahlen braucht, wenn ihm zugleich die Untersuchung der Ware gestattet wird. Aus §§ 20 (1), 62 (1), 72 ist jedoch zu entnehmen, daß dem Käufer die Untersuchung der Ware bei Distanzgeschäften und bei der Abholung von einer Fabrik nicht möglich oder jedenfalls nicht zuzumuten ist. Die Lieferung der Dokumente wird unter diesem Gesichtspunkt gegenstandslos, wenn die Ware am Bestimmungsort eingetroffen ist und der Käufer Gelegenheit zur Untersuchung hatte. Dann schuldet der Käufer den Kaufpreis ohnedies nach der Regel des § 11 (1). Auf die entsprechende Bemerkung 2 d zu § 61 wird verwiesen.

4 4. Wenn auch dem Käufer kein Anspruch auf Lieferung der in § 71 (1) bezeichneten Dokumente zusteht, so gelten doch für seine Verpflichtungen ergänzend die allgemeinen Bestimmungen des § 13 (4/76, JB 1976).

5 5. § 71 ist weitgehend § 61 nachgebildet. Auf die dortigen Bemerkungen ist deshalb zu verweisen, soweit sich nicht aus dem Unterschied zwischen Versendungskauf und Abholgeschäft eine andere Beurteilung ergibt.

§ 72
Vertragswidrige Ware. Obliegenheiten des Käufers

Die Vorschriften des § 62 sind entsprechend anzuwenden.

Auf die entsprechenden Bemerkungen zu § 62 ist zu verweisen.

§ 73
Fehlmengen. Obliegenheiten des Käufers

Die Vorschriften des § 63 sind entsprechend anzuwenden.

1 1. Auf die entsprechenden Bemerkungen zu § 63 ist zu verweisen.

2 2. Ist die verkaufte Ware vom Verkäufer in einen Container zu packen und holt der Käufer die so verpackte Ware beim Verkäufer ab, so hat der Käufer zu beweisen, daß eine später von ihm gerügte Fehlmenge schon zur Zeit der Abholung fehlte (45/74, JB 1975). Läßt nämlich der Käufer die Ware durch einen Container-Dienst am vereinbarten Ort abholen, so bekundet er damit sein Vertrauen, daß der Verkäufer die Ware richtig und vollständig in den Container verpackt oder verpacken läßt. Insbesondere ist dann nicht vorgesehen, daß der Käufer bei der Abholung den Inhalt des Containers genau nachzählt oder nachzählen läßt. Dieser Vertrauensbekundung ist zu entnehmen, daß der Käufer die Lieferung des Verkäufers als eine im wesentlichen den vertraglichen Anforderungen entsprechende Leistung ansieht und behalten will. Der Käufer hat also die Leistung des Ver-

käufers im Sinne von § 363 BGB als Erfüllung angenommen. Den Käufer trifft deshalb unter solchen Umständen gemäß § 363 BGB die Beweislast, wenn er später die Leistung nicht als vollzählig gelten lassen will. Diese Beweislastverteilung ist auch sachgemäß, weil sich die Ware seit der Abholung in der Obhut des Käufers oder des von ihm beauftragten Transportunternehmens befindet. Der Käufer oder seine Beauftragten können also alles Erforderliche zur Sicherung des Beweises veranlassen, wogegen der Verkäufer nicht wissen kann, was auf dem Transport und weiterhin mit der Ware geschieht (45/74, JB 1975).

§ 74
Einfuhrabgaben bei Rückgängigmachung des Vertrages

Zu den nach Rückgängigmachung des Kaufvertrages vom Verkäufer zu ersetzenden Verwendungen gehören die vom Käufer bezahlten Einfuhrabgaben nur, wenn die vertragswidrige Beschaffenheit der Ware bei ordnungsmäßiger Untersuchung nicht erkennbar war.

§ 74 stimmt wörtlich mit § 64 überein. Auf die entsprechenden Bemerkungen zu § 64 ist deshalb zu verweisen.

IV. Ab-Kai-Geschäfte

Vorbemerkungen zu §§ 75–88

Geschäfte „ab Kai" gab es im Waren-Vereins-Bereich seit jeher. Die WVB 1955 enthielten einige verstreute Bestimmungen, die im besonderen „am Kai zu empfangende Waren" betrafen (§§ 2, 32, 41). Anwendbar waren auch die Bestimmungen, welche nach WVB 1955 für das sog. Platzgeschäft galten. Was Platzgeschäfte waren, wußte niemand so recht zu sagen (MGS, Einl. C II 1 b). Dieser unklare Sammelbegriff wurde deshalb bei Abfassung der WVB 1971 aufgegeben. Statt dessen wurde unmittelbar an die in der Geschäftssprache gängige Basisklausel „ab Kai" angeknüpft, und es wurden alle Regeln, welche im besonderen diese bedeutsame Geschäftsart betrafen, im IV. Abschnitt des Zweiten Teils zusammengefaßt.

§ 75
Anzuwendende Vorschriften

(1) Ist vereinbart, daß der Verkäufer die Ware ab Kai zu liefern hat, so gelten die Vorschriften der §§ 75 bis 88.

(2) Diese Vorschriften gelten auch dann, wenn ab Kai mit einer Bestimmung über die Zeit, den Ort oder die sonstigen Umstände der Abladung (Abladeklausel) verkauft ist.

1 1. Ist ein Ab-Kai-Geschäft gewollt, so wird im Vertragsdokument meistens die Klausel „ab Kai" ausdrücklich angeführt, und zwar unter Benennung des Hafenplatzes, dessen Kai gemeint ist. Der Wille, ein Ab-Kai-Geschäft abzuschließen, kann aber auch ohne ausdrückliche Verwendung dieser Klausel den Umständen entnommen werden. Ist z. B. Ware, die nach der Vertragsgrundlage „frei Rotterdam" aus Übersee zu verschiffen war, zu liefern, so gelten ebenfalls die §§ 75–88. Die Klausel „frei" verlegt nämlich den Erfüllungsort an den Bestimmungsort (§ 9 Abs. 1), so daß ein Abladegeschäft nicht in Betracht kommt. Diese Auslegung gilt auch dann, wenn der Käufer sich vom Verkäufer bestätigen läßt, daß die Seeversicherung gedeckt sei (14/71, JB 1972).

2 2. Sinngemäß sind die §§ 75–88 anzuwenden, wenn „frei ab Schute" verkauft worden ist. Die Schute hat dann die Funktion des Kais (21/72, JB 1973). Verkäufe „ab Schute" kommen besonders im Einkauf und Transithandel mit Paranüssen vor; lose verladene Paranüsse sind nämlich nach dem Hamburger Paranuß-Kontrakt 1977 grundsätzlich außenbords zu übernehmen.

§ 76
Erfüllungsort/Gefahrübergang

Erfüllungsort für die Lieferverpflichtung ist der Hafenplatz, ab dessen Kai verkauft wurde. Mit der Abnahme der Ware vom Kai, spätestens mit Ablauf der Empfangszeit geht die Gefahr auf den Käufer über. Der Käufer trägt die Gefahr des Absetzens.

1 1. Die Gefahr geht spätestens mit Ablauf der Empfangszeit auf den Käufer über. Die Empfangszeit läuft gemäß § 80 (1) zwei Wochen ab Andienung. Wie anzudienen ist, wird in § 77 bestimmt.

Schon denknotwendig kann die Gefahr eines Verlustes nur übergehen, wenn es zur maßgeblichen Zeit einen konkreten Leistungsgegenstand gab, der von einer Gefahr bedroht war. Außerdem soll die Andienung, welche die Empfangszeit in Lauf setzt, gemäß § 78 die bis dahin etwa noch gegebene Gattungsschuld auf eine bestimmte Partie konzentrieren. In diesem Sinne wird laut § 77 (4) für die Andienung vorausgesetzt, daß die Ware handelsüblich am Kai zur Verfügung liegt. Im Grundsatz erfordert diese Konzentration gemäß § 243 BGB die völlige Aussonderung der für den Käufer bestimmten Partie (9/71, JB 1972). Ist die einem Käufer angediente Menge nur ein Teil einer größeren einheitlich markierten Partie, so wäre nach diesem Grundsatz eine räumliche Trennung erforderlich. Ob eine solche Separierung dem Verkäufer zuzumuten ist, hat das Schiedsgericht 9/71 (JB 1972) unentschieden gelassen. Sie dürfte dem Verkäufer aus überwiegenden praktischen Gründen nicht zuzumuten sein, denn die räumliche Trennung der Teilpartien würde Umstände und Kosten herbeiführen, welche in keinem vernünftigen Verhältnis zu dem erstrebten Vorteil stünden. Insbesondere würde kein Käufer ernstlich benachteiligt werden. Jeder Käufer ist nämlich gemäß § 80 (1) verpflichtet, den ihm angedienten Teil der Gesamtpartie innerhalb der Empfangszeit abzunehmen. Erfüllt er diese Verpflichtung, so trifft ihn kein Risiko. – Nehmen mehrere beteiligte Käufer nicht rechtzeitig ab, so entsteht zwischen ihnen eine Gefahrengemeinschaft (so Würdinger-Röhricht in Großkommentar HGB Anm. 262 Vor § 373).

Nach der Regelung des § 76 Satz 2 vollzieht sich der Gefahrübergang bei Ablauf der Empfangszeit „über Nacht", ohne gegenwärtiges Zutun der Parteien. Wird bei späterer Abnahme eine Fehlmenge festgestellt, so läßt sich deshalb oft nicht mehr ermitteln, welche Menge bei Gefahrübergang noch vorhanden war. Es ergibt sich dann die Frage nach der Verteilung der *Beweislast*. In einem Schiedsspruch vom 14. Dezember 1971 (9/71, JB 1972) wurde dem Verkäufer die volle Beweislast auferlegt. Insbesondere zog das Schiedsgericht in Betracht, daß dem Verkäufer im Waren-Vereins-Bereich seit jeher empfohlen worden sei, nach Ablauf der Empfangszeit die für den Käufer bestimmte Ware wiegen bzw. zählen zu lassen (MGS 9 zu § 32). Dies war dem Verkäufer nach Ansicht des Schiedsgerichts auch deshalb zuzumuten, weil er die Kosten des Wiegens oder Zählens von dem Käufer wegen Verzögerung der Abnahme (§ 16) erstattet verlangen kann. In dieser Sache war durch Übersendung eines einfachen Lieferscheins angedient worden. – In einem anderen Fall (40/74, JB 1975) hatte der Verkäufer die Ware dem Käufer durch Übersendung eines Konnossements angedient. Auch in dieser Sache ging das Schiedsgericht von der Beweislast des Verkäufers aus. Es zog jedoch in Betracht, daß der Verkäufer infolge Begebung des Konnossements zu der Ware keinen Zutritt mehr hatte. Unter diesen Umständen fand das Schiedsgericht, daß der Käufer durch Verzögerung der Abnahme die Beweisführung des Verkäufers schuldhaft vereitelt habe und sich deshalb nach anerkannter Prozeßregel (Baumbach-Lauterbach, Anm. 2 zu § 444 ZPO) die Überbürdung der Last des Gegenbeweises gefallen lassen müsse. – Beiden Entscheidungen ist zuzustimmen. Es kommt also für die Beweislastverteilung darauf an, ob der Verkäufer bei Übergang der Gefahr noch dokumentarisch für den Zutritt zur lagernden Ware legitimiert war. 2

2. Schon vor Ablauf der Empfangszeit geht mit Abnahme der Ware vom Kai die Gefahr auf den Käufer über. 3

Die WVB unterscheiden zwischen Abnahme vom Kai (§ 76 Satz 2) und Fortnahme der Ware vom Kai (§ 49 Abs. 5). Die Abnahme ist die Mitwirkung des Käufers bei der Übergabe der gekauften Ware; sie ist eine vom Käufer selbst geschuldete Leistung (§ 80 Abs. 1). Keine Abnahme, sondern eben nur eine Fortnahme liegt vor, wenn der Käufer die Ware aus anderen Gründen vom Kai entfernt. Deshalb hat das Schiedsgericht (21/72, JB 1973) eine den Gefahrübergang herbeiführende Abnahme nicht angenommen, als ein Käufer von Paranüssen die Ware ohne Verwiegung aus der Schute in ein Freihafenlager verbrachte.

4 3. In der bereits angeführten Schiedsgerichtssache 21/72 (JB 1973) waren Paranüsse frei ab Schute/frei ab Freihafenlager Hamburg mit dem Zusatz „Neugewicht" verkauft worden. Das Schiedsgericht hat dort erkannt, daß auch bei solcher Bezugnahme auf ein Neugewicht nur das bei Übergang der Gefahr vorhandene Gewicht den Kaufpreis bestimme.

§ 77
Andienung

(1) Der Verkäufer hat dem Käufer die Ware durch Übersendung eines der im folgenden unter a) bis d) bezeichneten Dokumente,

a) ein abgestempeltes Konnossement,

b) einen abgestempelten Lieferschein der Reederei oder des Reedereivertreters,

c) einen Kaiteilschein mit Annahmestempel der Kaianstalt,

d) einen Lagerschein oder einen unwiderruflichen Lieferschein des Kailagerbetriebes,

und einer Rechnung anzudienen.

Wurde nicht „Kasse gegen Dokumente" oder sonstige Vorkasse vereinbart, darf der Verkäufer statt der unter a) bis d) genannten Dokumente einen nur von ihm selbst unterzeichneten Lieferschein übersenden.

(2) Ist ab Kai mit Abladeklausel verkauft, so kann der Käufer die Vorlage eines Konnossements oder einer sonstigen Urkunde, durch welche die richtige und rechtzeitige Abladung bewiesen wird, verlangen.

(3) Ist „verzollt" verkauft oder in ähnlicher Weise die Freihaltung des Käufers von Einfuhrabgaben vereinbart und befindet sich die Ware im Freihafen, so hat der Verkäufer dem Käufer zugleich eine Verzollungsaufgabe zu übersenden. In der Verzollungsaufgabe hat der Verkäufer oder ein Vorverkäufer einen Zolldeklaranten oder eine sonstige Firma zu bezeichnen und diese anzuweisen, daß sie die Verzollung besorgt und die Einfuhrabgaben bezahlt. Wird die Verzollungsaufgabe

vom Verkäufer ausgestellt, hat dieser sie mit dem Tage der Andienung zu datieren. Das Datum der Verzollungsaufgabe eines Vorverkäufers darf nicht länger als fünf Wochen zurückliegen.

(4) Der Verkäufer kann nur solche Ware andienen, die zur Zeit der Andienung handelsüblich am Kai zur Verfügung liegt.

(5) Hatte der Verkäufer unrichtige oder unvollständige Dokumente angeboten und hat der Käufer die Annahme solcher Dokumente verweigert, sind weitere Erfüllungsversuche (zweite Andienung) des Verkäufers nicht ausgeschlossen. Zweite Andienungen sind auch dann nicht ausgeschlossen, wenn ab Kai mit Abladeklausel verkauft ist.

(6) Die Andienung ist eine Hauptleistung im Sinne der §§ 17, 18.

1. Die Andienung ist ein Akt mit besonders bedeutsamen Folgen: 1

- Ist Kasse gegen Dokumente vereinbart, so muß der Käufer gegen Übersendung der Rechnung und der in Absatz 1 unter a) bis d) bezeichneten Dokumente den Kaufpreis bezahlen (§ 13).
- Durch die Andienung wird die für den Käufer lagergeldfreie Zeit begrenzt (§ 80 Abs. 2).
- Durch die Andienung wird der Kauf auf die in der Andienung bezeichnete Partie konzentriert (§ 78).
- Durch die Andienung wird die Empfangszeit in Lauf gesetzt (§ 80) und damit der Gefahrübergang vorbereitet (§ 76).
- Schließlich wird durch die Andienung eine Frist für die Mängelrüge in Lauf gesetzt (§ 83).

Wegen der Bedeutsamkeit dieser Wirkungen sind die Erfordernisse der 2
Andienung streng einzuhalten. Insbesondere hat der Verkäufer die Rechnung zwecks Andienung der Ware auch dann beizufügen, wenn nicht „Kasse gegen Dokumente" vereinbart ist, denn der Käufer braucht die Rechnung möglicherweise für die Verzollung (Ausschuß 25.5.1970). Vertragswidrige Dokumente gelten als genehmigt, wenn der Käufer sich ihrer bedient oder wenn er sie nicht form- und fristgerecht zurückweist (§ 22). In dieser Weise kann der Käufer auch bei Vereinbarung von Kasse gegen Dokumente einen eigenen Lieferschein des Verkäufers akzeptieren. Die Genehmigung (§ 22) hat rückwirkende Kraft (§ 184 BGB); das ist erheblich für den Beginn der durch die Andienung in Lauf gesetzten Fristen (§§ 80, 83).

Dokumente, welche in § 77 nicht angeführt sind, braucht der Verkäufer 3
dem Käufer nur zu übersenden, wenn dies besonders vereinbart ist. Insbesondere besteht kein Handelsbrauch des Inhalts, daß der Verkäufer dem Käufer einen Verpflichtungsschein für die Kaigebühren zu übersenden habe (Ausschuß 19.3.1973). Auch die Übersendung von Besichts- oder Nachstechscheinen kann der Käufer nicht verlangen; der Ausschuß betrachtete diese Scheine als überflüssig (4.3.1970).

4 Der Verkäufer kann die Ware dem Käufer nur durch Übersendung der vorgeschriebenen Dokumente andienen. Die Lieferung von Dokumenten braucht also nicht besonders vereinbart zu werden (Ausschuß 12. 2. 1970).

5 2. Als Abladeklausel im Sinne von § 77 (2) sind alle Vereinbarungen über die Zeit, den Ort oder die sonstigen Umstände der Abladung zu verstehen (§ 75 Abs. 2).

6 3. In § 77 (3) wird nur bestimmt, wie die bei „Verzollt"-Geschäften zu liefernde Verzollungsaufgabe beschaffen sein muß. Welche Verpflichtungen den Verkäufer treffen und welche Ansprüche der Käufer aus der Verzollungsaufgabe herleiten kann, ist in § 85 geregelt. Die Bestimmung, daß das Datum der Verzollungsaufgabe nicht länger als fünf Wochen zurückliegen darf, soll dem Käufer die Einhaltung der gemäß § 85 vorgeschriebenen Sechs-Wochen-Frist ermöglichen. Der Verkäufer ist nicht berechtigt, einseitig in der Verzollungsaufgabe oder in der Andienung zu bestimmen, daß der Käufer die Verzollung innerhalb einer kürzeren Frist zu veranlassen habe (Ausschuß 7. 1. 1970).

7 4. Liegt die in dem Andienungsschreiben bzw. in den zwecks Andienung übersandten Urkunden bezeichnete Ware nicht handelsüblich am Kai, so ist die Andienung unwirksam. Verfügbar im Sinne von § 77 (4) ist die Ware nur dann, wenn der Käufer sie alsbald identifizieren, untersuchen und abholen kann. Stimmt die Markierung einer Partie mit der im Konnossement angegebenen Markierung nicht deutlich überein und will der Kai deshalb nicht ausliefern, so liegt die Ware nicht handelsüblich am Kai zur Verfügung. Außerdem könnte das Konnossement fehlerhaft sein. Jedenfalls kann der Käufer in diesem Fall eine neue, richtige Andienung verlangen und hierfür erforderlichenfalls eine Frist gemäß § 17 setzen (10/76, JB 1976). Ein gegen den Verkäufer gerichteter Anspruch des Käufers auf Vorführung der Ware zwecks deren Identifizierung ist nicht anzuerkennen. Jedenfalls wäre eine solche Vorführung keine Hauptleistung im Sinne der §§ 17, 18 (10/76, JB 1976). – § 77 (4) gilt auch, wenn Kasse gegen Dokumente bei erster Präsentation vereinbart ist (Ausschuß 4. 3. 1970).

8 Es kann auch die Ware selbst so beschaffen sein, daß der Käufer sie nicht als Erfüllung anzunehmen braucht. In erster Linie gilt das für gattungsfremde Ware (Bem. V 2 b zu § 19). Bei Ab-Kai-Geschäften braucht auch solche Ware, die auf dem Transport beschädigt wurde und infolgedessen um mehr als 5 % in ihrem Wert gemindert wurde, nach Maßgabe von § 82 (1) nicht als Erfüllung angenommen zu werden. Manche Kaufleute bezeichnen solche Ware als „nicht andienungsfähig", aber diese Bezeichnung ist irreführend. Der Verkäufer kann auch gattungsfremde oder transportbeschädigte Ware andienen. Die Andienung verliert aber ihre Wirkung, wenn der Käufer dem Verkäufer erklärt, daß er diese Ware nicht als Erfüllung annehme oder Sortierung verlange. Diese Erklärung oder mindestens eine all-

gemeine Beanstandung der Beschaffenheit muß dem Verkäufer innerhalb der in § 83 bestimmten Frist zugehen, da andernfalls die Ware als genehmigt gilt. In diesem Sinne hat das Schiedsgericht (15/74, JB 1974) entschieden, daß der Konzentrationseffekt der Andienung (§ 78) fortfällt, wenn der Käufer die Ware zurückweist. Dementsprechend hat das Schiedsgericht die Andienung im Hinblick auf die Lagergeldlast (§ 80 Abs. 2) für wirkungslos befunden, nachdem der Käufer einen Transportschaden beanstandet hatte und der Verkäufer sich darauf zur Sortierung gemäß § 82 (1) verpflichtet hatte (40/74, JB 1975).

5. Zu dem aus dem Abladegeschäft stammenden Problem der zweiten 9
Andienung wird auf Bemerkung 1 zu § 45 verwiesen. Bei Ab-Kai-Geschäften sind zweite Andienungen ohne Ausnahmen, also auch für Gewürze, zugelassen.

6. Die Bestimmung, daß die Andienung eine Hauptleistung ist, stellt nur 10
klar, was sich ohnehin aus § 17 (1) ergibt. Außerdem erinnert diese Klarstellung daran, daß der Käufer nach Zurückweisung einer unrichtigen Andienung die Rechte aus § 17 nur unter den dort bestimmten weiteren Voraussetzungen (Fälligkeit, Nachfrist) geltend machen kann.

§ 78
Konzentration

Durch die Andienung wird der Kauf auf die darin bezeichnete Ware beschränkt. Der Verkäufer darf nur solche Ware liefern, welche der Andienung entspricht. Ist mit Abladeklausel verkauft, tritt diese Beschränkung auch durch Absendung der Verschiffungsanzeige ein.

1. Die Konzentration setzt eine wirksame Andienung voraus. Was zur 1
wirksamen Andienung gehört, ist in § 77 bestimmt und in den Bemerkungen zu § 77 erörtert. Hiernach kann die Konzentration auch eintreten, wenn eine gattungsfremde Ware angeboten wird. Die Festlegung des Verkäufers auf eine gattungsfremde Ware gilt aber als nicht erfolgt, wenn der Käufer die Ware mit dem Verlangen nach Ersatzlieferung zurückweist (§ 19 Abs. 5) und sich nicht auf die Erhebung von Gewährleistungsansprüchen aus § 19 Absatz 2 und 3 beschränkt (15/74, JB 1974). Hatte die in der Andienung bezeichnete Ware bei Zugang der Andienung überhaupt nicht – oder nicht handelsüblich – am Kai zur Verfügung gelegen, so ist die Andienung gemäß § 77 (4) unwirksam, so daß eine Konzentration nicht eingetreten ist. Deshalb hat der Käufer keinen Anspruch auf Lieferung einer gemäß Konnossement markierten Partie, wenn eine so markierte Partie am Kai nicht zur Verfügung lag (10/76, JB 1976).

2 2. Hatte die in der Andienung bezeichnete Partie zur Zeit der Andienung am Kai gelegen und ist sie nachträglich nicht mehr aufzufinden, so hat der Käufer gemäß § 17 Absatz 2 und 3 vorzugehen, also eine Frist zur Wiederbereitstellung der in der Andienung bezeichneten Ware zu setzen. Schafft der Verkäufer Ware herbei, muß er die Identität mit der angedienten – vielleicht versehentlich vom Kai entfernten – Ware nachweisen.

§ 79
Begriff des Kais

(1) Der Verkäufer darf die Ware von jedem Kai des vereinbarten Hafenplatzes andienen.

(2) Ist ab Kai Hamburg verkauft, darf der Verkäufer die Ware von jedem im Gebiet des Hamburger Hafens (§ 1 des Hamburgischen Hafengesetzes vom 21. 12. 1954) belegenen Kai andienen. Ein solcher Kai braucht nicht das Anlegen von Seeschiffen zu ermöglichen. Er muß jedoch mit Belade- und Entladeeinrichtungen für Wasser- und Landfahrzeuge, mit Straßenanschluß, mit einer festumschlossenen Lagerhalle und mit einer Wiegeeinrichtung versehen sein.

§ 79 (2) ist eine einschränkend zu interpretierende Sonderbestimmung für den Fall, daß ab Kai *Hamburg* verkauft wurde. Von einer Detailregelung für andere Hafenplätze wurde abgesehen, weil die Verhältnisse in anderen Häfen möglicherweise verschieden liegen und jedenfalls dem Ausschuß nicht ausreichend bekannt waren (Ausschuß 25. 5. 1970). Es gilt auch nicht der Umkehrschluß, daß der Kai an anderen Hafenplätzen das Anlegen von Seeschiffen ermöglichen müsse (Ausschuß 25. 5. 1970). Ein Kai im Hamburger Hafen braucht nicht insgesamt überdacht und sturmflutsicher zu sein (Ausschuß 15. 12. 1969).

§ 80
Empfangszeit

(1) Der Käufer hat die Ware innerhalb von zwei Wochen nach der Andienung abzunehmen (Empfangszeit). Die Abnahme ist eine Hauptleistung im Sinne der §§ 17, 18.

(2) Bis zum Ablauf des dritten Geschäftstages nach der Andienung lagert die Ware auf Kosten des Verkäufers; ist Kasse gegen Dokumente vereinbart, so läuft diese Frist bis zum vierten Geschäftstag nach der Andienung. Nach Ablauf dieser Frist lagert die Ware auf Kosten des Käufers; ist ab Kai Hamburg verkauft, hat der Verkäufer den Käufer so

zu stellen, daß dieser für die Dauer von zwei Wochen nach Ablauf der Frist nur das einfache Lagergeld (§ 4 Abs. 1 des Hamburger Kaitarifs) zu tragen hat.

1. Die Empfangszeit wird nur durch eine wirksame Andienung in Lauf gesetzt. Was zur wirksamen Andienung gehört, ist in § 77 bestimmt und in den Bemerkungen zu § 77 erörtert. Spätestens mit Ablauf der Empfangszeit geht die Gefahr auf den Käufer über (§ 76). Sind Paranüsse „frei ab Schute" verkauft, so hat die Schute die Funktion des Kais. Die Klausel „frei ab Schute" ist in diesem Geschäftsbereich deshalb der Klausel „frei ab Kai" sinngemäß gleichzustellen. Auf ein mit dieser Klausel über Paranüsse abgeschlossenes Geschäft sind auch sonst die Regeln des Ab-Kai-Geschäfts anzuwenden. Auch bei der Andienung ab Schute läuft also eine Empfangszeit von zwei Wochen mit den in §§ 76, 80 bestimmten Folgen (21/72, JB 1973). 1

2. Auch die lagergeldfreie Zeit wird nur durch eine wirksame Andienung in Lauf gesetzt. Unter diesem Gesichtspunkt ist deshalb ebenfalls auf § 77 und auf die dortigen Bemerkungen zu verweisen. Die in Bemerkung 1 zu § 77 angeführte Genehmigung eines vertragswidrigen Dokuments hat rückwirkend zur Folge, daß die lagergeldfreie Zeit beginnt (20/71, JB 1972). Dementsprechend wird die Inlaufsetzung der lagergeldfreien Zeit rückwirkend außer Kraft gesetzt, wenn der Verkäufer sich zur Sortierung verpflichtet (§ 82) oder wenn der Käufer eine wegen vertragswidriger Beschaffenheit nicht andienbare Partie rechtzeitig zurückweist (40/74, JB 1975). Die in § 80 (2) bestimmte Verteilung der Kailagergeldlast gilt nach Handelsbrauch auch für eine „fob aus eingetroffenem Schiff" verkaufte Ware (6/71, JB 1972). 2

Im allgemeinen dauert die lagergeldfreie Zeit bis zum Ablauf des dritten Geschäftstages nach der Andienung. Der Tag der Andienung wird entsprechend § 4 (1) nicht mitgerechnet. Wird an einem Nicht-Geschäftstag oder nach 16 Uhr eines Geschäftstages angedient, so gilt die Andienung erst am nächsten Geschäftstag als bewirkt (§ 4 Abs. 1 Satz 4). Ist Kasse gegen Dokumente vereinbart, so gilt die verlängerte Frist von insgesamt vier Geschäftstagen, weil der Käufer dann die Dokumente zu treuen Händen entgegennehmen muß (§ 13 Abs. 2) und über die Dokumente bis zur Bezahlung des Kaufpreises nicht verfügen darf. Dadurch verzögern sich unter Umständen auch seine Dispositionen über die Ware um einen Geschäftstag, welcher üblicherweise hingeht, bis der Kaufpreis bezahlt wird. 3

Die sich aus § 80 (2) Satz 1 und 2 Halbsatz 1 ergebenden Ansprüche der Parteien dürfen nicht zu einer Bereicherung des Gläubigers führen. Soweit gemäß § 80 (2) Satz 1 die Ware auf Kosten des Verkäufers lagert, bedeutet dies, daß der Verkäufer den Käufer von Kosten freizuhalten hat. Kosten sind nach allgemeinem Sprachgebrauch nur tatsächliche Aufwendungen. § 80 (2) begründet also zwischen den Kaufvertragsparteien keinen An- 4 spruch auf Zahlung tarifmäßiger Lagergelder, wenn die fordernde Partei mit dem Kaiunternehmen eine besondere Vereinbarung getroffen hat, nach welcher sie nicht das volle tarifmäßige Entgelt zu bezahlen braucht. Wer also aufgrund von § 80 (2) einen Lagergeldausgleich fordert, muß darlegen und erforderlichenfalls beweisen, wieviel Lagergeld er tatsächlich bezahlen mußte und bezahlt hat. § 80 (2) begründet hiernach keinen Anspruch auf Zahlung hypothetischer Lagergelder (40/74, JB 1975).

§ 81
Kaigebühren

Die Umschlagsgebühr (§ 2 des Hamburger Kaitarifs) oder entsprechende Gebühren in anderen Häfen werden vom Verkäufer und vom Käufer je zur Hälfte getragen. Die Wiegegebühr (§ 5 des Hamburger Kaitarifs) oder entsprechende Gebühren in anderen Häfen trägt der Verkäufer. Veranlaßt der Käufer, daß die Ware abweichend von der am Kai üblichen Art verwogen wird, gehen die dadurch entstehenden Mehrkosten zu seinen Lasten.

1 1. Die Klausel „frei ab Kai" bedeutet, daß der Verkäufer alle Kaiumschlagsgebühren und auch die Kosten des Wiegens und Zählens zu tragen hat (Ausschuß 15. 12. 1969). Es kommt vor, daß der Verkäufer unter dieser Klausel einen „Kaiverpflichtungsschein" ausstellt, worin er sich zur Zahlung von Lagergeld, Umschlagsgebühren sowie der Kosten für Wiegen, Zählen und Sortieren verpflichtet, und diesen Schein dem Käufer mit den Dokumenten übersendet. Es besteht aber kein Handelsbrauch des Inhalts, daß der Verkäufer dem Käufer einen solchen Verpflichtungsschein mit den Dokumenten zu übersenden habe (Ausschuß 19. 3. 1973). Abweichend von § 19 (5) der Platzusancen bedeutet die Klausel „frei ab Kai/Lager Hamburg" nach Waren-Vereins-Usancen, daß der Käufer auch die Kosten des Absetzens vom Kai nicht zu bezahlen braucht (24/69, JB 1970).

2 2. Üblicherweise berechnen die Hamburger Kaiunternehmen neben dem Kaiumschlagsentgelt ein Umsetzentgelt und ein Entgelt für das Absetzen, wenn sie mit dem Empfänger einen Lagervertrag zu niedrigem Monatslagergeld abgeschlossen haben. Diese Entgelte kann der Käufer von dem Verkäufer auch dann nicht erstattet verlangen, wenn er „frei ab Kai" gekauft hatte, denn nach dieser Klausel hat der Verkäufer dem Käufer nur die Möglichkeit zu beschaffen, daß dieser die angediente Partie innerhalb der Empfangszeit frei von Kosten abholt. Macht der Käufer von dieser Möglichkeit keinen Gebrauch, sondern beläßt er die Partie dem Kaiunternehmen zwecks längerer Lagerung zum Monatslagergeld, so gehen den Verkäufer die hierdurch entstehenden Kosten nichts mehr an. Wer frei ab

Kai gekauft hat, kann die durch den Abschluß eines Lagervertrages zu niedrigem Monatslagergeld geschuldeten Entgelte für das Aufnehmen und das Absetzen von dem Verkäufer auch dann nicht erstattet verlangen, wenn der Verkäufer dem Kaiunternehmen aufgrund besonderer Vereinbarung keine Umschlagsgebühren zu zahlen brauchte (24/69, JB 1970).

§ 82
Transportschäden

(1) Ware, die auf dem Transport beschädigt wurde und infolgedessen um mehr als 5 % in ihrem Wert gemindert wurde, braucht der Käufer nicht als Erfüllung anzunehmen, wenn der Verkäufer diese Beschädigung bei ordnungsmäßiger Untersuchung erkennen konnte. Wurde eine Partie teilweise auf dem Transport beschädigt, so muß der Käufer den unbeschädigten Teil als Erfüllung annehmen, wenn der Verkäufer ihn bei der Andienung auf die Beschädigung hingewiesen hatte. Hat der Verkäufer diesen Hinweis unterlassen, kann der Käufer die gesamte Partie zurückweisen und Erfüllung dergestalt verlangen, daß der Verkäufer ihm den nicht beschädigten Teil sortiert andient. Nach seiner Wahl kann der Käufer die Ware auch als Erfüllung annehmen und Vergütung ihres Minderwerts verlangen.

(2) Ist die Ware durch die auf dem Transport erlittene Beschädigung um nicht mehr als 5 % in ihrem Wert gemindert, kann der Käufer eine Vergütung des Minderwerts verlangen.

(3) In beiden Fällen kann der Käufer nach seiner Wahl die beschädigte Ware gegen Zahlung des vollen Kaufpreises als Erfüllung annehmen und zugleich verlangen, daß der Verkäufer ihm die Ansprüche gegen den Transportversicherer abtritt und ihm den Versicherungsschein überläßt.

§ 82 betrifft alle Geschäfte ab Kai, auch solche mit Abladeklausel (Ausschuß 25. 5. 1970). § 82 ist auch anzuwenden, wenn durch Beschädigung auf dem Transport eine Fehlmenge entsteht, z. B. wenn Schalenobst durch Beschädigung von Säcken verlorengeht (Vorstand der Fachgruppe für getrocknete Früchte und Schalenobst 27. 2. 1974). Im einzelnen gilt folgendes: **1**

1. § 82 (1) betrifft Ware, deren Wert infolge eines Transportschadens um mehr als 5 % gemindert wurde. § 82 (1) ist die Kodifikation einer ziemlich verwickelten Usance (MGS 5 zu § 20). In allen Fällen kann der Käufer die beschädigte Ware als Erfüllung annehmen und Vergütung des Minderwerts verlangen. Nach seiner Wahl kann der Käufer statt dessen unter Umständen andere Ansprüche erheben. Insoweit sind die folgenden Fälle zu unterscheiden: **2**

3 **a)** Der Verkäufer konnte die Beschädigung bei ordnungsmäßiger Untersuchung erkennen:

aa) Die Partie ist nur teilweise auf dem Transport beschädigt worden, d. h. eine nicht ganz geringfügige Anzahl von Stücken ist unbeschädigt, so daß eine Sortierung sich lohnt. Dann ist abermals zu unterscheiden:

aaa) Der Verkäufer hat den Käufer bei der Andienung auf den Transportschaden hingewiesen: Dann muß der Käufer den unbeschädigten Teil als Erfüllung annehmen (Satz 2). Den beschädigten Teil braucht er nicht als Erfüllung anzunehmen (Umkehrschluß aus Satz 2). Der Käufer darf und muß die Partie sortieren lassen (Umkehrschluß aus Satz 3). Die Kosten der Sortierung trägt dann der Verkäufer, welcher an sich unbeschädigte Ware liefern muß, und durch seinen Hinweis den Käufer mit der Besorgung eines Geschäfts beauftragt, welches eigentlich seine (des Verkäufers) Angelegenheit ist. Für den beschädigten Teil kann der Käufer Ersatzlieferung verlangen. Dieses Verlangen ist an keine Frist gebunden, da der Verkäufer diesen Anspruch dem Grunde nach schon durch den Hinweis auf den Transportschaden anerkannt hat.

bbb) Der Verkäufer hat den Käufer bei der Andienung nicht auf den Transportschaden hingewiesen: Dann kann der Käufer die gesamte Partie zurückweisen und Erfüllung dergestalt verlangen, daß der Verkäufer ihm den nicht beschädigten Teil sortiert andient. Die Sortierung ist wesentlicher Teil der Lieferung und damit eine Hauptleistung im Sinne der §§ 17, 18 (14/71, JB 1972).

bb) Die gesamte Partie ist auf dem Transport beschädigt worden, d. h. eine ganz geringfügige Anzahl von Stücken ist unbeschädigt geblieben. Dann kann der Käufer die gesamte Partie zurückweisen und Ersatzlieferung verlangen, soweit aus der Gattung noch etwas am Markt zu haben ist. War mit Abladeklausel verkauft worden und hatte der Verkäufer die Verschiffung angezeigt, so beschränkt sich der Kauf und damit auch der Anspruch auf Ersatzlieferung auf solche Ware, die mit dem deklarierten Schiff angekommen ist.

4 **b)** Der Verkäufer konnte die Beschädigung bei ordnungsmäßiger Untersuchung nicht erkennen: Dann ist der Transportschaden wie jeder sonstige Mangel der Ware zu behandeln. Dem Käufer stehen also die Rechte aus § 19 (2) und gegebenenfalls daneben die Rechte aus § 19 (3) zu.

5 2. § 82 (2) betrifft Ware, deren Wert durch den Transportschaden um nicht mehr als 5 % gemindert worden ist. Ist durch die Beschädigung eine vertragswidrige Beschaffenheit eingetreten, so kann der Käufer eine Vergütung des Minderwerts verlangen. Dem Käufer steht also in diesem Fall nur der reguläre Anspruch aus § 19 (2) zu. Ist infolge der Beschädigung ein Untergewicht eingetreten, z. B. ein Verlust von Schalenobst durch Beschädi-

gung der Säcke, so gilt die allgemeine Fehlmengenregelung entsprechend den Bemerkungen zu § 21.

3. Unabhängig vom Umfang der Beschädigung und von der Höhe des **6**
Minderwerts kann der Käufer gemäß § 82 (3) nach seiner Wahl die beschädigte Ware gegen Zahlung des vollen Kaufpreises als Erfüllung annehmen und zugleich verlangen, daß der Verkäufer ihm die Ansprüche gegen den Transportversicherer abtritt und ihm den Versicherungsschein überläßt. Wählt der Käufer diesen Anspruch, so entfallen die sich aus den Absätzen 1 und 2 ergebenden Rechte.

§ 83
Vertragswidrige Ware. Obliegenheiten des Käufers

(1) Der Käufer hat die Ware am Kai zu untersuchen, soweit dies nach ordnungsmäßigem Geschäftsgang tunlich ist. Zeigt sich eine vertragswidrige Beschaffenheit, so hat der Käufer dem Verkäufer binnen dreier Geschäftstage nach der Andienung anzuzeigen, daß die Ware nicht vertragsgemäß ausgefallen ist. Eine längere Frist gilt auch dann nicht, wenn mit der Klausel „Kasse gegen Dokumente" verkauft ist. Bei Gewürzen beträgt die Rügefrist sieben Geschäftstage.

(2) Unterläßt der Käufer die rechtzeitige Anzeige, so gilt die Ware als genehmigt, es sei denn, daß die vertragswidrige Beschaffenheit bei ordnungsmäßiger Untersuchung nicht erkennbar war.

(3) Wird der Käufer an der Untersuchung der Ware oder der Abgabe der Erklärung durch höhere Gewalt oder durch von dem Verkäufer zu vertretende Umstände gehindert, so hat er dieses dem Verkäufer unverzüglich anzuzeigen. Der Lauf der in Absatz 1 bestimmten Frist beginnt in solchem Fall, wenn der Verkäufer dem Käufer anzeigt, daß das Hindernis beseitigt sei.

1. Vorschriften für die Mängelrüge und die sonstigen Obliegenheiten **1**
des Käufers, von deren Erfüllung dessen Ansprüche wegen Lieferung vertragswidriger Waren abhängen, sind für die geschäftliche Praxis besonders wichtig. Um deshalb diese Vorschriften für den Praktiker auf den ersten Blick überschaubar zu machen, haben die Verfasser der WVB 1971 in § 83 einige einschlägige Bestimmungen des Allgemeinen Teils (§ 20) wiederholt. Insoweit wird auf die dortigen Bemerkungen verwiesen.

2. Für das Ab-Kai-Geschäft gelten gemäß § 83 die folgenden besonde- **2**
ren Regeln:

a) Es gilt eine festbestimmte Rügefrist von drei Geschäftstagen, und diese Frist wird nicht erst durch die Ablieferung, sondern schon durch die Andienung in Lauf gesetzt. Sie beginnt mit dem ersten Geschäftstag nach der Andienung (§ 4 Abs. 1 Satz 3). Wurde an einem Nicht-Geschäftstag oder nach 16 Uhr eines Geschäftstages angedient, so gilt die Andienung erst am nächsten Tage als erfolgt (§ 4 Abs. 1 Satz 4). – Nach § 3 (2) WVB 1955 lief die Rügefrist nur „bis zur Börse" des auf die Andienung folgenden Werktages. Die durch § 83 WVB 1971 getroffene Regelung erleichtert also die Untersuchungs- und Rügelast des Käufers beträchtlich.

3 b) Die gesamte Vorschrift des § 83 (1) gilt nur, soweit die Untersuchung am Kai bei ordnungsmäßigem Geschäftsgang tunlich ist. Die Untersuchung am Kai ist untunlich, wenn sie aus besonderen Gründen dem Käufer nicht zuzumuten ist.

Ist ab Kai Hamburg verkauft worden, so kann die Untersuchung am Kai für Firmen, die nicht in Hamburg niedergelassen sind, eine unzumutbare Last darstellen. In diesem Sinne galt gemäß § 3 (9) WVB 1955 zugunsten außerhamburgischer Firmen, die ab Kai Hamburg gekauft hatten und die Ware dort selbst abholen ließen, eine ziemlich umständliche Regelung: Der Käufer brauchte die Ware erst bei der Abnahme vom Kai zu untersuchen und danach unverzüglich etwaige Mängel zu rügen. Auch dies sollte nur gelten, falls der Verkäufer den Käufer auf diese „Verpflichtungen" durch besondere schriftliche Mitteilung oder durch einen auf der Vorderseite der Verkaufsbestätigung enthaltenen deutlich sichtbaren Vermerk hingewiesen hatte. Andernfalls sollten die Gewährleistungsansprüche des Käufers gewahrt bleiben, wenn er die Ware nach deren Eintreffen am Bestimmungsort unverzüglich untersuchte und etwaige Mängel unverzüglich rügte. Falls der Verkäufer die Versendung besorgte, brauchte anscheinend der Käufer die Ware auch erst nach deren Eintreffen am Bestimmungsort zu untersuchen. Diese verwickelte Bestimmung ist in die WVB 1971 laut Rundschreiben Nr. 12/72 vom 10. 2. 1972 aus folgenden Gründen nicht übernommen worden:

- Die Bevorzugung von Firmen, die außerhalb Hamburgs niedergelassen sind, hat ihre Berechtigung weitgehend verloren, nachdem viele bedeutende Unternehmen des Binnenlandes sich am Importgeschäft einschließlich des Ab-Kai- und Ab-Lager-Geschäfts beteiligen.
- Die Bestimmung in § 3 Abs. 9 hatte früher eine größere Berechtigung, weil die Rügefristen viel kürzer waren; die ab Kai gekaufte Ware mußte schon bis zur Börse des auf die Andienung folgenden Werktages gerügt werden.
- Außerdem schien es nicht angebracht, die Länge der Rügefrist von der Einhaltung mehr oder weniger äußerlicher Formvorschriften (Hinweis auf der Vorderseite der Verkaufsbestätigung etc.) abhängig zu machen. Angebrachter erschien eine elastische Rahmenvorschrift, welche an bestehende und erprobte gesetzliche Bestimmungen anknüpft und eine ge-

rechte Beurteilung unter Berücksichtigung aller Umstände des Falles und der allgemeinen Entwicklung ermöglicht.

Soweit unter diesen Gesichtspunkten beim Verkauf ab Kai Hamburg außerhamburgischen Käufern, insbesondere kleineren Unternehmungen, die in Hamburg keine Niederlassung unterhalten, eine Untersuchung am Kai nicht zuzumuten ist, richten sich deren Obliegenheiten nach § 20 WVB. Dort wird bestimmt, daß der Käufer die Ware unverzüglich nach der Ablieferung zu untersuchen habe, soweit dies nach ordnungsmäßigem Geschäftsgang tunlich ist. Bei Geschäften ab Kai hat der Käufer die Ware am Kai abzuholen. Dort erhält er die tatsächliche Verfügungsmacht. Auch die Ablieferung findet also am Kai statt. Wenn aber davon auszugehen ist, daß bestimmten Käufern die Untersuchung am Kai unter Berücksichtigung aller Umstände nicht zuzumuten ist, handeln diese Käufer im Sinne von § 20 (1) auch dann unverzüglich, wenn sie die Ware bei der Ankunft am Bestimmungsort untersuchen (ebenso: Rundschreiben Nr. 12/72 vom 10. 2. 1972).

c) In § 83 (1) Satz 3 wird ausdrücklich bestimmt, daß eine längere Rüge- **4**
frist als drei Geschäftstage auch dann nicht gelte, wenn mit der Klausel „Kasse gegen Dokumente" verkauft ist. Diese Klarstellung erschien deshalb geboten, weil der Käufer unter der Klausel „Kasse gegen Dokumente" auf Wunsch des Verkäufers die Dokumente zu treuen Händen entgegennehmen muß (§ 13 Abs. 2) und sie vor Bezahlung des Kaufpreises nicht zur Untersuchung der Ware benutzen darf (Bem. III 3 zu § 14). Ohne die in Absatz 1 Satz 3 gegebene Klarstellung hätte aus § 80 (2) Satz 1 Halbsatz 2 der Analogieschluß gezogen werden können, daß bei Kasse gegen Dokumente sich auch die Rügefrist um einen Geschäftstag verlängere. Absatz 1 Satz 3 sollte erst recht klarstellen, daß die für Gewürze bestehende Rügefrist von sieben Geschäftstagen sich nicht verlängert, wenn mit der Klausel „Kasse gegen Dokumente" verkauft worden ist.

d) § 83 (3) ist aus einer Regel, die sich laut § 49 (2) für das Abladege- **5**
schäft entwickelt hatte, nachgebildet worden. Auf Bemerkung 2 b zu § 49 wird verwiesen.

§ 84
Untergewichte und sonstige Fehlmengen

(1) Die vom Käufer erteilte Empfangsbescheinigung beweist unwiderleglich die Auslieferung der darin bezeichneten Mengen. Diese Vorschrift gilt nicht für Gewürze.

(2) Ein Untergewicht kann der Käufer nur durch Vorlage einer vom Kai gelieferten Gewichtsliste beweisen.

Die zur Feststellung von Fehlmengen laut § 84 geltenden Beweisregeln sind für die Ordnung des Handelsverkehrs von so hohem grundsätzlichen Wert, daß der Käufer sie auch in Bagatellfällen ohne Rücksicht auf die Kosten einzuhalten hat, wenn er seine Rechte auf Rückvergütung oder Minderung des Kaufpreises nicht verlieren will (7/76, JB 1976). Insbesondere halten die Kaufleute im Sinne des § 84 (1) eine strenge Bindung des Käufers an die von ihm ausgestellte Quittung für angebracht (Ausschuß 25. 5. 1970). Auch wenn eine Quittung nachweislich über eine zu hohe Menge ausgestellt ist, wird deshalb in einer Berufung des Verkäufers auf die Beweisregel des § 84 (1) nur unter sehr gewichtigen Umständen eine unzulässige Rechtsausübung (Rechtsmißbrauch) zu erblicken sein.

§ 85
„Verzollt"

(1) Wird „verzollt" oder mit ähnlicher Klausel verkauft, so hat der Verkäufer sämtliche Einfuhrabgaben zu tragen, wenn der Käufer oder ein Nachkäufer die in der Verzollungsaufgabe bezeichnete Firma innerhalb von sechs Wochen ab Datum der Verzollungsaufgabe um Verzollung ersucht hat. Wird diese Frist nicht eingehalten, so braucht der Verkäufer nur die Einfuhrabgaben zu tragen, die er zu tragen gehabt hätte, wenn die Ware am letzten Tage der Sechs-Wochen-Frist verzollt worden wäre. § 11 Abs. 2 ist mit der Maßgabe anzuwenden, daß die dort unter Nummer 1 bestimmte Zeit nicht vor Ablauf der in Satz 1 bezeichneten Sechs-Wochen-Frist endet.

(2) Der Verkäufer hat dafür einzustehen, daß eine Einfuhrlizenz, deren Notwendigkeit bei Vertragsabschluß bekannt war, während der in Absatz 1 bezeichneten Sechs-Wochen-Frist besteht. Der Verkäufer ist ferner verpflichtet, die für die Verzollung entstehenden Kosten zu tragen. Wird die von ihm verkaufte Menge nicht im ganzen verzollt, so hat er nur die Kosten bis zur dritten Zollabfertigung zu tragen.

(3) Derjenige Nachkäufer, welcher sich durch den Besitz der Verzollungsaufgabe des Verkäufers legitimiert, erwirbt unmittelbar das Recht, von dem Verkäufer die in Absatz 1 und Absatz 2 bezeichneten Leistungen zu fordern. Die Vertragschließenden sind nicht befugt, das Recht des Nachkäufers ohne dessen Zustimmung aufzuheben oder zu ändern.

1 1. Ist verzollt verkauft oder in ähnlicher Weise die Freihaltung des Käufers von Einfuhrabgaben vereinbart und befindet sich die Ware im Freihafen, so gehört die in § 85 angeführte Verzollungsaufgabe gemäß § 77 (3) zu

den Dokumenten, welche der Verkäufer dem Käufer zwecks Andienung der Ware zu übersenden hat. In § 77 (3) ist auch der notwendige Inhalt der Verzollungsaufgabe bezeichnet.

2. Die Verpflichtung des Verkäufers zur Bezahlung der vollen Einfuhr- 2
abgaben wird in § 85 (1) Satz 1 auf eine Frist von sechs Wochen ab Datum der Verzollungsaufgabe beschränkt. Diese Beschränkung kann sich laut § 77 (3) auch auf die von einem Vorverkäufer ausgestellte Verzollungsaufgabe beziehen. Der Ausschuß hat dabei in Kauf genommen, daß durch diese Rückbeziehung auf ein früheres Geschäft die rechtliche Gestaltung der anschließenden Kettengeschäfte kompliziert wird und insbesondere die Verzollungsfrist für die letzten Käufer erheblich verkürzt werden kann. Dem Ausschuß erschien jedoch die Wahrung der Interessen des mit dem Zollrisiko belasteten Importeurs, also dem ersten in der Kette stehenden Verkäufer, wichtiger als die Förderung des Zweithandels (Ausschuß 7. 1. 1970). Damit aber auch dem letzten Käufer noch eine als ausreichend angesehene Frist von mindestens einer Woche für das Ersuchen um Verzollung verbleibt, ist in § 77 (3) bestimmt, daß zur Zeit der Andienung das Datum der Verzollungsaufgabe eines Vorverkäufers nicht länger als fünf Wochen zurückliegen darf. Im einzelnen hat der Ausschuß erwogen, daß dem ersten Verkäufer durch eine Verzögerung der Verzollung die folgenden Nachteile entstehen können:

- Gemäß Artikel 1 und 5 der EWG-Zollwertverordnung (ZWVO) richtet sich der Zollwert grundsätzlich nach dem „Normalpreis“; das ist bei der Abfertigung zum freien Verkehr der Marktpreis an dem Tage, an welchem der Zollantrag gestellt wird. Gemäß Artikel 9 und 10 ZWVO kann jedoch anstelle des Normalpreises ein Vertragspreis zugrunde gelegt werden, der innerhalb bestimmter Zeit (zeitliche Toleranz) vor Stellung des Zollantrages liegt. Durch Verzögerung des Zollantrages kann also dem ersten Verkäufer die Möglichkeit genommen werden, sich auf einen niedrigeren Kontraktpreis zu berufen.
- Soll zum Normalpreis verzollt werden, so besteht die Gefahr, daß der Marktpreis bis zur Stellung des Zollantrages steigen kann.
- Auch Änderungen des Zolltarifs sind zu bedenken.

Bei Änderungen des Zolltarifs ist § 11 (2) zu beachten. Die dortige Gleit- 3
klausel ist mit der in § 85 (1) Satz 3 bestimmten Maßgabe anzuwenden. Notwendigkeit und Sinn des § 85 (1) Satz 3 wird durch folgendes **Beispiel** verdeutlicht:

Durch Vertrag vom 15. Juni wird ab Kai Hamburg verzollt zur Lieferung im September verkauft. Im August wird eine Rechtsnorm verkündet, durch welche der Zoll mit der Wirkung vom 1. Oktober erhöht wird. Am 20. September übergibt der Verkäufer dem Käufer die Dokumente für eine Partie, die im Freihafen liegt, und zwar unter Beifügung einer vom 10. September datierten Verzollungsaufgabe. Am 10.

Oktober meldet der Käufer sich bei dem zuständigen Zolldeklaranten und verlangt die Verzollung.

Gäbe es nur die allgemeine Gleitklausel des § 11 (2), so müßte der Verkäufer den erhöhten Zoll voll bezahlen, denn der Zoll wurde nicht „für die vereinbarte Lieferzeit" geändert, und die Sechs-Wochen-Frist für die Verzollung (§ 85 Abs. 1 Satz 1) hat der Käufer eingehalten. Durch die Angleichungsvorschrift des § 85 Abs. 1 Satz 3 wird bestimmt, daß die Lieferzeit im Sinne von § 11 Abs. 2 Nr. 1 nicht vor dem 22. Oktober (sechs Wochen nach dem 10. September) endet, und daraus folgt, daß der Verkäufer die Zollerhöhung auf den Käufer abwälzen kann.

4 3. Für jede Zollabfertigung entstehen nach der Zollkostenverordnung besondere Kosten. Durch mehrere Teilabfertigungen entstehen dem Verkäufer mithin höhere Kosten als durch die einmalige Abfertigung der Gesamtmenge. Um die Kosten nicht maßlos steigen zu lassen, wird in § 85 (2) bestimmt, daß der Verkäufer nur die Kosten bis zur dritten Zollabfertigung zu tragen braucht.

5 4. Durch § 85 (3) wird ein Vertrag zugunsten eines Dritten geschlossen. Der doppelte Grund für die Ausbedingung eines unmittelbaren Rechts des letzten Käufers gegen den ersten Verkäufer liegt darin, daß einerseits der erste Verkäufer den Gegenwert der Einfuhrabgaben in der Regel schon gegen Lieferung der Verzollungsaufgabe erhält (Ausschuß 7. 1. 1970) und andererseits ein Nachkäufer nicht durch die Zahlungseinstellung eines Zwischenverkäufers geschädigt werden soll.

6 5. Dem Importeur, welcher ab Kai verzollt gekauft hat, muß die Möglichkeit verbleiben, die Ware im Transithandel weiterzuverkaufen. In diesem Fall wäre es unbillig, wenn man dem Verkäufer den ersparten Einfuhrabgabenbetrag beließe. Andererseits kann dem Verkäufer nicht zugemutet werden, daß er durch eine solche Änderung der Dispositionen des Käufers Nachteile erleidet, z. B. wenn er selbst verzollt gekauft hat und möglicherweise sein Verkäufer den bereits kassierten Zoll- und Steuerbetrag nicht zurückgeben will oder kann. In einem solchen Fall ist daher der Verkäufer, der den vollen Kaufpreis bereits erhalten hat, nur verpflichtet, seine Ansprüche gegen seinen Vormann an den Käufer abzutreten (13/56; MGS 4 zu § 13).

§ 86
Ab-Kai-Geschäfte mit Abladeklausel

Ist ab Kai mit Abladeklausel verkauft, so gelten zusätzlich die Bestimmungen der §§ 44, 45. Der Verkäufer wird von der Lieferungsverpflichtung frei, wenn die Ware nach Absendung der Verschiffungsanzeige untergeht; der Verkäufer kann dann den Kaufpreis nicht beanspruchen, aber der Käufer kann nach seiner Wahl verlangen, daß der Verkäufer ihm gegen Zahlung des vollen Kaufpreises die Ansprüche ge-

gen den Transportversicherer abtritt und ihm den Versicherungsschein überläßt.

1. Der Begriff der Abladeklausel ist in § 75 (2) bestimmt: So heißen alle Vereinbarungen über die Zeit, den Ort oder die sonstigen Umstände der Abladung. 1

2. Wird ein Ab-Kai-Geschäft mit Abladeklausel geschlossen, so gelten gemäß § 86 Satz 1 zusätzlich die Bestimmungen der §§ 44, 45 über vertragswidrige Abladung, vertragswidrige Beförderung und vertragswidrige Dokumente. Subsidiär gelten gemäß § 32 (2) auch die übrigen Regeln des Abladegeschäfts. Ist ein Ab-Kai-Geschäft mit einer Abladeklausel kombiniert, so ist deshalb der Verkäufer auch zur Verschiffungsanzeige (§ 41) verpflichtet (32/74, JB 1975). Den Vorrang haben insoweit jedoch die Regeln des Ab-Kai-Geschäfts; das ist ausdrücklich in § 32 (2) bestimmt. 2

3. Wird für ein mit Abladeklausel geschlossenes Ab-Kai-Geschäft eine Verladeanzeige erstattet, so hat sie die in § 41 (3) bestimmte Konzentrationswirkung. Auch das folgt aus § 32 (2) WVB, denn die vorrangig geltenden §§ 75 bis 94 enthalten keine abweichende Regelung (10/74, JB 1974). 3

§ 87
Lieferfrist

(1) Die Vereinbarung einer Lieferfrist macht den Kauf im Zweifel nicht zu einem Fix-Geschäft. Wird die Lieferfrist mit dem Zusatz „ohne Nachfrist" vereinbart, ist im Zweifel ein Fix-Geschäft anzunehmen.

(2) Die Vereinbarung einer Lieferfrist bedeutet nicht, daß nur solche Ware geliefert werden dürfe, die innerhalb der Lieferfrist auf den Kai gelangt war.

1. Ist hiernach die Vereinbarung einer Lieferfrist ausnahmsweise als Fixgeschäft anzusehen und liefert der Verkäufer nicht fristgemäß, so stehen dem Käufer die in § 17 bestimmten Ansprüche zu, ohne daß er dem Verkäufer eine Nachfrist setzen müßte. Es steht im Belieben des Verkäufers, wann er die Ware dem Käufer innerhalb der vereinbarten Lieferfrist andient. Ist also „Oktober/15. November 1976" als Lieferzeit vereinbart, so muß der Verkäufer bis zum 15. November, 16 Uhr, andienen. Vorher ist die Lieferung nicht fällig, und eine am 15. November, 15.02 Uhr, gemäß § 17 Absatz 2 und 3 bestimmte Frist ist daher wirkungslos (53/76, JB 1977). 1

2. Unter einigen Hamburger Kaufleuten wurde einmal die Meinung vertreten, die rechtzeitige Ankunft am Kai sei bei Vereinbarung einer Lieferfrist eine vertraglich geforderte Eigenschaft der Ware, so daß eine nicht rechtzeitig angekommene Ware wegen vertragswidriger Beschaffenheit zurückgewiesen werden könne. Der Ausschuß hielt es für erforderlich, diese 2

ihm bekannt gewordene, aber von ihm für unzutreffend gehaltene Auffassung durch eine ausdrückliche Bestimmung in § 87 (2) auszuräumen, und damit zugleich den wesentlichen Unterschied zwischen einem Abladetermin und einem Liefertermin zu klären (Ausschuß 25. 5. 1970).

§ 88
Ab Kai/Lager

Ist „Ab Kai/Lager" oder mit einer ähnlichen Klausel verkauft, so darf der Verkäufer die Ware nach seiner Wahl ab Kai oder ab Lager andienen. Wählt er die Andienung ab Kai, gelten die Vorschriften der §§ 76–88.

Die häufig vorkommende Klausel „ab Kai/Lager" begründet eine Wahlschuld des Verkäufers. Der Verkäufer übt die ihm zustehende Wahl aus, indem er entweder ab Kai oder ab Lager andient. Der Unterschied besteht im wesentlichen darin, daß der Käufer bei der Andienung ab Lager auf eine lagergeldfreie Zeit von zwei Wochen Anspruch hat (§ 93), wogegen die kailagergeldfreie Zeit nur drei Geschäftstage beträgt (§ 80).

V. Ab-Lager-Geschäfte

Vorbemerkungen zu §§ 89–94

Geschäfte „ab Lager" und insbesondere Geschäfte „ab Lager Hamburg" gab es im Waren-Vereins-Bereich seit jeher. Die WVB 1955 enthielten aber nur einige verstreute Bestimmungen, die im besonderen „ab Lager gehandelte Ware" betrafen (§§ 25, 31, 41). Anwendbar waren auch die Bestimmungen, welche nach WVB 1955 für das sog. Platzgeschäft galten. Darüber, was Platzgeschäfte waren, wurde jedoch gestritten (MGS, Einl. C I 1 b). Dieser unklare Sammelbegriff wurde deshalb bei Abfassung der WVB 1971 aufgegeben. Statt dessen wurde unmittelbar an die in der Geschäftssprache gängige Basisklausel „ab Lager" angeknüpft und für diese Geschäftsart der besondere Abschnitt IV des Zweiten Teils eingerichtet.

§ 89
Anzuwendende Vorschriften

(1) Ist vereinbart, daß der Verkäufer die Ware ab Lager zu liefern habe, so gelten die Vorschriften der §§ 89–94. Ergänzend und sinnge-

mäß sind die Vorschriften der §§ 75–88 über die Ab-Kai-Geschäfte anzuwenden.

(2) Dieselben Vorschriften sind in gleicher Weise anzuwenden, wenn „ab Kai/Lager“ oder mit einer ähnlichen Klausel verkauft ist und der Verkäufer ab Lager andient.

Die Ab-Lager-Geschäfte und insbesondere die Geschäfte ,,ab Lager Hamburg“ sind den Ab-Kai-Geschäften in wesentlichen Punkten so ähnlich, daß für die Regelung der Ab-Lager-Geschäfte grundsätzlich und weitgehend eine Verweisung auf die Regeln der Ab-Kai-Geschäfte ausreicht. Entsprechend gelten für Ab-Lager-Geschäfte grundsätzlich auch die Bemerkungen zu den §§ 75–88. Auf der weitgehenden Ähnlichkeit der beiden Geschäftsarten beruht es auch, daß häufig die Klausel ,,ab Kai/Lager“ (§ 88) vereinbart wird.

Regelmäßig bedeutet ein Verkauf ab Lager nicht, daß der Kaufvertrag sich auf eine bestimmte, am angegebenen Ort eingelagerte Partie beschränke (23/71, JB 1972).

§ 90
Erfüllungsort. Gefahrübergang

Erfüllungsort für die Lieferverpflichtung des Verkäufers ist der Ort, an welchem sich das Lager befindet. Mit der Abnahme der Ware, spätestens mit Ablauf der Empfangszeit, geht die Gefahr auf den Käufer über. Der Käufer trägt die Gefahr des Absetzens.

§ 90 entspricht § 76. Auf die dortigen Bemerkungen ist zu verweisen.

§ 91
„Ab Lager Hamburg“

Ist „ab Lager Hamburg“ ohne nähere Ortsbezeichnung verkauft, kann von jedem auf dem Gebiet der Freien und Hansestadt Hamburg belegenen Lager – ausgenommen der Bezirk Bergedorf und die Gebiete der Ortsämter Bramfeld, Alstertal, Walddörfer, Rahlstedt (im Bezirk Wandsbek) und die Gebiete des Ortsamtes Blankenese (im Bezirk Altona) – geliefert werden.

Befindet sich das Lager in Vororten, die vom Zentrum des Hamburger Gewerbegebietes weit entfernt liegen, so können sich zu Lasten des Käufers höhere Transportkosten ergeben. Einige periphere Stadtteile gehören deshalb gemäß § 91 nicht zu dem Gebiet, aus welchem ,,ab Lager“ angedient werden darf.

Im Zweifel darf der Verkäufer sowohl von einem Freihafenlager als auch von einem im Zollinland belegenen Lager liefern. Ist verzollt verkauft und wird die Ware vom Freihafenlager angedient, so muß der Verkäufer dem Käufer die Einfuhrabgaben vergüten. Der Kai ist jedoch kein Lager im Sinne des § 91. Ein Stand des Hamburger Großmarktes wird überwiegend nicht als Lager angesehen, weil die Marktstände zu anderen Zeiten geöffnet sind als die eigentlichen Läger. Ebenso: MGS 2 zu § 25.

§ 92
Andienung

Der Verkäufer hat dem Käufer die Ware durch Lieferung eines Lagerscheins oder eines unwiderruflichen Lieferscheins des Lagerhalters anzudienen. Ist nicht „Kasse gegen Dokumente" oder sonstige Vorkasse vereinbart, genügt statt der in Satz 1 bezeichneten Dokumente ein nur von dem Verkäufer selbst unterzeichneter Lieferschein. Ist Kasse gegen Dokumente vereinbart oder wird von einem im Freihafen belegenen Lager angedient, ist eine Rechnung beizufügen.

Ergänzend gelten die Absätze 5 und 6 des § 77.

§ 93
Empfangszeit

(1) Der Käufer hat die Ware innerhalb von zwei Wochen nach der Andienung abzunehmen (Empfangszeit). Die Abnahme ist eine Hauptleistung im Sinne der §§ 17, 18.

(2) Während der Empfangszeit lagert die Ware auf Kosten des Verkäufers.

§ 93 entspricht § 80. Im wesentlichen ist deshalb auf die dortigen Bemerkungen zu verweisen. Zwischen den Geschäften ab Kai und ab Lager besteht in dieser Hinsicht nur der Unterschied, daß beim Ab-Lager-Geschäft die gesamte Empfangszeit von zwei Wochen für den Käufer lagergeldfrei ist, während der Käufer Kailagergeldfreiheit nur bis zum Ablauf des dritten Tages nach der Andienung verlangen kann.

§ 94
Kosten des Absetzens

Der Käufer trägt die Kosten des Absetzens.

Bei Verkäufen „ab Lager Hamburg" trägt der Verkäufer die Kosten des Aufnehmens. Bei Verkäufen „frei ab Lager Hamburg" trägt der Verkäufer sowohl die Kosten des Aufnehmens, als auch die Kosten des Absetzens (Vorstand 19. 12. 1951).

Schiedsgerichtsordnung

Übersicht

Vorbemerkungen

Schrifttum: *Glossner,* Das Schiedsgericht in der Praxis 1978; *Krafzik,* Die Spruchpraxis des Hanseatischen Schiedsgerichts 1974; *Kornblum,* Probleme der schiedsrichterlichen Unabhängigkeit 1968.

I. Das institutionelle Schiedsgericht des Waren-Vereins

Das Schiedsgericht des Waren-Vereins der Hamburger Börse e. V. ist als dessen Institution durch Artikel 19 der Vereinssatzung begründet. Dort wird auch bestimmt, daß die Schiedsgerichtsordnung von der Mitgliederversammlung beschlossen wird. Gemäß § 30 WVB gilt diese Ermächtigung der Mitgliederversammlung auch kraft Schiedsvertrages. Andere Organe des Vereins sind aufgrund der Schiedsgerichtsordnung (SchGO) zur Mitwirkung an den einzelnen Schiedsgerichtsverfahren berufen. Der Vorstand entscheidet über das Gesuch, mit welchem ein Schiedsrichter abgelehnt wird (§ 4 SchGO). Der Vorsitzende des Vereins kann den Antrag auf schiedsgerichtliche Entscheidung ablehnen mit der Folge, daß der antragstellenden Partei der ordentliche Rechtsweg offensteht (§ 7 SchGO). Der Vorsitzende des Vereins oder ein anderes Mitglied des Vorstandes sind unter Umständen an der Bildung des Schiedsgerichts beteiligt (§ 2 SchGO). Ein Syndikus des Vereins hat am schiedsgerichtlichen Verfahren als Berater mitzuwirken (§ 3 SchGO). Die Geschäftsstelle des Vereins ist die Geschäftsstelle des Schiedsgerichts (§ 1 Abs. 2 SchGO).

Nach seiner Verfassung ist das Schiedsgericht des Waren-Vereins ein Verbandsschiedsgericht. Nach dem Umfang und der Publizität seiner Rechtsprechung und nach dem Einfluß, den diese Rechtsprechung auf die Fortbildung des Verbandsrechts gewonnen hat, gehört das Waren-Vereins-Schiedsgericht in die Spitzengruppe der Hanseatischen Verbandsschiedsgerichte (*Krafzik,* S. 24/25, 54, 104).

II. Geschichte

Ursprünglich hatte der Waren-Verein die Verfassung seines Schiedsgerichts streng autoritär gestaltet. Der Vorstand ernannte alle Schiedsrichter. Viele Firmen fanden aber von vornherein mehr Gefallen an der von der Handelskammer Hamburg in § 20 der Platzusancen für den hamburgischen Warenhandel geregelten Hamburger freundschaftlichen Arbitrage, bei welcher die Parteien ihre Schiedsrichter selbst ernennen durften. Jedenfalls sah der Vorstand des Waren-Vereins sich veranlaßt, dieser Abwanderung im Jahresbericht von 1921 entgegenzutreten. Dort wurde das Ernennungsrecht des Vorstandes als ein Vorzug gegenüber der Hamburger freundschaftlichen Arbitrage gepriesen, weil die so ernannten Schiedsrichter unabhängig seien und sich nicht als Interessenvertreter der Parteien fühlten. Offenbar gab es aber weiterhin Bestrebungen, den Parteien das Recht zur Ernennung der Schiedsrichter zu gewähren. Diesen Bestrebunen widersprach der Vereinsvorstand im Jahresbericht von 1932 mit dem Argument, nur das reine Vereinsschiedsgericht gewährleiste die einheitliche Auslegung der Geschäftsbedingungen und die Weitergestaltung der Usancen. Diese Hinweise des Vorstandes blieben jedoch ohne Erfolg, denn die Branchenangehörigen – auch die Mitglieder – wandten sich immer mehr von dem patriarchalisch organisierten Vereinsschiedsgericht ab. Zwar handelten sie weiter aufgrund der Geschäftsbedingungen des Waren-Vereins, doch vereinbarten sie auf deren materiellrechtlicher Basis zunehmend die Hamburger freundschaftliche Arbitrage, bei der sie ihren Schiedsrichter selbst auswählen konnten. Dieser Entwicklung beugte sich der Waren-Verein, indem er 1951 seine Schiedsgerichtsordnung änderte und den Parteien das Ernennungsrecht zubilligte. Die Schiedsrichter sollten den Obmann wählen. Nur wenn die Schiedsrichter sich über die Person des Obmanns nicht einigen konnten, sollte der Obmann vom Vorsitzenden des Vereins bestimmt werden. Die Schiedsrichter und der Obmann mußten aber einer Mitgliedsfirma angehören. Der Verein behielt also einen maßgeblichen Einfluß auf die Bildung und auf die Zusammensetzung des Schiedsgerichts.

Diese Regelung wurde durch Urteil des Bundesgerichtshofs vom 19.12.1968 (BGHZ 51, 255) für gesetzwidrig erklärt, soweit sie zum Inhalt eines Schiedsvertrages zwischen einem Vereinsmitglied und einem Nichtmitglied gemacht wurde. Der Bundesgerichtshof fand, der Zwang zur Ernennung eines dem Verein angehörenden Schiedsrichters begründe beim Nichtmitglied die Besorgnis der Befangenheit für jeden denkbaren Schiedsrichter, so daß eine Ablehnung wegen Befangenheit keine Abhilfe schaffe. Demzufolge wurde durch Beschluß der Mitgliederversammlung vom 22. April 1969 die Bestimmung, daß die Schiedsrichter einer Mitgliedsfirma angehören müßten, aufgehoben.

Beiläufig ging der Bundesgerichtshof in seinem Urteil vom 19.12.1968 noch weiter: Er stellte fest, daß im Streit zwischen einem Vereinsmitglied und einem Nichtmitglied die Besorgnis der Befangenheit auf jeden einer Mitgliedsfirma angehörenden Schiedsrichter schon dann zuträfe, wenn diese Zugehörigkeit nicht notwendige Voraussetzung für das Schiedsrichteramt sei (Nr. 6d, und Nr. 7 Abs. 2 der Entscheidungsgründe). Die Notwendigkeit dieser Voraussetzung begründe die Besorgnis der Befangenheit nur „noch mehr" (Nr. 7 Abs. 2 aaO). Ferner stellte der Bundesgerichtshof hilfsweise den Grundsatz auf, daß der Spruch eines nur mit befangenen Schiedsrichtern besetzten Schiedsgerichts auf einem unzulässigen Verfahren beruhe (Nr. 8 c der Entscheidungsgründe). – Der Waren-Verein warf deshalb weiteren Ballast ab, indem er 1969 in die Schiedsgerichtsordnung die Bestimmung aufnahm, daß im Verfahren zwischen Mitgliedsfirmen und Nichtmitgliedern unter keinen Umständen alle Personen, aus denen das Schiedsgericht bestehe, Angehörige von Mitgliedsfirmen sein dürften (§ 28 Nr. 1 SchGO). Da es schwierig erschien, außerhalb des Waren-Vereins einen geeigneten Kaufmann als Obmann zu finden, wurde die Kaufmannseigenschaft nur noch für die von den Parteien ernannten Schiedsrichter gefordert. Als Obmann darf also seither auch ein Jurist mitwirken, der kein Kaufmann ist.

Im Verfahren zwischen Mitgliedsfirmen und Nichtmitgliedsfirmen wahrt also der Waren-Verein die Eigenart seines Schiedsgerichts nur noch dadurch, daß ein Syndikus des Vereins als Berater des Schiedsgerichts mitwirkt. Entsprechend der gewachsenen Bedeutung des Beraters wurden 1969 dessen Funktionen in § 3 (1) SchGO eingehender geregelt.

Nach Ansicht des Bundesgerichtshofs (aaO) wird das Mißtrauen des Nichtmitglieds gegen die Unparteilichkeit eines Verbandsschiedsgerichts noch verstärkt, wenn der Vorsitzende des Vereins den Zwangsschiedsrichter und gegebenenfalls den Obmann bestellt. *Kornblum* (S. 254, 256) wertet dieses Ernennungsrecht als unzulässiges Übergewicht des Mitglieds bei der Bildung des Schiedsgerichts. Diese Rechte standen beim Waren-Vereins-Schiedsgericht vollen Umfangs dem Vorsitzenden zu. – Deshalb wurde im Jahre 1969 die Schiedsgerichtsordnung auch dahin geändert, daß im Verfahren zwischen Mitgliedern und Nichtmitgliedern der Zwangsschiedsrichter für das Nichtmitglied und gegebenenfalls auch der Obmann von der Handelskammer Hamburg ernannt werden (§ 28 Nr. 2 SchGO).

III. Das praktische Ergebnis der Neuordnung von 1969

Die Zahl der anhängig gewordenen Sachen hat sich seit Wirksamwerden der Neuordnung von 1969 im Jahresdurchschnitt erhöht. Bei diesem Vergleich ist das Jahr 1969 außer Betracht zu lassen, weil Schiedsgerichtssachen aufgrund von Kontrakten, die nach der Neuordnung geschlossen wurden, zum größeren Teil wohl erst ab 1. 1. 1970 anhängig geworden sind. In den einzelnen hiernach zu vergleichenden Jahren sind an Schiedsgerichtsklagen (ohne Qualitätsarbitragen und ohne Preisfestsetzungen) eingegangen:

1961	24 Sachen	1970	37 Sachen
1962	33 Sachen	1971	32 Sachen
1963	51 Sachen	1972	25 Sachen
1964	61 Sachen	1973	68 Sachen
1965	18 Sachen	1974	65 Sachen
1966	24 Sachen	1975	54 Sachen
1967	45 Sachen	1976	56 Sachen
1968	41 Sachen	1977	75 Sachen
insges.	297 Sachen	insges.	412 Sachen
Jahresdurchschnitt: 37,1		Jahresdurchschnitt: 51,5	

Auch der durchschnittliche Streitwert der einzelnen Sachen wurde höher.

Ob dieser Geschäftsanfall von der Neuordnung beeinflußt wurde, läßt sich nicht ohne weiteres sagen, denn die Anzahl schiedsgerichtlicher Streitigkeiten hängt auch mit dem allgemeinen Verlauf wirtschaftlicher Tendenzen zusammen. Deshalb werden im folgenden weitere aus den Registern des Waren-Vereins entnommene Daten darauf untersucht, inwieweit die betroffenen Personen – Parteien und Schiedsrichter – von den durch die Novelle von 1969 gebotenen Gestaltungen des Verfahrens Gebrauch gemacht haben.

1. In der ausgewählten Periode von 1970–1977 wurden beim Schiedsgericht des Waren-Vereins anhängig

115 Sachen in einem Streit zwischen Mitglied und Nichtmitglied
41 Sachen in einem Streit zwischen Nichtmitglied und Nichtmitglied
29 Sachen in einem Streit zwischen Mitglied und Mitglied
185 Sachen

An diesen 185 Schiedsgerichten waren also 197 Nichtmitglieder als Parteien beteiligt. Von den 115 Sachen, welche zwischen Mitgliedern und Nichtmitgliedern anhängig wurden, haben Nichtmitglieder in 55 Sachen die Ernennung eines Schiedsrichters versäumt und damit dies der Handelskammer überlassen. Von den übrigen 60 Sachen haben Nichtmitglieder in 53 Sachen einen vereinszugehörigen Schiedsrichter ernannt; nur in 7 Sachen ernannten also Nichtmitglieder eine vereinsfremde Person. Offenbar befürchten also die Nichtmitglieder im allgemeinen nicht, daß ein dem Verein zugehöriger Schiedsrichter allein wegen dieser Zugehörigkeit zugunsten des dem Verein angehörigen Prozeßgegners befangen sein müsse. Ein besonderer Einfluß der vereinsfremden Schiedsrichter war nicht festzustellen. An der Szene der von den Parteien ernannten Schiedsrichter hat sich also durch die Novelle von 1969 so gut wie nichts geändert.

2. Als wirkungsvoll erwiesen sich indessen die Änderungen,

- daß im Verfahren zwischen Vereinsmitgliedern und Nichtmitgliedern unter keinen Umständen alle Personen, aus denen das Schiedsgericht besteht, Angehörige von Mitgliedsfirmen sein dürfen und
- daß der Obmann kein Kaufmann oder leitender Angehöriger eines Handelsunternehmens mehr zu sein brauchte.

In den für die neuere Entwicklung als repräsentativ anzusehenden Jahren 1975, 1976 und 1977 wurden deshalb meistens Juristen zum Obmann bestellt, und zwar auch dann, wenn die Ernennung eines dem Waren-Verein angehörigen Kaufmannes zulässig gewesen wäre. Die Register des Waren-Vereins ergeben für die Jahre 1975, 1976 und 1977 hierzu folgendes:

Anhängig wurden insgesamt	185 Sachen
Ohne Bestellung eines Obmannes erledigten sich	10 Sachen
Ein Obmann wurde deshalb bestellt in	175 Sachen

Juristen, was hier Rechtskundige mit Befähigung zum Richteramt bedeuten soll, wurden bestellt in 157 Sachen, so daß Nichtjuristen nur in 18 Sachen bestellt wurden. Von den 18 nichtjuristischen Obmännern gehörten insgesamt 17 Obmänner einer Waren-Vereins-Firma an, wogegen solche in 82 Sachen zugelassen waren. Es gibt also beim Waren-Vereins-Schiedsgericht eine klare Tendenz zum juristischen Obmann und eine entsprechende

Absage an das bis 1968 vorgeschriebene, aus drei Kaufleuten bestehende Schiedsgericht.

Interessant sind auch die Tendenzen, die sich zur Auswahl der juristischen Obmänner abzeichnen. In den oben erwähnten 157 Sachen wurden die juristischen Obmänner wie folgt ausgewählt:

Aus den aktiven Richtern des Hanseatischen Oberlandesgerichts in	72 Sachen
aus aktiven Vorsitzenden Richtern des Landgerichts Hamburg (Kammern für Handelssachen) in	16 Sachen
aus der Handelskammer Hamburg in	45 Sachen
aus den Hamburger Rechtsanwälten in	24 Sachen
	157 Sachen

In fast neun Zehnteln aller konstituierten Schiedsgerichte des Waren-Vereins wirkt also ein zum Richteramt befähigter Obmann mit. Mehr als zwei Fünftel dieser Obmänner gehören zur offiziellen Elite der Hamburger Justiz, nämlich zu den Vorsitzenden Richtern des Hanseatischen Oberlandesgerichts.

In der hiernach vorherrschenden Kombination von zwei Kaufleuten, einem rechtsgelehrten Obmann und einem auf das Branchenrecht spezialisierten Berater fand man die leistungsfähigste Besetzung, die sich für die tägliche Praxis eines kaufmännischen Schiedsgerichts denken läßt:

a) Die von den Parteien zu Schiedsrichtern ernannten Kaufleute leisten mit einem juristischen Obmann bessere Arbeit als mit einem zum Obmann erwählten dritten Kaufmann. Bei einem kaufmännischen Obmann setzen sie in der Regel voraus, daß er alle Bräuche und Gewohnheiten der Branche kennt oder zu kennen glaubt. Diese Gewißheit verleitet die von den Parteien ernannten Schiedsrichter eher zu einer parteilichen Haltung. „Der Schwerpunkt der Entscheidung" (*Glossner*, III Rdnr. 9) liegt dann beim Obmann, welcher alles mindestens so gut beurteilen kann wie die von den Parteien ernannten Schiedsrichter. Die von den Parteien ernannten Schiedsrichter haben deshalb bei einem nur aus drei Kaufleuten zusammengesetzten Schiedsgericht ihre Funktion eigentlich schon mit der Wahl des Obmannes erfüllt. Gegenüber einem juristischen Obmann besinnen die Kaufleute sich häufiger auf ihre gemeinsamen kaufmännischen Überzeugungen und vergessen damit eher die Interessen der Partei, von welcher sie jeweils ernannt worden sind. Wenn die Kaufleute sich in Usancefragen trotzdem kontrovers äußern sollten, wird ein weiser juristischer Obmann die beiderseits vorgebrachten Argumente zu koordinieren und abzuwägen verstehen. Menschenkenntnis und berufliche Erfahrung in der Wertung gegensätzlicher Argumente sind in solchen Fällen nützlicher als die Entscheidung eines Oberfachmannes, der als Obmann schließlich nur ein Machtwort spricht und nach seiner eigenen auch nicht immer richtigen Meinung entscheidet.

b) Die Mitwirkung eines Rechtsberaters neben dem juristischen Obmann ist ein zusätzlicher Vorteil, denn auch dem Juristen nützt die Beratung mit Fachkollegen; das gilt besonders für Richter, die zu einer ausgewogenen Entscheidung gelangen sollen. In der ordentlichen Gerichtsbarkeit entscheiden deshalb die Oberlandesgerichte und der Bundesgerichtshof ausschließlich durch Senate, die aus mehreren Berufsrichtern bestehen. Aus demselben Grunde sollten auch die als Schiedsrichter tätigen Juristen nicht allein gelassen werden. Andererseits sollen in einem kaufmännischen Schiedsgericht die Kaufleute die Stimmenmehrheit haben. Die Mitwirkung eines mit dem besonderen Branchenrecht vertrauten Rechtsberaters befreit überdies die Schiedsrichter von der Notwendigkeit, den Obmann nach einer solchen eher technischen Fertigkeit auszusuchen, und ermöglicht es ihnen deshalb, bei der Wahl des Obmannes höher zu greifen und einen hervorragenden Juristen mit weitem Blick und „allgemeinem Kopf" zu gewinnen. Außerdem wird die Mitwirkung eines zweiten Juristen in der Regel auch von den kaufmännischen Schiedsrichtern als Gewähr für eine gründliche Berücksichtigung aller rechtlichen Fragen betrachtet.

IV. Recht oder Billigkeit?

Die wissenschaftliche Streitfrage, ob ein Schiedsgericht nach Recht oder nach Billigkeit zu entscheiden habe, ist für den Bereich des Waren-Vereins ausgetragen. Das Schiedsgericht des Waren-Vereins hat materielles Recht anzuwenden. Zu einer Entscheidung nach undefinierter Billigkeit entgegen dem geltenden Recht ist es nicht befugt. Das ergibt sich schon daraus, daß seine Zuständigkeit in der Regel uno actu mit den WVB vereinbart wird und daß in § 2 WVB ausdrücklich die subsidiäre Geltung deutschen Rechts ausbedungen wird (ebenso *Krafzik* S. 44). Eine andere Meinung ist im Bereich des Waren-Vereins auch niemals vertreten worden. Die entsprechende Meinung gilt übrigens in Hamburg allgemein für alle kaufmännischen Schiedsgerichte (*Krafzik* S. 46). Zur Vermeidung von Mißverständnissen: Zum geltenden Recht gehört auch § 346 HGB, wo bestimmt wird, daß im Streit zwischen Kaufleuten auf die im Handelsverkehr geltenden Gewohnheiten und Gebräuche Rücksicht zu nehmen sei.

Geht man hiervon aus, so ist die Zulassung und die weitgehende Praktizierung der Wahl eines juristischen Obmannes als erheblicher Fortschritt anzusehen.

V. Kommentierungsrichtlinien

Die einzelnen Bestimmungen der Schiedsgerichtsordnung sind für den Kommentator von verschiedenem Gewicht. Vieles versteht sich von selbst oder ohne längere Erläuterungen. Dazu gehören die Bestimmungen, in denen einige ohnehin geltenden gesetzlichen Vorschriften wiederholt werden und welche deshalb nur der Information oder der Klarstellung dienen; so etwa wird in den §§ 11 (Abs. 2), 13, 14 und 15 nur wiederholt, was in den §§ 1036 (Abs. 1), 1038, 1039 ZPO vorgeschrieben ist. Zu den eines längeren Kommentars nicht bedürftigen Bestimmungen gehören auch diejenigen, welche in sonstiger Weise an gesetzliche Vorschriften oder Begriffe anknüpfen, so z. B. die Bestimmungen über den Ausschluß vom Amt des Schiedsrichters (§ 2 Abs. 4), die Ablehnung eines Schiedsrichters (§ 4), den Wegfall eines Schiedsrichters (§ 5) sowie die Ergänzung und Berichtigung des Schiedsspruchs (§ 16). Zu den leichter verständlichen Bestimmungen gehören auch die Regeln, welche allgemeiner Übung der Schiedsgerichte entsprechen. Ausführlicher Erläuterung bedurften dagegen die das Waren-Vereins-Schiedsgericht besonders kennzeichnenden Bestimmungen, und dazu gehört vorrangig die in § 3 gefundene Definition für die Mitwirkung eines Beraters und für die übrigen einem Syndikus des Vereins zugewiesenen Funktionen. Zusätzlichen Anlaß zu einer besonders ausführlichen Erläuterung des § 3 ergaben mehrere Urteile, in denen Hamburger Gerichte sich besonders mit der Institution eines Beraters des Waren-Vereins-Schiedsgerichts auseinandergesetzt haben.

Anders als die WVB 1971/76 ist die vorliegende Fassung der Schiedsgerichtsordnung kein Werk aus einem Guß, sondern das Ergebnis zahlreicher Änderungen eines alten, nicht in allen Teilen glücklich abgefaßten Textes. Manche Unebenheiten (z. B. in § 5) sind deshalb verblieben und auf ihren vernünftigen Sinn zu untersuchen.

Die Überschriften der einzelnen Paragraphen der Schiedsgerichtsordnung sind – anders als bei den WVB 1971/76 – nicht authentisch und daher von minderer Bedeutung für die Auslegung der Vorschriften. Diese nicht authentischen Überschriften sind daher in Klammern gesetzt.

§ 1
[Besetzung und Sitz des Schiedsgerichts]

(1) Das Schiedsgericht besteht aus dem Obmann und zwei weiteren Schiedsrichtern. Die Hinzuziehung eines Obmannes darf unterbleiben, wenn die Entscheidung sich auf den Kostenpunkt beschränkt und die beiden Schiedsrichter sich über die Entscheidung einig sind.

(2) Das Schiedsgericht hat seinen Sitz in Hamburg. Die Geschäftsstelle des Vereins ist zugleich die Geschäftsstelle des Schiedsgerichts.

(3) Sofern in den folgenden Bestimmungen dem Vorsitzenden des Vereins Aufgaben zugewiesen sind, kann an seiner Stelle auch ein anderes Vorstandsmitglied handeln. Der Vorsitzende und die übrigen Vorstandsmitglieder werden von der Geschäftsstelle nach einer vom Vorstand aufzustellenden Geschäftsordnung zur Mitwirkung herangezogen.

(4) Soweit in den folgenden Bestimmungen von Schiedsrichtern gesprochen wird, sind im Zweifel die von den Parteien oder für die Parteien ernannten Schiedsrichter und der Obmann gemeint.

1. Absatz 1 Satz 2 betrifft den Fall, daß der Obmann noch nicht gemäß § 2 Absatz 2 gewählt oder bestimmt worden ist, denn es wäre zu umständlich, einen Obmann nur zur Mitwirkung an der Entscheidung über den verhältnismäßig unwichtigen Kostenpunkt hinzuzuziehen. War jedoch der Obmann in dem Zeitpunkt, in welchem sich der Streit auf den Kostenpunkt beschränkte, schon bestellt, so besteht kein Anlaß dafür, daß seine Sachkenntnis nicht auch bei der Kostenentscheidung genützt wird.

2. Der Vorsitzende des Vereins hat nach der Schiedsgerichtsordnung folgende Funktionen:

- Die Ernennung eines Schiedsrichters für eine säumige Partei (§ 2 Abs. 1 u. 3, § 5 Abs. 1), soweit nicht die Zuständigkeit der Handelskammer begründet ist (§ 28 Nr. 2).
- Die Bestimmung des Obmanns, falls die Schiedsrichter sich über die Person des Obmanns nicht einigen können (§ 2 Abs. 2, § 5 Abs. 2) und soweit nicht die Zuständigkeit der Handelskammer begründet ist (§ 28 Nr. 2).
- Die Bestellung eines Vertreters für den Syndikus (§ 3 Abs. 2).
- Ablehnung der Entscheidung durch das Schiedsgericht (§ 7).
- Ernennung der Oberschiedsrichter (§ 18).
- Verwerfung der Berufung (§§ 19 Abs. 2, 21 Abs. 2).

Die umständliche Formulierung, daß grundsätzlich nur vom Vorsitzenden des Vereins die Rede ist, aber an seiner Stelle auch ein anderes Vorstandsmitglied handeln kann, hat sich aus der Entwicklung des Schiedsgerichtswesens des Waren-Vereins ergeben. Früher war der Vorsitzende des Vereins allein zuständig. Erst durch eine Novelle wurde geregelt, was zu geschehen habe, wenn der Vorsitzende durch Abwesenheit oder durch eigene Beteiligung am Schiedsgerichtsverfahren oder aus sonstigen Gründen verhindert ist.

§ 2
[Bildung des Schiedsgerichts]

(1) Jede Partei ernennt einen der Schiedsrichter. Der Kläger hat dem Beklagten seinen Schiedsrichter zu benennen mit der Aufforderung, binnen einer bestimmten Frist seinen Schiedsrichter zu ernennen. Diese Frist muß, wenn der Beklagte in Hamburg ansässig ist, mindestens drei Geschäftstage, andernfalls mindestens sieben Geschäftstage betragen. Bestimmt der Kläger eine zu kurze Frist, so gilt die jeweils vorgeschriebene Mindestfrist als bestimmt. Falls der Beklagte innerhalb der vom Kläger ausreichend bemessenen Frist oder innerhalb der gemäß Satz 4 als bestimmt geltenden Frist keinen Schiedsrichter benennt, so ernennt auf schriftlichen Antrag des Klägers der Vorsitzende des Vereins einen Schiedsrichter für den Beklagten.

(2) Die Schiedsrichter haben den Obmann zu wählen. Können sich die Schiedsrichter über die Person des Obmannes nicht einigen, so wird derselbe vom Vorsitzenden des Vereins bestimmt.

(3) Die Parteien dürfen als Schiedsrichter nur Inhaber, Vorstandsmitglieder, Geschäftsführer, persönlich haftende Gesellschafter, Prokuristen oder leitende Angestellte von Firmen, welche in ein Handelsregister oder Genossenschaftsregister der Bundesrepublik Deutschland oder des Landes Berlin eingetragen sind, ernennen. Hat eine Partei einen außerhalb Hamburgs wohnenden Schiedsrichter ernannt, so kann die Geschäftsstelle eine Frist bestimmen, innerhalb welcher diese Partei die hierdurch entstehenden Mehrkosten vorzuschießen hat; zahlt die Partei diesen Vorschuß nicht fristgemäß, so kann der Vorsitzende des Vereins anstelle des auswärtigen Schiedsrichters einen Schiedsrichter bestellen.

(4) Vom Amt eines Schiedsrichters ist, ohne daß es einer Ablehnung bedarf, ausgeschlossen,

1. wer in derselben Sache als Sachverständiger tätig gewesen ist oder noch tätig ist,
2. wer mit einer Partei oder einem gesetzlichen Vertreter einer Partei verheiratet ist oder gewesen ist,
3. wer mit einer Partei oder einem gesetzlichen Vertreter einer Partei im Sinne von § 41 der Zivilprozeßordnung (ZPO) verwandt, verschwägert oder durch Adoption verbunden ist.

Durch eine der Geschäftsstelle nachgewiesene Vereinbarung können die Parteien für den einzelnen Fall bestimmen, daß diese Ausschlußgründe nicht gelten sollen.

(5) Eine Person, die nicht den in Absatz (3) bestimmten Erfordernissen entspricht, oder gemäß Absatz (4) vom Amt eines Schiedsrichters ausgeschlossen ist, gilt als nicht benannt.

1. Die Aufforderung zur Ernennung eines Schiedsrichters verbindet der Kläger zweckmäßigerweise in *einer* Mitteilung mit der Benennung seines eigenen Schiedsrichters. Es muß jedoch genügen, wenn der Kläger die Aufforderung zur Ernennung des Gegenschiedsrichters der Benennung eines eigenen Schiedsrichters folgen läßt. Dagegen darf die Reihenfolge nicht umgekehrt sein, denn bei der Ernennung eines Schiedsrichters will der Beklagte in der Regel wissen, wer der Gegenschiedsrichter ist. Die Frist läuft jedenfalls erst, wenn beide Voraussetzungen erfüllt sind. Die Mindestfrist gilt als bestimmt, wenn der Kläger eine zu kurze Frist setzt. Sie gilt aber nicht als bestimmt, wenn der Kläger überhaupt keine Frist setzt und sich auf eine unbefristete Aufforderung beschränkt. Für die in § 2 Absatz 1 Satz 1–4 vorgesehenen Mitteilungen der Parteien ist eine Form nicht vorgeschrieben. Zweckmäßig ist die Einhaltung der Schriftform. Ernennt der Vorsitzende des Vereins einen Schiedsrichter, so geschieht dies auf Risiko des Klägers. Der Kläger hat es allein zu verantworten, ob das Schiedsgericht des Waren-Vereins überhaupt zuständig ist oder ob die Voraussetzungen für die Zwangsernennung vorliegen. Nur unter diesem Vorbehalt pflegt der Vorsitzende die Ernennungen auszusprechen. Trotzdem prüfen der Vorsitzende und die Geschäftsstelle in großen Zügen und soweit das Tempo des Verfahrens dies zuläßt, ob die genannten Voraussetzungen vorliegen. Zur Vermeidung von Verzögerungen hat der Kläger deshalb seinem Antrag Belege beizufügen, aus denen sich die Vereinbarung des Waren-Vereins-Schiedsgerichts und die Einhaltung der in § 2 (1) Satz 1–4 bestimmten Voraussetzungen ergeben. Häufig richtet der Kläger die Benennung seines Schiedsrichters und die Aufforderung zur Ernennung des Gegenschiedsrichters nicht unmittelbar an den Beklagten, sondern an einen Vermittler mit der Bitte um Weitergabe. In solchen Fällen ist dem Vorsitzenden die Weitergabe der Aufforderung nachzuweisen. Zweckmäßigerweise überreicht der Kläger mit dem Antrag also eine Kopie der Mitteilung, welche der Vermittler an die Gegenpartei gerichtet hat.

Zur Vermeidung von Verzögerungen ist es ferner ratsam, daß der Kläger dem Waren-Verein in seinem Antrag mitteilt, welche Personen in der vorliegenden Sache vom Amt des Schiedsrichters ausgeschlossen sind oder wegen Besorgnis der Befangenheit nicht ernannt werden sollten: Das sind diejenigen Personen, welche in derselben Sache schon als Sachverständige, z.B. als Qualitätsarbiter, tätig gewesen sind (§ 2 Abs. 4) oder welche das streitige Geschäft vermittelt hatten. Die Betätigung als Vermittler eines Deckungsgeschäfts (§ 17 Abs. 5 WVB) schließt die Ernennung zum Schiedsrichter im allgemeinen nicht aus. Die Ernennung solcher Personen sollte jedoch unterbleiben, wenn Streit über die Ordnungsmäßigkeit des Deckungsgeschäfts besteht; solche Zusammenhänge sollte deshalb der Kläger dem Waren-Verein möglichst schon in seinem Antrage mitteilen.

2. Es kommt in der Praxis kaum vor, daß die Schiedsrichter sich nicht auf einen Obmann einigen. Davon, daß die Schiedsrichter sich nicht einigen können, kann nur gesprochen werden, wenn mindestens ein Schiedsrichter sich zuvor um eine solche Einigung vergeblich bemüht hat.

3. Das Kriterium eines leitenden Angestellten im Sinne von § 2 (3) ist Fachkunde, Urteilsfähigkeit und entsprechender Einfluß auf die Leitung des Unternehmens. Es brauchen nicht die Voraussetzungen des § 5 (3) Nr. 3 des Betriebsverfassungsgesetzes vorzuliegen (9/75, JB 1976). In diesem Sinne hat das Schiedsgericht (aaO) den Leiter der Rechtsabteilung einer hamburgischen Reederei als leitenden Angestellten im Sinne von § 2 Abs. 3 anerkannt.

4. Im Gesetz (§ 1032 ZPO) ist nur die Ablehnung von Schiedsrichtern geregelt. Darüber hinaus werden durch § 2 Abs. 4 in Anlehnung an § 41 ZPO bestimmte Personen vom Amt eines Schiedsrichters ausgeschlossen, ohne daß es einer Ablehnung bedarf. Entsprechend dem Prinzip der Vertragsfreiheit können die Parteien jedoch für den einzelnen Fall vereinbaren, daß diese Ausschlußgründe oder einer dieser Ausschlußgründe nicht gelten sollen. Diese Vereinbarung wird jedoch erst wirksam, wenn sie der Geschäftsstelle nachgewiesen worden ist, denn die Geschäftsstelle muß wissen, welche Personen sie als Schiedsrichter betrachten darf. Dieser Nachweis ist in der Regel durch Vorlegung von Urkunden zu erbringen, denn mündliche oder telefonische Erklärungen sind keine geeigneten Grundlagen für einen geordneten Betrieb der Geschäftsstelle.

Durch Betätigung als Sachverständiger wird eine Person vom Amt eines Schiedsrichters nur dann ausgeschlossen, wenn sie „in derselben Sache" tätig gewesen ist. Entsprechend der Rechtsprechung zu § 41 ZPO ist damit nur ein prozeßrechtlicher Zusammenhang, aber nicht ein anderer Prozeß mit demselben Sachverhalt gemeint. Ausgeschlossen ist also eine Person, die in einer zwischen denselben Parteien anhängig gewesenen Qualitätsarbitrage (§ 31 WVB) als Sachverständiger tätig gewesen ist. Hat die als Schiedsrichter benannte Person eine und dieselbe Partie in einer Qualitätsarbitrage, die zwischen anderen Parteien anhängig war, begutachtet, so begründet diese Tätigkeit keinen Ausschluß, sondern allenfalls eine Ablehnung wegen Befangenheit.

§ 3
[Mitwirkung eines Syndikus]

(1) Am schiedsgerichtlichen Verfahren hat ein Syndikus des Vereins wie folgt mitzuwirken:

1. Als Berater nimmt er teil an allen Verhandlungen, die innerhalb des Schiedsgerichts, vor dem Schiedsgericht oder vor einem Mitglied des Schiedsgerichts stattfinden. Ihm ist auf seinen Antrag das Wort zu erteilen. Auf seinen Antrag haben die Schiedsrichter sich aus Verhandlungen, die vor dem Schiedsgericht stattfinden, zur geheimen Beratung zurückzuziehen.

2. Unter seiner alleinigen Verantwortung beurkundet er den wesentlichen Inhalt der vor dem Schiedsgericht oder einem Mitglied des Schiedsgerichts stattfindenden Verhandlungen in einer von ihm zu unterzeichnenden Niederschrift. Die Niederschrift braucht nicht während der Verhandlungen aufgenommen zu werden.

3. Auch außerhalb der vor dem Schiedsgericht oder einem Mitglied des Schiedsgerichts stattfindenden Verhandlungen kann er zur Beschleunigung und Konzentration des Verfahrens den Parteien die nach seiner Ansicht geeigneten Hinweise geben; er kann auch sonstige das Verfahren nach seiner Ansicht fördernde Anordnungen treffen. Durch diese vorbereitenden Verfügungen des Syndikus wird das Schiedsgericht nicht gebunden.

4. Außerhalb der vor dem Schiedsgericht oder einem Mitglied des Schiedsgerichts stattfindenden Verhandlungen vermittelt er als Schriftführer den Verkehr zwischen dem Schiedsgericht und den Parteien.

(2) Ist der nach der Geschäftsverteilung zuständige Syndikus behindert, kann der Vorsitzende des Vereins für ihn einen Vertreter bestellen; dieser Vertreter muß die Befähigung zum Richteramt haben.

I. Allgemeines

Der Syndikus handelt ausschließlich im Auftrage des Waren-Vereins. Inhalt dieses Auftrages ist die unparteiliche Erfüllung der ihm durch § 3 SchGO übertragenen Aufgaben. In der Sache selbst kann der Syndikus deshalb Anweisungen des Vereinsvorstandes nicht unterworfen sein. Anweisungen des Schiedsgerichts ist er erst recht nicht unterworfen. Die Hervorhebung seiner alleinigen Verantwortung für die Sitzungsniederschrift (§ 3 Abs. 1 Nr. 2) macht es deutlich. § 3 SchGO eröffnet dem jeweils zuständigen Syndikus des Waren-Vereins einen gewissen Einfluß auf den Gang des Schiedsgerichtsverfahrens und auf den Inhalt des Schiedsspruchs. Die Befugnisse des Syndikus werden aber durch § 3 SchGO so deutlich abgegrenzt, daß diese Vorschrift für sich allein die Unabhängigkeit der Schiedsrichter nicht berührt (LG Hamburg 26 0 50/76, Urteil vom 18. 8. 1976). Im einzelnen ist zu unterscheiden, ob der Syndikus als Berater oder in sonstiger Funktion tätig wird.

II. Der Syndikus als Berater

1. Ein Schiedsgericht darf einen Berater auch dann hinzuziehen, wenn dies im Schiedsvertrag nicht ausdrücklich bestimmt worden ist (RG, JW 1921, 1248; Baumbach-Schwab, Schiedsgerichtsbarkeit 2. Aufl. S. 144; OLG Düsseldorf, BB 1976, 251). Erst recht darf sich ein Schiedsgericht durch einen Dritten beraten lassen, wenn dies im Schiedsvertrag vereinbart ist. Insbesondere ist deshalb die in der Schiedsgerichtsordnung eines Verbandes getroffene Bestimmung, daß ein Verbandssyndikus am Verfahren beratend mitzuwirken habe, für zulässig zu erachten (Stein-Jonas-Schlosser, 19. Aufl. Anm. II, 2 zu § 1034 ZPO). Die vom Waren-Verein in § 3 (1) Nr. 1 SchGO getroffene Regelung ist noch in jüngster Zeit in mehreren Urteilen Hamburger Gerichte für zulässig erklärt worden (LG Hamburg 26 0 50/76; LG Hamburg 23 0 32/76; OLG Hamburg 5 U 108/76).

Zutreffend hebt das LG Hamburg (26 0 50/76) hervor, daß im Schiedsgerichtsverfahren auf die einheitliche Anwendung der WVB hinzuwirken sei; damit habe die beratende Mitwirkung des Syndikus einen sinnvollen Grund. Der Bundesgerichtshof hat sich bisher nur mittelbar geäußert. In seinem Urteil vom 19. Dezember 1968 (BGHZ 51, 255) hat er zur damaligen Schiedsgerichtsordnung des Waren-Vereins ausgesprochen, daß die nur beratende Mitwirkung des Syndikus die Unzulässigkeit des Verfahrens vor einem etwa nur aus parteilichen Schiedsrichtern zusammengesetzten Schiedsgericht nicht heile. Diese Erwägung des Bundesgerichtshofs läßt jedoch die Ansicht durchblicken, daß die beratende Mitwirkung eines Rechtskundigen eher zugunsten der Unparteilichkeit eines Schiedsgerichts wirken könne.

2. Der Syndikus ist Jurist. Von ihm wird deshalb in erster Linie erwartet, daß er sich zu Rechtsfragen äußert. Bei der Beurteilung von Tatfragen, insbesondere bei der Würdigung des Ergebnisses einer Beweisaufnahme sollte er sich zurückhalten. Auf die Feststellung des Sachverhalts muß der Berater jedoch Einfluß nehmen, soweit er auf die Einhaltung eines zulässigen Verfahrens hinzuwirken hat, insbesondere auf die Erfüllung der Pflicht des Schiedsgerichts zur Aufklärung des Sachverhalts (§ 1034 ZPO), auf die Beachtung allgemeiner Erfahrungssätze und auf die Berücksichtigung offenkundiger Vorgänge. Auf die Gewährung des rechtlichen Gehörs hat er durch Hinweis auf tatsächliches Parteivorbringen, welches die Schiedsrichter vernachlässigen könnten, hinzuwirken. Sind Verträge auszulegen, sollte der Berater nach dem Vorbild des Revisionsrichters mindestens darauf achten, ob die vom Schiedsgericht beabsichtigte Auslegung überhaupt möglich ist; von einer unmöglichen Auslegung sollte er abraten.

3. Zur Beratung „innerhalb eines Schiedsgerichts" gehört auch die Beratung bei der Abfassung des Schiedsspruchs (LG Hamburg 23 0 32/76). Im

Rahmen dieser beratenden Tätigkeit entwirft der Syndikus des Waren-Vereins üblicherweise den Text des Schiedsspruchs; diese Mitwirkung des Syndikus ist zulässig, aber nicht vorgeschrieben.

a) Das Reichsgericht (JW 1917, 46; JW 1934, 3279 = HRR 1935 Nr. 306) hatte es ganz allgemein für zulässig erklärt, daß der Berater die Abfassung des Schiedsspruchs übernehme, wenn nur die Schiedsrichter die Gründe genehmigen und unterschreiben. Dieser weitherzigen Auslegung ist im Schrifttum teilweise widersprochen worden. Soweit aber das Abfassen der Gründe nicht einem Dritten völlig überlassen wird, sondern der Dritte nur beim Abfassen beratende Hilfe leistet, gilt dies allgemein als zulässig (OLG Düsseldorf aaO mit Nachweisen aus dem Schrifttum). Das OLG Hamburg (5 U 108/76) hat keine durchgreifenden Bedenken zu erheben, wenn der Berater die von den Schiedsrichtern gefundene Begründung schriftlich niederlegt und die Schiedsrichter sie dann prüfen und durch Unterzeichnung genehmigen. Nach dieser vom Oberlandesgericht Hamburg gegebenen Richtlinie wird der Syndikus des Waren-Vereins zweckmäßigerweise verfahren.

b) Die Abfassung des Schiedsspruchs ist immerhin ein nobile officium, dem der Berater sich in der Regel nicht versagen sollte, wenn die Schiedsrichter ihm dies antragen. Jedenfalls hält der Syndikus des Waren-Vereins vor den Schiedsrichtern wohl meistens einen Vorsprung in der Kenntnis der WVB, im Umgang mit der Rechtsprechung des Waren-Vereins-Schiedsgerichts und in anderen Routineangelegenheiten. Er wird daher im Zweifel am besten den Schiedsspruch unter Respektierung der Entscheidungsgründe der Schiedsrichter so formulieren können, daß dieser sich in die Kontinuität der Rechtsprechung fügt. War das Schiedsgericht bei seiner Entscheidung und bei der Feststellung der Entscheidungsgründe einem Votum des Beraters gefolgt, so liegt es besonders nahe, daß der Berater die schriftliche Formulierung des Schiedsspruchs übernimmt. Der Abfassung eines Schiedsspruchs, dem er nicht in allen Teilen zustimmt, sollte der Berater sich loyalerweise nicht entziehen. Indessen kann es vorkommen, daß die Meinung des Schiedsgerichts von der Meinung des Beraters im Ergebnis und in der Begründung so erheblich abweicht, daß eine Befassung des Syndikus mit der Formulierung des Schiedsspruchs nicht sachdienlich wäre. Unter solchen Umständen sollte ein Mitglied des Schiedsgerichts die schriftliche Abfassung des Textes übernehmen; beim Schiedsgericht des Waren-Vereins wird so verfahren, aber diese Fälle sind selten. Auch unter anderen Umständen kommt es vor, daß die schriftliche Abfassung der Entscheidungsgründe bei einem Mitglied des Schiedsgerichts besser aufgehoben ist als bei dem Berater; besonders gilt dies für tatsächliche Feststellungen, z. B. für die Würdigung einer Beweisaufnahme oder für die Schätzung eines Marktpreises. Jeder Schiedsrichter kann daher unter Umständen vor die Aufgabe gestellt werden, daß er einen unter seiner Mitwirkung beschlossenen Schiedsspruch schriftlich niederzulegen und annehmbar zu begründen hat. Deshalb sollten sich auch Kaufleute nur dann zu Schiedsrichtern wählen lassen, wenn sie zur Not fähig sind, einen von ihnen gegen das Votum von Juristen beschlossenen Schiedsspruch unter Erfüllung der gesetzlichen Mindesterfordernisse zu formulieren.

4. Im Einzelfall kann der Berater wegen Besorgnis der Befangenheit abgelehnt werden, denn er ist entweder analog einem Sachverständigen oder analog einem Schiedsrichter zu behandeln (OLG Düsseldorf aaO). Die Mitwirkung eines befangenen Beraters ist als Verfahrensverstoß nach § 1041 (1) Nr. 1 ZPO zu beurteilen (OLG Hamburg 5 U 108/76; Stein-Jonas-Schlosser, Anm. II, 2 zu § 1034 ZPO). Für den Berater gibt es indessen kein besonderes Ablehnungsverfahren wie für die Schiedsrichter (OLG Hamburg 5 U 108/76). Die Unzulässigkeit des Verfahrens kann daher nur durch Aufhebungsklage (§ 1041 ZPO) geltend gemacht werden. Die Ablehnung wegen bereits bekannter Gründe muß aber von der ablehnenden Partei schon im Schiedsgerichtsverfahren ausgesprochen werden. Eine Partei, welche sich in Kenntnis aller Umstände ohne solche Rüge auf das Schiedsgerichtsverfahren einläßt, verzichtet damit analog § 295 ZPO auf das Ablehnungsrecht (OLG Hamburg 5 U 108/76).

5. Derselbe Berater darf nicht in mehreren Instanzen des Schiedsgerichtsverfahrens mitwirken. Ein Verstoß gegen diese Regel würde ein unzulässiges Verfahren im Sinne von § 1041 (1) Nr. 1 ZPO darstellen (OLG Düsseldorf aaO). Dementsprechend wird in § 18 (3) SchGO bestimmt, daß der Vorsitzende des Vereins für den Berufungsrechtszug einen (anderen) Berater bestellt. Der Ausschluß des erstinstanzlichen Beraters für die Berufungsinstanz entspricht § 41 Nr. 6 ZPO, wonach ein Richter von der Ausübung des Richteramtes kraft Gesetzes ausgeschlossen ist, wenn er in einem früheren Rechtszuge bei dem Erlaß der angefochtenen Entscheidung mitgewirkt hat. Der Ausschluß des erstinstanzlichen Beraters für die Berufungsinstanz entspricht auch § 18 (2) SchGO, wonach zum Oberschiedsrichter nicht benannt werden darf, wer im Schiedsgericht der ersten Instanz als Schiedsrichter mitgewirkt hatte. Nach allgemeiner Vorstellung ist der Berater des Schiedsgerichts deshalb wohl eher als Schiedsrichter ohne Stimmrecht, denn als Sachverständiger anzusehen.

Dagegen darf derselbe Berater an mehreren miteinander tatsächlich und rechtlich zusammenhängenden Verfahren, insbesondere an den verschiedenen Verfahren einer Ketten-Arbitrage, teilnehmen (OLG Hamburg 5 U 108/76). Diese Zusammenhänge gehören nämlich zum Sachverhalt, den das Schiedsgericht gemäß § 1034 ZPO zu ermitteln hat, und diesen Ermittlungen dient es, wenn ein Berater mitwirkt, der alle Verfahren überblickt (OLG Hamburg 5 U 108/76).

6. Neben Rechtskenntnissen und Erfahrungswissen darf der Berater auch eigene Sachverhaltskenntnisse in die Verhandlung einbringen. Insbesondere darf er über Vorprozesse, bei denen er mitgewirkt hatte, berichten (OLG Hamburg 5 U 108/76).

III. Sonstige Funktionen des Syndikus

Die in § 3 (1) Nr. 2–4 bestimmten Funktionen des Syndikus gehören nicht zum Kernbereich der schiedsrichterlichen Tätigkeit. Gegen die Delegation solcher Aufgaben bestehen deshalb keine Bedenken (BGH, LM Nr. 8 zu § 1041 ZPO; OLG Düsseldorf BB 1976, 251). Im einzelnen gilt folgendes:

1. Gemäß § 3 (1) Nr. 2 hat der Syndikus den Hergang der mündlichen Verhandlung einschließlich etwaiger Beweisaufnahmen unter eigener Verantwortung zu protokollieren. Zum Inhalt des Protokolls hat er also keinen Anweisungen des Schiedsgerichts oder anderer Verhandlungsteilnehmer zu folgen. Diese Bestimmung ist sachlich gerechtfertigt, weil der Waren-Verein regelmäßig keinen Einfluß auf die Zusammensetzung seines Schiedsgerichts hat und deshalb wenigstens durch den von seinem Vertrauen getragenen Syndikus den Hergang der Dinge zuverlässig feststellen muß. Eine zuverlässige Protokollierung ist schon deshalb geboten, um etwaige Verstöße gegen anerkannte Verfahrensregeln festzuhalten und der geschädigten Partei ein Beweismittel für den etwaigen Aufhebungsprozeß (§ 1041 ZPO) zu verschaffen. Der hohe Rang der im Schiedsgericht des Waren-Vereins regelmäßig mitwirkenden Obmänner (Vorbemerkung SchGO Abschnitt III, 2) macht diese Vorsichtsmaßregel meistens gegenstandslos. Die Aussage von Zeugen diktiert regelmäßig der vernehmende Obmann einem von der Geschäftsstelle hinzugezogenen Stenografen. Üblicherweise läßt sich der Obmann diese stenografische Niederschrift von dem Zeugen nach Diktat oder nach Verlesung genehmigen. Ein so genehmigtes Diktat muß der Syndikus dann in sein Protokoll aufnehmen, denn es gehört zum wesentlichen Inhalt der Verhandlung. Selbstverständlich erhalten die Parteien und die Mitglieder des Schiedsgerichts Abschriften aller Protokolle.

2. Gemäß § 3 (1) Nr. 3 kann der Syndikus den Parteien die ihm geeignet erscheinenden Hinweise geben und auch Anordnungen treffen, die nach seiner Ansicht das Verfahren fördern. Vorbehaltlich der Genehmigung des Schiedsgerichts kann er z. B. Ausschlußfristen für die Erklärung zu bestimmten Punkten oder für die Beibringung von Beweismitteln setzen. Vor der ersten mündlichen Verhandlung wird der Syndikus mit solchen Hinweisen und Anordnungen vernünftigerweise sparsam umgehen, weil die wesentlichen Streitpunkte und die vom Schiedsgericht einzuschlagende

Richtung dann oft noch nicht klar liegen. Erhebliche praktische Bedeutung gewinnt diese Kompetenz des Syndikus indessen für das schriftliche Verfahren, welches sich an eine mündliche Verhandlung und an eine Beratung der Schiedsrichter anschließt und oft ohne weitere mündliche Verhandlung (§ 12!) zur Entscheidung führt. In problematischen Fällen kann es zweckmäßig sein, daß der Syndikus vor Erlaß einer Verfügung mindestens den Obmann konsultiert. Ein solches Verfahren ist zulässig (17/67, JB 1968; LG Hamburg 26 OH 4/67, JB 1968).

3. Damit die Schiedsrichter und der Syndikus keine einander widersprechenden Anordnungen treffen und damit die Einheitlichkeit des Verfahrens auch sonst gewahrt wird, wird in § 3 (1) Nr. 4 bestimmt, daß der gesamte Verkehr zwischen den Schiedsrichtern und den Parteien außerhalb der mündlichen Verhandlung über den Syndikus läuft. Zur Vermittlung dieses Verkehrs bedient dieser sich der Geschäftsstelle. Deshalb ist es z. B. unzulässig, daß eine Partei „ihrem" Schiedsrichter unmittelbar Informationen erteilt. Der Schiedsrichter sollte sich übrigens solche Informationen verbitten. Jedenfalls sollte ein Schiedsrichter die von einer Partei bei ihm eingereichten Schriftstücke sofort an den Syndikus bzw. die Geschäftsstelle weitergeben, damit dieses Parteivorbringen ordnungsmäßig zum Gegenstand der Verhandlung gemacht wird und insbesondere die Gegenseite Nachricht erhält; dieses Verfahren ist zweckmäßigerweise dann zu befolgen, wenn eine ausländische Partei in Unkenntnis der nach deutschem Recht gebotenen Unparteilichkeit aller Schiedsrichter dem von ihr oder für sie bestellten Schiedsrichter Informationen erteilt. Verstöße gegen § 3 (1) Nr. 4 können das Verfahren unzulässig machen und zur Aufhebung des darauf beruhenden Schiedsspruchs führen, weil entweder das rechtliche Gehör oder die beratende Mitwirkung des Syndikus beeinträchtigt worden ist.

§ 4
[Ablehnung eines Schiedsrichters]

Ein Schiedsrichter kann aus denselben Gründen und unter denselben Voraussetzungen abgelehnt werden, welche zur Ablehnung eines Richters berechtigen. Das Ablehnungsgesuch ist unverzüglich an den Verein zu richten. Der Vorstand entscheidet darüber nach Anhörung der Beteiligten. Nach Abschluß dieses Verfahrens bleibt den Parteien der in §§ 1032, 1045 ZPO bestimmte Rechtsweg vorbehalten; der Antrag auf gerichtliche Entscheidung ist innerhalb von zwei Wochen nach Bekanntgabe des Vorstandsbeschlusses zu stellen.

1. § 4 Satz 1 stimmt wörtlich überein mit § 1032 Abs. 1 ZPO. Die Voraussetzungen, unter denen ein Schiedsrichter abgelehnt werden kann, sind

in §§ 41, 42 ZPO geregelt. Hervorzuheben ist die Ablehnung wegen Besorgnis der Befangenheit. Aus der Praxis des in erster Linie zur Entscheidung berufenen Vorstandes sind folgende Fälle anzuführen:

a) Die Schiedsrichter wählten einen Obmann, welcher in einer vorangegangenen, mit der anhängigen Sache im Zusammenhang stehenden Schiedsgerichtssache von einer Partei als Schiedsrichter benannt worden war und auch tätig geworden war. Der Gegner dieser Partei lehnte den Obmann wegen Besorgnis der Befangenheit ab. Diese Ablehnung hat der Vorstand für begründet erklärt. Sein Beschluß vom 21. 5. 1976 lautet wie folgt:

„Der Vorstand beschließt, dem Ablehnungsgesuch stattzugeben, und zwar geht der Vorstand davon aus, daß Unparteilichkeit eines Schiedsrichters dadurch, daß er einmal von einer Partei benannt worden ist, nicht berührt wird. Gleichwohl ist immer noch die Meinung verbreitet, daß ein von einer Partei ernannter Schiedsrichter geneigt sei, in erster Linie die zu Gunsten dieser Partei sprechenden Argumente zu sehen und vorzutragen. Nach dieser Auffassung liegt die eigentliche Entscheidung beim Obmann; an die Objektivität des Obmanns werden nach dieser verbreiteten Betrachtungsweise deshalb höhere Ansprüche gestellt. Da nun Herr P. früher einmal von der Klägerin als Schiedsrichter benannt worden war, ist ein vernünftiger Grund anzuerkennen, der die Firma P. V. von ihrem Standpunkt aus befürchten lassen kann, daß der Obmann nicht unparteiisch sachlich entscheiden werde."

b) Gegenstand der Klage war eine Forderung aus einem Deckungsverkauf, den der Makler Sch. vermittelt hatte. Die Ordnungsmäßigkeit des Deckungsverkaufs war streitig. Der Makler Sch. war auch Prokurist einer Firma, deren Inhaber der von einer Partei ernannte Schiedsrichter M. war. Die Gegenpartei (Firma B.) lehnte den Schiedsrichter M. wegen Besorgnis der Befangenheit ab. Dieses Ablehnungsgesuch hat der Vorstand laut Beschluß vom 3. 10. 1977 für begründet erklärt. Aus den Gründen:

„Der Vorstand geht davon aus, daß gemäß § 4 der Schiedsgerichtsordnung ein Schiedsrichter aus denselben Gründen und unter denselben Voraussetzungen abgelehnt werden könne, welche zur Ablehnung eines Richters berechtigen. Er geht ferner davon aus, daß es nach ständiger Rechtsprechung zu § 42 ZPO die Besorgnis der Befangenheit rechtfertigt, wenn nur vom Standpunkt der Partei aus zu befürchten ist, daß der Richter nicht unparteiisch und sachlich entscheiden werde. Der Vorstand stellt fest, daß eine solche Besorgnis vom Standpunkt der Firma B. im vorliegenden Fall gerechtfertigt ist, denn die Tatsache, daß Herr Sch. Prokurist des Herrn M. ist, läßt auch auf persönliche Beziehungen der beiden Herren schließen, die unabhängig davon, ob Herr Sch. im vorliegenden Fall als selbständiger Kaufmann tätig geworden ist, die von Herrn M. zu treffende Entscheidung beeinflussen können. Eine solche vom Standpunkt der Firma B. begründete Besorgnis der Befangenheit reicht im Sinne von § 4 der Schiedsgerichtsordnung aus. Damit wird nicht festgestellt, daß Herr M. tatsächlich befangen sei. Der Vorstand erklärt hiernach das Ablehnungsgesuch der Firma B. für begründet."

c) Die Partei B. lehnte den von ihrem Gegner benannten Schiedsrichter M. wegen Besorgnis der Befangenheit ab, weil zwischen ihr und M. beim Landgericht Hamburg ein Prozeß anhängig sei. Außerdem sei ihr Inhaber mit dem Schiedsrichter M. verfeindet und habe ihm gegenüber ein Hausverbot ausgesprochen. Der gemäß § 4 SchGO angehörte Schiedsrichter M. bestritt die Verfeindung. Durch Beschluß vom 4. 7. 1978 erklärte der Vorstand die Ablehnung für begründet, indem er eine Verfeindung schon wegen des unstreitig erteilten Hausverbots für gegeben ansah.

Aus dieser Praxis ist ersichtlich, daß der Vorstand in zweifelhaften Fällen dazu neigt, Ablehnungsgesuchen stattzugeben. Das ordentliche Gericht ist, soweit die Dinge zurückverfolgt werden können, noch niemals zur Entscheidung über ein Ablehnungsgesuch angerufen worden.

2. Die endgültige Zuständigkeit des ordentlichen Gerichts für die Entscheidung über ein Ablehnungsgesuch ist unabdingbar (BGH 24, 3). Die Vereinbarung einer Frist für die Anrufung des Gerichts zur Entscheidung über die Ablehnung ist dagegen statthaft (Baumbach-Lauterbach, Anm. 1 B zu § 1032 ZPO). Die in § 4 Satz 4 Halbsatz 2 getroffene Bestimmung, daß der Antrag auf gerichtliche Entscheidung innerhalb von zwei Wochen nach Bekanntgabe des Vorstandsbeschlusses zu stellen sei, ist daher wirksam.

§ 5
[Wegfall eines Schiedsrichters]

(1) Falls ein Schiedsrichter mit Erfolg abgelehnt ist oder die Übernahme des Amtes ablehnt oder in dessen Fortführung behindert ist oder nachträglich von dem Amt zurücktritt, so hat die Partei, welche den Schiedsrichter ernannt hat, innerhalb der gleichen Fristen, wie sie im § 2 Absatz (1) für die Benennung des Schiedsrichters vorgesehen sind, gerechnet von dem Zeitpunkt, wann sie von dem Hinderungsgrund Kenntnis erhalten hat, der Gegenpartei einen anderen Schiedsrichter zu benennen. Hält sie diese Frist nicht inne, so bestimmt der Vorsitzende des Vereins auf schriftlichen Antrag der Gegenpartei einen Schiedsrichter.

(2) Fällt ein Obmann aus den im Absatz (1) genannten Gründen weg, so haben die Schiedsrichter einen neuen Obmann zu wählen, wobei die Vorschrift des § 2 Absatz (2) anzuwenden ist.

1. Der mindestens seit 1955 unveränderte Text des § 5 ist unzulänglich. Anscheinend soll er die in § 1031 ZPO für den Wegfall eines Schiedsrichters getroffene Regelung vollständig ersetzen. Diese Bestimmung lautet wie folgt:

„Wenn ein nicht in dem Schiedsvertrag ernannter Schiedsrichter stirbt oder aus einem anderen Grunde wegfällt oder die Übernahme oder Ausführung des Schiedsrichteramts verweigert, so hat die Partei, die ihn ernannt hat, auf Aufforderung des Gegners binnen einer einwöchigen Frist einen anderen Schiedsrichter zu bestellen. Nach fruchtlosem Ablauf der Frist wird auf Antrag der betreibenden Partei der Schiedsrichter von dem zuständigen Gericht ernannt."

Die Verfasser des § 5 werden kaum beabsichtigt haben, neben der Zuständigkeit des Vereinsvorsitzenden noch eine Zuständigkeit des Gerichts für die Ernennung eines Ersatzschiedsrichters bestehen zu lassen. Sie haben aber den immerhin wichtigen Fall, daß ein Schiedsrichter stirbt, unerwähnt gelassen. Analog wird man deshalb den Tod als den extremen Fall der Fälle, in denen ein Schiedsrichter „behindert" ist, ansehen dürfen. Der in § 5 vorgesehene Fall, daß ein Schiedsrichter „nachträglich von dem Amt zurücktritt", darf als Inbegriff aller Fälle verstanden werden, in denen ein Schiedsrichter die Fortführung des Amtes – mit Recht oder ungerechtfertigt – verweigert. Einen rechtsgesetzlichen Rücktritt von einem Dienstvertrag, den der Schiedsrichtervertrag darstellt, gibt es ohnehin nicht. Allenfalls kommt beiderseits eine Kündigung in Betracht.

2. Andererseits wird in § 5 der in § 1031 ZPO nicht ausdrücklich erwähnte Fall geregelt, daß ein Schiedsrichter an der Fortführung des Amtes „behindert" ist. Ein Urlaub von normaler Dauer (1 Monat) wird in dieser Hinsicht noch nicht als Behinderung aufzufassen sein, desgleichen nicht die bei Außenhandelskaufleuten unvermeidbaren Geschäftsreisen in ferne Länder, die einen Schiedsrichter wohl auch für einen vollen Monat von seinem Geschäftssitz fernhalten. Eine Behinderung für die Dauer von mehr als zwei Monaten hat jedoch kürzlich der Vereinsvorsitzende als unzumutbar für den Gegner der zur Ernennung berufenen Partei angesehen und hat auf dessen Antrag einen Ersatzschiedsrichter ernannt (24/78).

3. Für den Fall, daß ein Schiedsrichter die Erfüllung seiner Pflichten ungebührlich verzögert, wird in § 1032 (2) ZPO eine Ablehnung, über deren Berechtigung das Gericht zu entscheiden hat, vorgesehen. Diese Bestimmung wird durch § 5 fortbedungen, zumal da in § 4 die Ablehnung eines Schiedsrichters nur unter den Voraussetzungen, welche zur Ablehnung eines Richters berechtigen, zugelassen wird: Das sind zugleich die in § 1032 (1) bestimmten Ablehnungsgründe, insbesondere die Besorgnis der Befangenheit. Die Fortbedingung der gerichtlichen Zuständigkeit für den in § 1032 (2) ZPO bestimmten Fall, daß ein Schiedsrichter die Erfüllung seiner Pflichten ungebührlich verzögert, ist für wirksam zu halten. Die höchstrichterlichen Entscheidungen, nach denen die Entscheidung über ein Gesuch um Ablehnung eines Schiedsrichters dem ordentlichen Gericht nicht entzogen werden kann (RG 152, 375; BGH 24, 1), betreffen nur die Ablehnung wegen Besorgnis der Befangenheit. In RG 152, 375 wird das In-

teresse der Allgemeinheit an einer unparteiischen Rechtsprechung für überwiegend erklärt. Mit gleicher Begründung wird die höchstrichterliche Rechtsprechung im Schrifttum (Baumbach-Lauterbach Anm. 3 A zu § 1032 ZPO; Stein-Jonas-Schönke Anm. IV 5 zu § 1032 ZPO) gebilligt. Das Argument, daß die Allgemeinheit an unparteiischer Rechtsprechung interessiert sei, versagt jedoch, wenn der Schiedsrichter nicht wegen Besorgnis der Befangenheit, sondern wegen ungebührlicher Verzögerung in der Erfüllung seiner Pflicht abgelehnt wird.

§ 6
[Klagschrift]

Der Kläger stellt den Antrag auf schiedsgerichtliche Entscheidung durch Einreichung der Klagschrift bei der Geschäftsstelle. Die Klagschrift muß enthalten:

1. Die Bezeichnung der Parteien und der von den Parteien oder für die Parteien benannten Schiedsrichter.

2. Eine Darstellung des Streitverhältnisses und einen bestimmten Antrag.

Die Klagschrift soll ferner eine Begründung für die Zuständigkeit des Schiedsgerichts enthalten. In der Klagschrift soll ferner der Wert des Streitgegenstandes angegeben sein, soweit dieser sich nicht ohne weiteres aus dem Klagantrag oder dem vorgetragenen Sachverhalt ergibt.

1. Ein geforderter Geldbetrag ist grundsätzlich zu beziffern. Indessen kann der Kläger die Bemessung von Schadensersatz ohne bezifferten Antrag in das Ermessen des Schiedsgerichts stellen, besonders wenn er den Ersatz eines abstrakt zu berechnenden Schadens verlangt und dem Schiedsgericht die Schätzung des maßgeblichen Marktpreises überläßt. Das ist ständige Rechtsprechung des Schiedsgerichts. Dieses Verfahren ist auch zulässig, denn es wird bei Schadensersatzforderungen auch im ordentlichen Rechtsweg von den staatlichen Gerichten zugelassen.

2. Zur Darstellung des Streitverhältnisses gehört in der Regel eine substantiierte Darstellung des Zustandekommens des Vertrages, aus dem geklagt wird. Zu substantiieren ist in der Regel auch das Zustandekommen des Schiedsvertrages, aus welchem die Zuständigkeit des Schiedsgerichts hergeleitet wird. Oft beschränkt der Kläger sich darauf, daß er eine Schlußnote überreicht und allenfalls stereotyp behauptet, daß er gemäß dieser Schlußnote gekauft und verkauft habe. Ein solcher Vortrag genügt nicht, soweit die Schlußnote Bestimmungen enthält, über die erfahrungsgemäß beim vorangegangenen Abschluß nicht ausdrücklich verhandelt wurde, z. B. über die Vereinbarung der WVB. Mindestens muß dann behauptet

werden, daß dem Beklagten die Schlußnote zugegangen ist und daß er sie widerspruchslos entgegengenommen hat. Erfahrungsgemäß versteht sich dies nicht in allen Fällen von selbst, denn oft bleiben die Schlußnoten deutscher Makler bei ausländischen Zwischenmaklern hängen. Bei Abfassung der Klage muß der Kläger auch bedenken, daß das bloße Schweigen auf eine Schlußnote einen ausländischen Empfänger nicht unter allen Umständen bindet (hierzu: Rdn. 4 zu § 2 WVB).

Kommt es zur Begründung des geltend gemachten Anspruchs auf weitere Erklärungen der Parteien (z. B. auf eine Fristsetzung) an, so muß der Kläger eine Kopie des Schriftstücks vorlegen, welches der Gegenpartei zugegangen ist. Entsprechende Korrespondenz läuft nämlich oft über einen Vermittler, und viele Kläger machen es sich dann zu bequem, indem sie dem Schiedsgericht nur den von ihnen mit dem Vermittler geführten Schriftwechsel vorlegen. Erforderlich ist dann die Vorlage des Schriftstücks, mit welchem der Makler der Gegenpartei die Erklärung hat zugehen lassen. Bei Fernschreiben kann das auch für die oft wichtige Feststellung des genauen Zeitpunkts einer Erklärung erheblich sein.

Eine lückenhafte Vorbereitung verzögert in der Regel das Verfahren, besonders wenn der Beklagte zur mündlichen Verhandlung nicht erscheint, so daß ihm das vom Kläger nachgereichte Material vor Erlaß einer Entscheidung zur Stellungnahme übersandt werden muß.

3. Die in § 6 geforderte Angabe des Streitwerts ist wichtig für den vom Waren-Verein zu erhebenden Gebührenvorschuß, vor dessen Bezahlung die Geschäftsstelle und das Schiedsgericht in der Regel nicht tätig werden. Stellt der Kläger einen unbezifferten Zahlungsantrag oder nur einen Feststellungsantrag, so muß er mindestens die Größenordnung des geltend gemachten Anspruchs darlegen. Unterläßt er dies, so führt das jedenfalls zu einer Verzögerung des Verfahrens.

4. Der Kläger hat die Klagschrift mit allen Anlagen in mindestens 5 Exemplaren einzureichen, wovon insgesamt 3 Exemplare für die Schiedsrichter, eines für die Geschäftsstelle und eines für den Beklagten bestimmt sind. Ist der Beklagte durch einen Anwalt vertreten, werden üblicherweise 6 Exemplare eingereicht.

§ 7

[Ablehnung der Entscheidung durch den Vorsitzenden des Vereins]

Falls das Schiedsgericht offenbar unzuständig ist, oder der Vorsitzende aus anderen Gründen die Entscheidung durch das Schiedsgericht nicht für angebracht hält, so lehnt der Vorsitzende den Antrag ab. Die

antragstellende Partei ist hiervon unverzüglich schriftlich zu benachrichtigen. Einer Angabe der Gründe bedarf es nicht. Der antragstellenden Partei steht solchenfalls der ordentliche Rechtsweg offen.

1. Soweit die Dinge zurückverfolgt werden können, ist es nicht vorgekommen, daß der Vorsitzende einen Antrag auf schiedsgerichtliche Entscheidung abgelehnt hätte. Legitime Vereinsinteressen rechtfertigen trotzdem die Beibehaltung dieser Vorschrift, weil nicht ausgeschlossen werden kann, daß die Zuständigkeit des Schiedsgerichts für Streitigkeiten vereinbart wird, welche seinem Range nicht adäquat sind. Außerdem kann der Fall eintreten, daß Schiedsrichter benannt sind, welche ihrer Aufgabe nicht gewachsen sind und auf solche Weise dem Ruf des Vereins schaden. Der Vorsitzende kann den Antrag auf schiedsgerichtliche Entscheidung in jedem Stadium des Verfahrens ablehnen, denn ein Grund dafür, daß der Verein seine Mitwirkung versagt, kann sich erst im Laufe des Verfahrens einstellen. Selbstverständlich darf der Vorsitzende dieses Recht nicht mißbrauchen, also etwa den Antrag nur deshalb ablehnen, weil die Sache für eine ihm nahestehende Partei nicht nach deren Wünschen läuft.

2. In der Praxis nimmt der Vorsitzende von den einzelnen beim Schiedsgericht anhängigen Sachen kaum Kenntnis. Zur Ablehnung eines Antrages auf schiedsgerichtliche Entscheidung wird der Vorsitzende sich deshalb nur auf besonderen Antrag einer Partei oder auf Vorschlag des Syndikus entschließen.

§ 8
[Verfahren nach Eingang der Klagschrift]

Liegt kein Grund zur Ablehnung des Antrages vor, so wird die Klage durch die Geschäftsstelle der beklagten Partei zugeleitet.

Ob ein Grund zur Ablehnung des Antrages vorliegt, ist im Vorwege von der Geschäftsstelle oder vom Syndikus zu prüfen. Ergibt sich dabei der Verdacht einer Unzuständigkeit des Schiedsgerichts oder eines Fehlers bei der Bildung des Schiedsgerichts, so pflegen die Geschäftsstelle oder der Syndikus die Klägerin auf solche Verfahrensmängel aufmerksam zu machen und in geeigneten Fällen Anregungen zur Beseitigung eines Hindernisses zu geben. Kommt die Klägerin solchen Anregungen nicht nach, so können Syndikus und Geschäftsstelle die Sache nach ihrem Ermessen dem Vorsitzenden oder dem Schiedsgericht zur Entscheidung vorlegen. Herkömmlich wird nur das Schiedsgericht befaßt, wenn seine Zuständigkeit in Frage steht.

§ 9
[Weitere schriftliche Vorbereitung]

(1) Auf die Klage hat sich die beklagte Partei innerhalb einer von der Geschäftsstelle zu bestimmenden angemessenen Frist schriftlich zu äußern. Die Äußerung ist, wie alle für das Schiedsgericht bestimmten Schriftstücke, in fünffacher Ausfertigung einzureichen. Sie wird der klagenden Partei durch die Geschäftsstelle zugeleitet. Der Schriftverkehr zwischen den Parteien findet ausschließlich durch Vermittlung der Geschäftsstelle statt.

(2) Von der Klagschrift sowie von jedem anderen Schriftstück sendet die Geschäftsstelle nach Eingang je ein Exemplar an den Obmann und an die Schiedsrichter.

Beide Parteien sollen die Sache zunächst schriftlich vorbereiten. Versäumt die Beklagte die ihr von der Geschäftsstelle gesetzte Frist zur Einreichung der schriftlichen Klagbeantwortung, so berücksichtigt das Schiedsgericht in der Regel doch noch das Vorbringen, welches beide Parteien ihm noch bis zum Ende der mündlichen Verhandlung (§ 12) schriftlich oder mündlich unterbreiten.

§ 10
[Ablehnung der Entscheidung durch das Schiedsgericht]

(1) Das Schiedsgericht ist befugt, in jedem Stadium des Verfahrens die Fällung des Schiedsspruchs abzulehnen, ohne daß es der Angabe von Gründen bedarf.

(2) Geschieht dies, so steht den Parteien der ordentliche Rechtsweg offen.

Soweit die Dinge sich zurückverfolgen lassen, hat nur ein einziges Mal ein Schiedsgericht die Fällung des Schiedsspruchs abgelehnt. Dies geschah ohne Angabe von Gründen.

Das Schiedsgericht sollte von dieser Befugnis auch weiterhin sparsamen Gebrauch machen und insbesondere nicht der Versuchung erliegen, die Fällung eines Schiedsspruchs nur deshalb abzulehnen, weil es einer Partei oder einem Dritten nicht wehtun möchte. Fühlt sich ein Schiedsrichter in diesem Sinne befangen, so sollte er das Amt von vornherein ablehnen oder aus wichtigem Grunde kündigen. Legitim und achtbar ist die Ablehnung dagegen dann, wenn das Schiedsgericht etwa meint, daß mangels ausreichender Vorkenntnisse der Schiedsrichter oder mangels ausreichender Ermittlungsmöglichkeiten die Sache beim staatlichen Gericht besser aufgehoben sei.

§ 11
[Beweisaufnahme]

(1) Das Schiedsgericht kann die ihm erforderlich erscheinenden Beweise erheben. Es ist an keinerlei Beweisregeln gebunden. Das Schiedsgericht kann Zeugen und Sachverständige, die freiwillig vor ihm erscheinen, vernehmen oder durch einen beauftragten Schiedsrichter oder durch den Syndikus des Vereins vernehmen lassen. Es kann auch schriftliche Aussagen herbeiführen.

(2) Das Schiedsgericht entscheidet darüber, ob eine Vernehmung oder Beeidigung von Zeugen oder Sachverständigen durch die ordentlichen Gerichte herbeigeführt werden soll.

1. Beweisregeln sind Rechtssätze, welche den Richter zwingen (oder ihm verbieten), bestimmten Beweismitteln einen bestimmten Beweiswert beizulegen (Stein-Jonas-Schönke 19. Aufl., Anm. IV zu § 286 ZPO; Rosenberg, Die Beweislast 5. Aufl., S. 220). Zu diesen im Verfahren vor dem Schiedsgericht des Waren-Vereins nicht anwendbaren Beweisregeln gehören verschiedene Vorschriften der Zivilprozeßordnung zur Bewertung eines Urkundenbeweises. Unanwendbar ist hiernach insbesondere die in § 440 (2) ZPO getroffene Bestimmung, daß die über der Unterschrift stehende Schrift die Vermutung der Echtheit für sich habe. Diese Vorschrift ist im Verfahren vor den ordentlichen Gerichten von Bedeutung, wenn eingewandt wird, daß die Urkunde durch Ausfüllung eines Blanketts entstanden sei. Wie Rosenberg (aaO S. 221 Fußnote 1) überzeugend darlegt, geht es hier nicht um die Vermutung für eine streitige Erklärung, sondern um den Beweiswert einer Urkunde; § 440 (2) ZPO ist hiernach als Beweisregel anzusehen und ist deshalb gemäß § 11 SchGO im Verfahren vor dem Schiedsgericht des Waren-Vereins nicht anzuwenden. Die Echtheit der Urkunde ist deshalb von demjenigen, der sie als Beweismittel vorlegt, zu beweisen. – Der Sinn des § 11 (1) Satz 2 SchGO ist jedenfalls klar: Das Schiedsgericht soll in der Wertung der Beweismittel frei sein.

2. Indessen gelten die allgemeinen Regeln über die Beweislast auch im Schiedsgerichtsverfahren des Waren-Vereins. Das ergibt sich schon aus § 2 WVB, denn hiernach hat das Schiedsgericht deutsches Recht anzuwenden. Die absichtliche Vernachlässigung der allgemein anerkannten Beweislastregeln wäre unzulässige Willkür.

3. Gemäß § 11 (1) Satz 1 *kann* das Schiedsgericht die ihm erforderlich erscheinenden Beweise erheben. Das Schiedsgericht muß also – anders als die staatlichen Gerichte (§ 286 ZPO) – die von den Parteien angebotenen Beweise nicht erschöpfen. Vielmehr kann das Waren-Vereins-Schiedsgericht gemäß § 11 SchGO über einen Beweisantrag grundsätzlich nach freiem Ermessen entscheiden (ebenso: LG Hamburg, 69 0.87/73,

JB 1973). Diese Bestimmung ist zulässig, denn ohnedies ist das Übergehen eines Beweisantrages kein Verstoß gegen den Grundsatz des rechtlichen Gehörs und in der Regel auch kein wesentlicher Verfahrensverstoß im Sinne des § 1041 (1) Nr. 1 ZPO (BGH, NJW 1966 S. 549f.).

§ 12
[Mündliche Verhandlung]

Ehe das Schiedsgericht den Schiedsspruch fällt, ist den Parteien einmal Gelegenheit zu einer mündlichen Verhandlung zu geben.

Eine mündliche Verhandlung ist bei einem Schiedsgericht oft schwieriger zu organisieren als bei einem staatlichen Gericht. Oft entstehen z. B. Terminschwierigkeiten durch geschäftlich bedingte Ortsabwesenheit eines Schiedsrichters oder durch den auswärtigen Wohnsitz einer nicht anwaltlich vertretenen Partei. Obligatorisch ist deshalb nur ein einziger Termin zur mündlichen Verhandlung, und oft ergeht deshalb die Entscheidung aufgrund einer einzigen mündlichen Verhandlung und eines anschließenden schriftlichen Verfahrens.

§ 13
[Abstimmung]

Das Schiedsgericht entscheidet mit einfacher Stimmenmehrheit.

Die Vorschrift entspricht der gesetzlichen Regel (§ 1038 ZPO). Geht der Streit um die Höhe einer Forderung, z. B. um die Höhe eines Schadens, so können sich innerhalb des Schiedsgerichts mehr als zwei Meinungen ergeben, so daß eine Mehrheit von Stimmen nicht denkbar ist. Dann sollte entsprechend § 196 (2) GVG verfahren werden:

„Bilden sich in Beziehung auf Summen, über die zu entscheiden ist, mehr als zwei Meinungen, deren keine die Mehrheit für sich hat, so werden die für die größte Summe abgegebenen Stimmen den für die zunächst geringere abgegebenen solange hinzugerechnet, bis sich eine Mehrheit ergibt."

Ebenso Baumbach-Schwab, Kap. 16F; Baumbach-Lauterbach, Anm. 2 zu § 1038 ZPO.

Die „einfache" Mehrheit des § 13 ist dasselbe wie die „absolute" Mehrheit des § 1038 ZPO, denn kein Schiedsrichter darf sich der Stimme enthalten. Das Gegenteil der einfachen Mehrheit wäre eine qualifizierte Mehrheit, aber diese ist nur bei mindestens fünf Schiedsrichtern, also nur im Berufungsschiedsgericht (§ 18), denkbar. Da eine Stimmenmehrheit genügt, so genügt erst recht Einstimmigkeit.

§ 14
[Form des Schiedsspruchs]

Der Schiedsspruch ist von allen Schiedsrichtern zu unterschreiben. Er ist mit Gründen zu versehen. Ihr Fehlen gibt jedoch keinen Anspruch zur Anfechtung der Rechtsgültigkeit des Schiedsspruchs.

Nach der Regel des § 1041 (1) Nr. 5 ZPO kann die Aufhebung des Schiedsspruchs verlangt werden, wenn dieser nicht mit Gründen versehen ist. Eine Aufhebung findet jedoch gemäß § 1041 (2) ZPO nicht statt, wenn die Parteien ein anderes vereinbart haben; durch § 14 wird also die Regel des § 1041 (1) Nr. 5 wirksam fortbedungen. Es kommt nicht vor, daß ein Schiedsspruch des Waren-Vereins-Schiedsgerichts mit keinerlei Gründen versehen wäre. Die praktische Bedeutung des § 14 liegt in folgendem:

- Nach höchstrichterlicher Rechtsprechung (RG 119, 32) müssen die Gründe eines Schiedsspruchs zu jedem vorgebrachten Angriffs- oder Verteidigungsmittel Stellung nehmen. Bei umfangreichen Sachen kann es vorkommen, daß ein Streitpunkt in der Begründung übergangen wird. Das wäre also nach § 14 kein Aufhebungsgrund.
- Übernimmt ein Berater das Abfassen der Entscheidungsgründe, so meinen manche, es genüge nicht, wenn die Schiedsrichter diese Gründe durch ihre Unterschrift billigen; die Schiedsrichter selbst müßten die Begründung „gefunden" haben (Bem. II 3 a zu § 3). Entsprechende Beanstandungen sind gemäß § 14 gegenstandslos, eben weil die Entscheidungsgründe kein essentieller Bestandteil des Schiedsspruchs sind.

Dagegen bleiben die Schiedsrichter gemäß § 14 nach dem Schiedsrichtervertrag verpflichtet, den Schiedsspruch mit Gründen zu versehen.

§ 15
[Zustellung und Niederlegung des Schiedsspruchs]

Der Schiedsspruch wird den Parteien gemäß § 1039 ZPO unter Vermittlung der Geschäftsstelle zugestellt und von der Geschäftsstelle beim zuständigen Gericht niedergelegt.

Im § 1039 ZPO wird bestimmt, daß der Schiedsspruch den Parteien zuzustellen sei. Das wird dahin ausgelegt, daß im Auftrage des Schiedsgerichts zuzustellen sei (Baumbach-Schwab 19 C III). Ob diese Formvorschrift durch Schiedsvertrag dahin geändert werden kann, daß der Schiedsspruch „durch Vermittlung der Geschäftsstelle", also wohl in derem Auftrage zuzustellen sei, ist zweifelhaft; die Förmlichkeiten des § 1039 ZPO gelten nämlich allgemein als zwingend (Thomas-Putzo 9. Aufl., Anm. 3 zu § 1039 ZPO). Zweckmäßigerweise läßt sich deshalb der Syndikus oder der sonstige Leiter der Geschäftsstelle von den Schiedsrichtern für den Auftrag zur Zustellung bevollmächtigen. Entsprechendes gilt für die Niederlegung; neuerdings fordert die Präsidialgeschäftsstelle des Landgerichts Hamburg die Vorlage einer schriftlichen Vollmacht.

§ 16
[Ergänzung und Berichtigung des Schiedsspruchs]

Nach Zustellung des Schiedsspruchs gemäß § 15 kann der Schiedsspruch durch das Schiedsgericht nicht mehr abgeändert werden. Doch kann eine Ergänzung oder Berichtigung im Sinne der §§ 319, 320 und 321 ZPO stattfinden.

Untereinander sind die Schiedsrichter schon mit der Unterzeichnung gebunden (Thomas-Putzo aaO Anm. 2). Nach der Unterzeichnung kann also der Schiedsspruch nur noch mit Zustimmung aller Schiedsrichter geändert werden. Erst mit der Zustellung haben die Schiedsrichter sich auch gegenüber den Parteien gebunden.

§ 17
[Zulässigkeit der Berufung]

(1) Gegen den Schiedsspruch erster Instanz ist die Berufung an das Oberschiedsgericht zulässig, falls die Parteien eine übereinstimmende Erklärung abgegeben haben, daß der Schiedsspruch durch Berufung anfechtbar sein solle.

(2) Diese Erklärung kann nur bis zum Schluß der mündlichen Verhandlung abgegeben werden. Die Parteien sollen auf die Möglichkeit einer solchen Vereinbarung zu Beginn der mündlichen Verhandlung hingewiesen werden.

Die Bestimmung, daß die Vereinbarung nur bis zum Schluß der mündlichen Verhandlung getroffen werden „kann“, berührt nicht die Vertragsfreiheit der Parteien, sondern deren Verfügung über eine Institution des Waren-Vereins. Wird die Zulässigkeit der Berufung erst nach Schluß der mündlichen Verhandlung vereinbart und dem Schiedsgericht angezeigt, so tritt sie entsprechend § 1033 Nr. 1 ZPO außer Kraft, wenn der Waren-Verein seine Organisation wegen dieser Verspätung für das Berufungsverfahren nicht zur Verfügung stellen sollte. Deshalb sind die Schiedsrichter erster Instanz aus dem Schiedsrichter-Vertrag nach Treu und Glauben verpflichtet, auf gemeinsamen Antrag der Parteien die Verhandlung wieder zu eröffnen, um die in § 17 (1) vorgesehene Erklärung entgegenzunehmen, solange ihr Schiedsspruch noch nicht zugestellt worden ist.

Die in § 17 (2) Satz 2 getroffene Bestimmung, daß die Parteien auf die Möglichkeit der in § 17 (1) vorgesehenen Vereinbarung hingewiesen werden „sollen", ist eine Sollvorschrift, deren Nichtbeachtung ohne Folgen bleibt. In der Regel erteilt der Obmann diese Belehrung. Vergißt der Obmann dies, so sollte der Berater daran erinnern oder selbst die Parteien belehren. Der in § 17 (2) Satz 2 vorgeschriebene Hinweis sollte nicht mit Ratschlägen verbunden werden. Insbesondere sollte der Eindruck vermieden werden, daß den Parteien von der Zulassung der Berufung abgeraten werde, denn eine Partei, die an sich die Möglichkeit einer Berufung gern sähe, könnte dann befürchten, daß ein Schiedsrichter ihr den Vorschlag für die Zulassung der Berufung übelnehme.

§ 18
[Besetzung und Bildung des Oberschiedsgerichts]

(1) Das Oberschiedsgericht besteht aus einem Obmann und vier weiteren Oberschiedsrichtern, die sämtlich vom Vorsitzenden des Vereins ernannt werden.

(2) Zum Oberschiedsrichter darf nicht ernannt werden, wer im Schiedsgericht der ersten Instanz als Schiedsrichter mitgewirkt hat.

(3) Für den Berufungsrechtszug bestellt der Vorsitzende des Vereins einen Berater, der die Befähigung zum Richteramt haben muß. Der Berater hat die in § 3 Abs. (1) bezeichneten Funktionen.

Die Berufung an das in § 18 (1) vorgesehene Oberschiedsgericht kann wirksam nicht vereinbart werden, wenn eine Mitgliedsfirma gegen eine vereinsfremde Person streitet, denn durch das Ernennungsrecht des Vereinsvorsitzenden würde das unveräußerliche Prinzip der Waffengleichheit zum Nachteil des Nichtmitglieds verletzt werden (Vorbem. II). In solchen Fällen sollten Obmann und Berater deshalb darauf hinwirken, daß die Parteien zugleich eine wirksame Vereinbarung über die Bildung des Oberschiedsgerichts treffen, etwa dahingehend, daß jede Partei zwei Schiedsrichter ernennt und daß die Schiedsrichter dann den Obmann wählen.

Der Vorsitzende ist in der Auswahl der Oberschiedsrichter frei, soweit nicht Abs. 2 entgegensteht. In geeigneten Fällen könnte er z. B. auch mehrere Juristen zu Oberschiedsrichtern ernennen.

§ 19
[Berufungseinlegung. Berufungsfrist]

(1) Die Berufung ist durch schriftliche oder telegraphische Anzeige an die Geschäftsstelle des Vereins einzulegen, und zwar bei Vermeidung der Unzulässigkeit innerhalb einer vom Tage der Zustellung des Schiedsspruchs erster Instanz laufenden Frist. Diese Frist wird von dem Schiedsgericht erster Instanz im Schiedsspruch unter Berücksichtigung der Entfernung des Wohnsitzes und der postalischen Verhältnisse festgesetzt.

(2) Falls die Frist nicht innegehalten wird, wird die Berufung durch den Vorsitzenden des Vereins als unzulässig auf Kosten des Berufungsklägers verworfen, ohne daß eine mündliche Verhandlung stattfindet.

In der Vereinbarung, daß die Berufung zulässig sein solle, liegt sinngemäß der Antrag, die Berufungsfrist im Schiedsspruch festzusetzen. Vergißt das Schiedsgericht die Festsetzung, so kann jede Partei gemäß § 16 die Ergänzung des Schiedsspruchs entsprechend § 321 ZPO verlangen. Ist streitig, ob die Zulässigkeit der Berufung wirksam vereinbart ist, so hat über diesen Streit das Oberschiedsgericht zu entscheiden, denn grundsätzlich hat das Rechtsmittelgericht die Zulässigkeit des Rechtsmittels zu prüfen. Ein solcher Streit ist kein Kathederfall: In Sachen 17/65 hatte z. B. eine Partei ihre Zustimmung wegen Irrtums angefochten; denkbar sind auch Mängel in der Vertretungsmacht (Umfang einer Vollmacht!). Auch wenn das Schiedsgericht erster Instanz die Berufung in solchen Fällen nicht für zulässig halten sollte, muß es doch eine Frist für die etwa zulässige Berufung festsetzen, denn sonst könnte es vorkommen, daß ein Schiedsspruch niemals rechtskräftig wird.

Für eine Entscheidung gemäß § 19 (2) ist der Vorsitzende auch dann für kompetent zu halten, wenn ein Mitglied gegen ein Nichtmitglied streitet. Die Entscheidung betrifft eben nur eine Verfahrensfrage und würde deshalb gemäß § 1041 (1) Nr. 1 ZPO unter dem Gesichtspunkt, ob sie auf einem unzulässigen Verfahren beruhe, unbeschränkt nachprüfbar sein. Die Entscheidung des Vorsitzenden bedarf der Form des Schiedsspruchs.

§ 20
[Anschlußberufung]

(1) Hat eine Partei Berufung eingelegt, so ist die Gegenpartei berechtigt, ihrerseits auch nach Ablauf der Berufungsfrist Anschlußberufung einzulegen, jedoch spätestens innerhalb einer mit der Zustellung der

Mitteilung über die Einlegung der Berufung beginnenden, der Berufungsfrist gleichen Frist.

(2) Falls die Berufung zurückgezogen wird, verliert eine erst nach Ablauf der Berufungsfrist eingelegte Anschlußberufung ihre Wirkung.

Die in § 20 getroffene Regelung entspricht den §§ 521, 522 ZPO. § 20 (2) betrifft die unselbständige Anschließung (§ 522 Abs. 1 ZPO) mit dem Unterschied, daß die Anschlußberufung ihre Wirkung dann nicht verliert, wenn die Berufung als unzulässig verworfen wird.

§ 21
[Kostenvorschuß und Sicherheitsleistung]

(1) Nach Eingang der Berufung bestimmt die Geschäftsstelle des Vereins dem Berufungskläger eine Frist, innerhalb derer er

1. den Kostenvorschuß für das Oberschiedsgericht,

2. sofern er durch den Schiedsspruch erster Instanz zu einer Zahlung und/oder zur Tragung von Kosten verurteilt ist, den betreffenden Betrag und/oder die Kosten

beim Waren-Verein zu hinterlegen hat.

(2) Ist der Berufungskläger in der ersten Instanz nicht zu einer Zahlung, sondern zu einer sonstigen Leistung verurteilt, so kann die Hinterlegung eines dem Werte der Leistung entsprechenden Betrages nach näherer Bestimmung der Geschäftsstelle verlangt werden.

(3) Falls die Frist nicht eingehalten wird, wird die Berufung durch den Vorsitzenden des Vereins als unzulässig auf Kosten des Berufungsklägers verworfen, ohne daß eine mündliche Verhandlung stattfindet.

Durch die Berufung wird die Dauer des Schiedsgerichtsverfahrens verlängert. § 21 soll verhindern, daß der Anspruch des Gläubigers durch diese Verlängerung der Verfahrensdauer gefährdet wird. Außerdem soll § 21 dem Schuldner die Lust daran nehmen, daß er eine Berufung nur zur Erlangung von Zahlungsaufschub einlegt.

Ob die erstinstanzlich verurteilte Partei die Sicherheit oder den Vorschuß leisten *kann,* ist unerheblich. Zwar wird die Meinung vertreten, eine arme Partei, welche zur Bezahlung eines Schiedsgerichtskostenvorschusses nicht im Stande ist, könne den Schiedsvertrag fristlos kündigen (Glossner II, 64). Diese Kündigung würde dann aber nur den Schiedsvertrag auflösen, durch welchen beide Parteien aufgrund freier Entschließung gemäß § 17 die Zulässigkeit der Berufung vereinbart haben. Der ursprüngliche Schiedsvertrag, welcher nur die erste Instanz betraf, bleibt deshalb unberührt. Von einer Rechtsverweigerung kann also nicht die Rede sein.

§ 22
[Weiteres Berufungsverfahren]

Auf das Verfahren vor dem Oberschiedsgericht finden im übrigen die Bestimmungen der §§ 6–16 entsprechende Anwendung. Schriftstücke aller Art sind beim Oberschiedsgericht in siebenfacher Ausfertigung einzureichen.

Kein Kommentar.

§ 23
[Berechnung der Schiedsgerichtskosten]

(1) An Kosten erhebt der Verein für jeden Rechtszug des Schiedsgerichtsverfahrens eine Gebühr und Auslagen.
(a) Die Gebühr richtet sich nach dem Wert des Streitgegenstandes.
Für den ersten Rechtszug werden erhoben
bis einschließlich DM 5000,– .... 6 %
für den über DM 5000,– hinausgehenden Wert
bis einschließlich DM 100 000,– .... 5 %
für den über DM 100 000,– hinausgehenden Wert .... 3 %
Für den Berufungsrechtszug erhöhen sich diese Sätze um die Hälfte.
Die Mindestgebühr beträgt im ersten Rechtszug DM 100,–, im Berufungsrechtszug DM 150,–.
(b) Für Schreibgebühren, Porto, Zustellungskosten, Umsatzsteuer und andere Auslagen wird ein angemessener Pauschalsatz erhoben.
(2) Erfordert die Sache einen überdurchschnittlichen Zeit- oder Arbeitsaufwand, so kann das Schiedsgericht die Gebühren verdoppeln. Wird das Verfahren durch Vergleich, Anerkenntnis oder Zurücknahme der Klage oder durch Zurücknahme der Berufung oder durch Verwerfung einer unzulässigen Berufung erledigt, so kann das Schiedsgericht die Kosten bis auf die Hälfte des sonst zur Erhebung kommenden Betrages herabsetzen; ist im Berufungsrechtszug das Oberschiedsgericht noch nicht zusammengesetzt, entscheidet an seiner Stelle der Vorsitzende des Vereins.

1. Die Geschäftsstelle kann zur Deckung der mutmaßlich entstehenden Kosten einen Vorschuß erheben und von der Zahlung dieses Vorschusses jede weitere Tätigkeit, insbesondere die Weitergabe der Klage an die Gegenpartei, abhängig machen. Das entspricht herrschender Meinung. Vor-

schußpflichtig sind an sich beide Parteien (Baumbach-Lauterbach, Anhang zu § 1028 ZPO, Anm. 3C). In ständiger Praxis fordert jedoch die Geschäftsstelle des Waren-Vereins den Vorschuß nur von dem jeweiligen Antragsteller, also von dem Kläger und gegebenenfalls von dem Widerkläger. Das ist aus praktischen Gründen gerechtfertigt, denn der Antragsteller hat im Zweifel von beiden Parteien das größte Interesse an dem Fortgang des Verfahrens und zahlt deshalb in der Regel prompt.

2. Eine erhöhte Gebühr setzt das Schiedsgericht in der Regel fest, wenn Beweis erhoben worden ist. Auch eine sonstige Ausweitung des Verfahrens, z.B. die Abhaltung von mehr als zwei mündlichen Verhandlungen oder ein besonders umfangreiches Parteivorbringen, veranlaßt das Schiedsgericht zur Anforderung zusätzlicher Kosten. Den Umfang des Parteivorbringens hat das Schiedsgericht allerdings im Verhältnis zum Objekt zu sehen, denn bei höheren Objekten erbringt schon die weitgehend lineare Steigerung der Gebühren einen angemessenen Ausgleich dafür, daß die Parteien sich zu höheren Streitgegenständen eingehender äußern.

Erledigt sich die Sache ohne Schiedsspruch, so werden bei kleineren Objekten, die dem Waren-Verein bzw. den Schiedsrichtern ohnehin nur symbolische Vergütung einbringen, die Kosten üblicherweise nicht ermäßigt. Im übrigen wird auf das Minimum, nämlich auf die Hälfte der regulären Kosten, nur ermäßigt, wenn die Sache sich erledigt hat, bevor die Schiedsrichter sich zu einem Verhandlungstermin bemühten.

§ 24
[Verteilung der Kostenlast]

(1) Über die Höhe der Schiedsgerichtskosten und über deren Verteilung auf die Parteien wird im Schiedsspruch entschieden. Beschränkt sich die Entscheidung auf den Kostenpunkt und wird auch nicht angeordnet, daß eine Partei der anderen Partei Kosten zu erstatten habe, so ergeht die Entscheidung durch schriftlichen Beschluß, für welchen die Förmlichkeiten des Schiedsspruchs (§ 1039 ZPO) nicht eingehalten zu werden brauchen; eine mündliche Verhandlung ist nicht erforderlich.

(2) Ihre eigenen Kosten, insbesondere etwaige Anwaltskosten, trägt jede Partei selbst, wenn die Parteien nichts Gegenteiliges vereinbaren.

Die Bestimmung, daß über die Höhe der Schiedsgerichtskosten und über deren Verteilung auf die Parteien im Schiedsspruch „entschieden" werden, hat eine doppelte Bedeutung.

Die Entscheidung über die Höhe der Kosten ist an und für sich kein Spruch, welcher Rechtskraft besitzen und für vollstreckbar erklärt werden könnte. Die eingegangenen Schiedsgerichtsgebühren werden nach den in § 25 bestimmten Prozentsätzen vom Waren-Verein an die Schiedsrichter ausgekehrt. Mindestens in Höhe dieser Prozentsätze kann das Schiedsgericht keinen eigentlichen Schiedsspruch erlassen, denn Schiedsrichter können nicht in eigener Sache richten (Kornblum aaO S. 6ff.). Mindestens insoweit ist also die Entscheidung über die Höhe der Kosten nur die in § 315 BGB vorgesehene Bestimmung einer Leistung durch den Gläubiger. Soweit die Kosten dem Waren-Verein verbleiben, könnte es sich um die Bestimmung der Leistung durch einen Dritten (§ 317 BGB) handeln. Ob die vom Schiedsgericht „im Schiedsspruch" getroffene Bestimmung hinsichtlich des eigenen Kostenanteils der Schiedsrichter im Sinne von § 315 BGB der Billigkeit entspricht, hat das staatliche Gericht zu entscheiden.

Rechtskraft und Vollstreckbarkeit kann der Kostenentscheidung des Schiedsgerichts nur zukommen, soweit eine Partei zur Erstattung von Kosten an die Gegenpartei verurteilt wird. Eine solche Erstattung setzt voraus, daß die Kosten vorschußweise an den Waren-Verein bezahlt wurden; dieser Vorgang ist deshalb im Tatbestand des Schiedsspruchs festzuhalten. Will die zur Erstattung von Kosten verurteilte Partei geltend machen, daß die Schiedsrichter die Kosten unbillig hoch festgesetzt haben, muß sie die Schiedsrichter aufgrund des Schiedsrichtervertrages beim ordentlichen Gericht auf Herausgabe der ungerechtfertigt berechneten Kosten verklagen.

Auf der vorstehenden Unterscheidung beruht auch die in § 24 (1) Satz 2 getroffene Bestimmung, daß eine Kostenentscheidung, durch welche keine Kostenerstattung angeordnet wird, nicht die Form eines Schiedsspruchs (§ 1039 ZPO) erfordert.

§ 25
[Verteilung der eingegangenen Kosten]

Von den eingegangenen Schiedsgerichtsgebühren werden im ersten Rechtszug 60% und im Berufungsrechtszug 75% an die beteiligten Schiedsrichter zu gleichen Teilen als Vergütung ausgekehrt.

Die in § 23 (1) b behandelten Pauschalvergütungen für Auslagen behält der Waren-Verein in voller Höhe mit folgender Einschränkung: Er hat den Schiedsrichtern die von diesen zu tragende Umsatzsteuer zu vergüten, soweit er sie als Vorsteuer abziehen kann.

§ 26
[Erhaltung der Schiedsklausel]

Wird durch das ordentliche Gericht aus einem anderen Grunde als wegen Fehlens eines gültigen Schiedsvertrages ein Schiedsspruch aufge-

hoben oder ein Antrag auf Vollstreckbarerklärung eines Schiedsspruchs oder Vergleichs abgelehnt, so ist der Schiedsvertrag nicht verbraucht.

Nach ständiger Rechtsprechung ist der Schiedsvertrag mit Erfüllung der Förmlichkeiten des § 1039 ZPO verbraucht, und zwar auch dann, wenn der Schiedsspruch gemäß § 1041 ZPO aufgehoben wird (RG 108, 379). Dieses nicht zwingende Richterrecht wird durch § 26 fortbedungen. Wird also etwa ein Schiedsspruch wegen Versagung rechtlichen Gehörs oder wegen Verstoßes gegen die öffentliche Ordnung aufgehoben, so bleibt die Zuständigkeit des Waren-Vereins-Schiedsgerichts bestehen, und zwar in der alten Besetzung. Wird ein Schiedsspruch deshalb aufgehoben, weil das Schiedsgericht nicht ordnungsmäßig besetzt war, bleibt der Schiedsvertrag ohnehin bestehen (Baumbach-Lauterbach, Anm. 3B zu § 1041 ZPO).

§ 27
[Veröffentlichung von Schiedssprüchen]

Der Vorstand ist ermächtigt, die Schiedssprüche unter Fortlassung der Namen der Parteien zu veröffentlichen.

Schiedssprüche von grundsätzlicher Bedeutung werden laufend in den gedruckten Jahresberichten des Waren-Vereins veröffentlicht. Für die an der Rechtsprechung des Waren-Vereins-Schiedsgerichts interessierten Nichtmitglieder, insbesondere für Richter, Rechtsanwälte, Rechtsabteilungen der Handelskammern und Seminare von Universitäten, werden Sonderdrucke dieses Teils der Jahresberichte hergestellt und von der Geschäftsstelle des Waren-Vereins in beschränkter Zahl abgegeben.

§ 28
[Verfahren zwischen Mitgliedsfirmen und Nichtmitgliedern]

Im Verfahren zwischen Mitgliedsfirmen und Nichtmitgliedern gelten die folgenden besonderen Bestimmungen:

1. **Unter keinen Umständen dürfen alle Personen, aus denen das Schiedsgericht oder das Oberschiedsgericht besteht, Angehörige von Mitgliedsfirmen sein; das ist spätestens bei der Wahl oder bei der Berufung des Obmannes zu beachten.**
2. **Hat das beklagte Nichtmitglied nicht innerhalb der gemäß § 2 Abs. (1) gesetzten Frist seinen Schiedsrichter benannt, so bestimmt auf schriftlichen Antrag des Klägers die Handelskammer Hamburg einen Schiedsrichter für den Beklagten; dieser Antrag wird von der**

Geschäftsstelle des Schiedsgerichts vermittelt. Können sich die Schiedsrichter über die Person des Obmannes nicht einigen, so wird der Obmann auf Ersuchen der Geschäftsstelle des Schiedsgerichts von der Handelskammer Hamburg bestimmt. Hat ein Nichtmitglied den gemäß § 2 Abs. (3) Satz 2 angeforderten Vorschuß nicht fristgemäß bezahlt, so kann die Handelskammer Hamburg auf Ersuchen der Geschäftsstelle anstelle des auswärtigen Schiedsrichters einen Schiedsrichter bestellen.

Durch Hinzufügung des § 28 zog der Waren-Verein im Jahre 1969 die notwendigen Folgerungen aus dem bedeutsamen Urteil des Bundesgerichtshofs vom 19.12.1968 (BGHZ 51, 255). Die Zusammenhänge sind im Abschnitt III der Vorbemerkungen zur Schiedsgerichtsordnung dargelegt.

Verfahrensordnung für Sachverständige

Übersicht

Vorbemerkungen

Die Anwendbarkeit der Verfahrensordnung für Sachverständige ergibt sich aus § 31 WVB. § 31 WVB enthält auch die rechtlichen Grundsätze für die Anwendung der eher technischen Verfahrensordnung für Sachverständige. Im einzelnen ist auf die Bemerkungen zu § 31 WVB zu verweisen.

Die Überschriften der einzelnen Paragraphen der Verfahrensordnung für Sachverständige sind – anders als bei den WVB 1971/76 – nicht authentisch und daher von minderer Bedeutung für die Auslegung der Vorschriften. Diese nicht authentischen Überschriften sind daher in Klammern gesetzt.

§ 1
[Anwendungsbereich]

Die nachstehenden Bestimmungen finden Anwendung, wenn für die Erledigung von Streitigkeiten aus Geschäften in den in Artikel 1 Ziffer 3 der Satzung erwähnten Waren die Parteien die Zuständigkeit des Schiedsgerichts des Waren-Vereins und/oder Qualitätsarbitrage des Waren-Vereins vereinbart haben,

a) falls Streit über die Beschaffenheit der Ware oder eines Musters oder über den Minderwert einer Ware besteht,
b) falls ein streitiger Gewichtsabgang bei Käufen nach ausgeliefertem Gewicht festzustellen ist,
c) falls für eine Ware der Preis festzusetzen ist.

§ 1 a
[Mitwirkung des Vorsitzenden und anderer Vorstandsmitglieder]

Sofern in den folgenden Bestimmungen dem Vorsitzenden des Vereins Aufgaben zugewiesen sind, kann an seiner Stelle auch ein anderes Vorstandsmitglied handeln. Der Vorsitzende und die übrigen Vorstandsmitglieder werden von der Geschäftsstelle nach einer vom Vorstand aufzustellenden Geschäftsordnung zur Mitwirkung herangezogen.

§ 2
[Bildung des Sachverständigenkollegiums Ablehnung eines Sachverständigen Wegfall eines Sachverständigen]

(1) Jede Partei ernennt einen Sachverständigen. Der Antragsteller hat dem Antragsgegner seinen Sachverständigen zu benennen mit der Aufforderung, binnen einer bestimmten Frist seinen Sachverständigen zu ernennen. Diese Frist muß, wenn eine Partei oder beide Parteien außerhalb Europas, der Mittelmeerländer oder der Schwarzmeerländer ansässig sind, mindestens 7 Geschäftstage betragen; andernfalls muß die Frist mindestens 3 Geschäftstage betragen. Bestimmt der Antragsteller eine zu kurze Frist, so gilt die jeweils vorgeschriebene Mindestfrist als bestimmt. Falls der Antragsgegner innerhalb der vom Antragsteller ausreichend bemessenen Frist oder innerhalb der gemäß Satz 4 als bestimmt geltenden Frist keinen Sachverständigen benennt, so ernennt auf schriftlichen Antrag des Antragstellers der Vorsitzende des Vereins einen Sachverständigen für den Antragsgegner. Die Sachverständigen haben einen Obmann zu wählen, wenn sie sich nicht einigen oder wenn mindestens eine Partei die Mitwirkung eines Obmannes im Antrag auf Qualitätsfeststellung verlangt. Können sich die Sachverständigen über die Person des Obmannes nicht einigen, so wird derselbe vom Vorsitzenden des Vereins bestimmt.

(2) Die Sachverständigen und der Obmann müssen Inhaber, Vorstandsmitglieder, Geschäftsführer, persönlich haftende Gesellschafter, Prokuristen oder leitende Angestellte von Firmen sein, welche in ein Handelsregister oder Genossenschaftsregister der Bundesrepublik Deutschland oder des Landes Berlin eingetragen sind. Als Sachverständige können auch in Europa wohnende leitende Angehörige solcher Unternehmen, die außerhalb der Bundesrepublik Deutschland und des Landes Berlin niedergelassen sind, benannt werden, wenn deren Geschäftsumfang oder Organisationsform den Voraussetzungen entsprechen, welche für die Eintragung einer Firma in ein Handelsregister oder in ein Genossenschaftsregister der

Bundesrepublik Deutschland oder des Landes Berlin gelten. Zugleich mit der Benennung eines außerhalb der Bundesrepublik Deutschland oder des Landes Berlin wohnenden Sachverständigen hat die benennende Partei dem Gegner urkundlich nachzuweisen, daß der Sachverständige bereit ist, sich unverzüglich an den Ort der Arbitrage zu begeben, und den dafür geforderten Auslagenvorschuß erhalten hat; wird dieser Nachweis nicht rechtzeitig erbracht, gilt die Benennung als nicht erfolgt.

(3) Ein Sachverständiger oder ein sachverständiger Obmann können aus denselben Gründen und unter denselben Voraussetzungen abgelehnt werden, welche zur Ablehnung eines gerichtlichen Sachverständigen gemäß § 406 ZPO berechtigen. Die Ablehnung kann außerdem erfolgen, wenn ein Sachverständiger oder ein sachverständiger Obmann in der Erfüllung seiner Pflichten säumig ist. Das Ablehnungsgesuch ist an den Waren-Verein zu richten. Der Vorstand entscheidet darüber nach Anhörung der Beteiligten. In den Fällen des § 41 Nr. 1, 2 und 3 der Zivilprozeßordnung ist die Ablehnung wirksam, ohne daß es einer Entscheidung des Vorstandes bedarf.

(4) Für den Wegfall eines Sachverständigen oder eines sachverständigen Obmannes findet der § 5 der Schiedsgerichtsordnung entsprechende Anwendung.

§ 3
[Anträge auf Qualitätsfeststellung]

(1) Anträge auf Qualitätsfeststellung sind in schriftlicher Form unmittelbar an die Sachverständigen zu richten. Die Anträge sollen enthalten

1. die Namen und Adressen der Sachverständigen,
2. die Angabe der zu besichtigenden Waren nach Gattung, Art, Menge, eventuell Qualität, Marken usw.,
3. die Angabe des Ortes, wo die Ware lagert, eventuell des Schiffes, aus dem sie gelöscht werden soll,
4. die Angabe derjenigen Sachverständigen, welche, weil an dem fraglichen Geschäft beteiligt, von der Ernennung auszuschließen sind,
5. die Angabe, ob bereits früher, durch Sachverständige oder andere, eine Begutachtung der Ware stattgefunden hat,
6. die genaue Angabe der Fragen, welche von den Sachverständigen beantwortet werden sollen,
7. die Angabe, ob die Ware von den Sachverständigen im Stück zu besichtigen ist oder ob die Begutachtung nach Proben erfolgen soll,
8. die Unterschriften sämtlicher an der Arbitrage beteiligten Parteien. Sind mehr als zwei Parteien an der Arbitrage beteiligt, so müssen die Unterschriften in der Reihenfolge, in welcher die Parteien als Käufer oder

Verkäufer aufeinander bei der Lieferung folgen, untereinander gesetzt werden dergestalt, daß der letzte Käufer an erster Stelle und der erste Verkäufer an letzter Stelle steht. Verweigert eine Partei ihre Unterschrift, so hat die andere Partei dies auf dem Antrage zu vermerken. Die Unterschrift einer Partei, die innerhalb der ihr gemäß § 2 Abs. (1) gesetzten Frist keinen Sachverständigen benannt hat, braucht der Antragsteller nicht einzuholen. Entbehrlich ist die Unterschrift einer Partei auch dann, wenn der Antragsteller ihr die von den Sachverständigen zu beantwortenden Fragen zugleich mit der Aufforderung zur Benennung des Sachverständigen mitgeteilt hatte oder wenn lediglich gefragt wird,

- ob die Ware den vertraglichen Bedingungen entspricht;
- wenn nein, warum nicht;
- wie hoch der Minderwert ist.

(2) Beantragen die Parteien übereinstimmend die Begutachtung nach Proben, so sind diese von den streitenden Parteien gemeinschaftlich zu ziehen und mit dem Antrag versiegelt einzureichen.

§ 4
[Gebot schleuniger Erledigung]

Die Anträge sollen von den Sachverständigen möglichst im Laufe des auf die Zustellung folgenden Tages erledigt werden.

§ 5
[Weiteres Verfahren]

Beantragen die Parteien übereinstimmend die Besichtigung im Stück oder die Begutachtung nach Proben, so haben die Sachverständigen danach zu verfahren. Sind die Parteien sich darüber nicht einig, haben die Sachverständigen – erforderlichenfalls unter Hinzuziehung eines Obmannes – darüber zu entscheiden, nach welchem Verfahren sie ihr Gutachten erstatten. Beschließen die Sachverständigen die Begutachtung nach Proben, so bestimmen sie, durch wen und in welcher sonstigen Weise die Proben zu ziehen sind.

§ 6
[Weiteres Verfahren. Mitwirkung eines Obmanns]

Bei Besichtigungen von Waren im Stück ist den beiden Sachverständigen die Bestimmung darüber überlassen, ob der dritte Sachverständige seinerseits die Ware allein oder gemeinsam mit den beiden Sachverständigen im Stück zu besichtigen oder aufgrund der von den letzteren gelegentlich der Besichtigung im Stück gezogenen Proben zu begutachten hat. Im Falle, daß die beiden Sachverständigen hierüber verschiedener Meinung sind, haben die drei Sachverständigen die Ware gemeinsam im Stück zu besichtigen.

§ 7
[Form und Inhalt des Gutachtens]

(1) Die Sachverständigen haben ein schriftliches Gutachten zu erstatten, das von den beiden Sachverständigen und, falls ein Obmann hinzugezogen wurde, auch von diesem zu unterzeichnen ist.

(2) Falls der Minderwert 10 % des am Tage der Abfassung des Gutachtens geltenden Marktpreises übersteigt, so haben die Sachverständigen in dem Gutachten den für den genannten Tag geltenden Marktpreis festzusetzen.

(3) Allen Parteien ist das Gutachten in mindestens einer Urschrift auszufertigen.

§ 8
[Anträge auf Preisfestsetzung]

Bei Anträgen auf Preisfestsetzung finden die vorstehenden Bestimmungen sinngemäß Anwendung.

§ 9
[Berechnung der Sachverständigengebühren]

(1) Bei Qualitätsfeststellungen betragen die Gebühren für jeden Sachverständigen einschließlich des etwa hinzugezogenen Obmannes,

a) falls die Sachverständigen die Ware im Stück besichtigt haben, $^3/_8$ % vom Wert, jedoch mindestens DM 75,– und höchstens DM 400,–.

   Der Berechnung der Gebühr ist der Wert der Ware in dem Zustand, in dem sie zur Besichtigung vorgelegt ist, zugrunde zu legen. Ist jedoch die Ware beschädigt und die Feststellung ihres Wertes in unbeschädigtem Zustand erforderlich, so ist dieser Wert maßgebend. Bei außerordentlich beschädigter Ware wird der Wert mit mindestens 50 % des Grundwertes eingesetzt.

b) falls die Sachverständigen Warenproben besichtigt und begutachtet haben, die Hälfte der zu a) angegebenen Sätze, jedoch mindestens DM 50,– und höchstens DM 200,–.

(2) Bei Preisfestsetzungen betragen die Gebühren für jeden Sachverständigen einschließlich des etwa hinzugezogenen Obmannes $^3/_8$ % vom Wert, mindestens DM 60,– und höchstens DM 250,–.

§ 10
[Vergütung in besonderen Fällen. Zuständigkeit des Vorstandes]

(1) Wenn in einzelnen Fällen die Tätigkeit der Sachverständigen einen außergewöhnlichen Aufwand an Zeit und Mühe erfordert hat, so können die Sachverständigen eine höhere Vergütung beanspruchen. Außerdem haben die Sachverständigen Anspruch auf Erstattung ihrer Auslagen.

(2) Streitigkeiten über die Höhe der Gebühren und Auslagen entscheidet der Vorstand des Waren-Vereins endgültig. Falls die Parteien eine von den Sachverständigen für außergewöhnlichen Aufwand an Zeit und Mühe berechnete Vergütung nicht anerkennen, so hat der Vorstand vor seiner Entscheidung die Parteien anzuhören.

§ 11
[Verteilung der Kostenlast]

(1) Die Gebühren sind von der unterliegenden Partei zu tragen, doch können die Sachverständigen nach eigenem Ermessen die Gebühren anteilig auf die Parteien verteilen.

(2) Hat der Käufer eine vom Verkäufer vor Qualitätsarbitrage angebotene Vergütung abgelehnt, so fallen ihm die Gebühren zur Last, falls der von den Sachverständigen erkannte Minderwert nicht über den Betrag der vom Verkäufer angebotenen Vergütung hinausgeht.

Anhang

Rundschreiben des Waren-Vereins der Hamburger Börse e. V. Nr. 3/76 vom 5. 1. 1976

Erfordernisse nach § 31 Waren-Vereins-Bedingungen

Die nach der Verfahrensordnung für Sachverständige erstatteten Gutachten sind oft nicht ausreichend begründet. Dies gilt mitunter sowohl für Preisfestsetzungen als auch für Qualitäts-Arbitragen. In dieser Unterlassung hat ein Schiedsgericht ein *unzulässiges Verfahren* erblickt und ein Gutachten verworfen.

Der Vorstand vertritt die Meinung, daß Gutachten, welche im übrigen den Namen und das Symbol des Vereins tragen, eine *nachprüfbare Begründung* enthalten müssen.

Der Vorstand verkennt nicht die Problematik einer solchen Begründung. Er meint auch nicht, daß alle Details aufgeführt sein müßten, er meint indes, die Begründung müsse den Lesern eines Gutachtens „plausibel" machen, wie die Sachverständigen zu ihrem Spruch kamen.

Bei der *Preisfestsetzung* lassen sich mitunter Geschäfte für den maßgeblichen Zeitpunkt in ausreichendem Umfang nicht feststellen. Dann ist der Verkäuflichkeitswert zu schätzen. Solche Schätzungen erfordern eine „Datenverarbeitung", deren Zusammenhang im Gutachten in gedrängter Kürze darzulegen ist. Es muß zu erkennen sein, daß die Sachverständigen sich nicht nur „geeinigt" haben. – Die Gebühren im Preisfestsetzungsverfahren sind oft höher als die Gebühren des anschließenden Schiedsgerichtsverfahrens. Die Sachverständigen sind auch nicht überfordert, wenn von ihnen eine entsprechende „plausible" Begründung gefordert wird. – Maßgeblich ist, wie gesagt, der *Verkäuflichkeits*wert; es kommt nicht nur darauf an, zu welchem Preis man am Stichtag *kaufen* kann.

Für *Qualitätsgutachten* ist anzuraten:

- Eine substantiierte Darstellung der Untersuchungsmethode. Undeutliche Angaben („große", „eingehend", „sorgfältig", „zahlreich") sind nicht ausreichend.

- Die tatsächlichen Feststellungen sind substantiiert darzustellen. Soweit es möglich ist, sind Fehler zahlenmäßig (zum Beispiel in Prozentsätzen) festzustellen.
- Wird auf Qualitätsnormen verwiesen, müssen diese korrekt bezeichnet werden; wird auf Toleranzen Bezug genommen, muß erkennbar sein, ob normierte Toleranzen oder sonst handelsübliche Toleranzen gemeint sind.

Für interessierte Mitglieder, insbesondere für Mitglieder, die oft als Sachverständige tätig sind, steht bei der Geschäftsstelle das ausführliche Arbeitspapier, welches den Vorstand zu diesem Rundschreiben veranlaßte, zur Verfügung mit Zitaten aus Schiedssprüchen und aus Gutachten. Interessierten Mitgliedern empfehlen wir, dieses Arbeitspapier *schriftlich* anzufordern.

Hamburger Paranuß-Kontrakt 1977

I

Menge

Das Wort „circa" (ca.) vor der vertraglichen Mengenangabe berechtigt den Verkäufer, bis zu 5 % mehr oder weniger zu liefern. Ist lose verladene Ware auf mehrere Käufer aufgeteilt, so ist jeder Käufer verpflichtet, einen etwaigen Überschuß anteilig im Rahmen der noch nicht ausgenutzten Circa-Klausel nachträglich zu empfangen.

Im Zweifel bezeichnet die verkaufte Menge das brutto/netto auszuliefernde Gewicht.

Die Tara eines 50-kg-Sacks darf nicht mehr als 1,2 kg betragen. Die Tara eines 20-kg-Sacks darf nicht mehr als 400 g betragen. Die Tara wird verbindlich festgestellt durch Verwiegung von 10 % der Säcke; höchstens sind 25 Säcke zu verwiegen.

II

Größenstufen

Die Größenstufen werden wie folgt definiert:

1. Auf 453 g Natural-Ware entfallen bei Ankunft in der Größenstufe

extra large	30–35 Nüsse
large	35–40 Nüsse
weak large	40–45 Nüsse
extra medium	45–50 Nüsse
medium	48–58 Nüsse
small	58–75 Nüsse

Diese Definition gilt für Abladung bis zum 31.7. einschließlich. Bei späteren Abladungen erhöhen sich die Höchstzahlen für die Größenstufen extra large, large, weak large und extra medium um zwei Nüsse und für die übrigen Größenstufen um drei Nüsse je 453 g.

2. Auf 453 g „dehydrated"-Ware entfallen bei Ankunft in der Größenstufe

extra large	40–45 Nüsse
large	45–50 Nüsse
weak large	50–55 Nüsse
extra medium	55–62 Nüsse
medium	58–68 Nüsse
small	68–80 Nüsse

Diese Klassifizierung gilt ohne Rücksicht auf den Abladetermin.

Die Ware der Größenstufen zu 1. und 2. muß hinsichtlich der Stückzahl gleichmäßig ausfallen. Es dürfen höchstens 15 % Nüsse aus der nächst höheren oder nächst niedrigeren Größenstufe enthalten sein. Alle anderen Größenstufen sind ausgeschlossen.

III

Qualität

1. Die Ware darf bei Ankunft im Bestimmungshafen nicht mehr als 10 % schlechte Nüsse enthalten. „dehydrated"-Ware darf bei Ankunft im Bestimmungshafen nicht mehr als 7 % schlechte Nüsse enthalten. Taube Nüsse gelten als schlechte, und zwar gilt jede taube Nuß als eine schlechte Nuß. Der angegebene Prozentsatz bezieht sich auf die Stückzahl.

2. Bei Ankunft im Bestimmungshafen muß der Feuchtigkeitsgehalt von „dehydrated"-Ware mindestens 11 % betragen und darf 13 % nicht übersteigen.

IV

Verpackung

Bei Abladegeschäften ist im Zweifel lose Ware zu liefern. Im Zweifel ist bei anderen Geschäften die Ware in Säcken mit einem brutto/netto-Gewicht von 50 kg zu liefern.

V

Verschiffung

Es ist direkt zu verschiffen. Als direkte Verschiffung gilt auch die Verladung mit einem Schiff, welches nachträglich Sao Luis und Fortaleza anläuft. Die Umladung von loser Ware ist nicht gestattet. Verschiffte lose Teilmengen müssen mindestens 21 longtons wiegen.

VI

Versicherung

Hat bei Abladegeschäften der Verkäufer die Versicherung der Ware übernommen, ist er verpflichtet, für eine Versicherung gegen Transportgefahren gemäß den Allgemeinen Deutschen Seeversicherungsbedingungen (ADS) nebst Zusatzbestimmungen in jeweils neuester Fassung einschl. Beschädigung ohne Franchise und einschl. des Kriegsrisikos in Höhe des Kaufpreises zuzügl. 10% imaginären Gewinns zu sorgen.

VII

Abnahme

Angediente Mengen hat der Käufer sofort aufzunehmen, nachdem er vom Verkäufer oder der Reederei dazu aufgefordert worden ist. Lose Ware wird außenbords übernommen. Der Käufer kann Löschung in ein von ihm zu stellendes Landfahrzeug verlangen, soweit dies technisch möglich ist. Lose Ware hat der Verkäufer an Bord des Seeschiffes durch einen verläßlichen Ladungskontrolleur dem Käufer zuwiegen zu lassen; die Kosten dieser Verwiegung trägt der Käufer. Sackware wird am Kai gelöscht und verwogen.

VIII

Rüge

Der Käufer hat die Ware nach deren Ablieferung unverzüglich zu untersuchen, soweit dies nach ordnungsmäßigem Geschäftsgang tunlich ist.

Ware, die unmittelbar in ein Landfahrzeug gelöscht wird, muß untersucht werden, bevor das Landfahrzeug den Kai verläßt. Zeigt sich eine vertragswidrige Beschaffenheit der Ware, so hat der Käufer dem Verkäufer unverzüglich anzuzeigen, daß die Ware nicht vertragsgemäß ausgefallen sei. Diese Frist gilt in jedem Fall als gewahrt, wenn der Käufer die Rüge innerhalb von drei Geschäftstagen an den Verkäufer abgesandt hat. Die Frist beginnt bei Ablieferung auf dem Kai mit der Löschung der Ware und bei Ablieferung im Wasserfahrzeug bei Erhalt des Wiegeattestes und des Untersuchungsberichts des Ladungskontrolleurs. Unterläßt der Käufer die rechtzeitige Rüge, so gilt die Ware als genehmigt, es sei denn, daß die vertragswidrige Beschaffenheit bei ordnungsmäßiger Untersuchung nicht erkennbar war.

IX

Vertragswidrige Ware, Rechte des Käufers

1. Fällt die Ware nicht in die vereinbarte Größenstufe, so kann der Käufer Vergütung des Minderwerts nach folgender Berechnung verlangen:

Auf jede Nuß über der gemäß Ziffer II für die je 453 g zugelassenen Höchststückzahl sind 2% des fob-Tagespreises zu vergüten. Auch Bruchteile sind zu berücksichtigen: Wenn z. B. in der vereinbarten Größenstufe 35/40 im Durchschnitt 41,4 Nüsse auf 453 g entfallen, beträgt die Vergütung 2,8% des fob-Tagespreises.

Sollte die Ware nach dem Zählergebnis in die übernächste Größenstufe fallen, so kann der Käufer nach seiner Wahl auch vom Vertrage zurücktreten oder Schadensersatz wegen Nichterfüllung verlangen. Als übernächste Größenstufe gilt auch Ware, welche schlechter als „small" ausfällt, wenn „medium" oder eine bessere Größenstufe vereinbart ist.

2. Enthält die Ware bei Ankunft im Bestimmungshafen mehr als 10% schlechte Nüsse, so kann der Käufer folgende Vergütungen in Prozenten des fob-Tagespreises verlangen:

Anteil schlechter Nüsse	% des fob-Tagespreises
bis 11 %	3
11,2%	4,4
12 %	10
13 %	12
14 %	15
15 %	18

Fällt der Anteil schlechter Nüsse zwischen diese Stufen, so ist ein proportionaler Prozentsatz des fob-Tagespreises zu vergüten.

Enthält die Ware bei Ankunft im Bestimmungshafen mehr als 15% schlechte Nüsse, kann der Käufer die Rückgängigmachung des Vertrages verlangen.

3. Enthält „dehydrated"-Ware bei Ankunft im Bestimmungshafen mehr als 7% schlechte Nüsse, so kann der Käufer folgende Vergütungen in Prozenten des fob-Tagespreises verlangen:

Anteil schlechter Nüsse	% des fob-Tagespreises
bis 8%	2
9%	4
10%	6
11%	11

Fällt der Anteil schlechter Nüsse zwischen diese Stufen, so ist ein proportionaler Prozentsatz des fob-Tagespreises zu vergüten.

Enthält „dehydrated"-Ware bei Ankunft im Bestimmungshafen mehr als 11% schlechte Nüsse, so kann der Käufer die Rückgängigmachung des Vertrages verlangen.

X

Sonstige Bedingungen

Ergänzend gelten die Geschäftsbedingungen des Waren-Vereins der Hamburger Börse e. V. in ihrer jeweiligen Fassung.

XI

Arbitrage

Alle Differenzen sind nach der Schiedsgerichtsordnung und nach der Verfahrensordnung für Sachverständige des Waren-Vereins der Hamburger Börse e. V. zu entscheiden.

Stichwortverzeichnis

Die fetten Zahlen bezeichnen die Paragraphen der Geschäftsbedingungen, die mageren Zahlen die dazugehörigen Randnummern.

L

Fette Zahl = § der WVB, magere Zahl = Rdn.

Z

Bei Fragen zur Produktsicherheit wenden Sie sich bitte an:
If you have any questions regarding product safety,
please contact:

Walter de Gruyter GmbH
Genthiner Straße 13
10785 Berlin
productsafety@degruyterbrill.com